IMF International Management and Finance
Herausgegeben von
Prof. Dr. Dr. h.c. Klaus Spremann

Private Banking

Kundenberatung, Finanzplanung, Anlagestrategien

von

Prof. Dr. Dr. h.c. Klaus Spremann

2., grundlegend überarbeitete Auflage

Oldenbourg Verlag München

Lektorat: Thomas Ammon
Herstellung: Tina Bonertz
Titelbild: thinkstockphotos.de
Einbandgestaltung: hauser lacour

Bibliografische Information der Deutschen Nationalbibliothek
Die Deutsche Nationalbibliothek verzeichnet diese Publikation in der Deutschen Nationalbib-
liografie; detaillierte bibliografische Daten sind im Internet über http://dnb.dnb.de abrufbar.

Library of Congress Cataloging-in-Publication Data
A CIP catalog record for this book has been applied for at the Library of Congress.

© 2014 Oldenbourg Wissenschaftsverlag GmbH
Rosenheimer Straße 143, 81671 München, Deutschland
www.degruyter.com/oldenbourg
Ein Unternehmen von De Gruyter

Gedruckt in Deutschland

Dieses Papier ist alterungsbeständig nach DIN/ISO 9706.

ISBN   978-3-486-58552-0
eISBN   978-3-486-77963-9

Zum Geleit

Danke, dass Sie sich für dieses Buch entschieden haben. Es unterstützt die Aus- und Weiterbildung von Personen, die in der Kundenberatung von Banken und Versicherungen (*Investment Advisory*) tätig sind oder sein werden. Das Buch konzentriert sich auf drei Themen: Der Teil I (Kapitel 1 bis 6) behandelt die **Kundenberatung**, Teil II (Kapitel 7 bis 12) die **Finanzplanung** von Privatanlegern und Teil III (Kapitel 13 bis 16) **Anlagestrategien** und Anlagestile.

Die in den 14 Buchkapiteln behandelten Themen folgen dem Syllabus der Ausbildung zum *Certified Financial Planner* (CFP). Das Lesen eines Buches mit 300 Seiten kann zwar keine mehrjährige Gesamtausbildung ersetzen, doch es kann diese Ausbildung unterstützen. Die Ziele des Buches sind die Wissensvermittlung und die Förderung des Verständnisses der Zusammenhänge. Verständnis ist die wichtigste Quelle für Argumente, mit denen Anlageempfehlungen erklärt und begründet werden können. Sodann möchte das Buch zu einer besser strukturierten praktischen Arbeit verhelfen. Im Niveau entspricht es dem vom CFB Board empfohlenen Niveau zwischen Bachelor- und Masterprogrammen.

Darf ich mich kurz vorstellen? Nach Studium, Promotion, Habilitation und einer Lehrstuhlvertretung (München, Karlsruhe) hatte ich in für 13 Jahre einen Lehrstuhl für Wirtschaftswissenschaften inne (Ulm), einen für International Finance (Hongkong) und ich war 22 Jahre Ordinarius an der Universität St.Gallen. Gastprofessuren haben mich nach Vancouver, Taipeh, Innsbruck geführt. Darüber hinaus habe ich in Frankfurt (Oder), in Wien, Graz,  Schanghai und Singapur gelehrt. Für das Thema des Buches habe ich Lehrveranstaltungen an der Universität Liechtenstein auf allen Niveaus – Berufsausbildung, Bachelorstudium, Masterstudium und Executives – aufgebaut und über Jahre hinweg gehalten.

Daneben habe ich an verschiedenen praktischen Projekte mitgewirkt, für Banken gearbeitet und als Mitglied des Verwaltungsrats von Vermögensverwaltungen gedient. In all diesen Jahren haben mich Partner und Menschen begleitet und unterstützt: privat meine Frau Attilia; an den Hochschulen Assistierende, Schülerinnen und Schüler. Von ihnen, und in der Gemeinschaft der Forschenden habe ich viel lernen können. Ihnen allen sei gedankt. Mein Dank geht auch an das Lektorat und die Herstellung im Verlag.

Nun wünsche ich Ihnen als Leserin oder Leser nicht nur, dass Sie mit diesem Buch Ihre Kenntnisse bereichern, etwa für die berufliche Tätigkeit in der Finanzberatung. Vielleicht verhelfen Ihnen die Kenntnisse sogar dazu, mit der eigenen Geldanlage voranzukommen.

Klaus Spremann, November 2013

Inhaltsverzeichnis

I Kundenberatung

1 Dienstleistungen

Weniger bemittelt, wohlhabend oder reich? Im Wealth Management geht es um immer die gleichen Dienstleistungen, doch die Ansprüche sind unterschiedlich

Das erste und das zweite Kapitel führen in das Thema des Buches ein. Die im Wealth Management angebotenen Dienstleistungen sowie die wichtigsten Zielgruppen oder Kundensegmente werden dargestellt. Fünf Lernziele sollen erreicht werden: 1. Die sieben Dienstleistungen beschreiben können. 2. Gemeinsamkeiten und Unterschiede der drei Stufen Personal Banking (Schalterkunden, Retailbanking), Premier Banking und Private Banking näher darstellen können. 3. Die drei Vertragsverhältnisse der Execution-Only-Beziehung, des Beratungsmandats und des Mandats für Vermögensverwaltung definieren. 4. Wichtige Ansätze und Vorgehensweisen verstehen. 5. Namen von Personen und Einrichtungen sowie Produktbezeichnungen und Begriffe in ein Gespräch einfließen lassen können.

1.1 Angebot und Anbieter

Wissen und eine Flut von Daten

Noch vor wenigen Jahrzehnten hatten nur wenige Familien eigene Finanzanlagen. Mit dem allgemein gestiegenen Wohlstand ist dies ganz anders geworden. Praktisch alle Menschen und Privathaushaltungen verfügen heute über Geldanlagen, auch wenn deren Höhen sich unterscheiden. Alle Menschen interessieren sich dafür, wie Geld am besten angelegt wird, welche Wertpapiere gekauft werden sollten, welches Gewicht dabei Aktien haben sollten und ganz generell wie ein persönliches Finanzvermögen erfolgreich aufgebaut wird.

Das Wissen dazu ist in den letzten Jahrzehnten durch Forschung und Praxis gewachsen. Nobelpreise wurden für Erkenntnisse vergeben, wie die Finanzmärkte funktionieren.

Von ihnen sollen drei Schöpfer der **Modernen Portfoliotheorie** (MPT) genannt werden:

1. HARRY MARKOWITZ (geboren 1927) erhielt den Wirtschaftsnobelpreis für die Schaffung der Modernen Portfoliotheorie (MPT) – ein quantitativer Ansatz zur Berechnung optimal diversifizierter Portfolios. Er zeigte, dass der Diversifikationseffekt um so größer ist, je weniger die Anlagen untereinander korreliert sind. MARKOWITZ erhielt den Nobelpreis 1990 zusammen mit MILLER und SHARPE.

2. JAMES TOBIN (1918-2002, Nobelpreis 1981) hat über mehrere Themen des Investments gearbeitet. In der Portfoliotheorie geht die Entdeckung des so genannten **Marktportfolios** sowie der **Kapitalmarktlinie** auf TOBIN zurück. Unter gewissen Annahmen, mit denen die Untersuchung etwas vereinfacht wird, haben alle Investoren Portfolios, die hinsichtlich der risikobehafteten Anlagen identisch zusammengesetzt sind. Diese Erkenntnis von TOBIN bietet die Grundlage für **Anlagefonds**, die einer breiten Kundschaft angeboten werden können und trotz Aufgabe der individuellen Anpassung, für alle Anleger optimal diversifizierte Portfolios bieten. TOBIN hat auch die nach ihm benannte Steuer vorgeschlagen, um Spekulationen einzudämmen.

3. WILLIAM F. SHARPE (geboren 1934, Nobelpreis 1990) hat das **Capital Asset Pricing Model** (CAPM) gefunden und die Bedeutung des als **Beta** bezeichneten Faktors herausgearbeitet. Das Beta drückt aus, wie stark die Tages-, Wochen- und Monatsrenditen eines Einzeltitels in Einklang mit denen das Marktindexes stehen.

Vermögensverwaltungen wie Banken, Versicherungen und Finanzmakler haben beste Praktiken entwickelt. Aktuelle Preisinformationen und Wirtschaftsdaten sind überall erhältlich. All dieses Wissen – Theorie, Empirie, beste Praktiken, Wirtschaftsdaten – wird in Sendungen, Vorträgen und Schulungen angeboten. Darstellungen mit Lehrfilmen können herunter geladen werden. Das Wissen und die Fakten werden täglich mit Interpretationen, Meinungen und Empfehlungen angereichert und von einer Myriade von Analysten und Börsengurus in den Medien verbreitet.

Dahinter steht eine stark ausgebaute Industrie von Finanzdienstleistern: Banken, Versicherungen sowie in ihrer Nachbarschaft tätige Finanzfirmen und unabhängige Vermögensverwalter. Sie alle bieten professionellen **Rat**. Die meisten vermitteln ihrer Kundschaft Produkte für die Geldanlage. Banken ermöglichen den Zugang zu den Finanzmärkten (**Brokerage**). Investmentbanken erzeugen und strukturieren im Financial Engineering **Strukturierte Produkte** für die Anlegerschaft und bieten sie direkt oder über Vertriebspartner zum Kauf an. Eventuell pflegen Investmentbanken dann auch die Handelsmöglichkeit mit **Investmentfonds** (**Anlagefonds**), mit strukturierten Produkten und mit anderen Instrumenten für die Geldanlage.

Sieben Finanzdienstleistungen

Das allseitige, gleichwohl heterogene Interesse hat dazu geführt, dass Finanzdienstleistungen in verschiedensten Varianten angeboten werden. Der Wettbewerb der Banken und der anderen Finanzdienstleister bewirkt, dass dieses Angebot differenziert auf Bedarfsgruppen zugeschnitten, qualitativ hoch stehend und preislich akzeptabel ist.

So unterschiedlich die Bedarfsgruppen auch sind, stets werden neben **Produkten** für die Geldanlage einschlägige **Finanzmarktinformationen** geboten und des weiteren **individualisierter Rat** sowie **Unterstützung bei Börsentransaktionen** bis hin zur **Gesamtübernahme aller Planungen und Ausführungen**. Zu den genannten Dienstleistungen kommt noch der **Bericht** über das jeweils abgelaufene Jahr hinzu und die Erklärung der erreichten Performance.

Insgesamt umfasst die Vermögensverwaltung für Privatkundschaft sieben Dienstleistungen:

1. **Anlageprodukte** anbieten: Kontoführung, Sparprodukte, Festgeld, Versicherungen mit Ansparvorgang, Renten, Bausparen, Fondssparen.

2. **Brokerage**: Zugang zu Finanzmärkten: Führung von Wertpapierkonten für Kunden (Depotverwaltung), Weiterleitung von Order der Kundschaft an die Börsenorganisationen, Abrechnung der Börsenaufträge.

3. **Custody**: Sichere Verwahrung der von Kunden gekauften Wertpapiere.

4. **Finanzinformationen**: Aufbereitung allgemeiner Finanz- und Wirtschaftsinformationen. Angebot von Finanzanalyse zu einzelnen Titeln (Kaufempfehlungen) und Research zur Entwicklung von Branchen, Ländern, Währungen und Zinsen.

5. **Individueller Rat**: Den Kunden wird bewusst gemacht, in welcher finanziellen Situation sie stehen. welche Risikotoleranz und welche Ziele sie haben (Erarbeitung des Kundenprofils). Daraus werden die Handlungsmöglichkeiten abgeleitet und gezeigt, welche finanziellen Maßnahmen und Anlagen sich empfehlen. Insbesondere erhalten Kunden auf ihre Situation und die persönlichen Ziele abgestimmte Vorschläge für die Vermögensstruktur.

6. **Reporting**: Periodische und fallweise Berichterstattung über das aktuelle Vermögen und das erreichte Anlageergebnis mit Erklärungen der Performance.

7. **Extraservices**: Zusatzdienstleistungen zur Pflege der Kundenbeziehung. Dies können Einladungen zu Kunst und Kultur sein, ein Concierge-Service, Organisation von medizinischen Dienstleistungen und anderes mehr.

Die vier ersten Finanzdienste (Produkte, Brokerage, Custody, Finanzinformationen) sind eher standardisierte Funktionen, die drei danach genannten (Rat, Reporting, Extraservice) sind individuell erbrachte Services. Bündel aus diesen Funktionen und Services, gedacht für die Vermögensverwaltung einer Privatkundschaft, werden traditionell als **Private Banking** bezeichnet.

> Mit dem Begriff *Private Banking* wird erstens die von der Anlagekundschaft allgemein gewünschte Individualisierung und Hervorhebung aus dem Schaltergeschäft (Retailbanking) der Banken angesprochen, zweitens die Vertraulichkeit der persönlichen Finanzsituation, Präferenzen und Ziele. Als alternative Bezeichnung für die Vermögensverwaltung der Privatkundschaft wird zunehmend **Wealth Management** verwendet. Der englische Begriff **Wealth** bedeutet *Vermögen, Wohlstand*. Und viele Privatpersonen wollen mit ihren Finanzanlagen den materiellen Wohlstand sichern und mehren.

Diese Dienstleistungen werden von Banken, Versicherungen, kleineren Finanzfirmen und unabhängigen Vermögensverwaltern angeboten. Die sehr großen Banken bieten alle Dienstleistungen, kleinere Banken, Finanzfirmen und Vermögensverwalter konzentrieren sich auf Teilbündel der sieben Dienstleistungen. Beispielsweise werden Finanzanalyse und Research nur von wenigen Banken selbst betrieben, während die meisten anderen Anbieter Research einkaufen.

One-Stop-Banking oder Netzwerk von Partnern?

Die zwei größten Häuser, die originäres Research betreiben, sind 1. *Bank of America Merrill Lynch* sowie 2. *UBS*. Damit sind zugleich die größten Vermögensverwalter der Welt genannt, wobei die Größe an dem verwalteten Vermögen gemessen wird. Es beträgt jeweils um die 2000 Milliarden Dollar.

Auf den nachfolgenden Plätzen der zehn größten Vermögensverwaltungsbanken stehen: 3. *Wells Fargo*, 4. *Morgan Stanley*. 5. *Credit Suisse*, 6. *Royal Bank of Canada*, 7. *HSBC*, 8. *Deutsche Bank*, 9. *BNP Paribas*, 10. *Pictet*. Die verwalteten Vermögen liegen bei 1700 Mrd Dollar (*Bank of America*), und jeweils bei rund 400 Mrd Dollar (*HSBC, Deutsche Bank, BNP Paribas, Pictet*).[1] Die sehr großen Banken sind global tätig, und zwar nicht nur, weil die Wohlhabenden ihre Residenz in Städten wie London, New York, Singapur, Hong Kong, Genf, Shanghai haben. Wohlhabende Personen, oftmals Unternehmer, haben auch Finanzgeschäfte zu tätigen, die überall Niederlassungen verlangen.

Einige Kunden wünschen im Wealth Management „alles aus einer Hand" (**One-Stop-Banking**). Andere stellen sich ein **Netzwerk** verschiedener Anbieter zusammen, die in geeigneter Arbeitsteilung die sieben genannten Dienstleistungen erbringen und sich untereinander koordinieren. Dabei sind die Partner im Netzwerk durch Rahmenverträge rechtlich verbunden.

→ Die großen Häuser werben für das One-Stop-Banking. Die *Deutsche Bank* beispielsweise verbindet mit ihrem *Deutsche Asset & Wealth Management* alle Funktionen und Kapazitäten, um so ein umfassendes Sortiment von Produkten und Lösungen von Weltklasse anzubieten. Für alle soll ein einheitliches Modell gelten, in dessen Zentrum der Kunde gerückt wird. Besondere Betonungen liegen auf: 1. Single Gateway. 2. One Bank Delivery. 3. Relationship Insights. 4. Solutions Across Asset Classes. 5. Market Connectivity.[2] □

→ Die kleineren Häuser und die unabhängigen Vermögensverwalter werben hingegen für die Zusammenstellung der Dienstleistungen in einem Netzwerk. Sie zeigen dazu deutlich, auf welche Teilfunktionen sie sich jeweils konzentrieren. Der unabhängige Vermögensverwalter Bamert & Partner[3] in Zug etwa spricht die Grundbeziehung von drei Parteien — Kunde, Vermögensverwalter, Depotbank — an und erläutert: *Unser Business-Modell verbindet Ihr Mandat mit Bamert & Partner. Ergänzend dazu besteht Ihr Auftrag an die Depotbank zur reinen Kontoführung. Dieser Kreis schliesst sich durch den Rahmenvertrag, den wir mit Ihrer Bank eingehen.* □

→ In einem Netzwerk sind dann auch Spezialisierungen möglich. Der Kunde entscheidet bei der Zusammenstellung des Netzwerks von Anbietern, welche Spezialisierungen er wünscht. *Kraemer, Schwab und Co. AG* in Zug beispielsweise betont eine langfristige Orientierung, die auf Value und auf Contrarian Investing setzt und Der Strategie Buy-and-Hold folgt. □

---

[1] Finanz und Wirtschaft 13. Juli 2013, p.5.

[2] https://www.deawm.com/Our-Clients/Overview

[3] http://www.bamertpartner.ch/anlageberatung/business_modell.shtml

→ Einige der im Netzwerk zusammenarbeitenden Partner konzentrieren sich auf spezielle Situationen, in denen Kunden stehen. *Arth Krawietz Pfau AG* in Zürich bietet sich als Sparringpartner im Lebenszyklus an, offeriert Unterstützung im Change Management, so etwa bei der Identifikation von Hürden und der Evaluation von Chancen, und leistet auf Wunsch Coaching.[4] □

Private Banking Kunden werden immer wieder von den externen, unabhängigen **Vermögensverwaltern** umworben. Dabei handelt es sich um Finanzfirmen, die keine Banklizenz haben, indessen Mandate für das Management von Portfolios sowie die Betreuung ihrer Kunden übernehmen. Erteilt der Kunde einem solchermaßen freien Vermögensverwalter das Mandat, dann bleibt die Bankbeziehung bestehen: Das Wertpapierkonto und alle Transaktionen werden über die bisherige Bank abgewickelt. Nur werden die Order vom Vermögensverwalter eingegeben, der dann gegenüber den Kunden berichtet. Die Bank sorgt weiterhin für die sichere Verwahrung der Wertpapiere (Custody) und bedient wie bisher den Kunden mit Leistungen wie Führung der Konten und Zahlungsverkehr sowie eventuellen Krediten.

Die freien Vermögensverwalter werben meist mit einem aktiveren Portfoliomanagement oder einem besonderen Anlagestil, den sie (aufgrund von Forschungen) als versprechend darstellen. Gelegentlich gehen freie Vermögensverwalter auf ihre Kundschaft noch stärker ein, als dies vielleicht der Bank möglich ist.

Relationship oder Transaktion?

Im Wealth Management gibt es zwei große Traditionen. In der Schweiz liegt und lag stets die Betonung auf der vertrauensvollen, daher auf Langfristigkeit beruhenden Beziehung zwischen Kunde und Bank. Das Kernprodukt im **Swiss Private Banking** ist zudem die weitgehende Delegation der Geldanlage an die Bank. Die meisten Kunden *Swiss Private Banking* im erteilen ein diskretionäres Mandat für die Vermögensverwaltung. Mandat kommt vom lateinischen *aus der Hand geben* und bedeutet hier, dass der Kunde die Entscheidung über Käufe und Verkäufe von Wertpapieren ebenso wie die Ausführung der Order an die Bank delegiert. Unabhängig davon zeigt sich die hohe Bedeutung der Beratung und der Unterstützung im *Swiss Private Banking* bei komplexeren Finanzfragen wie etwa einer Nachfolgeregelung. Hier sind alle Banken der Schweiz vorbereitet, direkt oder durch Hinzunahme von Partnern individuelle Lösungen zu erarbeiten und umzusetzen.

In den angelsächsischen Ländern standen zumindest früher der Vertrieb von Anlageprodukten und das Brokerage im Mittelpunkt. Bei der Vermögensverwaltung ging es stets um Standardisierung und um nur wenige Grundtypen von Anlageprodukten – wie Anlagefonds und Exchange Traded Funds – mit denen letztlich der überwiegende Teil der Bedürfnisse in der Vermögensverwaltung auf kostengünstige Art befriedigt werden kann.

---

[4] http://www.akp-ag.ch/index.html

→ Doch die Situation wandelt sich. Die amerikanische Bank *Charles Schwab* war als typischer Discount Broker früher auf Execution-Only-Beziehungen konzentriert. Heute wird auf der Homepage betont: *Every Schwab account comes with investment help and guidance*. Allerdings wird Rat vielfach mit standardisierten Verfahren, beispielsweise über das Internet, geboten. Üblich sind auch standardisierte Prozeduren beim Phone Banking mit einer Service Line. □

Aus Kostengründen – und vielleicht sogar, um unbeeinflusst von Rat handeln zu können – wünschen Kunden ab und zu eine solche **Execution-Only-Beziehung**, ein **Discount-Brokerage**. Doch überall wurden Gesetze zum Schutz der Kunden geschaffen. Risikoaufklärung ist zur Pflicht geworden. Banken werden in die Haftung genommen. Daher werden reine Execution-Only-Beziehungen heute in Vertragsbeziehungen zwischen Kunde und Bank eingebettet, die vom Grundsatz her Beratung vorsehen. Praktisch alle Banken bieten E-Banking als zusätzliche Dienstleistung, nicht aber als alleinigen Weg der Vermögensverwaltung. Deshalb ist Wealth Management kein reiner Verkauf oder Kauf von Anlageprodukten und von Anlageinstrumenten.

Die Industrie ist in Bewegung: Discount Broker mutieren zu Einrichtungen, die Beziehungen pflegen und finanziellen Ratschlag vermitteln. Banken, die traditionell immer ausführlich und umfassend beraten haben, bieten heute ihren Kunden unterschiedliche Intensitäten der Beratung (mit entsprechender Preisbildung) an. Zunehmend werden neben einer Grundberatung ergänzende Beratungspakete wählbar, und der Kunde kann hinsichtlich der Beratung zwischen mehreren Stufen der Intensität wählen. So ist bei der Aufnahme einer Vertragsbeziehung nicht allein darüber die Vermögensallokation zu entscheiden, wie also die verschiedenen Geldanlagen gewichtet werden und welcher Anlagestrategie gefolgt werden sollen. Ebenso relevant ist die Wahl der gewünschten Intensität der Beratung.

1.2   Kundengruppen

Ansprüche wachsen mit dem Vermögen

Wie in anderen Lebensbereichen auch, unterscheidet sich die Privatkundschaft hinsichtlich der an eine Vermögensverwaltung gestellten Ansprüche. Üblicherweise teilen die Anbieter (Banken, Versicherungen, Finanzfirmen) in der Vermögensverwaltung die Privatkundschaft nach ihrem *Bedarf* in **Zielgruppen** ein.

> Die Ansprüche sind in aller Regel um so größer, je höher das zu verwaltende Vermögen ist. Auch die Bereitschaft, für die Dienste zu zahlen, nimmt mit der Höhe der Vermögens zu. Daher dient die Vermögenshöhe den Finanzdienstleistern als Indikator für das von einer Kundin oder einem Kunden gestellte Anspruchsniveau sowie für die Zahlungsbereitschaft.

Bei der Einschätzung von Anspruchsniveau und Zahlungsbereitschaft wird zum vorhandenen Finanzvermögen das so genannte **Potential** gerechnet, also die in den nächsten Jahren zu erwartete Vermögensänderung. Wer hohe Arbeitseinkommen bezieht, wird mit der Zeit ein höheres Finanzvermögen haben und stellt in dieser Erwartung bereits heute mehr Ansprüche an die Vermögensverwaltung. Wer von den Finanzanlagen lebt und es dabei aufzehrt, wird mit der Zeit auch hinsichtlich der Breite und Tiefe der benötigten Vermögensverwaltung bescheidener. **Das Anspruchsniveau wird anhand des erwarteten Vermögens eingestuft, das eine Person oder ein Privathaushalt in fünf oder in zehn Jahren haben dürfte.**

Wie kann das zukünftige Vermögen eingeschätzt werden? Indizien deuten darauf hin, ob das Finanzvermögen eines Kunden durch Neuanlagen noch steigen oder ob es eher zurückgehen wird:

- Ein erstes Indiz, das von allen Banken beobachtet wird, ist ein Baukredit. Haushalte, die ein Haus bauen, stehen oft zu Beginn einer Lebensphase der weiteren Entwicklung von Einkommen und Vermögen.

- Ein zweites Indiz ist der Lebensstil. Die meisten, wenn gleich nicht alle Personen orientieren sich bei ihren Geldausgaben an dem Einkommen, das sie selbst für sich als nachhaltig ansehen – so die Aussage der auf MILTON FRIEDMAN (1912-2006) zurückgehenden **Permanente Einkommenshypothese (PEH)**. Daher deutet der Lebensstil auf das Vermögen, das heute noch nicht, doch später vorhanden sein wird und dann anzulegen ist.

- Ein drittes Indiz ist der familiäre Hintergrund. So beispielsweise die Frage, ob es unternehmerische Beteiligungen gibt und einmal ein Erbe angetreten werden kann.

Personal, Premier und Private Banking

Nach dem Vermögen eingestuft, das eine Person oder ein Privathaushalt in fünf oder zehn Jahren haben dürfte, werden üblicherweise drei Segmente unterschieden: das untere Segment, das mittlere und das obere Segment. Sie werden mit (1) **Personal Banking**, (2) **Premier Banking** und als (3) **Private Banking** oder mit ähnlichen Begriffen bezeichnet.

Weitere Kundengruppen, die Finanzanlagen tätigen, sind (4) Firmen und (5) andere Institutionen wie zum Beispiel Stiftungen. Viele Banken behandeln auch (6) Jugendliche als eigenes Segment.

Welche Vermögenshöhen einschließlich Potential die drei Segmente (1) Personal, (2) Premier und (3) Private Banking trennen, wird von den Finanzdienstleistern unterschiedlich gehandhabt. Denn die jeweilige Gesamtheit der von einer Bank oder Versicherung angesprochenen Kunden unterschiedet sich erheblich von Dienstleister zu Dienstleister. Die meisten regionalen Banken beispielsweise unterscheiden Personal und Premier Banking. Große Geschäftsbanken legen ihren Schwerpunkt oftmals auf das Premier Banking. Privatbanken sehen oftmals das Private Banking als das Segment an, dem ihre meisten Kunden zuzuordnen wären. Ein Zweites kommt hinzu: Der Median des Finanzvermögens ist in den einzelnen Ländern und über Berufsgruppen hinweg gesehen höchst unterschiedlich.

Eine Übersicht bietet der im Internet verfügbare *Allianz Global Wealth Report*. MICHAEL DIEKMANN, Vorstandsvorsitzender der Allianz SE, weist im Vorwort auf zwei Trends der letzten Jahre hin: 1. Die Menschen in den ärmeren Ländern werden wohlhabender, auch wenn eine Konvergenz der durchschnittlichen Vermögenssituation erst in einer Dekade eintreten dürfte. 2. Angesichts des demographischen Wandels, der stärkere eigenverantwortliche Vorsorge notwendig macht, werden die Menschen hierzulande mit ihrer Neigung zu risikoarmen Sparformen kaum den verlangten langfristigen Vermögensaufbau schaffen.[5]

Die nachstehend genannten Beträge, anhand derer das untere, das mittlere und das obere Segment im Wealth Management getrennt werden, sind nur *indikativ*. Das untere und das mittlere Segment – Personal und Premier Banking – sollen durch ein (in fünf oder zehn Jahren erwartetes) Finanzvermögen von **einhunderttausend Euro** getrennt werden. Das mittlere und das obere Segment – Premier und Private Banking – werden durch Finanzvermögen inklusive Potential in Höhe **einer Million Euro** unterschieden werden. Die meisten Banken verwenden weitere Indikatoren, um für Kunden die passende Angebotsklasse für die Dienstleistungen der Vermögensverwaltung zu finden. Einige Banken nehmen Kunden mit geringerem Vermögen in ein höheres Segment, wenn die Kunden komplexere Geldanlagen vorhaben. Das ist der Fall, wenn die Kunden Aktien und ab und zu Derivate kaufen. In Europa werden die Grenzen eher verdeckt gehalten, damit Kunden in den unteren Segmenten nicht denken könnten, sie würden vernachlässigt. In Amerika sind für die angebotenen Programme transparente Mindesthöhen für das Vermögen üblich und erschrecken dort niemanden. Doch wir haben uns alle verändert: Auch in Europa ist bekannt, was ein Mercedes-Benz der S-Klasse kostet. Dennoch sind viele der Kompaktklasse beweglich und zufrieden.

Triage oder Selbstwahl

In einigen Städten wie Genf und Zürich gibt es **Laufkundschaft**: Personen, die bei einem Besuch in der Stadt die Schalterhalle einer Bank besuchen und für die Anlage um ein Erstgespräch nachsuchen. Zum Zeitpunkt der Terminvereinbarung kann die kontaktierte Person an der Rezeption schlecht fragen, wie hoch das Finanzvermögen sei.

Bewährt hat sich dann eine **Triage**. Der Begriff stammt aus der Notfallmedizin: Ein Experte begutachtet die hereinkommenden Fälle und entscheidet über Behandlungsart, Priorität und Dringlichkeit. Viele Banken nehmen bei der Laufkundschaft in einem allerersten Gespräch eine Triage vor. Das Gespräch für eine Triage kann kurz sein. Es wird von einem Senior Banker geführt. Wie immer prägt der erste Eindruck. Nach der Zuweisung der Neukundschaft zu einer Anlageberaterin oder einem Anlageberater wird die dann entstehende Beziehung vertrauensvoller und kann folglich kaum mehr revidiert werden. Daher ist eine gute Triage für den Gesamterfolg einer Kundenbeziehung sehr wichtig.

---

[5] KATHRIN BRANDMEIR, MICHAELA GRIMM, MICHAEL HEISE, ARNE HOLZHAUSEN: Allianz Global Wealth Report 2011. Allianz SE, Economic Research & Corporate Development, München 2013.

Alternativen zur Triage sind Selbstwahlschemata: Anstatt einem Neukunden ein Segment zuzuweisen, trifft der Neukunde die **Selbstwahl**. Um sie zu ermöglichen, werden Neukunden sofort mit den Abstufungen und Segmenten im Wealth Management vertraut gemacht. Für die Selbstwahl genügen einfache Darstellungen der Angebotsstufen, denn heute sind die Menschen mit Selbstwahlschemata bestens vertraut. Die Kunden entscheiden dann, ob sie im untersten, im mittleren oder im obersten Segment des Wealth Management ihr Erstgespräch führen wollen und sie geben ihre Entscheidung bekannt. Beispielsweise stellt die *Migros Bank* im Internet diese Fragen für die Selbstbestimmung des Kundensegments:

- Wollen Sie über einen längeren Zeitraum hinweg mehr als 100.000 Franken anlegen, eröffnen sich Ihnen alle Möglichkeiten der Vermögensverwaltung mit Anlagefonds? Dabei sind fünf Anlagestrategien für die Ziele *Einkommen*, *Konservativ*, *Ausgewogen*, *Wachstum* oder *Dynamisch* möglich.

- *Möchten Sie langfristig über CHF 250.000 investieren, profitieren Sie von den Vorteilen der klassischen Vermögensverwaltung* (wieder werden fünf Anlagestrategien verfolgt und das Geld wird in sorgfältig ausgewählte Direktanlagen und Anlagefonds investiert).

- Ferner wird ein *Premium Banking* angeboten, das ab 750.000 Franken Depotwert geringere Depotgebühren mit zusätzlichen Vergünstigungen bietet, sowie einen persönlichen Ansprechpartner für alle Bankbelange zuordnet.[6]

Gleichermaßen bieten die Vermögensverwalter Beratungspakete zur Selbstwahl an. Sie betreffen große Vermögen und Situationen, in denen der Kunde das Portfoliomanagement selbst vornimmt, eventuell aber Spezialisten als Gesprächspartner sucht. Inhalt, Häufigkeit der Kontakte, und die teilnehmenden Gesprächspartner (zum Beispiel Kundenbetreuer, Portfoliomanager, Spezialisten aus dem Investment Consulting) werden dargestellt und sind als Zusatzpaket wählbar. Bei der Entscheidung zwischen Triage und Selbstwahl werden vor allem Empfindlichkeit und auch Neid vor dem Hintergrund kultureller Gewohnheiten zum Thema. Mit den Änderungen in der Gesellschaft, werden Transparenz und Selbstwahl zukünftig breiter akzeptiert.

1.3 Personal und Premier Banking

Sparplan oder Bezugsplan

Das unterste Kundensegment des **Personal Banking** in der Vermögensverwaltung für Privatpersonen soll als erstes skizziert werden. Die Kunden werden auch als **Individualkunden** bezeichnet und das Geschäft mit ihnen als Schaltergeschäft oder Retailbanking.

---

[6] http://www.migrosbank.ch/de/Private/Anlegen/VermoegensverwaltungClassic/default.htm

Bankkunden, bei denen die in einigen Jahren zu erwartenden Finanzmittel unter 100.000 Euro liegen, tätigen Geldanlagen bei Besuchen in der Schalterhalle einer Bank und in Gesprächen mit jenen Bankmitarbeiterinnen und Bankmitarbeitern, die gerade frei sind. Die Individualkunden legen Festgeld an, zeichnen Sparverträge oder wählen das Fondssparen. Die Bestände werden auf einigen wenigen Konten verzeichnet. Die Individualkunden geben keine Börsenaufträge auf und sie unterhalten kein Depot (Wertpapierkonto) für Anleihen oder Aktien generell.

Die Beratung an den Gesprächstischen in der Schalterhalle dient hauptsächlich dem Vertragsabschluss, weniger der Übermittlung vom Kunden gewünschter Transaktionen. An den Gesprächstischen werden Vertragsformulare unterschrieben. Die einzelnen Transaktionen werden dann vom Kunden über das Internet oder über ein **strukturiertes Phonebanking** in die IT der Bank eingegeben. Das Phonebanking ist besonders im Angelsächsischen weit verbreitet.

Da die Transaktionen in diesem Segment kleine Geldbeträge betreffen, werden die Kunden in der Regel zu einem Plan genötigt. Beim Personal Banking hat die Kundschaft, abgesehen von weiteren Bankdienstleistungen (Karten, Konti, Kredit) hinsichtlich des Finanzvermögens dann entweder einen **Sparplan** oder einen **Bezugsplan** mit Anlagefonds, die gut diversifiziert den Markt breit abdecken. Die Anlagefonds stehen in drei bis fünf Risikogruppen zur Verfügung, etwa mit 0% Aktien (*Einkommen*), 25% (*Renditeorientierung*) und 50% Aktien (*Ausgewogenheit*).

Zur Beratung von Schalterkunden werden verstärkt Printmedien eingesetzt, also Erläuterungen in Prospekten. Die Mitarbeiterinnen und Mitarbeiter der Bank müssen vermeiden, dass sie ein Kunde in zeitlich zu lange Gespräche über Details oder Randthemen verwickelt. Fragen etwa nach einzelnen Aktien werden durch Verweis auf die angebotenen Fonds und die Notwendigkeit der Diversifikation umgelenkt. Gleichwohl wird das Bankpersonal die Kundschaft stets fragen, was es sonst noch zu besprechen ist. Jedes Gespräch bietet Anknüpfungspunkte für **Cross-Selling**. Beispielsweise werden Kunden gefragt, ob für sie nicht auch eine Kreditkarte nützlich wäre.

Risikoprofil

Auch Kunden, die mehr Geld anzulegen haben, beginnen oft mit Schaltergeschäften. Aus den Schalterkunden wachsen daher oftmals Kunden für die höheren Segmente. Entweder steigt das Finanzvermögen im Verlauf der Zeit und legt eine Ausweitung der Produktpalette und einen Segmentwechsel nahe. Oder die Schalterkunden unterhalten noch andere Bankverbindungen und führen irgendwann die Konten zusammen. Dann gibt es Erbschaften und andere Ereignisse, durch die ein Schalterkunde in ein höheres Segment gelangt. Der Schalterkunde wird indes im untersten Segment von Wealth Management eher auf Produkte gelenkt als auf einen menschlichen Ratgeber. Für die Geldanlage werden Sparprodukte, Lebensversicherungen und die Akkumulation von Fondsanteilen favorisiert.

Um trotz der Betonung von Produkten Individualisierung zu erreichen, bilden die Banken eine Grundmenge von Situationen, in denen ein Kunde sich befinden könnte. Jede Situation wird in Broschüren und Bildern dargestellt. Der Kunde ist eingeladen, die bebilderten Situationen kurz anzusehen und zum Erkennen zu geben, in welcher der Situationen er sich befindet und welche daher am besten seine (finanziellen) Bedürfnisse wiedergibt. Der Kunde nimmt eine **Identifikation** der eigenen Situation vor. Ohne großen Aufwand trifft die Identifikation in der Regel zuverlässig jene Finanzdienstleistungen, die einer Kundin oder einem Kunde am meisten helfen.

Eine klassische Einteilung in Situationen orientiert sich am **Lebenszyklus**, damit am Alter, und an alterspezifischen Ereignissen. Die zur Identifikation angebotenen Situationen sind dann der Berufsanfang (Dienstleistungen: Finanzierung Autokauf, Krankenversicherung), die Gründung einer Familie (Kredit, Versicherung), der später folgende Hausbau, die Zeit der Karriere (Anlagefonds), das Alter und die Verrentung von Kapitalien.

→ Beispielsweise schreibt *Migros Bank*: *In den verschiedenen Phasen des Lebens werden unterschiedliche Ziele verfolgt. Dementsprechend verändern sich Prioritäten. Einmal sind Karriere und Unabhängigkeit wichtig, dann Partnerschaft und Familie und ein anderes Mal Erfüllung und Sicherheit. Gute Beratung nimmt darauf Rücksicht.* Ähnlich nennt die *HSBC* in Hong Kong Stationen des Lebens, die ihre jeweiligen finanziellen Dienstleistungen verlangen, darunter: *getting your master's degree, having a family, becoming director, early retirement.* □

> Die Situation im Lebenszyklus gibt Hinweise auf die finanzielle Situation. Vor jeder Öffnung eines Kontos für eine Akkumulation von Anlagefonds sorgt die Bank für eine Aufklärung über die Risiken. Die finanzielle Situation bestimmt die **Risikofähigkeit**. Die Bank schätzt außerdem die persönliche **Risikotoleranz** durch eine strukturierte Befragung. Die Risikotragfähigkeit und die Risikotoleranz legen das **Kunden-** oder **Risikoprofil** fest. Aus dem Risikoprofil folgt der Umfang an Risiken, die maximal eingegangen werden sollen. Die Bank konzentriert ihre Empfehlung dann auf Fonds, die dieses Risikoniveau nicht übersteigen (Sicherheit, Renditeorientierung, Balanciertheit). Die Ergebnisse der Feststellungen des Profils (Risikofähigkeit und Risikotoleranz) werden dem Kunden erklärt und protokolliert.

Zur Feststellung des Risikoprofils dienen Fragen zur finanziellen Situation und Fragen zur Wahrnehmung von Risiken. Im Internet werden Interviews angeboten, die das Risikoprofil feststellen und in einen passenden Anlagevorschlag umsetzen. Eines der zahlreichen Beispiele für einen solchen **Profiler** wird von der *Bank Linth* (Uznach, St. Gallen) im Internet bereitgestellt.[7]

Premier Banking

In einem mittleren Segment haben die Kunden ein Finanzvermögen, dessen Höhe (in fünf bis zehn Jahren) zwischen einhunderttausend und einer Million Euro liegen dürfte. Die Kundenbeziehung wird mit einer Bezeichnung wie *Advance* oder *Premier* hervorgehoben.

Die meisten Banken haben für das **Premier Banking** eigene Räumlichkeiten eingerichtet, mit einer Sitzecke für Wartezeiten. Dort wird ein Getränk angeboten. Außerdem wird eine sonst als be-

---

[7] http://www.banklinth.ch/de/Private-Anlegen/Anlagestrategien/Ihr-Risikoprofil/ihr-risikoprofil.php.

vorzugt erkennbare und zugleich nützliche Bedienung geboten, zum Beispiel mit kurzen Warte-zeiten. Emails werden schnell, individuell und treffend beantwortet. Nicht immer haben Kunden in diesem Segment (Premier Banking) einen persönlich zugeordneten Ansprechpartner. Premier Kunden führen ein Wertpapierkonto (Depot), das für alle Wertpapiere geeignet ist. Dennoch wird den meisten Kunden im Premier Banking angeraten, Anteile von Investmentfonds zu kaufen.

Als Basis für die Geldanlage werden fünf Anlagefonds angeboten, die Bezeichnungen wie **Ein-kommen** oder **Sicherheit**, **Konservativ**, **Ausgewogen**, **Wachstum** und **Dynamisch** tragen. Die fünf Anlagefonds verfolgen einen passiven Anlagestil mit guter Diversifikation. Sie sind durch zunehmende Anteile von Aktien gekennzeichnet. Im Aktienanteil gehen sie auch über 50% (Aus-gewogen) hinaus, der beim Personal Banking oftmals eine Obergrenze darstellt.

Zwar bieten die großen Banken eigene Fonds an, doch der Kundschaft im Premier Banking ist es ebenso möglich, Fondsanteile anderer Anbieter zu ordern. Immer wieder sind hierbei die Ausga-beaufschläge ein Thema für Gespräche und gerichtliche Auseinandersetzungen. Auch im Premier Banking sind **Sparplan** oder **Bezugsplan** möglich. Darüber hinaus wird die Kundschaft ermun-tert, eigene Order für den Kauf oder Verkauf der Fonds einzugeben.

> Die Anzahl der vorgeschlagenen Fonds ist im Premier Banking breiter als beim Personal Banking (wo vielfach nur drei Anlagefonds zur Wahl stehen). Dadurch lassen sich beim Premier Banking bereits verschiedenste Anlageziele und Anlagestile kombinieren.
>
> Beispielsweise können die Kunden im Premier Banking ihrem Portfolio ausgesprochen aktiv gemanagte Fonds beimischen, oder Fonds, die auf Spezialitäten setzen wie etwa Rohstoffe oder die Märkte der Schwellenländer.

Einige Banken offerieren ihren Premier Kunden zudem die Möglichkeit, kostengünstig Fondswechsel vorzunehmen. Das ist möglich, wenn die Programm mit hauseigenen Fonds abge-bildet werden. Die Bank wird versuchen, die Kundschaft im Premier Banking hin zu Anlagefonds führen. Soweit dies gelingt, sind Einzelinformationen, Finanzanalysen oder Kauflisten für die Privatkundschaft in diesem Segment weniger nötig. Doch die Kunden im Premier Banking müs-sen den Vorschlägen nicht folgen.

Einige der Premier Kunden kaufen nicht nur Fondsanteile, sondern ordern direkt Wertpapiere wie Anleihen und Aktien. Für die Eingabe werden zwei unterschiedliche Wege geboten.

1. Die Kundschaft kann Order durch Anruf bei den Beratern für das Premier Banking einge-ben (**Service-Line**) und erhält ein kurzes, personalisiertes Meinungsbild. Aufträge, die zum Kundenprofil nicht passen, werden mit Warnhinweisen zurückgewiesen.

2. Ohne einen Gesprächspartner seitens der Bank für ein Beratungsgespräch anzurufen, kön-nen Order direkt per **E-Banking** aufgegeben werden. Hier wählt der Kunde die Execution-Only-Beziehung zur Bank und wird als Direktanleger tätig. Von einer durch die Software vorgenommenen Plausibilitätsprüfung abgesehen werden keine **Warnungen** gegeben, wenn Order nicht zum Kundenprofil passen.

Die Bank offeriert ihrer Kundschaft im Premier Banking immer wieder Anlagevorschläge und gibt Kommentare zur Marktsituation. Allerdings kann ein Depot über beispielsweise 200.000 Euro nicht so gut diversifiziert werden, wenn es nur aus Einzeltiteln zusammengesetzt ist. Durch die Öffnung im Anlageuniversum besteht zudem die Gefahr, dass die Portfolios der Kunden einseitig werden, oder dass sie ohne Ziel gestaltet werden.

Diese Portfolios sind dann weder auf Anlageziele ausgerichtet noch sind sie **gut diversifiziert**: Bei gleich hoher Renditeerwartung könnte mit anderer Zusammensetzung eine Verringerung des Risikos erreicht werden.

Auch besteht die (empirisch beobachtete) Gefahr, dass die Kundschaft Verlierertitel zu lange in den Portfolios hält, selbst wenn Analysen für einen klaren Verkauf sprechen.

Beratungsmandate

Um solche Fehler einzudämmen, bieten Banken ein **Beratungs-Zusatzpaket** an. Es wendet sich an Kunden mit häufigem E-Banking und Kunden, die Einzeltitel gegenüber Investmentfonds vorziehen. Bei einem **Beratungs-Zusatzpaket** wird ein Experte beauftragt, der neben dem Finanzberater tätig wird. Der Experte unterbreitet periodisch Revisionsvorschläge für das Portfolio oder bietet sich vor einer Transaktion des Kunden als Gesprächspartner über das Telefon an. Der Preis für das Beratungs-Zusatzpaket liegt im Jahr bei rund 1% des Vermögens. Meistens beinhaltet dieser Preis Kosten, die bei einer Execution-Only-Beziehung ohnehin anfallen würden, so beispielsweise die Depotgebühr. Eventuell sind auch die Kommissionen für Börsenaufträge geringer, wenn der Kunde ein Beratungs-Zusatzpaket wählt. Einige Anbieterinnen sprechen von einem **Beratungsmandat**.

➔ *UBS* bietet ihren Kunden in der Schweiz einen Service, bezeichnet als **Advice**, der eine häufige, meist wöchentliche Überprüfung der Zusammensetzung des Portfolios durch Experten bietet, die individualisierte Änderungsvorschläge mitteilen. Außerdem wird ein jährlicher *Portfolio Health Check* geboten. Der Service verlangt eine Anlage von wenigstens 250.000 Franken und die Festlegung auf eine von vier Anlagestrategien (Konservativ ohne Aktien, Konservativ, Moderat, Aggressiv). Er kostet etwa 1% des Vermögens pro Jahr, doch mit dem Preis sind auch andere Leistungen bezahlt, die ansonsten eigens verrechnet werden, wie etwa die Depotgebühren. ☐

➔ *Vontobel* in der Schweiz offeriert neben dem normalen Beratungsverhältnis ein Beratungsmandat **Premium** oder das Beratungsmandat **Expert**. Bei der Variante *Premium* wird der persönliche Kundenbetreuer proaktiv und überprüft, unterstützt von Spezialisten aus dem Investment Consulting, regelmäßig das Portfolio und unterbreitet dem Kunden Änderungsvorschläge. Bei der Beratungsvariante *Expert* sind häufige, auch tägliche und direkte Kontakte zwischen Kunde und einem Investment Consultant möglich. ☐

➔ Banken mittlerer Größe bieten Beratungs-Zusatzpakete an. So offeriert die *Bank Linth* den Dienst **Active Advisory**. Kunden erhalten direkten Zugang zum Know-how von Spezialisten.

Vermögen	Segment	Merkmale
Über 1 Million Euro	**Private Banking**	*Für eine weitere Unterteilung siehe Darstellung 2-3 im Folgekapitel 2*
Um 600 Tausend Euro	**Beratungskunde** zwischen Premier Banking und Private Banking mit Beratungsmandat	**Direktanlage in Einzeltitel plus Beratungs-Zusatzpaket** wie Advice, Premium, Expert, Active Advisory
Um 300 Tausend Euro	**Beratungskunde** zwischen Premier Banking und Private Banking (ohne Beratungsmandat)	**Direktanlage überwiegend in Investmentfonds**
Um 100 Tausend Euro	**Premier Banking**	Kunde erteilt via Service-Line Aufträge für Investmentfonds (fünf Strategiefonds: Sicher, Konservativ, Ausgewogen, Wachstum, Dynamisch), angereichert mit Einzeltiteln
Um 50 Tausend Euro	**Personal Banking** (Individualkunden)	Sparplan, Bezugsplan, drei (nicht fünf) Strategiefonds: Einkommen, Rendite, Ausgewogen

Darstellung 1-1: Kundensegmente / Zielgruppen im Wealth Management.

Das Zusatzpaket bietet kundenspezifische Empfehlungen. Die Bank analysiert, präsentiert und überwacht erstklassige Anlageempfehlungen und gibt Hinweise für die Zeitpunkte von Kauf und Verkauf. Dabei folgt sie einem strukturierte Anlageprozess, der hohe Professionalität bietet. Wieder können die Kunden die Vorschläge umsetzen, doch sind sie dazu nicht verpflichtet. ☐

1.4   Lebensversicherungen

Risikolebensversicherung oder gemischte Lebensversicherung

Gleichzeitig mit dem Sparen, den Geldanlagen und dem Vermögensaufbau sollte die den Ereignissen des natürlichen Lebens ausgesetzte Person an Versicherungen denken. Neben Kranken- und Sachversicherungen ist an eine Lebensversicherung zu denken. Kern und Ursprung aller Produkte zur Lebensversicherung besteht in einem Geldbetrag, der im Fall des Todes der versicherten Person an Hinterbliebene (oder an eine eigens bestimmte, andere Person) ausbezahlt wird. Die Gesetze sind in vielen Ländern so gestaltet, dass die Leistung im Todesfall weder gepfändet noch in die Konkursmasse einbezogen wird, sofern der Ehepartner, eingetragene Partner oder Kinder begünstigt werden. Damit wird Vermögen geschützt.

Das Hauptmotiv für den Abschluss einer Lebensversicherung liegt natürlich darin, Angehörigen oder bestimmten Dritten im Todesfall eine materielle Hilfe zu bieten. Ein zweites Motiv besteht darin, dass gewisse Geschäfte leichter sind, falls eine Lebensversicherung besteht. Dazu gehört beispielsweise die Kreditaufnahme.

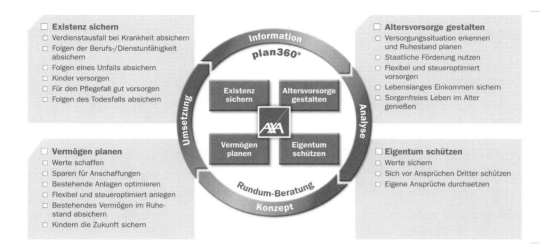

Darstellung 1-2: Die AXA in Deutschland, Preisträger für Vorsorgeberatung, geht ähnlich wie andere Finanz-dienstleister in vier Schritten vor: 1. Analyse der Kundensituation. 2. Konzeption der Finanzanlagen und Versicherungen. 3. Umsetzung. 4. Information der Kunden (wiedergegeben mit freundlicher Genehmigung).

Schließlich kann eine Lebensversicherung gut mit einem Ansparvorgang verbunden werden. Diese Verbindung ist die **Kapitallebensversicherung** oder **gemischte Lebensversicherung**. Die Kapitallebensversicherung kombiniert die Absicherung im **Todesfall** mit einer Geldeinlage oder mit dem Aufbau von Vermögen. Dadurch wird eine Leistung möglich, die im **Erlebensfall** an den Kunden bezahlt wird.

Es handelt sich bei der Kapitallebensversicherung aber nicht um einen bloßen Warenkorb aus einer Todesfallversicherung und einem Ansparvorgang. Im Todesfall wird nur die Versicherungssumme ausbezahlt, nicht aber die vorhandene Kapitaldeckung, die im Erlebensfall ausbezahlt würde: Der Kapitalaufbau bewirkt, dass in der Kalkulation die Todesfallversicherung im Verlauf der Zeit immer weniger kostet. Ähnlich ist es bei verbundenen Leben. Wenn sich mehrere Personen (Geschäftspartner, Lebensgemeinschaften, Ehepaare ohne Kinder) gemeinsam versichern, wird die Leistung nur einmal fällig. Das macht den Versicherungsschutz günstig.

Die Leistung im Erlebensfall wird entweder in nominaler Höhe mit Vertragsabschluss vereinbart und ist damit dem Versicherten bekannt. Bei einer Dynamisierung wird die Versicherungssumme immer wieder erhöht. Oder es wird eine fondsgebundene Lebensversicherung abgeschlossen, bei der die für die Kapitaldeckung der Erlebensleistung bestimmten Einzahlungen des Kunden in einen Investmentfonds angelegt werden. Bei der fondsgebundenen Lebensversicherung sind die Leistungen im Erlebensfall von der Rentabilität der den Anlagefonds zugeführten Gelder bestimmt (und daher im vorhinein nicht bekannt). Hinsichtlich der Fonds sind solche üblich, die allgemein zum Vertrieb als Investmentfonds zugelassen und entsprechend im Markt bekannt sind.

Andererseits sind in einigen Ländern auch private Anlagefonds üblich, die nicht öffentlich angeboten und verkauft werden.

Risikoausgleich

Das Todesfallrisiko wird im Kollektiv einer Versicherungsgesellschaft ausgeglichen. Lebensversicherungsgesellschaften sind wegen des Risikoausgleichs und aufgrund der von Versicherten gewünschten Angebote zum Kapitalaufbau große Unternehmen. Praktisch alle haben neben der Lebensversicherung Sparten für die Kranken- und die Sachversicherung. Viele haben Partnerschaften mit Banken. So entstehen große Gebilde. Für den Fall, dass sehr viele Todesfälle oder Schäden eintreten sollten, sind die Konzerne bei einer Rückversicherung abgesichert.

→ Der weltweit größte Versicherungskonzern ist *AXA* in Paris; die deutsche Tochter steht auf Platz 6 in Deutschland. Auf dem zweiten Platz steht *Berkshire Hathaway* (USA), eine US-Beteiligungsgesellschaft, die im Versicherungsgeschäft tätig ist. Den dritten Platz weltweit nimmt die *Allianz* ein. Sie hat jährliche Prämieneinnahmen von 130 Milliarden Euro und über 150 Tausend Mitarbeitende. Auf den Plätzen 4 bis 8 folgen *Assicurazione Generali* (Mailand), *American International Group* (New York), *Aviva* (London), *Nippon Life Insurance Company* (Tokio). Jeder dieser Konzerne hat jährliche Prämieneinnahmen von etwa 100 Milliarden Euro. □

→ Große Rückversicherer sind die *Munich Re*, die *Swiss Re* in Zürich, die *Hannover Rück* und die *Peak Re* in Hongkong. □

Versicherungskonzerne vertreiben ihre Produkte meist durch eigene Mitarbeiterinnen und Mitarbeiter, die in lokalen Büros tätig sind. Daneben sind freie Finanzmakler tätig, die Privatpersonen und Firmen Versicherungsverträge anbieten. Auch Banken empfehlen Lebensversicherungen, vor allem wenn der Bankkunde Immobilienerwerb mit einem Kredit finanziert. Als Begünstigter im Todesfall wird der Darlehensgeber eingesetzt, was den Kredit vergünstigt.

Die reine **Todesfallversicherung** basiert auf einer Sterblichkeitstabelle. Deswegen könnten Todesfallversicherungen mit sehr kurzer Vertragsdauer konzipiert werden, und die versicherte Person hätte als Jahresprämie das Produkt aus Leistung und Sterbewahrscheinlichkeit in jenem Jahr zu zahlen, plus Verwaltungskosten, Kosten für den Vertrieb der Produkte sowie Kosten für die Rückversicherung. Doch die Menschen haben einen gewissen Einfluss auf die individuelle Sterbewahrscheinlichkeit, vor allem durch Gesundheit (Übergewicht, Raucher) und die Art der Lebensweise (Risikosportarten, Unfallgefahr). Vor allem haben die Menschen einen deutlichen Informationsvorsprung (Krankheiten). Natürlich besteht die Gefahr, dass sie ihren Informationsvorsprung nicht gegenüber der Versicherungsgesellschaft preis geben. Deshalb wird die reine Todesfallversicherung nur für eine mehrjährige Laufzeit angeboten. Die Prämien sind so dann gestaltet, dass sie insgesamt über die Laufzeit das Todesfallrisiko abdecken. Die Prämienhöhe eines mehrjährigen Vertrags entspricht deshalb *nicht* in jedem Einzeljahr der Sterblichkeit jenes Jahres.

Das Wissen um die Faktoren der Mortalität hat stark zugenommen. Lebenserwartungen für einzelne Regionen sind bekannt. Ebenso ist statistisch signifikant, dass die Lebenserwartung von Ernährung und Lebensführung abhängt, die wiederum mit Bildung und Einkommen assoziiert sind. Versicherungsgesellschaften versuchen, feinere Gruppen und Tarife einzuführen, um die „guten Risiken" nicht an Wettbewerber zu verlieren. Sie etablieren dazu Zuschläge für Raucher, gefährliche Hobbys und andere Faktoren, etwa das Geschlecht.

Kalkulation

Viele Kunden wählen eine **Kapitallebensversicherung**, weil sie einen Ansparvorgang mit einer Todesfallversicherung verbindet. Bei der Kapitallebensversicherung ist am Ende einer kundenindividuell im voraus festgelegten Laufzeit ein Vermögen vorhanden, das im **Erlebensfall** an den Kunden selbst ausbezahlt wird. Die Kapitallebensversicherung sichert also Hinterbliebene beziehungsweise Begünstigte dadurch ab, dass im **Todesfall** während der Laufzeit eine Leistung ausbezahlt wird. Andererseits erhält der Versicherte im Erlebensfall am Laufzeitende eine Leistung.

Die erforderlichen Prämien werden nach dem **Äquivalenzprinzip** kalkuliert. Der insgesamt erhobene Beitrag soll (unter Berücksichtigung eines Kalkulationszinssatzes) den Leistungen und Kosten der Versicherungsgesellschaft entsprechen. Eine Besonderheit ist, dass Lebensversicherungsgesellschaften **Überschüsse** aus der Bewirtschaftung aller (für Kunden) angelegten Gelder zu einem knapp bei 100% liegendem Satz als **Beteiligung** den Versicherten gutschreiben. Die Rendite für die Kunden ist daher höher als der „kalkulatorische Zinssatz", sofern die Gesellschaft Überschüsse erwirtschaften kann. Ein Gewinnzuschlag wird in die Prämien und Beiträge nicht einkalkuliert. Die wie bei jeder anderen Unternehmung erforderlichen Gewinne entstehen: 1. Aufgrund der gesetzlich vorgeschrieben, vorsichtigen Wahl der Kalkulationsgrundlagen. 2. Bei rentabler Anlage der Gesamtmittel nach Abzug der Überschussbeteiligung der Versicherungsnehmer. 3. Aufgrund einer geringen Sterblichkeit im Bestand an Verträgen. 4. Gewinne entstehen schließlich, falls die tatsächlichen Verwaltungs- und Vertriebskosten unter den kalkulierten Sätzen liegen.

Beiträge, die ein Kunde zur Lebensversicherung leistet, werden in der Kalkulation und Preisberechnung von der Gesellschaft in vier Komponenten zerlegt.

1. Ein Teil dient dazu, die Lebensversicherung zu vermarkten und den Vertrag abzuschließen. Bei einer gemischten Lebensversicherung, bei der die Kapitaldeckung für den Erlebensfall durch monatliche Raten aufgebaut wird, liegen diese Kosten der Größenordnung nach bei fünf Monatsbeiträgen, was bei einer Laufzeit von 10 bis 15 Jahren rund 3% ausmacht.

2. Der zweite Teil dient der Todesfallversicherung und errechnet sich anhand der Sterbetafeln. Diese Komponente wird bei einer gemischten Lebensversicherung mit Ansparvorgang im Verlauf der Zeit immer geringer, weil die Kapitaldeckung für den Kunden zunimmt und die Differenz zwischen der Leistung im Todesfall und der Kapitaldeckung abnimmt.

3. Der dritte Teil sind Kosten für die Geschäftsführung und die Vermögensverwaltung.

4. Mit dem vierten Teil wird für den Kunden Vermögen aufgebaut. Kunden sollten nicht übersehen, dass die Beiträge nicht gänzlich in den Kapitalaufbau fließen können.

Versicherungskonzerne haben verschiedene Sparten an. Wie bei jedem Unternehmen kann das Management die Attraktivität der Sparten verändern, um in einem der Märkte besonders attraktiv zu sein. Deshalb bieten sich Vergleiche zwischen den Anbieterinnen an.

Beurteilung

Zur generellen Beurteilung einer Lebensversicherung kann gut ein Sparplan für einen Investmentfonds als Vergleichsmaßstab dienen. Der Vorteil bei einem Sparplan liegt in der Freiheit, ihn jederzeit unterbrechen oder ändern zu können sowie in der Möglichkeit, über das Guthaben disponieren zu können. Diese Freiheit bietet eine Lebensversicherung nicht. Eine Lebensversicherung hat eine fest vereinbarte Laufzeit. In Deutschland werden oft 25 Jahre vereinbart. Da Versicherte während des Lebenszyklus oft Geldbedarf haben, etwa für den Kauf einer Immobilie oder größere Anschaffungen, kann die Situation eintreten, dass sie die langfristige Vereinbarung zurücknehmen möchten. Versicherte denken, sie könnten eine Kapitallebensversicherung wie ein Jahresabonnement kündigen. Ein Kündigung ist zwar nicht möglich, doch die Versicherungsgesellschaften bieten **Stornierungen** an. Die Stornierung einer Lebensversicherung ist ziemlich teuer. Versicherte müssen die Vertriebskosten zahlen, die anfänglich hohen Prämien für die Todesfallversicherung, und sie verzichten auf die letzten Zuweisungen der Überschussbeteiligung. Nach einem Urteil des Bundesgerichtshofs In Deutschland müssen bei einer Stornierung (wenigstens) 50% des Guthabens ausbezahlt werden. Viel mehr ist nicht zu erwarten. Finanzfirmen haben daher einen Zweitmarkt für Lebensversicherungen gestaltet und bieten den Versicherten an, für sie die vereinbarten Zahlungen zu leisten. Dazu gehört die *Policen Direkt GmbH* in Frankfurt.

Lebensversicherungen bieten bis zu gewissen Höchstgrenzen steuerliche Vorteile.[8] Sie sollten in jedem Fall ausgeschöpft werden. Die Frage lautet daher etwas genauer, ob der Abschluss einer Lebensversicherung über diese Höchstgrenze zu empfehlen ist. Positiv ist, dass die Kapitallebensversicherung eine Todesfallversicherung beinhaltet. Das ist empfehlenswert, falls der Versicherte Angehörige hat oder aufgrund des Lebensplans haben wird. Die Leistung im Todesfall wird sogar verlangt, wenn der Versicherte einen Kredit genommen hat um Wohnungseigentum zu finanzieren. Die Todesfallversicherung wird bei der gemischten Lebensversicherung immer günstiger, weil mit dem Kapitalaufbau nur die Differenz zwischen dem Guthaben und der Leistung für den Todesfall abgesichert sein muss. Nur wenige Personen würden daher eine reine To-

---

[8] 1. BETTINA DETZEL: *Optimierung der Altersvorsorge – Aufbau eines zeitkontenbasierten Dienstleistungsanspruchs.* Dissertation, Universität Karlsruhe (TH), 2009. 2. RAINER NIEMANN und DIRK KIESEWETTER: *Zur steuerlichen Vorteilhaftigkeit von Kapitallebensversicherungen* http://mpra.ub.uni-muenchen.de/27277, 2002. 3. ANDREAS WEGNER: *Private Kapitalanlage unter Berücksichtigung betriebswirtschaftlicher und steuerlicher Aspekte.* Regensburg 2000. 4. STEFAN BRUNSBACH und OLIVER LANG: Steuervorteile und die Rendite des Lebensversicherungssparens. *Jahrbücher für Nationalökonomie und Statistik* 217 (1998), 185-213.

desfallversicherung abschließen und parallel dazu bei einer Bank in einen Sparplan für einen Investmentfonds einwilligen. Der Vorteil der Kapitallebensversicherung, eine Leistung im Todesfall vorzusehen, ist indes weniger bedeutend, wenn die Person keine Angehörige hat oder haben wird, für die zu sorgen sein wird, und wenn keine Kredite gesichert werden müssen.

Zu bedenken ist die üblicherweise lange Laufzeit von Kapitallebensversicherungen, wenn der Vertrag in einer Lebensphase abgeschlossen wird, in der Ereignisse mit hohem Geldbedarf (Hausbau) erst noch bevorstehen. Eine Kapitallebensversicherung sollten nur Personen abschließen, deren Lebenssituation so gefestigt und berechenbar ist, dass die Wahrscheinlichkeit einer Stornierung sehr gering ist. Im Erlebensfall stellt sich später die Frage, was mit der Leistung geschehen sollte. Versicherungsgesellschaften bieten an, den Betrag in eine **Leibrente** oder in eine **Rentenversicherung** zu verwandeln und verzichten bei Ausübung dieser Option auf eine erneute Bezahlung von Gebühren für Abschluss und Vertrieb. Kunden werden sich bereits vor Abschluss einer Lebensversicherung nach den Möglichkeiten und Konditionen für einen späteren Kauf einer Leibrente oder der Fortführung des Vermögens in einem Fonds mit Bezugsplan erkundigen.

Bei den Wahl zwischen der klassischen und einer fondsgebundenen Kapitallebensversicherung wird oft übersehen, dass der Kauf öffentlich im Markt angebotener Investmentfonds wieder mit Kosten verbunden ist. Die Kosten für die Verwaltung im Kollektiv sind letztlich geringer als bei Individualisierung. Einige Lebensversicherer bieten Verträge mit privaten Investmentfonds an, bei denen die Vertriebskosten geringer sind. Allerdings ist dann die Kontrolle über die Anlage schwächer. Die meisten Versicherungen bieten nicht nur Leibrenten, sondern Anlagefonds und Bezugspläne. Die Bezugspläne können so gestaltet werden, dass die periodischen Einkommen nicht zu hoch und daher auch nach dem Tod des (früher) Versicherten weiter möglich sind.

Fazit:

1. Gemischte Lebensversicherung in der zur Ausschöpfung von Steuervorteilen möglichen Höhe sind in jedem Fall zu empfehlen.

2. Bei höheren Versicherungssummen ist zu überlegen, welche Bedeutung die Leistung im Todesfall für Angehörige hat.

3. Bei der Entscheidung über eine fondsgebundene Lebensversicherung ist zu beachten, dass jede zusätzliche Individualisierung höhere Verwaltungskosten mit sich bringt.

4. Zu Vertragsbeginn sollten sich Kunden über Optionen orientieren, die bei der gewählten Gesellschaft mit der Verwendung der Leistung im Erlebensfall stehen.

5. Vorsicht, wenn aufgrund von Änderungen im Lebensplan der Vertrag nicht bis zum Laufzeitende durchgeführt werden kann – Stornierungen sind teuer.

6. Nicht alle Versicherungsgesellschaften zeigen die gleiche Attraktivität, weil die Sparten des Versicherungsgeschäfts unterschiedlich vermarktet werden. Zu empfehlen ist eine Anbieterin, die sich auch später nach ausbezahlter Leistung als Vertragspartnerin für Leibrenten oder für durch Fondsvermögen gedeckte Bezugspläne eignet.

1.5 Fragen zur Lernkontrolle

1. Aufgrund welcher Leistungen sind in diesem Kapitel H. MARKOWITZ, J. TOBIN, W. SHARPE, und M. FRIEDMAN erwähnt? [siehe Abschnitt 1.1]

2. a) Nennen Sie sieben Dienstleistungen im Wealth Management. b) Was wird unter Brokerage und was unter Custody verstanden? c) Nennen Sie Beispiele für Extraservices und erklären deren Rolle im Rahmen von Preispolitik und Retentions-Marketing.[1.1]

3. a) Warum nehmen praktisch alle Anbieter von Wealth Management eine Kundensegmentierung anhand des Vermögens vor? c) Skizzieren Sie die drei Segmente von Personal, Premium und Private Banking! [siehe Abschnitt 1.3]

4. Besorgen Sie sich den *Allianz Global Wealth Report* im Internet. Wie hoch ist das durchschnittliche Finanzvermögen in den Ländern Europas?

5. Beratungsmandate: UBS bietet *Advice*, Vontobel *Premium* und *Expert*, die Bank Linth *Active Advisory*. Was ist der Inhalt dieser Beratungs-Zusatzpakete? [siehe Abschnitt 1.3]

6. In der Darstellung 1-2 nennt die AXA Deutschland vier Schritte, die bei der Vorsorge, beim Vermögensaufbau und bei der Kundenberatung immer durchlaufen werden: 1. Analyse. 2. Konzept, 3. Umsetzung, 4. Information. Welche einzelnen Aufgaben sind mit diesen vier Schritten jeweils verbunden? [Abschnitt 1.4]

7. a) Was besagt das Äquivalenzprinzip der Lebensversicherungen? b) Jemand meint: *Egal ob ein Kunde Anlagefonds kauft oder Beiträge für eine Lebensversicherung zahlt, es soll stets fair zugehen. Bei direkten Kapitalanlagen kommt die Fairness durch das Marktgeschehen, bei den Versicherungen durch das Äquivalenzprinzip.* Führen Sie diesen Gedanken näher aus! [Abschnitt 1.4]

8. Das vierte Lernziel war, wichtige Ansätze und Vorgehensweisen zu verstehen. Erläutern Sie kurz die Vorgehensweise a) bei *Triage* und b) bei *Selbstwahl*.

9. Das fünfte Lernziele war, Namen von Personen und Einrichtungen sowie Produktbezeichnungen und Begriffe in ein Gespräch einfließen lassen können: Sagen Sie kurz etwas zu *Charles Schwab*! [Orientieren Sie sich im Internet]

2 Private Banking

Direktanleger, Beratungskunde, Mandat für Vermögensverwaltung, Asset Management? Die Ansprüche sind höchst unterschiedlich

Das erste und das zweite Kapitel führen in das Thema des Buches ein. In diesem Kapitel 2 wird *Private Banking* als Kundensegment näher betrachtet. Zu den Themen gehören Key Clients, Family Offices, das Asset Management (Vermögensverwaltung für institutionelle Anleger) und die Preisgestaltung im Wealth Management.

Lernziele: 1. Die Vertragsverhältnisse a) Beratungskunde und b) Vermögensverwaltungsmandat sowie die Leistungen von Family Offices genauer charakterisieren können. 2. Gemeinsamkeiten und Unterschiede zwischen Private Banking und Asset Management darstellen können. 3. Über Reformen bei der Preispolitik der Banken sprechen können. 4. Wichtige Ansätze und Vorgehensweisen verstehen. 5. Namen von Personen und Einrichtungen sowie Produktbezeichnungen und Begriffe in ein Gespräch mit Kunden einfließen lassen können.

2.1 Wohlhabende Privatkundschaft

Ein Relationship Manager für alle Bankbelange

Für eine Kundenbeziehung im dritten und obersten Segment (Private Banking) wird ein Finanzvermögen von einer Million Euro oder mehr erwartet. Die Kunden erhalten einen persönlichen Ansprechpartner – **Financial Advisor** oder **Relationship Manager** (**RM**) – zugeordnet, den sie immer kontaktieren können. Der RM sucht wiederum von sich aus ab und zu den Kundenkontakt und pflegt die ihr oder ihm anvertrauten Kundenbeziehungen. So kann der RM nach kurzer Zeit am Telefon einen Kunden an der Stimme erkennen. Ein RM betreut nicht zu viele Kunden, so dass sie oder er immer Zeit hat und persönliche Aspekte des Kunden im Kopf behalten kann. Ist der RM für mehrere Wochen abwesend (Urlaub), wird er vorher den Kunden darüber orientieren und mitteilen, wer ihn temporär ersetzt.

Der RM ist gebildet und verbindet fachliche Expertise mit sozialer Intelligenz. Ab und zu, bei Anlässen oder einem Essen mit dem Kunden im Restaurant, wird außerhalb der Bank über andere Themen gesprochen, um das Vertrauen zu vertiefen. Bei komplexeren Fragen wird der RM im Private Banking assistierende Personen oder Teams von Experten heranziehen.

Vermögen (Euro)	250 Tausend	1 Million	2 Millionen	10 Millionen
Anzahl Kunden pro Berater	300	150	100	25

Darstellung 2-1: Anzahl Kunden pro Berater. Quelle: Innovalue Private Banking Benchmark Database 2013.

Dies ist beste Praxis bei Themen, die eine juristische Absicherung verlangen (Schenkungen, Hinterlassenschaft) oder wenn individuell Finanzkonstruktionen gestaltet werden, etwa im Corporate Finance für Kunden mit einem Unternehmen. Wenn eine sehr lange, vertrauensvolle Beziehung besteht, wird der RM Kunden auch in anderen Lebensbereichen Unterstützung bieten, sollte sie gewünscht und willkommen sein, etwa bei der Entscheidung über ein Feriendomizil.

Kundenbeziehungen in diesem obersten Segment werden als **Private Banking** bezeichnet. Der Begriff *Private Banking* hat also eine doppelte Bedeutung.

1. Private Banking ist ein *Synonym zu Wealth Management* und bezeichnet allgemein die Vermögensverwaltung für die Privatkundschaft.

2. Private Banking bezeichnet das *Segment der sehr wohlhabenden Kunden* im Unterschied zu den beiden zuvor genannten Segmenten der Personal und Premier Kundschaft.

Beratungskunde

Im Private-Banking-Segment ist eine weitere Unterscheidung nach *Beratungskunde* und *Mandatskunde* üblich. Sie betrifft den Umfang der vom Kunden gewünschten Delegation und strahlt dann darauf aus, wer Anlageergebnisse zu verantworten hat.

(B) Ein **Beratungskunde** entscheidet selbst darüber, welche Wertpapiere gekauft oder verkauft werden sollen. Nach der Entscheidung gibt der Kunde die Börsenaufträge selbst ein und die Bank führt sie – in der Regel ohne Besprechung – aus. Entweder gibt der Kunde die gewünschte Transaktion per E-Banking ein oder ruft seinen persönlichen RM an – er wird nicht auf eine Service-Line der Bank geschaltet – und übergibt die Order per Telefon.

(V) Ein **Mandatskunde** (**Vermögensverwaltungskunde**) vereinbart im Beratungsgespräch mit dem RM das Anlageziel oder die Anlageziele. Sie ergeben sich in einem Beratungsgespräch aus Wünschen und Vorhaben, die der Kunde mit dem Finanzvermögen verwirklichen möchte. Sodann: (1) Ein Anlageziel wird durch einen Marktindex präzisiert, der erreicht oder übertroffen werden sollte. (2) Das Anlageuniversum festgelegt, also die Gesamtheit der Wertpapiere, die vom Kunden zugelassen werden. (3) Der Anlagestil (passiv, aktiv) wird festgelegt. (4) Schließlich wird besprochen, welche Risiken maximal eingegangen werden dürfen. (5) Die Frequenz von Berichten oder Zwischenberichten wird festgelegt. In Anlehnung an das Asset Management, die Vermögensverwaltung für institutionelle Kunden wird auch von einem **Asset Management Mandat** gesprochen. Üblich ist auch, von einem **diskretionären Mandat** zu sprechen.

Darstellung 2-2: Ansatz, Vorgehensweise und Erfolgsgründe in einer Darstellung der Bank Gutmann Aktiengesellschaft (wiedergegeben mit freundlicher Genehmigung).

Viele Banken bieten eine vertragliche Zwischenstufe an. Beratungskunden können (Z) Zusatzpakete (wie *Advice, Premium, Expert, Active Advisory*, vergleiche Kapitel 1) beziehen, bei denen ihr Portfolio periodisch und individuell durch Experten beurteilt wird, wobei dem Kunden ein Kurzbericht mit Verbesserungsmöglichkeiten zugestellt wird – Banken sprechen nicht von einem **Zusatzpaket**, sondern von einem **Beratungsmandat**. Beim Zusatzpaket oder Beratungsmandat bleiben die Entscheidungen über das Portfolio und über Transaktionen beim Kunden. Die Zwischenstufe kann durch (B+Z) symbolisiert werden.

> In der Praxis bestehen diese Vertragsbeziehungen: (B) Beratungskunde ohne Zusatzpaket, (B+Z) Beratungskunde mit Zusatzpaket, (V) Kunde, der ein Mandat für die Vermögensverwaltung erteilt (ein diskretionäres Mandat, ein Asset Management Mandat).
>
> Beratungskunden müssen nicht ihren RM anrufen, sondern sie können Transaktionen auch direkt per E-Banking eingeben. Sie tun dies dann im Rahmen einer Execution-Only-Beziehung. Allerdings wird die Bank Beratungskunden, die oft E-Banking benutzen, dazu drängen, doch ein Zusatzpaket zu nehmen und sich für (B+Z) zu entscheiden.

Anzumerken ist, dass auch ein Beratungskunde bereits einen Auftrag erteilt, ihn zu beraten. Allerdings bezieht sich dieser Auftrag lediglich auf die Erstberatung bei Vertragsabschluss, wo eine Risikoaufklärung des Kunden vorgenommen wird, eine Vermögensallokation vorgeschlagen und ein Risikorahmen zwischen Kunde und RM vereinbart wird. Ein Beratungskunde zu sein bedeutet aber *nicht*, immer wieder individuelle Beratung zum Management des Portfolios zu erhalten.

Selbstverständlich bestehen Unterschiede bei den Preisen.

- Das Vertragsverhältnis Beratungskunde (B) ist für Kunden günstiger als das Vertragsverhältnis Mandatskunde (V). Beratungskunden zahlen eine Depotgebühr von etwa 0,4% des Vermögens im Jahr sowie Kommissionen bei den Transaktionen. Außerdem können Kosten für Jahresübersichten und Steuerauszüge anfallen.

- Eventuell kommen Kosten für (Z) ein Zusatzpaket der Beratung dazu, jedoch meist sind dann die Depotgebühren eingeschlossen und die Kommissionen reduziert.

- Bei einem Mandatskunden (V) werden alle Kosten mit einer Jahrespauschale abgedeckt. Jedoch können Kommissionen für die (vom Vermögensverwalter getätigten) Transaktionen hinzu kommen, und vielleicht wird eine Erfolgsbeteiligung vereinbart.

Jeder Beratungskunde ist für das Anlageergebnis selbst verantwortlich. Ein Beratungskunde erhält zwar von der Bank Empfehlungen nach besten Wissen und Gewissen, doch entscheidet letztlich der Kunde, ob er einem Rat oder Empfehlungen folgt oder nicht. Eine Person kann dieses Vertragsverhältnis (B) oder (B+Z) als vertragliche Beziehung zur Bank nur wählen, wenn sie Entscheidungskraft hat und die Eigenverantwortung für die Anlageergebnisse akzeptiert. Bei einem Mandatskunden (V) muss der Vermögensverwalter die vorgenommenen Transaktionen und das Ergebnis dem Kunden gegenüber rechtfertigen.

Ein Beratungskunde (B) erwartet von seiner Bank eine intensive Bedienung mit **Informationen**. Der Kunde wünscht einerseits Berichte über die aktuelle Situation an den Finanzmärkten generell, **Kaufempfehlungen**, sowie für jedes Wertpapier Finanzanalysen und Bewertungen. Außerdem soll die Bank für verschiedene Kundenprofile und Anlageziele spezifische **Musterportfolios** bereithalten. Wieder gilt: Der Beratungskunde (B) kann sich an Musterportfolios halten oder auch davon abweichen. Dort, wo Kunden eine Transaktion über den RM ausführen lassen, wird die Bank warnen, falls die gewünschte Transaktion nicht der Gesamtsituation des Kunden dient. Dort wo Kunden den Weg der Execution-Only-Beziehung einschlagen, sind sie nur einer Prüfung von Form (Syntax) und Plausibilität durch die IT unterzogen.

Der Investmentprozess

Bei einem Mandat übernimmt die Bank die Kontrolle und Verbesserung der Qualität ihres Asset Managements und ihres Portfoliomanagements. Große Banken haben Hierarchien von Gremien etabliert, die Anlageentscheidungen treffen. Ein Beispiel ist der Investmentprozess der Deutschen Bank (Text mit freundlicher Genehmigung wiedergegeben):

Auf der ersten Stufe steht der globale Anlageausschuss, der sich aus den Chef-Strategen und den Chef-Portfoliomanagern der einzelnen weltweiten Regionen der Deutschen Bank zusammensetzt. Hier wird aus der Analyse von Volkswirtschaften und Kapitalmärkten die Marktmeinung formuliert und daraus ein auf Vermögenserhalt und nachhaltiges Wachstum ausgerichtetes Portfolio aufgebaut.

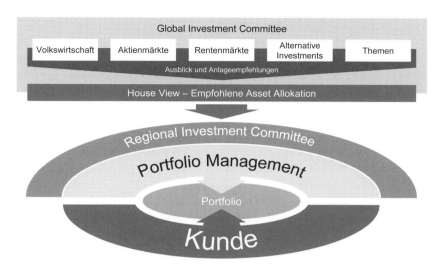

Darstellung 2-3: Der Investmentprozess der Deutschen Bank (Grafik mit freundlicher Genehmigung).

Die zweite Instanz, der regionale Anlageausschuss, trifft auf Basis der Empfehlungen des globalen Komitees die Entscheidungen für deren regionale Umsetzung. Der regionale Anlageausschuss, beispielsweise für Deutschland, wird aus dem Chief Investment Officer von Wealth Management Deutschland und den für die einzelnen Themen und Vermögensverwaltungsstrategien verantwortlichen Leitern gebildet. Es trifft die taktischen Anlageentscheidungen für die jeweilige Region.

Auf der dritten Stufe des Anlageprozesses sind die einzelnen Portfoliomanager für die operative Umsetzung der Anlageentscheidungen im Portfolio verantwortlich. Dabei richten sie sich nach dem Orientierungsrahmen des globalen und des regionalen Anlageausschusses sowie nach den innerhalb der jeweiligen Vermögensverwaltungsstrategien vereinbarten Richtlinien. Sie nutzen ihr persönliches Wissen und ihre Erfahrung sowie das umfangreiche und globale Netzwerk der Deutschen Bank. Aber auch die vielfältigen Kontakte zu anderen Finanzdienstleistern weltweit stellen eine wichtige Informationsquelle dar.

Mandat zur Vermögensverwaltung

Entscheidet sich ein Kunde dafür, ein diskretionäres Verwaltungsmandat (V) zu erteilen, dann werden die Anlagen besprochen, die verwendet werden dürfen, sowie der Benchmark als Ziel. Kunde und RM besprechen weiter den Anlagestil, vor allem die Festlegung, wie aktiv oder passiv das Portfolio geführt werden soll. Hierbei wird der Kunde sich für eine der Varianten entscheiden, die von der Bank oder der Vermögensverwaltung zur Auswahl stehen. Außerdem wird festgelegt, ob und wenn ja wann der Kunde Entnahmen tätigen möchte. Außerdem wird der Kunde andeuten, ob (und wenn ja in etwa wann) zusätzliche Einlagen möglich sein werden.

Die Auswahl (Selektion) und das Timing der einzelnen Käufe und Verkäufe von Wertpapieren werden sodann dem **Portfoliomanagement** der Bank übertragen. Der Portfoliomanager (PM) muss am Ende eines Anlagejahres über seine Entscheidungen berichten und die für den Kunden vorgenommenen Transaktionen rechtfertigen. Der PM wird also in Gegenwart des RM über die **Performance** berichten. Der Performancebericht zeigt die risikoadjustierte Rendite und vergleicht die Entwicklung des Kundenportfolios mit der des Marktindexes, der als Ziel vereinbart wurde und damit als **Benchmark** (Messlatte) dient.

> Ein Asset Management Mandat (V) ist für Kunden allemal bequemer. Ein Mandat kostet im Jahr rund 1% des Vermögens. Eventuell kommen noch Kosten für die ausgeführten Transaktionen und möglicherweise eine Erfolgsprämie hinzu. Ein Mandat (V) ist dadurch etwas teurer als eine Direktanlage mit Beratungs-Zusatzpaket (B+Z). Das Vertragsverhältnis als Beratungskunde (B) ist nur günstiger als (B+V) im Fall, dass der Kunde wenige Transaktionen vornimmt. Ein Mandat (V) ist wiederum günstiger als der Kauf der Anteile eines Investmentfonds. Zudem besteht beim Mandat mehr Freiheit bei der Vorgabe von Anlageziel, Anlageuniversum und dem gewünschten Anlagestil.

Bei der Zielgruppe der Private-Banking-Kunden wendet sich der Finanzdienstleister an alle Personen, Privathaushaltungen, Familien mit einem Finanzvermögen von mehr als etwa einer Million Euro. Einsichtig, dass einige Banken in dieser Zielgruppe weitere Unterscheidungen treffen. Wieder sind die Vermögensverwalter in Europa eher vorsichtig, diese Untergruppen zu zeigen, während im angelsächsischen Bereich Transparenz besteht und damit geworben wird.

Unabhängige Vermögensverwalter

Private-Banking-Kunden, besonders Beratungskunden die kurz vor der Erteilung eines Mandats für Vermögensverwaltung stehen, werden immer wieder von externen, unabhängigen **Vermögensverwaltern** umworben. Dabei handelt es sich um kleine Finanzfirmen, die keine eigene Banklizenz haben, indessen diskretionäre Mandate für das Management von Portfolios sowie die Betreuung ihrer Kunden übernehmen.

Erteilt der Kunde einem solchermaßen freien Vermögensverwalter das Mandat, dann bleibt die Bankbeziehung bestehen: Das Konto, das Wertpapierkonto und alle Transaktionen werden über die bisherige Bank abgewickelt, der die Rolle als Geschäfts- und Depotbank bleibt. Nur werden die Order vom freien Vermögensverwalter eingegeben, der dann auch gegenüber den Kunden berichtet. Die Bank sorgt weiterhin für die sichere Verwahrung der Wertpapiere (Custody) und bedient wie bisher den Kunden mit Leistungen wie Führung der Konten und Zahlungsverkehr.

Die freien Vermögensverwalter werben meist mit einem (1) aktiveren Portfoliomanagement oder (2) einem besonderen Anlagestil, den sie aufgrund von Forschungen als versprechend darstellen. Gelegentlich (3) gehen freie Vermögensverwalter auf ihre Kundschaft noch stärker ein, als dies vielleicht der Bank und ihrem RM möglich ist.

Es bestehen dann drei vertragliche Beziehungen: Die zwischen Kunde und Vermögensverwalter (neu), die zwischen Kunde und Depotbank, seiner bisherigen Bank (geändert), sowie die zwischen Verwalter und Depotbank (meist ein Rahmenvertrag für mehrere Kunden).

2.2 Key Clients und Family Offices

Key Clients

Ein Private-Banking-Kunde mit sehr großem Vermögen (etwa 50 Millionen Euro) wird von der Bank als **Key Client** betrachtet. Selbstverständlich ermittelt die Bank im internen Controlling die Erfolgsbeiträge für jeden ihrer Kunden. Besonders hoch sind die Erfolgsbeiträge der Key Clients. Deshalb gestaltet die Bank die Beziehung zu Key Clients so, dass diese keinen Grund haben, den Vermögensverwalter zu wechseln. Insbesondere wird das Reporting der Performance für Key Clients sehr professionell und in einer Weise ausgebaut, die sonst nur institutionellen Kunden mit deutlich höherem Vermögen geboten wird. Auch sind die den Key Clients gebotenen Extraservices in jeder Hinsicht zuvorkommend, von besonderer Art und erstklassiger Qualität.

Key Clients haben folglich kaum Anlass, der Bank das Mandat zu entziehen und einem freien Vermögensverwalter oder einer anderen Bank zu übertragen. Sie ziehen lediglich ab und zu einen fachlich versierten Gutachter für eine Zweitmeinung bei. Diese externen Experten wohnen den Präsentationen bei, mit denen das Portfoliomanagement der Bank die im Mandat erzielte Performance darstellt und erläutert. Die externen Experten erstellen dann ihrerseits einen Bericht.

Bei so hohen Vermögen kommt die Frage auf, wer sich als reich fühlen kann? Eine Umfrage 2011 von *Fidelity Investments* unter Personen mit einer Million Dollar Finanzanlagen hat dies ergeben: Nur ein kleiner Teil der Haushaltungen mit einer Million Dollar Finanzanlagen (neben Wohneigentum und Ansprüchen auf Altersversorgung) betrachtet sich als reich. Indes denken die meisten Haushaltungen mit mehr als 7,5 Millionen Dollar von sich, reich zu sein. Eine Umfrage von *U.S. Trust*, Tochtergesellschaft der *Bank of America*, hat weitere Kriterien für Reichtum aufgestellt. Insgesamt ergeben sich diese Merkmale für Reichtum:

1. Das Finanzvermögen muss so hoch sein, dass man von Kapitalerträgen leben kann.

2. Für Reinigung, Wäsche und Kochen sollte Personal zur Verfügung stehen.

3. Die betreffende Person oder das Ehepaar muss bei Anschaffungen (Auto, Ferienwohnung) nicht mehr auf Preise achten.

4. Die Person oder das Ehepaar hat nicht nur für sich selbst genug, sondern kann der ganzen Familie finanzielle Sicherheit bieten.

5. Die Person kann ihrer Passion nachgehen: Sport, Kunstliebe, Reisen.

Family Offices

Einige Kunden, meist sind dies Gruppen aus mehreren verwandten Personen, verfügen insgesamt über Finanzvermögen von 250 Millionen Euro oder mehr. Vielfach werden die Vermögen der Familienmitglieder nach ähnlichen Gesichtspunkten verwaltet, so dass es für das Management des Vermögens Sinn macht, die Familie als *einen* Kunden zu betrachten. Bei der genannten Vermögenshöhe gilt es als Beste Praktik, mehrere Mandate für das Portfoliomanagement parallel zu vergeben.

Vermögen	Segment	Merkmale
250 Millionen Euro	**Private Banking – Family Office**	*Family Office*
50 Millionen Euro	**Private Banking – Key Client**	*Key Client, parallele Tranchen für verschiedene Zielsetzungen bei mehreren Vermögensverwaltern / Asset Managern*
5 Millionen Euro	**Private Banking – Vermögensverwaltungskunde (V)**	*Asset Management Mandat im Hinblick auf ein vorher definiertes Ziel*
2 Millionen Euro	**Private Banking – Beratungskunde mit Zusatzpaket (B+Z)**	*Direktanlage plus Beratungs-Zusatzpaket wie Advice, Premium, Expert*
1 Million Euro	**Private Banking – Beratungskunde (B)**	*Direktanlage, teils Investmentfonds, teils Einzeltitel*
Über 100 Tausend Euro	**Premier Banking**	*Kunde gibt via Service-Line Aufträge für Anlagefonds ein, fünf Risikostufen: Einkommen, Konservativ, Ausgewogen, Wachstum, Dynamisch, eventuell auch Einzeltitel*
Unter 100 Tausend Euro	**Personal Banking**	*Direktanlage, überwiegend Investmentfonds, drei Risikostufen (Einkommen, Konservativ, Ausgewogen), Sparpläne, Bezugspläne*

Darstellung 2-3: Kundensegmente / Zielgruppen im Private Banking (Fortführung von Darstellung 1-1).

→ Beispielsweise wird ein Vermögen von 250 Millionen Euro in fünf gleich große Teile zerlegt. Für ein Fünftel erhält die eine Bank das Mandat, die auch die Konten führt und das Custody bewerkstelligt. Für ein zweites Fünftel wird als Vermögensverwalter eine andere Bank gewählt, die im Bereich *Fixed Income* (Anleihen) eine hohe Reputation aufweist. Für ein drittes Fünftel wird das Mandat an eine Bank oder Finanzfirma vergeben, die sich für Aktien ausgezeichnet hat. Für das Management des vierten Fünftels wird das Mandat jemandem übertragen, der als bester Manager für spezielle Märkte gilt. Möglicherweise wird eines der Fünftel in wenig liquide Anlageformen wie Immobilien oder *Private Equity* investiert. □

Ab und zu werden die Finanzfirmen für Mandate, ausgetauscht. Die Entscheidungen darüber, die Festlegungen der Benchmarks für die einzelnen Tranchen, die Verhandlungen mit Banken und Finanzfirmen, Gespräche mit Steuerbehörden werden dann nicht von der Familie direkt geführt. Die Familie überträgt Entscheidungen und Verhandlungen einem Verwalter oder Büro, bezeichnet als **Family Office**.

Das Family Office zieht weitere Experten bei.

1. Das Family Office stellt Dienstleistungen bereit, mit denen die private Lebensführung der Familie erleichtert wird. So werden E-Mails gelesen, Briefpost beantwortet, Reisewünsche organisatorisch umgesetzt und medizinische Behandlungen vorbereitet.

2. Sodann kümmert sich das Family Office um das Anwesen, das Hauspersonal, die Fahrzeuge und organisiert für die Familie Ereignisse und Einladungen.

3. Das Family Office bietet weiter für unternehmerische Tätigkeiten der Familienmitglieder Unterstützung und gestaltet die rechtlichen Aspekte des Lebens, des Vermögens und der Generationenfolge.

Wenn ein Family Office nur für eine Familie arbeitet, wird es **Single Family Office** (SFO) genannt. Ein solches Büro kann eine Million Euro im Jahr oder mehr kosten, weshalb es nur bei Vermögen über 100 Millionen Euro in Frage kommt.

Es sind natürlich Abstufungen der ausgeführten Dienste üblich, in Anpassung an die Vermögenshöhe. Um die Dienste auch für Private-Banking-Kunden mit einem Vermögen unter 100 Millionen zugänglich zu machen (und um die ansonsten an die Financial Advisor gerichteten Ansprüche der Kunden zu verringern), haben einige Banken **Multi Family Offices** (MFO) eingerichtet oder helfen bei deren Gründung.

Jedes MFO arbeitet für einige Familien gleichzeitig (und bietet eine etwas reduzierte Leistungspalette). Banken schlagen heute bereits Kunden mit Finanzvermögen von 30 Millionen Euro vor, ein MFO in Anspruch zu nehmen.[1]

→ Die Deutsche Bank hat durch Verschmelzung das *Deutsche Oppenheim Family Office* geschaffen, das die volle Leistungsbreite für Ultra-High-Net-Worth-Individuals sowie Zusammenarbeit mit anderen Single und Multi Family Offices bietet. Mindestanlage sind 10 Millionen Euro für die Vermögensverwaltung, und 30 Millionen Euro für das erweiterte Leistungssortiment. □

Die im Private Banking gebotenen und von Kunden nachgefragten Leistungen sind damit nicht erschöpfend beschrieben.

Einige Kunden wollen sich als Entrepreneur oder als Venture Capitalist betätigen. Die Bank vermittelt dann Zugang zu Jungunternehmern und Neugründungen. Die Liste ließe sich fortführen.

Die wohlhabenden Familien engagieren sich schließlich in der **Charity** (Wohltätigkeit). Alle Banken, die im Private Banking tätig sind, offerieren ihrer Kundschaft Möglichkeiten, in gewünschten Feldern (Kinder, Gesundheit, Entwicklungsländer) zu spenden und allenfalls selbst als Ratgeber involviert zu werden.

---

[1] 1. JAMES E. HUGHES, JR.: *Family Wealth – Keeping It in the Family*. Bloomberg Press, New York 2004. 2. DAVID MAUDE: *Global Private Banking and Wealth Management*. John Wiley & Sons, Chichester 2006.

2.3   Asset Management

Institutionelle Anleger

Nicht nur Privatpersonen haben ihre Geldanlagen zu managen. Einrichtungen und Institutionen müssen ebenso Finanzanlagen verwalten. Gemeint sind vor allem Einrichtungen, bei denen die Finanzanlagen einen erheblichen Teil des Vermögens bilden. Zu diesen Institutionen gehören Pensionskassen, Versicherungsträger, Stiftungen, und Endowment Funds. Ausgesprochen große institutionelle Anleger sind die Staatsfonds einiger Länder, die eine kapitalgedeckte Altersversicherung betreiben, so der norwegische *Pension Fund Global* (Vermögen: 500 Milliarden Euro) und die beiden singapurschen Staatsfonds *GIC* und *Temasek* (zusammen 200 Milliarden Euro) Die kleinen ebenso wie die großen institutionellen Anleger haben aus ihrem Geschäft oder durch die Satzung heraus Verpflichtungen, die in Zukunft einmal fällig werden. Sie sollen dann mit den Ergebnissen der Finanzanlagen erfüllt werden können.

Zu den Institutionen, die zum Zweck der Erfüllung langlaufender Verpflichtungen erhebliche Finanzanlagen tätigen, gehören auch Unternehmungen der Industrie. Einige Unternehmen (zum Beispiel in der Energiewirtschaft) haben sehr langfristige Zusagen gegeben, beispielsweise dass Betriebsstätten dereinst in ihren natürlichen Urzustand zurück versetzt werden. Um diese Verpflichtung zu zeigen, werden von der Unternehmung **Rückstellungen** gebildet und die ihnen entsprechenden **Aktivposten als Finanzanlagen** gehalten.

> Diese Institutionen gestalten ihre Finanzanlagen nicht mit dem Ziel, den Wealth irgendeiner Person (oder der Shareholder) zu erhöhen. Statt dessen werden die Mittel so investiert, dass die Verpflichtungen dereinst mit dem Anlageergebnis erfüllt werden können. Die Vermögensverwaltung der Institutionen wird deshalb weder als Wealth Management noch mit dem Synonym Private Banking bezeichnet. Vielmehr hat sich für die Vermögensverwaltung von Institutionen der Begriff **Asset Management** eingebürgert.[2]

Das Asset Management umfasst der Art nach dieselben Finanzdienstleistungen wie das Private Banking / Wealth Management: 1. Der institutionelle Anleger benötigt ebenso Zugang zu den Finanzmärkten. 2. Die gekauften Wertpapiere müssen verwahrt werden (Custody). 3. Die der Situation (des Institutionellen) entsprechenden Handlungsmöglichkeiten müssen aufgezeigt werden. 4. Die Performance muss periodisch kontrolliert werden. Indessen gibt es wesentliche Unterschiede zwischen Wealth und Asset Management.

- Beim Asset Management ist die Erfordernis, Dritten zu berichten und Entscheidungen zu rechtfertigen, deutlich höher als im Wealth Management. Rechtliche Bedingungen müssen eingehalten werden (**Compliance**). Verschiedenen externen Gruppen, darunter einer Auf-

---

[2] 1. WILLIAM T. ZIEMBA, JOHN M. MULVEY (Hrsg): *Worldwide Asset and Liability Modeling.* Publications of the Newton Institute, Cambridge (UK) 2001. 2. ROMAN FRICK, PASCAL GANTENBEIN, PETER REICHLING (Hrsg): *Asset Management.* Verlag Haupt, Bern 2012.

sichtsbehörde, muss berichtet werden. Hinzu kommt: Gewisse Relationen für Bilanzgrößen sowie für Kennzahlen sind einzuhalten.

- Die Zielsetzung beim Asset Management ist durch die von der Institution gegenüber der eigenen Kundschaft oder gegenüber Dritten gegebenen Leistungszusagen gegeben. Die Mittel werden so angelegt, dass hinsichtlich ihrer Fristigkeit, dem Risiko sowie der Liquidität Sicherheit eine sehr hohe Wahrscheinlichkeit besteht, die Zusagen bei Fälligkeit erfüllen zu können. Die Gefahr, das Ziel zu verfehlen (**Shortfall**) muss kontrolliert werden.

- Folglich ist beim Asset Management der Prozess der Entscheidungsfindung formalisierter als im Private Banking. Über die Anlage und Verwaltung der Mittel wird beim Asset Management durch Teams in Gremien entschieden, wobei einer Organisationsstruktur gefolgt wird. Modellberechnungen, Simulationen, die Kontrolle der Risiken und Performanceberichte werden professionell gestaltet. **Externe Experten** werden hinzugezogen.

- Beim Asset Management sind die Anlagebeträge typischerweise höher. Dadurch wird das **Universum** der zugänglichen Anlageinstrumente größer. Derivate (Futures, Optionen) und finanzielle **Sonderkonstruktionen** (Financial Engineering) erlauben eine feinere Abstimmung der Finanzanlagen im Hinblick auf die Verpflichtungen. Auch sind die Kosten für Transaktionen und Dienstleistungen in Relation zum Betrag geringer. Gleichwohl ist eine strenge **Kostenkontrolle** verlangt.

Doch die Unterschiede zwischen Asset und Wealth Management verschwinden mehr und mehr. Hierzu drei Entwicklungen.

1. Immer mehr Privatanleger erkennen, dass sie mit ihren Geldanlagen letztlich konkrete Vorhaben ermöglichen wollen. Sie legen die Mittel also nicht primär unter Gesichtspunkten wie „Rendite maximieren" an, sondern so, dass das Vorhaben ausgeführt werden kann. Das Vorhaben als Anlageziel erzeugt eine Verpflichtung, die mit dem Anlageergebnis erfüllt werden soll.

2. Derivate, strukturierte und optimierte Anlageprodukte stehen heute der privaten Anlegerkundschaft ebenso zur Verfügung.

3. Auch Privatanleger verlangen eine transparente Kostenübersicht und möchten im Rahmen der Performancebesprechung die eingegangenen Risiken thematisieren. Die übernommenen Risiken unterschiedlicher Risikoarten (Zinsrisiko, Währungsrisiko, Marktrisiko, Kreditrisiko) müssen im einzelnen durch Renditeerwartungen und Ertragschancen gerechtfertigt werden.

Wer sich mit dem Asset Management (Institutionelle Anlegerschaft) befasst, legt auf diese Weise zugleich eine Grundlage für die zukünftigen Finanzdienstleistungen im Wealth Management (Private Anlegerschaft). Wegen der Parallelen zwischen Asset und Wealth Management verfolgen die meisten Banken ein Geschäftsmodell, bei dem die Vermögensverwaltung sowohl die für private wie die für institutionelle Kundschaft angeboten wird.

So entstehen für Banken bei (privaten oder institutionellen) Kunden mit hohen Vermögen zwei Aktivitätsfelder: 1. Asset Management. 2. Investment Advisory. Beides wird, mit nur leichten Anpassungen, sowohl für die Privatkundschaft wie für die institutionelle Kundschaft angeboten.

Der Trust als Konstruktion im Common Law

Als Beispiele institutioneller Vermögen wurden Pensionskassen, Unternehmen, Stiftungen, Endowment Funds genannt. Auch der Trust wird wie ein institutionelles Vermögen verwaltet.

Der **Trust** ist ein **Sondervermögen** zur Begünstigung von Personen sowie die **rechtliche Einrichtung** für die Begründung und Verwaltung dieses Sondervermögens.

1. Ein **Settler** oder **Gründer** (**Founder**) tritt einen Teil seines Vermögens ab und erklärt es in einem Schreiben (Trusturkunde) zu einem Sondervermögen.

2. Dabei setzt der Settler einen Verwalter (**Trustee**, Treunehmer, Trustmanager) ein mit der Aufgabe, eine Person (oder mehrere Personen) zu begünstigen (**Beneficiary**).

3. Ein **Protektor** überwacht den Trustee.

4. Der Gründer kann den Trust unwiderruflich gründen oder das Recht für sich behalten, den Trust zu widerrufen.

Das Sondervermögen gehört nicht mehr zum Eigentum des Gründers. Beim Trust geht es also nicht allein um die Einsetzung eines Vermögensverwalters. Der Trust ist auch *keine Stiftung*, denn der Trust hat als Sondervermögen keine eigene Rechtspersönlichkeit. Die Begründung eines Trusts ist auch *keine Schenkung*, denn weder Trustee noch die Begünstigten erfahren eine Erhöhung ihres sonstigen Privatvermögens. Das Vermögen des Trusts schwebt gleichsam zwischen Gründer, Trustee und den Begünstigten.

Die Idee stammt aus England und dem 12. Jahrhundert, als Ritter ihre Ländereien auf Jahre hinaus verlassen haben, um an Kreuzzügen teilzunehmen. Vor der Abreise haben sie ihre Ländereien und Besitztümer in einen Trust eingebracht und einem Trustee anvertraut. Andernfalls hätte die Gefahr bestanden, dass der König hohe Abgaben gefordert und im Todesfall des Ritters auf das Vermögen zugegriffen hätte. Außerdem konnten die Ritter nicht die Geschicke der zurückbleibenden Familie voraussehen und wollten einer vertrauenswürdigen Person die Entscheidungsvollmacht geben.

Die Idee wurde dann im **Common Law** durch verschiedene Gerichtsurteile fortentwickelt. Über die Jahrhunderte hinweg hat sich eine rechtliche Einrichtung herausgebildet, deren Rechtmäßigkeit im Common Law nicht angezweifelt wird. Der Trust besitzt hohe Flexibilität. Beispielsweise muss der Kreis der Begünstigten vom Gründer nicht genau beschrieben werden, und er kann Ungeborene einschließen. Das gibt dem Trustee enorme Macht.

Der Trust ist nicht nur in England und in Ländern verbreitet, die dem Common Law folgen. Mit Anpassungen gibt es diese rechtliche Einrichtung an vielen Orten, so in den USA, in Liechtenstein oder in Singapur. Das **Haager Trust-Übereinkommen** von 1985 (HTÜ) hat eine übernationale Regelung etabliert. Im **Civil Law**, das dem römischen Recht folgt, gibt es vergleichbare Rechtskonstruktionen nur für wenige Spezialfälle, etwa bei der Verwaltung eines Nachlasses. In Deutschland, in der Schweiz oder in Österreich besteht nicht die Möglichkeit einen Trust zu errichten. Doch es ist geregelt, wie verfahren wird, wenn eine dort steuerpflichtige Person im Ausland einen Trust errichtet hat. Typischerweise sind hohe Steuern fällig. Sowohl der Settler wie die Begünstigten können ihre steuerliche Residenz in einem Land haben, dass dem Civil Law folgt. Nur müssen die Begünstigten selbstverständlich Zuwendungen versteuern. Und der Settler muss in vielen Ländern mit Civil Law eine Steuer für den Gründungsvorgang zahlen.

Der Trust unterstützt diverse Zwecke

Viele Trusts werden eingerichtet, um Familienmitglieder zu begünstigen. Dabei spiel auch die Überlegung eine Rolle, wie hoch Erbschaftsteuern sind. Einige Personen, etwa Ärzte, gründen einen Trust, um Vermögen gegen Forderungen zu schützen die bei Kunstfehlern erhoben werden könnten (**Asset Protection**). Wenn mehrere Settler gemeinsam einen Trust begründen, der sie selbst begünstigt, liegt ein **Unit Trust** vor. Einige Banken mit Sitz im Ausland sind darauf spezialisiert, rechtliche Strukturen zu schaffen, mit denen Vermögen geschützt, erhalten und entwickelt werden kann. Zu den Kunden gehören Familien, Unternehmen und Regierungsinstanzen.

> Kunden nutzen treuhänderische Strukturen, um Vermögen zu schützen und um sicherzustellen, dass Familienvermögen es an die folgenden Generationen weitergegeben wird. Stichworte: 1. **Verbesserte Administration** (über Konsolidierung). 2. **Vermögensschutz**. 3. **Familienunternehmen** (Die Führung eines Familienunternehmens über einen Trust schützt vor einer Aufspaltung des Unternehmens, wenn der Gründer verstirbt). 4. **Steuerplanung** (Aspekte: Steuerresidenz des Gründers, Residenzen der Begünstigten sowie der Standort der Vermögenswerte wie Immobilien sowie Sitze der Unternehmen). 5. **Nachlassplanung** (Der Gründer kann für Familienmitglieder vorsorgen, ohne dass die Begünstigten Eigentums- bzw. Kontrollrechte übernehmen müssen). 6. **Privatsphäre und Anonymität** (wohlhabende Kunden vermeiden Berichte in der Öffentlichkeit). 7. **Keine Testamentsbestätigung** (ein Trust erlaubt es, Vermögen an die Begünstigten ohne Aufsehen zu übertragen).

Der Trust ist im Common Law eine äußerst flexible Konstruktion. Allerdings wird er von Ländern mit Civil Law kritisiert. Aus der Sicht des Civil Law muss Vermögen einen Eigentümer haben – seien es der Gründer, die Begünstigten oder eben der Trustmanager. Doch nach dem Common Law bewegt sich das Vermögen in einem juristischen Schwebezustand zwischen Gründer, Begünstigten und Trustmanager. Kritische Stimmen sehen weiter in der Flexibilität des Trusts die Möglichkeit, die Herkunft von Vermögen zu verschleiern. Außerdem könnten, so die Kritik, neben den Steuergesetzen auch gesetzliche Erbregeln umgangen werden.

2.4   Preisgestaltung

Preistransparenz bei angelsächsischen Instituten

Bei Dienstleistungen stellt sich eher noch als beim Verkauf von Produkten dieses Problem: Wofür und in welcher Höhe kann der Dienstleister eine Rechnung stellen? Diese Frage ist drängend, weil die Kosten der Vermögensverwaltung aufgrund von vier Entwicklungen gestiegen sind:[3]

- Früher waren Kunden sehr auf ihren Berater bezogen und sind gefolgt, wenn dieser die Stelle gewechselt hat. So sind die **Niveaus der Gehälter** für die im Wealth Management tätigen Relationship Manager hoch. Selbstverständlich ist die den Kunden gegebene Möglichkeit, ohne Wartezeiten jederzeit mit dem RM per Telefon ein Gespräch führen zu können, für die Bank teuer.

- Überall wurde die **IT** ausgebaut, was sehr viel gekostet hat. Zusammenlegungen von Rechenzentren werden von Kunden im Private Banking ungern akzeptiert.

- An **Finanzanalyse und Research** werden heute hohe Ansprüche gestellt. Auch wenn eine Bank das Research nicht selbst betreibt sondern bezieht, entsteht ihr hoher Aufwand.

- **Compliance** (die Erfüllung von Vorschriften der Aufsicht, Haftung bei Fehlern, Bereitschaft zu Vergleichen in Rechtsstreitigkeiten, Berichte über Vorgehensweisen) ist nicht nur im Banking allgemein, sondern zunehmend auch im Private Banking teuer.

Den gestiegenen Kosten steht eine Kundschaft gegenüber, die mehr Transparenz fordert, stärker auf Gebühren achtet und alle Wege nutzt, um Teilfunktionen über Discounter abzuwickeln. Aufgrund dieser Entwicklungen ist die **Cost-Income-Ratio** CIR bei den Banken gestiegen, und zwar von früher 0,6 auf heute 0,8.

Bei europäischen Banken werden Preise auch heute noch im Vergleich zu amerikanischen Banken nicht besonders deutlich gemacht. Europäische Institute stellen im Auftritt ihre Programme, ihre Ansätze sowie Qualität und Vertraulichkeit in den Vordergrund, *nicht* das Pricing. Das hat damit zu tun, dass in der europäischen Kultur Wissen und in der Folge Beratung als ein öffentliches Gut angesehen wird, für dessen Bereitstellung die Gesellschaft zu sorgen hat, und das jedermann ohne eigens zahlen zu müssen für sich in Anspruch nehmen kann.

→ Amerikanische Banken nutzen die Transparenz aus und richten immer wieder an potentielle Neukunden die Frage, ob ihre bisherige Vermögensverwaltung die Preise wirklich klar genannt hat. Amerikaner nennen dann ganz klar die für verschiedene Programme, die sie anbieten, verlangten Mindesthöhen des Vermögens und die Preise. Wer sich bei *Charles Schwab* auf eines der sechs möglichen Modell Portfolios (auf der Basis von Exchange Traded Funds) entscheidet, hat

---

[3] 1. Urs Birchler, Daniel Ettlin, Akkio Mettler, Anja Zgraggen. *Compliance-Kosten im Schweizer Private Banking.* Zentrum für Finanzmarktregulierung, Juni 2012. 2. Johann Burgstaller und Teodoro D. Cocca: Profitability, efficiency and growth in the private banking industry: evidence from Switzerland and Liechtenstein. *Banks and Bank Systems* 5 (2010) 4, 10-20.

diese jährlichen Gebühren (vergleiche www.schwab.com): First $100,000: 0.90%, Next $400,000: 0.75%, Next $500,000: 0.65%, Over $1,000,000: 0.50%. Und unter dem Kasten mit 10 Fragen, die jeder Investor stellen sollte, lautet die zweite Frage: *Do I understand how my broker is compensated?* Die dritte Frage ist: *What are all the fees and commissions I'm paying and how do they impact my returns?* Charles Schwab wirbt mit Transparenz der Preise. □

Die heutige Praxis beim Pricing in Europa

Bis heute dominiert die volumen- und transaktonsbasierte Preispolitik.

1. Alle Kunden zahlen eine **Depotgebühr** (etwa 0,4 Prozent der Werte der verwahrten Titel im Jahr). Beratungskunden und Direktanleger zahlen für ausgeführte Wertschriftenaufträge. Die prozentuale Kommission beträgt zwischen 0,5% und 1% des Kurswerts und wird mit der Auftragsgröße etwas geringer.

2. Kunden, die Anteile von Investmentfonds kaufen, zahlen einen **Ausgabeaufschlag** (während die Anteile meistens ohne Gebühren zurückgenommen werden). Der Ausgabeaufschlag beträgt zwischen 2% bis 5% und dient dazu, die Vertriebskosten zu decken. Die meisten Fondsgesellschaften erstatten daher der Bank für die Kundenberatung einen Teil als **Kick-Back** zurück, weil die Bank einen Teil des Aufwandes für Vetrieb hat. Trotz der öffentlichen Kritik geben nur wenige Banken den Kick-Back an ihre Kunden weiter.

3. Die Verwaltungskosten bei einem Investmentfonds werden als **Total-Expense-Ratio** (TER) oder Gesamtkostenquote ausgewiesen und zusammen mit den nicht in der TER enthaltenen Transaktionskosten vom Fondsvermögen abgezogen. Bezogen auf ein Jahr liegt bei Aktienfonds die TER zwischen 1,0 und 2,5%, je nachdem, ob das Fondsvermögen passiv oder aktiv gemanagt wird. Bei Rentenfonds ist die TER etwa 0,8% und 0,5% bei Geldmarktfonds.

4. Für diskretionäre Mandate wird etwa 1% pro Jahr verlangt. Hier und da wird eine Performance-Fee vereinbart, bei der ein Kunde 10% der jährlichen Wertsteigerung abgibt.

5. Früher wurde oft eine **High-Watermark-Performance** vereinbart, bei der ein Manager nach Verlusten erst an jener Wertsteigerung partizipiert, die den alten Abrechnungsstand übertrifft.

Beratungsgespräche werden bei herkömmlicher Preispolitik dem Kunden nicht in Rechnung gestellt. Die Folge ist, dass sich manche Kunden im Private Banking auch einfache Dinge erklären lassen, die sie sich in anderen Lebensbereichen selbst über das Internet oder die Medien aneignen. Ein Finanzberater muss mit Höflichkeit versuchen, sich nicht in Erklärungen ganz elementarer Dinge zu verlieren. Ebensowenig werden Reportinggespräche eigens vergütet, auch wenn sie von der Vermögensverwaltungskundschaft als ausgesprochen nützlich erlebt werden. Alle Banken suchen ein Schema, dass genau die von Kunden als nützlich angesehene Aspekte bepreist. Ebenso wird versucht, die hinter den Kosten stehenden Prozesse für Kunden sichtbar zu machen.

Die meisten Kunden haben wenig Einblick in die zahlreichen Arbeitsschritte und Funktionen, die für die Vermögensverwaltung im Backoffice ausgeführt werden. Dieser Sachverhalt limitiert den Spielraum bei der Preisgestaltung, doch kann die Bank einiges tun, dem Kunden die ineinander verzahnten Arbeitsschritte als ein aufwendiges und zuverlässig pünktliches Uhrwerk darzustellen.

Alternativen zum herkömmlichen Pricing

Banken haben rentablen Kunden einen Teil der verlangten Dienstleistungspreise dadurch zurückgegeben, dass sie ihnen Extraservice geboten haben, vor allem Einladungen zu Veranstaltungen oder Concierge-Services.

Doch diese Rückgaben geschehen auf einer diskretionären Basis und bleiben Neukunden anfangs meist verborgen. Reformen sollen die Preispolitik im Wealth Management so verändern, dass die Kunden die von ihnen verlangten Zahlungen als **faire Kompensation** für von ihnen als **nützlich erlebte** Leistungen akzeptieren. Zudem soll die **Kundentreue** erhöht werden. Dafür gibt es Beispiele von anderen Dienstleistungsbereichen:

- **Ergänzungsmodell / Zusatzpakete**: Bei Krankenversicherungen können Kunden verschiedene Zusatzleistungen buchen und erweitern so den Schutz. Auch Autohersteller bieten Zusatzpakete an. Als Beispiele aus dem Wealth Management wurden in Kapitel 1 bereits Zusatzprogramme wie *Advice*, *Expert* und *Premium* erwähnt. Der Kunde zahlt als Basis wie für eine reine Execution-Only-Beziehung. Hinzu kommen Zusatzprogramme für die Beratung und die periodische Überprüfung des Portfolios.

- **Loungemodell** / Meilen sammeln: Kunden, die eine gewisses *Auftragsvolumen* (bei vollem Preis) beziehen, erhalten Zugang zu freien Zusatzleistungen.

- **Clubmitgliedschaft** / Bahncard / Halbtax: Mit dem Kauf einer Jahreskarte gelangt der Kunde in den Genuss einer prozentualen Reduktion auf alle Preise.

Aus der Literatur sind einige Untersuchungen bekannt, welcher dieser Marketing-Ansätze im Private Banking besonders wirksam ist.[4] Einige Punkte stehen im Vordergrund:

1. Die **Empathie** des Beraters ist für die Preisakzeptanz wichtig.

2. Eine **an den Kosten orientierte Preispolitik** wird als fair angesehen. Dem Kunden müssen die verschiedenen Schritte der Leistungserstellung bewusst gemacht werden. Der Kunde muss die Ablaufprozesse sehen und erkennen, welcher Aufwand für IT und für Sicherheit verlangt ist. Dem Kunden muss verdeutlicht werden, wie sein persönliches Portfolio immer wieder kontrolliert wird und welche Informationen dazu beschafft und herangezogen werden.

---

[4] RETO DEGEN: *Preisakzeptanz im Private Banking*. Dissertation 3763 Universität St.Gallen, 2010.

3. **Beratungskunden sind beweglicher als Vermögensverwaltungskunden.** Bei Direkt-
tanlegern muss das Pricing daher den Praktiken im Wettbewerb der anderen Anbieter
schnell folgen. Mandatskunden sind nicht so beweglich, weshalb die Bank etwas mehr
Spielraum beim Pricing hat.

4. Alle **Kunden schätzen Rabatte.** Die Bank wird daher Kunden ihre „offizielle Preisliste"
zeigen und (dem Kunden verdeckte) Regeln aufstellen, nach denen Preisnachlässe gegeben werden.

2.5 Fragen zur Lernkontrolle

1. a) Charakterisieren Sie kurz drei Vertragsverhältnisse: Execution-Only-Beziehung / Direkt-
tanleger, Beratungskunde (mit oder ohne Zusatzpaket), Kunde mit diskretionärem Mandat.
b) Wer ist wofür verantwortlich? c) Wie hoch sind die Preise/Kosten?

2. Worin bestehen Gemeinsamkeiten und worin Unterschiede zwischen Private Banking und
Asset Management? [Abschnitte 1.5 und 1.6]

3. Welche Erfolgsgründe nennt die *Bank Gutmann Aktiengesellschaft*? [Darstellung 1-1]

4. Der Investmentprozess bei großen Banken ist dreistufig organisiert. Erläutern Sie (am Beispiel der *Deutschen Bank*) diese Instanzen und ihre Aufgaben: 1. Der globale Anlageausschuss. 2. der Regionale Anlageausschuss. 3. Die einzelnen Portfoliomanager. [Darstellung
1-2 und Text in Abschnitt 2.1]

5. a) Was ist ein Trust? b) Handelt es sich um eine Stiftung oder um eine Schenkung? c) Gehört beim Trust das Vermögen immer noch dem Gründer, bereits den Begünstigten, oder
dem Trustmanager? d) Darf eine Person, die als Settler einen Trust eingerichtet hat, ihren
steuerlichen Wohnsitz in einem Land mit Civil Law haben? e) Nennen Sie finanzielle Vorteile eines Trusts. f) Nennen Sie Kritik am Trust, die aus Sicht von Ländern mit Civil Law
erhoben wird. [Zu c) das Vermögen schwebt zwischen diesen drei Parteien nach Auffas-
sung des Common Law, während im Civil Law Vermögen einen klaren Eigentümer haben
muss. Zu f) Möglichkeiten: die Herkunft von Vermögen zu verschleiern, Steuergesetze und
Erbregeln zu umgehen. Siehe Abschnitt 1.6]

6. Erklären Sie die vier Begriffe Cost-Income-Ratio (CIR), Kick-Back, Total-Expense-Ratio
(TER) und High-Watermark-Performance! [siehe Abschnitt 1.7]

7. Welches sind die Eckpfeiler der herkömmlichen Preispolitik und warum erfüllt sie kaum
den Wunsch nach „fairen Preisen"?

8. Das vierte Lernziel war, wichtige Ansätze und Vorgehensweisen zu verstehen. Erläutern Sie kurz, für welche Vertragsverhältnisse Musterportfolios vorbereitet werden. [Beratungskunden ohne Zusatzpaket]

9. Das fünfte Lernziel war, Namen von Personen und Einrichtungen sowie Produktbezeichnungen und Begriffe in ein Gespräch einfließen lassen können. Sagen Sie kurz etwas zum *Deutsche Oppenheim Family Office*. Eventuell orientieren Sie sich über das Internet.

3 Erstgespräch

Beim ersten Beratungsgespräch mit neuen Kunden müssen Unterschiede überbrückt und gewisse Pflichtpunkte abgeklärt werden

Die Kapitel 3, 4, 5 und 6 behandeln Themenpunkte, die im Beratungsgespräch mit einem neuen Kunden (in den Räumen der Bank) geklärt werden müssen. Die Punkte dienen letztlich dazu, den persönlich passenden Anlagevorschlag zu erstellen. Inhalte dieses dritten Kapitels sind (1) die Angleichung der Erwartungen im Gespräch zwischen Kunde und Berater, (2) die als Pflicht abzuklärenden Aspekte im Gespräch sowie (3) ein Blick auf Extraservices.

Fünf Lernziele sollen erreicht werden: 1. Die Wege kennen lernen, auf denen neue Kundenkontakte angebahnt werden können. 2. Unterschiede zwischen Erwartungen neuer Kunden und dem Angebot einer Vermögensverwaltung erkennen. 3. Die Pflichtpunkte beim Erstgespräch aufnehmen. 4. Wichtige Ansätze und Vorgehensweisen verstehen. 5. Namen von Personen und Einrichtungen sowie Produktbezeichnungen und Begriffe in ein Gespräch einfließen lassen können.

3.1 Woher die Kunden kommen

Junior übernimmt Aufgaben vom Senior

In Branchen, in denen Konsumgüter produziert und verkauft werden, ist deutlich zu sehen, ob der Wettbewerb den *Preis*, die *Qualität* oder die *Innovation* betont. Dadurch liegt auf der Hand, wie Anbieter neue Käuferschichten für sich gewinnen können. Im Private Banking ist der Wettbewerb versteckter. Über Geld zu sprechen, ist in einigen Kulturen ein Tabu. Zu leicht könnte Neid entstehen und Begehrlichkeit geweckt werden. Verständlich, dass angehende Beraterinnen und Berater fragen, wie sie für das Wealth Management neue Kunden finden und gewinnen können.

Es heißt dann oft, die wohlhabenden Leute seien alle bereits bei einer Vermögensverwaltung untergekommen und es gäbe kaum Chancen, neue Kundschaft zu akquirieren. Wahr ist, dass einige Familienvermögen seit Generationen immer von derselben Privatbank verwaltet werden. Eine Genfer Privatbank ließ verlauten, dass alle ihre heutigen Kunden bereits seit zweihundert Jahren zu ihrem Kundenkreis gehören würden. Nachwuchskräfte im Wealth Management haben immerhin eine Chance, weil ältere Berater einmal pensioniert werden und ihren Kundenkreis und ihre Erfahrungen an Jüngere übergeben.

Doch die Sicht, die Wohlhabenden seien alle bereits in Kundenbeziehungen gebunden, trifft *nicht* zu. Dies durch zwei Kräfte: Wohlstandszunahme und latente Unzufriedenheit. 1. Die allgemeine Wohlstandszunahme bedeutet, dass Personen mit Potential, die in fünf oder zehn Jahren wohlhabend sein werden, oft noch nicht im Private Banking gebunden sind. 2. Die latente Unzufriedenheit hat zur Folge, dass doch immer wieder bei Anlegern der Wunsch aufkommt, die Bank oder den Verwalter zu wechseln.

Allgemeine Wohlstandszunahme und latente Unzufriedenheit

Zahlreiche Personen beziehen ein hohes Einkommen und können entsprechend sparen, anlegen und ein Vermögen aufbauen. Gutverdiener sind anfangs bei einer Universalbank Kunde, allerdings im Personal Banking oder im Premier Banking. Eine Bank, die alle Segmente bedient, muss intern beobachten, welche ihrer Kunden eingeladen werden sollten, die Dienstleistungen in einem höheren Segment des Wealth Management in Anspruch zu nehmen.

Eigene Kunden	Neue Kunden	Wie ...
Aufstieg: Einladung an eigene Kunden, im Segment nach oben zu steigen	Einstieg: Einladung an vergessene Kunden einer anderen Bank, gleich in einem höheren Segment zu beginnen	Klare und attraktive Gestaltung der Leistungen in den verschiedenen Segmenten
Vermeidung von Unzufriedenheit bei den eigenen Kunden	Ansprache von Kunden anderer Vermögensverwaltungen an Orten der sozialen Begegnung	Empathie und Kompetenz der eigenen Berater sowie Zeichen, wie sich die Bank in den Strömungen von Wirtschaft und Gesellschaft fortentwickelt und nicht zurückfällt

Darstellung 3-1: Aktionsfelder für die Gewinnung von Neukunden.

Das ist eine erste *Möglichkeit*, für höhere Segmente im Wealth Management Kunden zu finden. Die Suche im eigenen Haus ist sogar ein *Gebot*. Denn wenn die Bank ihre eigenen Kunden nicht von sich aus und früh genug anspricht und einen Aufstieg in die höheren Segmente des Wealth Managements anregt, dann könnten diese Personen von der Konkurrenz eingefangen werden.

Damit ist eine zweite Quelle für neue Kundenbeziehungen genannt: Die Bank könnte ihre Angebote, etwa im Premier Banking so herausstellen, dass sie unzufriedene Kunden von *anderen* Geschäftsbanken anspricht, die sich von ihrer bisherigen Bank vernachlässigt fühlen. Das spricht dafür, Programme wie *Premier Banking* gut in den Medien zu bewerben. Geschäftsbanken unterschätzen, dass im Wealth Management viele Kunden in den oberen Segmenten einmal Kunde im Personal Banking im eigenen Haus oder einer anderen Bank gewesen sind. Hinzu kommt: Einige der in einem unteren Segment bedienten Kunden haben weitere Bankbeziehungen und sind vielleicht bereit, ihr Vermögen zusammenzulegen. Diese Bewegungen und Veränderungen kosten Zeit. Doch es wäre unklug vom Vermögensverwalter, sie zu übersehen.

Enttäuschungen und eine stets vorhandene (auch wenn nicht immer offen gezeigte) Unzufriedenheit bringen die Menschen bei Gelegenheit dazu, sich nach Alternativen umzusehen. So sehen sich Kunden die Angebote im Internet an, besuchen auf einer Reise Niederlassungen anderer Banken, und sind offen, wenn sie von Beratern einer anderen Vermögensverwaltung zu einem Mittagessen eingeladen werden. Bei solchen Gesprächen wird der neue Berater versuchen, sein Engagement und die Expertise seiner Institution darzulegen.

> Wer Neukunden für das Wealth Management sucht, muss nicht in der Gruppe jener suchen, die bereits ein hohes Vermögen haben. Die Empfehlung lautet, jene zu überzeugen, die am Anfang des Weges stehen oder auf dem Weg sind, ein Vermögen aufzubauen – im eigenen Haus und außerhalb.

Wie Kunden gebunden werden

Banken wissen, dass am Golfplatz und bei Sportereignissen immer auch Berater anderer Banken präsent sind und mit Freundlichkeit, Einladungen, interessanten Gesprächen und mit Fachkompetenz einen guten Eindruck hinterlassen. Deshalb überlegen Banken, wie sie ihre Kunden an sich ketten können. Drei Bindungen bewirken, dass ein Kunde sein Vermögen letztlich auch von einer nur unterdurchschnittlich geschätzten Bank nicht abzieht: 1. **Kredite**, eventuell auch Lombardkredite, bei dem die Wertpapiere zur Sicherung als Pfand hinterlegt sind, lassen sich nicht einfach übertragen. 2. Den gesamten **Zahlungsverkehr** (mit allen Kontoverbindungen) von einer Bank auf eine andere zu übertragen, ist eine umfangreiche Aufgabe. 3. **Nichtliquide Geldanlagen**, die bis Verfall gehalten werden müssen, erschweren eine schnelle Auflösung des Depots.

Kunden werden auf der Suche nach einem neuen Partner für das Wealth Management daher selten zu einer anderen Bank wechseln. Häufiger kommt vor, dass Kunden ein Mandat für die Vermögensverwaltung unterschreiben, wobei die Wertpapiere im Depot bei der bisherigen Bank bleiben. Das ist die Chance für unabhängige Vermögensberater, die als Einzelfirma oder in einer kleinen Partnerschaft Mandate ausführen. Konti und Depot ihrer Kunden bleiben bei der Bank.

> Eine Bank muss sich zeigen, um unzufriedene Kunden anderer Verwalter zu fangen: (1) In den Standorten ihrer Niederlassungen, (2) im Internet, (3) mit Auftritten unter ihrem Namen (etwa durch Sponsoring), (4) mit den Besuchen ihrer Berater an Orten sozialer Begegnung. Außerdem darf die Bank selbst keinen Anlass für Unzufriedenheit geben. Hier helfen interne Programme zur Verbesserung der Prozesse, mit denen Dienstleistungen strukturiert werden. Des weiteren sind interne Schulungen hilfreich und vor allem ein Geist für Qualität und Innovation. Kunden sehen genau, ob sich eine Bank in Struktur und Qualität ihrer Dienstleistungen fortentwickelt oder stehen bleibt. Kunden wollen nicht nur persönliche Anlageerfolge haben im Sinne von Rendite und Vermögensentwicklung. Sie wollen Kunden einer Institution mit Qualitätsentwicklung sein. Kunden wollen ebenso sehen, dass ihre Bank ein versprechender, an sich arbeitender Partner ist, der nicht hinter der Zeit zurückbleibt.

Schließlich versuchen Banken, zufriedene Kunden für sich werben zu lassen. Im mittleren Segment (Premier Banking) sind zufriedene Kunden bereit, Zeugnis abzulegen, besonders, wenn sie dabei Meilen sammeln können oder Bonuspunkte erhalten.

→ Die *Deutsche Bank* erlaubt, dass Personen sich selbst werben können. Sie bietet Sachprämien, wenn Kunden sich „selbst empfehlen" und ein bestehendes Wertpapierdepot mit Wert von wenigstens 50.000 Euro auf sie übertragen. □

Bei größeren Vermögen kann ein Kunde mit einer neuen Bank auch über eine Anfangsvergünstigung verhandeln, die oft genug in Form eines Nachlasses auf den regulären Preis für die Vermögensverwaltung gewährt wird. Allerdings wird über Preise am Ende doch zwischen den verschiedenen Kunden eines Finanzdienstleister gesprochen. Die Bevorzugung eines Einzelnen kann Enttäuschungen bei jenen auslösen, die entdecken, dass sie unberücksichtigt blieben. Das spricht dafür, allen Kunden dieselben Rabatte auf Listenpreise zu geben.

3.2   Erwartungen von Neukunden

Personen, die sich für eine neue Vermögensverwaltung interessiert zeigen und ein Erstgespräch vereinbaren, haben oft recht genaue Vorstellungen und konkrete Erwartungen. Kunden haben Vorstellungen davon, (1) wie die Finanzmärkte funktionieren, (2) wie eine „gute" Geldanlage erreicht werden kann und (3) welche Ansprüche die Beratung erfüllen soll. **Die Vermögensverwaltung folgt indessen den besten Praktiken. Diese entspricht in wesentlichen Punkten nicht den Vorstellungen der Privatkundschaft.** Viele Kunden erwarten etwas anderes als die Vermögensverwaltung bietet, sofern sie professionell vorgeht. Die Beraterin oder der Berater muss dann einen guten Teil der Gesprächszeit dazu verwenden, die Struktur, die Abläufe und die Schritte des Vorgehens der Bank zu erklären.

> Bei dem Teil des Erstgesprächs, in dem Unterschiede zwischen Kundenwunsch und Angebot überbrückt werden, soll der Relationship Manager aber nie belehrend wirken. In der Tat empfehlen alle Vermögensverwaltungen, vor allem den Kunden das Wort zu geben. Jede Bank oder Versicherung lehrt den jungen Leuten, zuzuhören. Abgesehen davon gilt: Wer das Geld hat, der hat immer Recht. Nicht jeder Kunde lässt sich überzeugen. Und wer Geld, Konti, Depots und Wertpapiere hat, ist beweglicher als jemand, der Immobilien hält.

Ungleiche Information?

Zunächst denken die meisten Menschen, die Verteilung der relevanten Information sei in den Märkten höchst ungleich. Wer mehr Zeit hat, sich damit auseinanderzusetzen, habe einen Vorteil. Sie selbst müssten jedoch arbeiten und könnten folglich nicht immer den Wirtschaftsteil der Tageszeitung lesen (wie es den Finanzberatern möglich ist).

In der Tat kann die hohe Anzahl von Firmen, die Informationen originär beschaffen, aus Kunden-sicht nur so interpretiert werden: Diese Firmen sollten aufgrund der gefundenen und ausgewerte-ten Informationen Vorteile haben. Die Sicht ist intuitiv und enthält einige richtige Elemente. Doch die vermeintlichen Vorteile von Sekundärinformationen (Wirtschaftsnachrichten) müssen relativiert werden. In gut entwickelten Finanzmärkten ist die beschaffte und eingesetzte Informa-tion schnell und richtig in der Preisbildung der Wertpapiere berücksichtigt. Der Anleger steht vor der Situation, dass sich neue Nachrichten bereits in den Preisen finden, wenn er die Medien zu Rate zieht. Ungeachtet dessen erwarten die Kunden, Anlagetipps zu erhalten.

Eigene Anstrengungen zur Beschaffung und Auswertung neuer Nachrichten lohnen sich für Pri-vatanleger praktisch nicht. Diese Aussage trifft die These der **Informationseffizienz**. Danach er-zielt der Normalanleger keinen Vorteil durch eigenen Aufwand für die Beschaffung und Auswer-tung von Informationen (weil andere viel schneller waren).

- Die Forschung sieht deutliche empirische Evidenz dafür, dass die Hauptmärkte für Wertpa-piere, insbesondere die Börsen in den USA, informationseffizient sind oder zumindest der Informationseffizienz nahe kommen.

- Praktiker und Analysten haben indes Zweifel und favorisieren die Sicht, dass Finanzanaly-se für die Privatkundschaft vorteilhaft ist, und zwar auch nach den Kosten für das Invest-ment Research.[1]

Ungeachtet dieser unterschiedlichen Beurteilung seitens Wissenschaft und Praxis muss eine Ein-schränkung vorgebracht werden: Die Lesart der Effizienzthese, dass Wertpapierkurse immer kor-rekt die Fundamentalwerte zeigen würden, kann nur bedingt zutreffen. Denn auch die Markt-stimmung ist ein den Preis bestimmender Faktor. Und die Preisbildung in kleineren Marktseg-menten, in Schwellenmärkten, sowie bei Immobilien wurde auch in der Forschung als nicht in-formationseffizient klassifiziert. Wenn Marktstimmungen dominieren könnten, sollte ein Anleger tunlichst vor jeder Transaktion Informationen einholen, etwa durch Hinzuziehen eines Maklers.

> Die These der **Informationseffizienz** postuliert, dass in einem reifen und gut funk-tionierenden, liquiden Finanzmarkt neue Informationen so schnell und so genau in Preis-änderungen niederschlagen, dass sich kein Kunde Vorteile durch eigene Beschaffungen und Auswertungen originärer Information haben kann. Ausgenommen davon sind Insider. Dazu gehören auch Finanzanalysten, die Firmen besuchen. Insider werden deshalb per Gesetz von der Marktteilnahme ausgeschlossen, oder müssen Transaktionen offen legen. Weniger reife, weniger gut funktionierende, weniger liquide Teilsegmente der Finanzmärkte sind nicht in-formationseffizient. Ähnlich verringern Situationen mit vorherrschenden Marktstimmungen die „korrekte" Preisbildung in den Finanzmärkten. Gleichwohl gilt: Die Preisbildung ist im Durchschnitt überall schneller und korrekter als die meisten Privatanleger vermuten.

---

[1] 1. LEIGHTON V. WILLIAMS: Information Efficiency in Betting Markets: a Survey. *Bulletin of Economic Research* 51 (1999) 1, 1–39. 2. ELROY DIMSON UND MASSOUD MUSSAVIAN: A Brief History of Market Efficiency. *European Financial Management* 4 (1998) 1, 91-193.

Gute Geldanlage für alle Investoren dieselbe?

Ein weiterer Punkt: Die meisten Kunden sind überzeugt, dass gute Geldanlage ganz allgemein und ohne Berücksichtigung der persönlichen Besonderheiten des Investors konzipiert werden kann. Denn überwiegend denkt die Privatkundschaft, gute Geldanlage sei eine Frage der Auswahl der besten Wertpapiere und des Timings.

> Nach der besten Praxis gibt es jedoch keine Geldanlage, die *für alle* gut wäre. Eine Geldanlage ist dann gut für einen Anleger, wenn die Gewichte der Klassen von Anlageinstrumenten wie Cash, Anleihen und Aktien zur finanziellen Situation und zu den individuellen Zielen der Person passen.

Der Relationship Manager sollte sich folglich darauf konzentrieren, jene Gewichtung der Anlage-Klassen zu finden, die am besten mit der finanziellen Situation, den individuellen Vorhaben, Zielen und dem persönlichen Bedarf des Kunden harmoniert. Leider erleben einige Kunden die Erkundigungen und Fragen des Beraters als Eindringen in zu private Themen.

Themenpunkt	Kunden denken ...	Perspektive der Bank ...
Welche Anlageziele sollen leiten?	Alle Anleger streben nach dem Gleichen: Rendite, Sicherheit und Liquidität	Jeder Kunde hat Vorhaben und persönliche Anlageziele — die Vorhaben sollen mit dem Anlageergebnis erfüllt werden können
Wodurch hat eine Geldanlage Erfolg?	Die Information an den Märkten ist höchst ungleich, weshalb Anleger um so erfolgreicher sind, je mehr und je exklusivere Tipps sie über Einzeltitel erhalten	Wenn die Gewichtung der Anlageklassen wie Cash, Anleihen, Aktien sich an den persönlichen Anlagezielen orientiert, besteht eine hohe Wahrscheinlichkeit, die geplanten Vorhaben erfüllen zu können
Auf welche Ebene von Geldanlagen sollte sich das Gespräch konzentrieren?	Auf konkrete Wertpapiere, Titel und einzelne Anlageinstrumente und darauf, ob und weshalb sie auf einer Empfehlungsliste stehen	Auf Anlageklassen (wie Cash, Anleihen, Aktien) und die für sie jeweils typischen Risikoeigenschaften

Darstellung 3-2: Die Vorstellungen, Wünsche und Erwartungen der Neukunden sind in wichtigen Aspekten anders als der von Vermögensverwaltern gebotene Ansatz.

Allerdings gibt es immer wieder Kunden, die denken, eine Geldanlage sei gut, und zwar für alle Anleger gut, sofern sie nur neueste Informationen und Tipps umsetze. Solche Auffassungen zeigen sich daran, dass Kunden Gespräche über einzelne Aktien schätzen, während der Berater das Gespräch über die passende Vermögensallokation auf die Ebene der **Anlageklassen** (Cash, Anleihen und Aktien) und ihre Gewichtung lenken möchte.

Kunden lieben das Konkrete und schätzen Diskussionen über Einzeltitel. Ein Gespräch über Anlageklassen verlangt Abstraktion. Kunden wünschen zu hören, ob die Bank diesen oder jenen Titel auf ihrer **Kaufliste** hat. Am besten wirkt auf sie ein Berater, der wie ein Analyst im Fernsehen bei jeder einzelnen Aktie gleich das Plus und das Minus nennen kann. Einige Kunden sind enttäuscht, wenn der Berater sich nicht auf eine Diskussion von Einzeltiteln einlassen möchte.

Berater werden darum einen Mittelweg einschlagen müssen, der zwar hier und da die untere Ebene der Einzeltitel berührt, ansonsten aber zu der oberen Ebene führt, auf der die Gewichte der Anlageklassen besprochen werden und so der Anlagemix bestimmt wird.

Anlageklassen

Gruppen einzelner Anlagen, die ähnliche finanzielle Eigenschaften aufweisen, werden als **Anlageklassen** oder **Assetklassen** bezeichnet: Im Angelsächsischen ist ein **Asset** eine Anlage, ein Vermögensposten, ein Aktivum. Bisher wurden drei Assetklassen betrachtet:

1. **Cash** (Bargeld, Kontoguthaben, kurzfristiges Festgeldanlagen, Geldmarktfonds)

2. **Bonds**, Anleihen oder Obligationen (Staatsanleihen, Unternehmensanleihen, Pfandbriefe, Wandelanleihen, Fremdwährungsanleihen, Convertibles/Wandelanleihen)

3. **Aktien**.

Die betragsmäßige oder prozentuale Aufteilung des Gesamtvermögens auf Klassen von Anlagen wird als **Vermögensallokation**, als **Anlagemix** oder als **Asset Allokation** bezeichnet.[2]

Der Kurzbegriff Cash – oft auch als Liquidität bezeichnet – steht für Bargeld, für Guthaben auf Bankkonten, für Sparbücher, kurzfristige Festgeldanlagen, Anteile an Geldmarktfonds.

Anleihen, auch als Renten oder Bonds bezeichnet, verbriefen Schulden, die der Emittent der Anleihe – in der Regel der Staat, eine quasistaatliche Einrichtung, oder ein Unternehmen – eingegangen ist. Die meisten Bonds haben eine endliche Laufzeit und werden bei ihrer Fälligkeit im Nominalbetrag der verbrieften Schuld zurückgezahlt. Zwischendurch werden bei fast allen Bonds Kuponzahlungen geleistet.

Aktien verkörpern die Rechte, die im Aktiengesetz den Eigenkapitalgebern zukommen. Aktionäre können auf der Hauptversammlung an Beschlüssen mitwirken und verlangen, dass der Gewinn der Gesellschaft ganz oder teilweise als Dividende ausgeschüttet wird.

Aktiengesellschaften sehen in den USA, in Europa und in Asien verschiedene Balancen zwischen den Kompetenzen der internen Direktoren (Vorständen) und der Macht der externen Direktoren (Aufsichtsräten, Aktionärsvertreter) vor – eine Thematik, die als **Corporate Governance** angesprochen wird.

* In US-amerikanischen Unternehmungen werden Entscheidungen sehr deutlich an den Wünschen der Aktionäre (**Shareholder**) nach Wertsteigerung ausgerichtet.

* In Europa hat das Management deutlich mehr Unabhängigkeit von den Aktionären und ist angehalten, auch die anderen Gruppen (**Stakeholder**) wie Arbeitnehmer und Käufer der Produkte zu berücksichtigen.

---

[2] ROGER G. IBBOTSON und PAUL D. KAPLAN: Does Asset Allocation Policy Explain 40, 90 or 100 Percent of Performance? *Financial Analysts Journal* 56 (2000) 1, 26-33.

- In Asien sind die Gesetze zur Corporate Governance so, dass als Hauptziel die Existenz und das Leben der Unternehmung selbst angestrebt werden, eventuell gegen die Wünsche von Aktionären, von Arbeitnehmern und von Kunden. Der Direktor oder das Direktorium erhält dazu große Unabhängigkeit von den Aktionären. Die Gründung einer Unternehmung in Asien trägt Merkmale der Einrichtung einer Stiftung.

Neben Cash, Bonds und Aktien werden selbstverständlich weitere Assetklassen betrachtet: Immobilien, Beteiligungen, Private Equity, Venture Capital, Edelmetalle, Rohstoffe, Futures und Optionen, Hedge Funds und Kunst.

Assetklasse	Unterklassen
1. Cash	1.1 Bargeld und Guthaben auf Konten, 1.2 Geldmarktfonds, 1.3 Festgeldanlagen
2. Aktien	2.1 USA, 2.2. Eurozone, 2.3. China / Südostasien, 2.4. Japan, 2.5 Schweiz, 2.6 Großbritannien, 2.7 Australien, 2.8 Kanada, 2.9. Schwellenländer (Emerging Markets).
3. Anleihen	3.1. Staatsanleihen Industrieländer, 3.2 Pfandbriefe, 3.3. Unternehmensanleihen Industrieländer, 3.3. Hochzinsanleihen (Länder und Unternehmen geringer Bonität), 3.4. Staatsanleihen der Emerging Markets, 3.5. Unternehmensanleihen aus Emerging Markets, 3.6 Wandelanleihen.
4. Immobilien	4.1 Wohnimmobilien, 4.2 Industrie und Handel, 4.3 Hotel, 4.4 Medizin.
5. Andere	5.1 Rohstoffe, 5.2 Edelmetalle.
6. Währungen	6.1 US-Dollar, 6.2 Euro, 6.3 Renminbi, 6.4 Japanischer Yen, 6.5 Schweizer Franken, 6.6 Australischer Dollar, 6.7 Kanadischer Dollar, 6.8 Singapur Dollar, 6.9 Norwegische, Schwedische Krone.

Darstellung 3-3: Bildung von Teilklassen zu den großen Assetklassen wie Cash, Aktien und Bonds.

Ab und zu werden feinere Gruppierungen als Assetklassen betrachtet. (1) So werden Bonds nach dem Emittenten als Staatsanleihen (Sovereign Bonds) oder als Unternehmensanleihen (Corporate Bonds) kategorisiert und als getrennte Assetklassen behandelt, weil sich ihre finanziellen Eigenschaften etwas unterscheiden. Eine weitere Unterklasse von Bonds sind Pfandbriefe, die eine etwas andere Deckungsstruktur als Staatsanleihen haben. (2) Oft werden Bonds nach den Währungen in Gruppen feiner unterteilt. (3) Eine dritte Unterteilung von Bonds als Anleiheklasse gruppiert sie der Restlaufzeit nach in Kurzläufer und Langläufer. Die Unterteilung wird so vorgenommen, dass sie die Vermögensallokation erleichtert.

Zur Verfeinerung der Assetklasse der Aktien bietet sich auch ein Größenmerkmal als Kriterium an. Dann werden die Aktien großer Gesellschaften (**Blue Chips**) von denen mittelgroßer Firmen (**Mid Caps**) und kleiner Gesellschaften (**Small Caps**) unterschieden. Bei Aktien werden auch Unterteilungen in Value Stocks, Growth Stocks und Zykliker vorgenommen. Diese beiden Kriterien betonen Unterschiede hinsichtlich gewisser Risiken.

- **Value Stocks** schütten eine hohe Dividende aus (etwa 4% in Relation zum Kurswert), haben niedrige Kurse im Verhältnis zu Gewinn und Umsatz, aber nur geringes Wachstum.

- **Growth Stocks** stammen von Firmen mit hohen Wachstumsraten, doch wird oft nur wenig (um die 2% vom Kurs) ausgeschüttet.

- **Zykliker** haben Kursbewegungen, die stark von der Konjunktur abhängen. Hierzu gehören die Aktien von Unternehmen in Branchen wie Transport und Logistik, Bau (Hoch- und Tiefbau, Anlagen, Maschinen), Zulieferer.

Die Feinheit der Assetklassen legt dann auch die Detaillierung fest, in der die Vermögensallokation bestimmt und dem Kunden gegenüber dargestellt wird.

Skizze des Vergleichs USA und Europa

An dieser Stelle soll ein Unterschied zwischen dem amerikanischen und dem europäischen beziehungsweise Schweizerischen Private Banking gezeichnet werden.

In den USA ist in der Finanzindustrie diese Philosophie gängige Praxis: Zur Individualisierung reicht es völlig aus, wenn dem Kunden vier, fünf oder sechs Anlagestrategien wie Einkommen, Konservativ, Ausgewogen, Wachstum, Dynamisch zur Wahl gestellt werden. Persönliche Präferenzen, Ziele und die finanzielle Situation legen die passende Wahl nahe. Kunden können dann entscheiden, ob sie die gewählte Anlagestrategie durch Exchange Traded Funds oder durch Anlagefonds verwirklichen möchten. Die Beratung in den USA kann sich dementsprechend darauf begrenzen, die persönlichen Präferenzen, Anlageziele und die finanzielle Situation in eine dieser Anlagestrategien zu übersetzen.

In Europa bieten die Banken ihren Kunden im Private Banking (1) eine deutliche Anpassung an die individuellen Umstände und Präferenzen, und (2) erweiterte Beratungsleistungen. (3) Die erweiterten Anpassungsmöglichkeiten werden erforderlich, weil die Wirtschaft und die Finanzmärkte in Europa heterogener sind. Viele Investoren möchten bei der Anlage einen Schwerpunkt auf das eigene Land setzen. Außerdem bestehen neben dem Euro weitere, teils wirtschaftlich und finanzielle wichtige Währungsräume in Europa, so etwa den Schweizer Franken, das Britische Pfund und die Norwegische Krone. Europäische Investoren haben nicht einfach nationale Vorlieben. Viele Investoren möchten mit den Geldanlagen die Risiken anderer wirtschaftlicher Einkünfte diversifizieren. (4) Und schließlich sind in Europa Investoren tätig, die ungern Mittel im Bereich der Jurisdiktion der USA aufbewahren wollen.

Abgesehen von den heterogenen Anforderungen an die Geldanlage wünschen die in Europa aktiv werdenden Investoren eine breitere Palette von Dienstleistungen. Dies in verschiedener Richtung.

1. Da die Geldanlagen (Länderschwerpunkte, Währungen) vielfältiger ausgestaltet werden, ist auch die Beratung umfangreicher anzulegen.

2. Europäer schätzen es, ebenso wie die Asiaten, das Portfoliomanagement selbst ausführen zu können. Deshalb sind Varianten der periodischen Beratung zu Transaktionen nachgefragt. Nicht jeder möchte einfach per Anlagefonds oder ETF alles abgeben.

3. Nicht nur das Anlageergebnis ist wichtig, sondern auch, wie es verwendet wird. Kunden wünschen sich Unterstützung bei der finanziellen Lebensgestaltung. So wenn sie ein Haus kaufen, den Nachlass regeln, Nachfolger für die Unternehmung suchen und dergleichen.

Europäische Banken bieten daher eine thematisch breite und fachlich tiefe Beratung in allen wesentlichen Themen des finanziellen Lebens, bis hin zur Beratung über den Kauf von Kunst. Vielen Kunden im Wealth Management ist vielleicht am Anfang nicht bewusst, in welchen Fragen sie später Unterstützung suchen werden.

3.3 Pflichtpunkte beim Erstgespräch

Das Kundengespräch für eine erste Beratung folgt einer festen Struktur und dauert bis zu 60 Minuten. Der Berater muss von Gesetzes wegen verschiedene Prüfungen und Einschätzungen vornehmen, soll die Leistungen und das Vorgehen der Bank erläutern und steuert auf das Ziel, einen persönlichen Vorschlag für die Geldanlage oder wenigstens den zum Profil des Kunden passenden Anlagemix zu skizzieren. Welche Wertpapiere im Einzelnen empfohlen sind, ist eine sich anschließende Frage. Der Anlagevorschlag (Anlagemix, Titelempfehlungen) wird dem umworbenen Neukunden am nächsten Tag als Brief zugesandt.

> Vor allem muss im ersten Beratungsgespräch beiden Personen, dem möglichen Kunden wie dem Berater dies deutlich werden: Kann eine längere, für beide Seiten vorteilhafte Partnerschaft entwickelt werden? Der Kunde soll dazu erfahren, welche Leistungen die Bank bieten würde, was diese kosten werden, und er soll nach dem Gespräch entscheiden können, ob er mit dieser Vermögensverwaltung und der Person des Relationship Managers eine vertrauensvolle Zusammenarbeit in finanziellen Fragen wünscht oder doch noch einen anderen Partner suchen möchte.

Know-Your-Customer

Das Gespräch hat bei allem Grenzen: Zwar wird sich der Relationship Manager empathisch, engagiert und kompetent zeigen, nicht aber vertrauensselig. Der RM wird nie Hinweise geben, die den Bereich der Legalität verlassen. Bankenplätze mit zahlreicher Kundschaft mit steuerlichem Wohnsitz im Ausland, unter ihnen die Schweiz, haben Regeln in Kraft gesetzt, die dahingehend wirken, dass Kunden ihre Steuerpflichten erfüllen (Weissgeldstrategie).

Zudem wird der RM nur Argumente bringen, die vor Dritten wiederholt und gerechtfertigt werden könnten. Das heißt, der Berater wird nach Vernunft und bester Praxis streben, dabei Sorgfalt und fachliche Kompetenz walten lassen. Schließlich wird oft von einem Ratgeber verlangt, dass eine gewisse Vorsicht und der Ausgleich empfohlen wird. Ein Relationship Manager wird einen Mittelweg favorisieren und von extremen Positionen und Konstruktionen abraten.

Das Adjektiv **offshore** (außerhalb der Küstengewässer liegend) bezeichnete früher die zu einem Land gehörenden Hochseeinseln, denen die Regierung Steuerbegünstigungen gab, um ihnen eine gewisse wirtschaftliche Anziehungskraft zu verleihen. Ein **Offshore-Finanzplatz** ist ein unabhängiges Land oder auch nur ein Ort, in geographischer Nähe anderer Länder und Wirtschaftsräume,.

1. das mit niedrigen Steuern Finanzgeschäfte an sich zieht. Dies kann gelingen, wenn das Land zugleich Vertraulichkeit wahrt und Finanztransaktionen ebenso wie Eigentumsverhältnisse nicht kommuniziert.

2. Die bekannten Offshore-Finanzplätze haben eine gute Infrastruktur, solide Gesetze, geringe Korruption, und sie bieten große wirtschaftliche Freiheiten.

3. Dadurch ist das Bankwesen an diesen Plätzen leistungsfähig und kostengünstig.

4. So sind alle Voraussetzungen erfüllt, um mit internationalen Institutionen zusammenarbeiten zu können, die vollkommen legal und transparent den effizientesten Anbieter für Finanzdienstleistungen wählen.

Zu diesen Zentren gehören: Hongkong, Singapur, die Schweiz, Luxemburg, Guernsey, Isle of Man, Jersey. Andere Offshore-Finanzplätze erfüllen die Kriterien nur zum Teil.

Banken betrachten eine Person bei diesen Merkmalen als **Offshore-Kunde**: (1) Die Person tätigt Bankgeschäfte selten direkt, sondern handelt über eigens dafür geschaffene Konstruktionen wie Trusts und so genannte Briefkastenfirmen. (2) Offshore-Kunden haben meistens ihren Hauptwohnsitz oder gewöhnlichen Aufenthalt in einem ausländischen Staat, ungeachtet der Frage, ob sie sich gelegentlich im Land der Bank aufhalten.

Indes ist nicht jeder im Ausland wohnende Kunde ein Offshore-Kunde. Denn viele Kunden wählen für ihre Geldgeschäfte einen effizient arbeitenden Bankenplatz mit attraktiver Währung. Dies besonders dann, wenn der heimische Finanzplatz bürokratisch und ineffizient ist.

Immer wieder versuchen Kunden, dieses Erstgespräch in der Vermögensverwaltung zu umgehen. Sie wollen alles per Telefon zu besprechen. Doch darauf einzuwilligen wäre nicht professionell. Denn einige Punkte – so die Risikoaufklärung und die Erstellung des Kundenprofils – verlangen eine Mitwirkung des Kunden, die sich per Telefon nicht bewerkstelligen lässt. Zudem muss der Kunde die Risikoaufklärung und die Akzeptanz des für ihn erarbeiteten Profils durch Unterschrift bestätigen, bevor auf Basis des Kundenprofils ein Anlagevorschlag vorgelegt wird. **Das Gespräch verlangt eine Begegnung.** Dazu muss es terminlich vereinbart worden sein und vorbereitet werden. Es soll am besten in den Räumlichkeiten der Bank stattfinden, und in einem kleinen Kreis geführt werden. Üblich ist ein Gespräch zwischen RM und von Kundenseite einer Person. Eventuell ist die Kundschaft durch ein Ehepaar oder durch Vater und Sohn vertreten. Nur selten erscheint der angehende Kunde gleich mit einem externen Berater. Relationship Manager unterliegen rechtlichen und moralischen Auflagen. **Rechtliche Auflagen** sind die Vorprüfung zur **Geldwäsche**, die Anfertigung eines Gesprächsprotokolls, und die Orientierung des Kunden darüber, wer welche Informationen über ihn (etwa innerhalb der Bank) erhält und welche Aufzeichnungen gespeichert werden. Insbesondere muss eine **Risikoaufklärung** vorgenommen werden, ähnlich wie dies im ärztlichen Bereich geschieht.

Geldwäsche ist ein schweres Verbrechen, definiert als organisierte Kriminalität oder gewerbsmäßig wiederholte illegale Tätigkeit. Mit Geldwäsche versuchen organisierte Gruppen von Personen, Einnahmen aus gesetzwidriger Tätigkeit in den Wirtschaftskreislauf einzuschleusen, so dass die Vortat verschleiert wird. Geldwäsche bezieht sich auf Finanzmittel, die aus einer strafbaren *Vortat* stammen. Vortaten sind Drogengeschäfte, schwerer Betrug und schwere Steuerstraftaten. Banken, Rechtsanwälte, Notare, Wirtschaftsprüfer und Steuerberater, müssen Meldungen vornehmen, sobald bei eigenen Kunden oder bei Neukunden Verdacht auf Geldwäsche aufkommt. Das Prinzip **Know-Your-Customer** (KYC) ist allgemeines Gebot. Indikatoren für Geldwäsche sind: Unterhalt vieler Konten, Unerklärbare Transfers, Bareinzahlungen, Mitführen hoher Barbeträge bei Grenzübertritten. Abgesehen davon sind Banken durch Ethik und Reputation zunehmend daran gehindert, Beziehungen zu Kunden einzugehen, die Menschenrechte verletzen, Kinderarbeit zulassen, oder andere, verwerfliche Taten begehen.[3]

Zu den Formalitäten bei Beginn einer neuen Kundenbeziehung gehören diese Fragen: (1) Wer ist genau der Berechtigte, wer soll Vollmacht für Transaktionen erhalten und wer darf das Konto verändern? (2) Welches soll die Postanschrift sein? (3) Wie können Berechtigte und Bevollmächtigte telefonisch kontaktiert werden? (4) In welchem Land hat der Berechtigte die steuerliche Residenz? Die Bank wird verdeutlichen, dass sie erwartet, dass die anzulegenden Mittel versteuert worden sind und dass der Berechtigte Kapitalertrag- und Vermögenssteuern zahlen wird. (5) Dann muss feststehen, welche ehelichen Rechtsverhältnisse bestehen und ob es testamentarische Regeln gibt. Da vermögende Personen sich vielfach in mehreren Ländern aufhalten, teils dort Immobilien haben und Bankkonten, könnte Unklarheit aufkommen, wo der *gewöhnliche Aufenthalt* ist, und um den zu bestimmen, wenden die Länder unterschiedliche Kriterien an. Das kann im Todesfall lang andauernde, internationale, in mehreren Sprachen zu führende Auslegungen der *Erbrechtsverordnung* (ErbVO) mit sich bringen. Teils gibt die ErbVO Wahlrechte.

Vorsichtsprinzip

Zu den **moralischen Auflagen** gehört es, dass der Berater das **Vorsichtsprinzip** (Reasonable and Prudent Man Test) walten lässt. Dieses Prinzip verlangt Vernunft, Sorgfalt, Vorsicht, ein Vorgehen nach der besten Praxis (die wissenschaftliche Erkenntnisse berücksichtigt) sowie einen gewissen Grad an Aktivität, vor allem beim Einholen von Informationen. Ein Berater oder Treuhänder kann sich bei Misserfolg oder bei Schaden nicht darauf herausreden, er habe in *guter Absicht* oder in *gutem Glauben* gehandelt.

---

[3] DAMIAN HODGSON: "Know your customer": marketing, governmentality and the "new consumer" of financial services". *Management Decision*. Vol. 40 (2002) 4, 318 – 328.

Fokus	Gesprächspunkte	Nach bester Praxis sollte die Bank ...
1. Kunde	1.1 Vorprüfung: Know Your Customer	Hier muss entschieden werden, ob und in welcher Vertrags- und Bedienungsvariante der potentielle Kunde von der Bank angenommen wird
	1.2 Bestimmung des Segments anhand des in fünf Jahren vermuteten Vermögens	
	1.3 Direktanleger oder Mandat?	
	1.4 Gewünschte Kommunikation. Wer ist Ansprechpartner?	
2. Bank	2.1 Besonderheiten und Spezialitäten im Wealth Management der Bank	Hier muss der Berater den gewünschten Kunden gewinnen und überzeugen
	2.2 Der Ablauf im Wealth Management	
	2.3 Übliche Vertragspunkte	
	2.4 Gebotene Extraservices	
3. Risiko	3.1 Historische Entwicklungen an den Finanzmärkten für die relevanten Anlageklassen	In diesem Gesprächsteil werden die Bestimmungsfaktoren für die Entscheidung über die Vermögensallokation bereit gestellt und es wird dem Kunden gezeigt, dass die Bank die augenblickliche Situation an den Finanzmärkten gut einschätzen kann
	3.2 Angabe der historischen Häufigkeit von Verlusten und der typischen Verlusthöhe	
	3.2 Risikoaufklärung des Kunden	
	3.3 Augenblickliche Situation und Stimmungslage an den Finanzmärkten	
4. Anlagevorschlag	4.1 Bestimmung der Risikotoleranz	Im vierten Gesprächsteil werden die Risikotoleranz des Kunden und seine Risikotragfähigkeit ermittelt, worauf der Berater den Anlagevorschlag (der per Post zugestellt wird) skizziert
	4.2 Bestimmung der Risikotragfähigkeit	
	4.3 Verbale Skizzierung des Anlagevorschlags	
	4.4 Nennung der nächsten Schritte und Verabschiedung des Kunden	

Darstellung 3-4: Ablauf und Inhaltspunkte des ersten Beratungsgesprächs.

Das Vorsichtsprinzip bedeutet, dass kein Berater eine Empfehlung aus einem oberflächlichen Eindruck ableiten und schnell äußern wird. Jede Beratung verlangt einen gewissen Aufwand und Zeit zum Überlegen. Des weiteren wird der Berater im Erstgespräch den Kunden reden lassen. Hier geht es nicht darum, wer sein Ego zeigen darf. Der Berater hat die Pflicht, den Kunden, seine Präferenzen, seine Wünsche und Ziele und seine finanzielle Situation zu verstehen. Generell im Consulting besteht ein Grundfehler darin, dass Berater von ihrem Ansatz überzeugt sind und diesen propagieren, ohne verstanden zu haben, was der Kunde eigentlich will und warum er die Beratung aufsucht. Nur durch kurze Zwischenfragen wird der Berater versuchen herauszufinden, ob die Person zehn Jahre später ein zufriedener Kunde des Hauses sein und dafür Zeugnis ablegen würde. Wenn nicht, wird der Kundenberater der Person mitteilen, dass die Stärken des Hauses in einem anderen Bereich liegen. Der Berater wird Wettbewerber empfehlen und das Gespräch freundlich abbrechen, nicht ohne Prospekte zum Abschied auszuhändigen und sich für den Besuch zu bedanken. Nichts ist teurer als ein unzufriedener Kunde.

Wenn ja, wird der Berater werben. Er wird dem Kunden die Stärken des Hauses nahe bringen, und versuchen, den Kunden zu gewinnen. Der Berater wird die *Dienstleitungen und Produkte* aufzeigen, die Vorgehensweisen erklären und er wird *Extraservices* anklingen lassen. Sodann wird der Berater den weiteren Ablauf des Erstgesprächs skizzieren.

Vertragsbeziehung

Der Berater muss sodann herausfinden, wer der **wirtschaftlich Berechtigte** und wer der **Sprecher** gegenüber der Vermögensverwaltung ist. Das ist nicht immer so einfach. Wenn es sich um das Vermögen einer Familie oder eines Ehepaars handelt, wird oftmals erst nach einiger Zeit deutlich, wie die Entscheidungen getroffen werden und wer sie mitteilt. Auf dem Weg dorthin steht die Klärung, an wen Informationen adressiert werden sollen.

> Ebenso sind andere Merkmale der Kommunikation zu thematisieren: Wie oft ist eine Ansprache gewünscht? Welche periodischen Informationen sollen über das Internet zugesandt werden? Dann ist das eventuelle Vertragsverhältnis zu klären: (B) Möchte die Person **Beratungskunde** werden, und wenn ja, besteht Interesse für Beratungs-Zusatzpakete (Z)? Einige Personen wünschen eine Vertragsbeziehung als Beratungskunde, möchten aber die Möglichkeit haben, als **Direktanleger** tätig zu werden. Diese Kunden ziehen eine Kombination von Beratungsbeziehung und Execution-Only-Beziehung vor, die ihnen bei jeder Transaktion die freie Wahl gibt. (V) Statt dessen könnte der Kunde ein **Mandat** für die Vermögensverwaltung erteilen. Dann wird die Bank eine zu seinem Profil passende Anlagestrategie aufstellen und vorschlagen. Auch dabei wird die Bank Grundsätze der guten Beratung einhalten. Ab dann hat die Bank die üblichen Sorgfaltspflichten bei der Ausführung des Mandats einzuhalten. Bei sehr großen Vermögen und einem Mandat wird der umworbene Kunde mit dem Portfoliomanager bekannt gemacht. Ähnliches gilt, wenn sich abzeichnet, dass der Kunde ein Beratungs-Zusatzpaket nehmen wird, dass ihm direkte Kontaktmöglichkeiten zu Experten im Investment Consulting geben wird. Doch auch dann bleibt der primäre Ansprechpartner der Kundenbetreuer.[4]

Extraservices

Spätestens jetzt, wo die Art der Vertragsbeziehung besprochen wird, erwähnt der Berater weitere Dienstleistungen. Zu den **Extraservices** gehört, dass Bankkunden Punkte (genau wie bei den Fluglinien Meilen) sammeln können, die zu günstigen Einkaufsmöglichkeiten verhelfen.

---

[4] Wenn der Kunde in einer Beratungsbeziehung die Verantwortung für die Anlageergebnisse selbst übernimmt, wird die Bank ihn dahingehend beraten, welche Anlagestrategie zu seinen Präferenzen und zu seiner Situation passen. Sollte der Kunde später nicht zu ihm passende Transaktionswünsche mitteilen, wird die Bank ihn warnen. Die Verantwortlichkeit zu warnen, besteht nicht, wenn der Kunde die Execution-Only-Beziehung wählt und als Direktanleger per E-Banking Order eingibt. Hinweise erhält der Direktanleger nur bei Fehleingaben, die von der Software bei einer Plausibilitätsprüfung erkannt werden.

Lehren triadischer Persönlichkeitsklassifikation	Vernunft, Planung, Analyse (blau)	Soziale Empathie, Intuition (grün)	Wille, Ego, Impulsivität (rot)
PLATON	Vernunft	Begierde	Wille
ARISTOTELES	Anima rationalis	Anima vegetativa	Anima sensitiva
JOHANN HEINRICH PESTALOZZI	Kopf	Herz	Hand
ARTHUR SCHOPENHAUER	Vorstellung	Trieb	Wille
SIGMUND FREUD	Über-Ich	Es	Ego
D. WAYNE OSGOOD	Evaluation	Potency	Activity
ALBERT WELLEK	Verstand	Empfindung	Vitalität
STEPHEN COVEY	Gewissenhaftigkeit	Beliebtheit	Dominanz

Darstellung 3-5: Triadische System wurden verschiedentlich vorgeschlagen. Quelle ROLF W. SCHIRM.

Zu den Extraservices gehören Einladungen zu Events, wie einem Börsenapéro, zu dem die Bank einmal im Jahr alle Kunden einlädt. Selbstverständlich wird die Bank auf Wunsch Informationen und Marktanalysen per E-Mail zusenden. Nach der Erstberatung mit Bestimmung des Kundenprofils offeriert die Bank die Möglichkeit als Service eine eingehende Finanzplanung. Dabei können auch Sonderthemen wie ein Vorruhestand oder eine Erbregelung besprochen werden.

Wenn der Berater die verschiedenen Events erwähnt, wird sich auch zeigen, welcher Beratungstyp der Kunde ist.[5] Klassifikationen der Persönlichkeiten sind in der Psychologie früher beliebt gewesen, und wurden oft in der Literatur dargestellt. **Triadische Systeme** wurden von EMIL KRAEPELIN (1856-1926), ERNST KRETSCHMER (1888-1964) und KARL JASPERS (1883-1969) beschrieben. Bei Banken ist seit Jahren ein von ROLF W. SCHIRM dargestelltes System zur Biostruktur beliebt, bei dem drei Typen von Persönlichkeiten durch die Farben Blau, Grün, und Rot ausgedrückt werden. Der blaue Typ strebt nach Rationalität, liebt Rechnungen und Analysen. Der grüne Typ ist sozial eingestellt und schätzt, was bei anderen beliebt ist. Der rote Typ möchte bestimmen und verlangt prompten Service.

- Blau: Vernunft und Rechnung, analytisches Denken, Abstraktion und Distanz, Systematik und Präzision, geschriebene Sprache und Pläne.

- Grün: Soziale Empathie, Kontaktfähigkeit und Intuition, Fingerspitzengefühl und Signale des Unbewussten, Erfahrung und Vertrauen.

- Rot: Wille und kraftvolles Ego, Streben nach Dominanz, impulsive Aktivität, direktes und praktisches Denken, Probieren und Improvisieren.

Einige Kunden präferieren schriftliche Berichte und Berechnungen. Sie möchten ein Seminar über ein Wirtschaftsthema besuchen (blauer Typ). Andere achten auf Zeichen der Reputation des

---

[5] ROBERT WAELDER: Das Prinzip der mehrfachen Funktion. *Forum der Psychoanlayse* 16 (2000), 81-92.

Vermögensverwalters. Sie ziehen Einladungen in einer Gruppe vor, oder ein gemeinsames Wochenende mit Begegnung mit einem Spitzensportler (grüner Typ). Dritte wollen wiederum nur im kleinsten Kreis angesprochen werden, lieben persönliche und mündliche Orientierung und schätzen es, ein Prestigegeschenk zu erhalten (roter Typ).

Abgesehen von Extraservices, die auf die Persönlichkeit zugeschnitten sind, offerieren Banken besondere Dienste, die in Qualität und Exklusivität nicht über den Markt erhältlich sind. Einige Banken bieten einen Concierge Dienst für die Stadt ihres Sitzes. Die *Bank Julius Bär* ist bekannt für die Vermittlung und Organisation medizinischer Behandlungen. Hat ein Kunde noch mehr Wünsche, wird überlegt, ob für ihn die Dienste eines Family Offices in Frage kommen

3.4   Fragen zur Lernkontrolle

1. Welche Möglichkeiten bestehen, Kunden für das Private Banking anzuwerben? [siehe Abschnitt 3.1]

2. Inwiefern haben Neukunden oftmals Erwartungen, die eine Vermögensverwaltung nicht erfüllen kann, sofern sie professionell vorgeht? [siehe Abschnitt 3.2]

3. Definieren Sie diese Untergruppen von Aktien: Value, Growth, Zykliker und geben Sie je zwei konkrete Branchen als Beispiel. [Frühzykliker: Transport und Logistik, Elektrotechnik. Im Zyklus mittel: Bau, Chemie, Automobil, Medien. Spätzykliker: Stahlhersteller, Maschinenbau]

4. Geben Sie eine Definition von *offshore* und nennen dazu neun Punkte. [siehe 3.3]

5. Was verbirgt sich hinter Know-Your-Customer und Prudent-Man-Test? [siehe 3.3]

6. a) Wenn ein neuer Kunde ein Ehepaar ist und überlegt, ein gemeinsames Konto oder zwei Einzelkonti eröffnet werden sollen, welche Punkte werden Sie zu bedenken geben? [Schenkungssteuern zwischen Eheleuten, Regelungen und Praxis im Todesfall] b) Was besagt die 2012 vom Rat der EU-Justizminister angenommene EU-Erbrechtsverordnung [siehe Wikipedia]

7. Ein Kunde besucht Sie als Beraterin oder Berater und möchte wissen, welche Unterschiede zwischen der *amerikanischen* und der *europäischen* Perspektive beim Wealth Management bestehen. Versuchen Sie kurz, werbend die Vorteile im europäischen Private Banking zu nennen und die damit verbundenen Kundenvorteile zu erwähnen.

8. Erläutern Sie kurz, welche Kriterien Sie als Kundenberater dazu führen würden, eine Prüfung auf Geldwäsche zu veranlassen.

4   Risikoaufklärung

Risikoaufklärung, Risikofaktoren und Risikostufen – parallel zum Gespräch darüber wird das Investment-Opportunity-Set festgelegt.

Die Kapitel 4, 5 und 6 behandeln das Risiko. Thema dieses Kapitels 4 ist die Risikoaufklärung. Sie ist Pflichtbestandteil des Beratungsgesprächs mit einem neuen Kunden. Drei Inhaltspunkte stehen im Zentrum: 1. Was Grafiken zu historischen Renditen sagen. 2. Wie sich die Risiken bei längerem Anlagehorizont verhalten. 3. Die verschiedenen Arten von Risiken, Risikofaktoren und Risikostufen. Außerdem wird das Investment-Opportunity-Set besprochen.

Wieder sind es fünf Lernziele: 1. Zwei Risikoquellen verstehen: Risiken treffen den Investor, weil sich a) Fundamentaldaten ändern oder weil b) Stimmungen mit ihren Zufälligkeiten aufkommen können. 2. Volatilität und Ausfallgefahr als zwei Risikobegriffe unterscheiden können. Verstehen, warum beim einen Zeithorizonteffekte wirken, beim nicht. 3. Skalen für Risikostufen zur Kenntnis nehmen. 4. Wichtige Vorgehensweisen verstehen. 5. Namen von Personen und Einrichtungen sowie Produktbezeichnungen und Begriffe in ein Gespräch einfließen lassen können.

4.1   Risikoaufklärung

Wissensdefizit überbrücken

Nach den Pflichtpunkten im Erstgespräch (Kapitel 3) könnten angehende Kunden ungeduldig werden und wünschen, dass der Berater schnell den Anlagevorschlag unterbreitet. Die Frage des Kunden ist schließlich: Welche Klassen von Anlagen, in welcher Gewichtung, und welche Anlagestrategien werden mir empfohlen? Weiter wird der Kunde wissen wollen, wie die Vermögensallokation durch Kauf von Einzeltiteln, Anlagefonds oder Instrumenten umgesetzt werden sollte. Doch jeder Anlagevorschlag muss (1) auf den Kunden individuell abgestimmt sein und (2) begründet werden. Letzteres heißt, dass ein sachverständiger Dritter nachvollziehen kann, wie die Empfehlung zustande gekommen ist. Für beides muss über **Anlagerisiken** gesprochen werden. Das Gespräch über Risiken als Zwischenschritt auf dem Weg zur Anlageempfehlung darf nicht übersprungen werden. Alles verlangt seine Zeit. Kunden werden bereits einiges über Anlagerisiken wissen, manches aus eigener Erfahrung, anderes aus den Medien. Doch das Wissen über Anlagerisiken und die gemachten Erfahrungen mit Geldanlagen sind unterschiedlich.

Deshalb wird eine **Risikoaufklärung** verlangt, um eventuelle **Wissensdefizite** des Kunden im Hinblick auf Anlagerisiken auszugleichen. Ziel: Der Kunde soll das weitere Beratungsgespräch mit einem Verständnis von Risiko, von Verlustgefahr sowie den Nachteilen geringer Liquidität führen können. Aufgrund des Vorwissens und weil sich die Risikoaufklärung auf Wissensdefizite beschränkt, dauert die Risikoaufklärung unterschiedlich lange.

Die Risikoaufklärung kann gut anhand von Beispielen, von Grafiken oder durch Tischvorlagen geführt werden. Die Form eines freien Gesprächs ist geeignet. **Dem Kunden wird verdeutlicht, in welcher Relation Risiken, die zu erwartenden Anlageergebnisse, Verlustgefahren und Chancen bei den (überhaupt für ihn in Frage kommenden) Anlageklassen stehen. Daneben wird die Liquidität besprochen.** Im Regelfall sind die zu behandelnden Anlageklassen Anleihen (Bonds) und Aktien. Sonderpunkte der Risikoaufklärung können Derivate (Futures und Optionen), Lombardkredite sowie Hedge-Funds darstellen. Derivate, kreditfinanzierte Positionen, Hedge-Funds und alternative Anlagen müssen nur behandelt werden, wenn ihr Einsatz für einen Kunden in Frage kommt.

Die Risikoaufklärung *muss* für Beratungskunden und Mandatskunden vorgenommen werden. Selbst vor Eröffnung einer Execution-Only-Beziehung muss der Kunde ein Formblatt zur Risikoaufklärung unterzeichnen, sofern ihm die entsprechenden Transaktionsmöglichkeiten geöffnet werden. Wie bei jeder Aufklärung kann wenig oder viel erreicht werden. Der Berater muss skeptisch sein, wenn eine Kunde vorgibt, bereits alles zu wissen und schnell die Risiken als Gesprächsthema beenden möchte.

- Das *Mindestziel* der Risikoaufklärung ist, dass der Kunde die verschiedenen Klassen von Finanzanlagen und ihre **Risiken in eine stufenweise Reihenfolge** bringen kann. Auf die an den Kunden gerichtete Frage, ob eine Fremdwährungsanleihe riskanter ist als die Aktie einer heimischen Großunternehmens, sollte der Kunde mit Stichworten wie Ausfallrisiko und Währungsrisiko antworten können. Der Kunde sollte wissen, das es Anlagefonds in privater (nicht öffentlicher Konstruktion) gibt – teils in der fondsgebundenen Lebensversicherung verwendet – die einen vorzeitigen Austritt erschweren.

- Ein *Mittelziel* ist erreicht, wenn der Kunde bei den für ihn in Frage kommenden Anlageinstrumente **typische Renditeschwankungen oder Verlusthäufigkeiten** beziehungsweise Verlusthöhen als Zahl nennen kann. So sollte der Kunde verstehen, dass bei einem reinen Aktienportfolio die Jahresrendite, mit rund 2/3 Wahrscheinlichkeit, zwischen -10% und +30% zu liegen kommt.

- Ein *Maximalziel* der Risikoaufklärung ist erreicht, wenn der Kunde über **verschiedene Einflussfaktoren** – Geldpolitik, Wirtschaftslage, Politik – sprechen kann, aus denen Risiken erwachsen können. Der Kunde sollte zum Beispiel wissen, was Unterschiede in den Maßnahmen des FED und der EZB für die Währungsrelation zwischen USD und EUR bedeuten. Oder er sollte über den Einfluss der Konjunktur auf das Zinsniveau und auf die Gewinne der Unternehmen sprechen können.

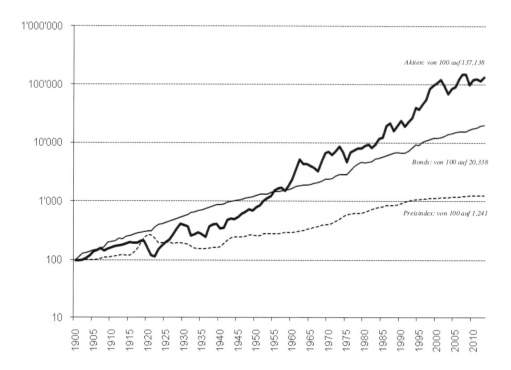

Darstellung 4-1: Aktien, Bonds und der Preisindex 1900 bis 2012. Wer zu Beginn des Jahres 1900 in der Schweiz 100 Franken in Aktien anlegte (und auch die Dividenden einschließlich steuerlicher Abzüge wieder investierte), der hatte am Jahresende 2012, also 113 Jahre später, 137.138 Franken. Wer Obligationen (Anleihen, Renten, Bonds) für die Anlage wählte, kam bei Wiederanlage der ihm Kuponzahlungen vor Steuerabzug von 100 auf 20.338 Franken. Allerdings hat auch die Kaufkraft des Frankens abgenommen. Der Preis des Warenkorbs stieg in den 113 Jahren von 100 auf 1241. Aufbereitung anhand der Daten für 1900-1925 von E. DIMSON und M. STAUNTON sowie für 1926-2012 von Pictet & Cie.

→ Eine Beraterin ruft neue Kunden an und erkundigt sich, was die Kunden über Geld, Wirtschaft und Politik *denken*. Sie zeigt damit eine gewisse Bescheidenheit und die Bereitschaft, zuzuhören. Gleichzeitig hört sie heraus, ob ihre Beratungskundschaft bei gewissen Transaktionen nur unwissend spekuliert (und daher gewarnt werden sollte) oder ob sie bestens orientiert ist. ☐

Die Risikoaufklärung erfüllt keinen Selbstzweck. Sie soll nur Wissensdefizite ausgleichen. Sie nimmt Bezug auf das Vorwissen und Erfahrungen des Kunden. Sie erstreckt sich auf jene Geldanlagen, die für den Kunden in Frage kommen und von ihm gewünscht werden.

→ Beispielsweise darf bei einem Kunden, der BWL studiert hat oder ein Geschäft führt, Grundwissen über Finanzinstrumente und über Kredite vorausgesetzt werden.[1] ☐

---

[1] *Informationspflichten der Bank bei der Vermögensverwaltung: Kundenprofil und Risikoaufklärung.* Urteil des Schweizerischen Bundesgerichts 4A_140/2011 vom 27. Juni 2011. Mit Bemerkungen von M.A. HSG VALENTIN JENTSCH und PROF. DR. HANS CASPAR VON DER CRONE.

Grafiken bei der Risikoaufklärung

Grafiken zeigen, wie sich ein in Aktien angelegtes Vermögen in den letzten Jahrzehnten im Vergleich zu Bonds (Anleihen, Renten, Obligationen) entwickelt hat. Beim Vergleich von Aktien und Bonds sind die Verhältnisse in allen Ländern und Währungsgebieten ähnlich. In Darstellung 4-1 ist die Vermögensentwicklung einer Anlage in Aktien und einer in Bonds 1900-2012 für die Schweiz gezeigt. Weder Steuern noch die Vermögensverwaltungskosten sind berücksichtigt. Die Skala für die Werte ist *logarithmisch*, weshalb die exponentielle Entwicklung des Vermögens dem Trend nach linear (wie eine Gerade) erscheint. Die Darstellung 4-1 zeigt, dass die mittlere Rendite von Aktien die von Bonds übertrifft. Der Renditeunterschied zwischen Aktien und Bonds lag langfristig (in der Schweiz wie in den meisten Ländern) bei knapp 5%. [2]

Die höhere mittlere Rendite von Aktien zeigt sich an den erforderlichen Zeiträumen, in denen sich das Kapital verdoppelt. In Aktien angelegtes Vermögen hat sich etwa alle 10 Jahre verdoppelt, während eine Verdopplung bei Bonds mehr als 15 Jahre forderte. Aktien bieten erhebliche Chancen im Vergleich zu Bonds. Die Chancen bei Aktien zeigen sich an kraftvollen Wertentwicklungen, die für einige Jahre eingesetzt haben und das Kursniveau kräftig nach oben trieben. [3] Doch eine Aktienanlage hat immer wieder deutliche Verlusten bewirkt. [3] Die historische Vermögensentwicklung an den Börsen (die heute noch gut funktionieren und nicht wie das 2003 geschlossene Marktsegment **Neuer Markt** der Deutschen Börse geschlossen wurden) darf nicht darüber hinweg täuschen, dass bei Aktien die Gefahr für Verluste beträchtlich ist.

Zu keinem Jahresbeginn wusste jemand, wie das Ende aussehen würde. Der DAX beispielsweise ist 2002 um 43,9% eingebrochen und 2008 um 40,4%. Historische Entwicklungspfade, noch dazu in logarithmischer Skala gezeigt, sind kaum pädagogisch, weil sie nur einen einzigen Pfad zeigen. Das enorme Risiko bei Aktien zeigt sich in drei Aspekten: (1) Immer wieder hat es Verlustjahre gegeben. Die relative Häufigkeit von Jahren mit *negativer* Aktienrendite ist etwas über 30%. Mit Aktien wird gleichsam jedes dritte Jahr ein Verlustjahr. Der DAX hatte 20 der 64 Jahre von 1949-2012 mit Verlust geendet. (2) Das hohe Aktienrisiko zeigt sich weiter daran, dass es den historischen Daten zufolge teils über mehrere Jahre hinweg andauernde Werteinbrüche gab. Niemand kann nach einem schlechten Aktienjahr davon ausgehen, dass in den zwei oder drei folgenden Jahren die Verluste wieder wettgemacht sein werden. (3) Mehr noch: Das hohe Risiko von Aktien bewirkt, dass selbst sehr lange Perioden nicht immer gut verlaufen. Zu Anfang des letzten Jahrhunderts, 1905-1935, gab es einen drei Jahrzehnte dauernden Zeitabschnitt mit insgesamt negativem Anlageergebnis. Und immer wieder gab es längere Zeitabschnitte von zehn oder mehr Jahren Dauer, in denen Aktien den Bonds unterlegen waren, so 1962-1978 und 2001-2011.

---

[2] Eine internationale Übersicht bieten PAUL MARSH, ELROY DIMSON, MIKE STAUNTON: *Triumph of the Optimists: 101 Years of Global Investment Returns*. Jahresdaten für die Schweiz ab 1926 werden jährlich von der Bank Pictet im Januar aktualisiert und sind im Internet frei verfügbar. Jahresdaten für Deutschland bietet das Deutsche Aktieninstitut e.V. in Frankfurt am Main, http://www.dai.de.

[3] Die Verluste könnte man abtun, weil im Nachhinein immer alles gut gegangen ist. Genau wie bei einer Bergwanderung: Bei denen, die von einer waghalsigen Bergtour noch heil zurückkamen, herrscht Freude. Die heimgekommenen Bergsteiger erklären zudem, durch Aufpassen gegen alle Gefahren geschützt gewesen zu sein.

-40% ... -30%	-30% bis -20%	-20% bis -10%	-10% bis 0%	0% bis 10%	10% bis 20%	20% bis 30%	30% bis 40%	mehr als 40%
				2010				
				2004				
				1986				
				1984				
				1980				
			2011	1977	2012	2009		
			2007	1976	2000	2006		
			1994	1969	1999	2003		
			1978	1952	1998	1995		
			1965	1950	1996	1989		
		1990	1964	1947	1992	1988		
		1981	1963	1946	1991	1983		1997
		1973	1956	1944	1982	1972		1993
		1970	1955	1942	1979	1959		1985
		1966	1948	1940	1971	1958		1975
	2002	1962	1943	1938	1953	1954		1967
	2001	1957	1934	1937	1951	1928	2005	1961
2008	1987	1939	1930	1933	1949	1927	1968	1960
1974	1931	1935	1929	1932	1945	1926	1941	1936

Darstellung 4-2: Das Histogramm der Aktienrenditen für die Schweiz 1926 bis 2012 hat die Form der Gauß'schen Glockenkurve und stützt die Annahme, Jahresrenditen seien normalverteilt. Quelle: Pictet & Cie.

Die **Geldillusionen** wirken nachteiliger, als die offizielle Inflationsrate glauben lässt. Denn die offiziellen Angaben beziehen sich auf die Preisentwicklung eines Warenkorbs, der hauptsächlich Produkte enthält und nur wenige Dienstleistungen. So werden Indizes für die Lebenshaltungskosten einer Familie erfasst.

Die Kundschaft im Wealth Management fragt im Alter hingegen verstärkt Dienste nach: Haushaltshilfe, Taxifahrer, Arzt, Hotel, Reisen, Pflegeheim. Die Nachfrage nach typischen Konsumerzeugnissen der Industrie wie einem Fernsehgerät gehen bei den älteren Menschen zurück. Konsumprodukte fallen eher im Preis, während der Preis von Dienstleistungen eher steigt, und zwar noch stärker als die Inflationsrate.

Das bedeutet, dass für ältere Menschen eher eine Größe Bedeutung hat, die als **Dienstleistungsinflation** zu bezeichnen wäre. Die Dienstleistungsinflation ist höher, weil Dienstleistungen überwiegend im Heimatland erbracht werden (und nicht aus Ländern mit niedrigen Arbeitskosten importiert werden können) und weil die Löhne stärker als die allgemeine Rate der Geldentwertung steigen. Denn die Arbeitnehmer fordern neben dem Inflationsausgleich eine Partizipation am allgemeinen Produktivitätsfortschritt in der Wirtschaft und erhalten diese auch.

unter -40%	-40% bis -30%	-30% bis -20%	-20% bis -10%	-10% bis 0%	0% bis 10%	10% bis 20%	20% bis 30%	30% bis 40%	mehr als 40%
					2004				
					1995				
					1986	2010			
					1981	1998			
					1980	1991	2012		
				2000	1978	1984	2009	2003	1997
			2011	1994	1977	1982	2007	1999	1993
		1990	2001	1992	1974	1972	2006	1989	1985
2008		1973	1966	1979	1971	1969	2005	1988	1983
2002	1987	1970	1965	1976	1964	1968	1996	1975	1967

Darstellung 4-3: Das Histogramm der Jahresrenditen des DAX (1948 bis 2012) hat ebenso in etwa die Form der Gauß'schen Glockenkurve. Datenquelle: Deutsches Aktieninstitut, Frankfurt am Main und Brüssel.

unter -15%	-15% bis -10%	-10% bis -5%	-5% bis 0%	0% bis 5%	5% bis 10%	10% bis 15%	15% bis 20%	20% bis 25%	mehr als 25%
				05-09					
				03-07					
				01-05					
				89-93	04-08				
				86-90	90-94	08-12			
				77-81	87-91	96-00			
			07-11	76-80	78-82	91-95			
			06-10	75-79	74-78	88-92			
			00-04	72-76	70-74	83-87			95-99
		99-03	98-02	71-75	66-70	82-86			94-98
		97-01	85-89	67-71	64-68	79-83	93-97	02-06	81-85
		69-73	68-72	65-69	63-67	73-77	84-88	92-96	80-84

Darstellung 4-3: Das Histogramm der (auf ein Jahr bezogenen, geometrischen) Durchschnittsrenditen Renditen für fünfjährige Anlagen in Aktien. Die durchschnittliche Fünfjahresrendite hängt stark vom Einstiegszeitpunkt ab. Besonders schlechte Zeitpunkte für einen Einstieg waren der Januar 1969, der Januar 1997 und der Januar 1999 (mit Verkäufen im Dezember 1973, 2001, beziehungsweise 2003). Bei einem Kauf im Januar 1999 und Verkauf im Dezember 2003 hatte der Aktionär insgesamt 39% seines Einsatzes verloren. Auf der anderen Seite hat es Fünfjahresperioden gegeben, die einen Aktienanleger „reich" gemacht haben. Bei einer Anlage im Januar 1994 mit Verkauf im Dezember 1998 sind aus 100 Euro Einsatz 330 Euro Anlageergebnis geworden. Datenquelle: Renditedreieck, Deutsches Aktieninstitut, Frankfurt am Main und Brüssel.

Schätzungen zeigen, dass die Dienstleistungsinflation rund 3,8% über der Rate der Teuerung für den typischen Warenkorb. Bei einer Inflationsrate von 3% heißt dies, dass ein Kunde für die Dienste, die ihm im Alter wichtig sind, mit einer jährlichen Preissteigerung von 6,8% rechnen sollte. Diese Rate lässt sich nach Vermögensverwaltungskosten und nach Steuern für Kapitalerträge *nicht* erzielen. Kunden der Vermögensverwaltung sollten also davon ausgehen, dass ihr Kapital trotz „rentabler Anlage" abnimmt, sofern es durch die damit bezahlbaren Dienste ausgedrückt wird.

Deshalb muss ein vorsichtiger Anleger gewahr sein, dass seine in Diensten ausgedrückte Kaufkraft über die Zeit hinweg fällt. Immer wieder begegnen uns alte Leute, die vielleicht noch in einem herrschaftlichem Anwesen wohnen. Doch ihr Leben wird zunehmend eng: Weder können sie eine Hausrenovierung bezahlen, noch einen Gärtner bestellen – anders als dies in früheren Zeiten möglich gewesen ist.

4.2 Zum Risiko der drei Anlageklassen

Cash, Bonds, Aktien

Drei finanzielle Eigenschaften von Anlagen sind **Rendite**, **Sicherheit** und **Liquidität**. In einem Markt steigt sofort der Preis von Finanzanlagen, die alle Investoren vorziehen. Deshalb sind Finanzanlagen, die sicher und liquide sind, vergleichsweise teuer. In sie zu investieren, verlangt hohen Einsatz. Folglich ist die Rendite gering. Nur wer gewisse Risiken auf sich nimmt, oder wer allenfalls geringere Liquidität hinnimmt, kann begründet auf eine höhere Rendite hoffen. Deshalb gilt generell, dass Anlagen mit höherer Rendite ein höheres Risiko und eventuell eine geringere Liquidität haben. Cash (Geld, Kontobestände, Geldmarktfonds) ist sicherer als Anleihen und diese sind sicherer als Aktien und diese sind liquider als die meisten Beteiligungen an Unternehmen.

Anleihen (Bonds) verändern ihren Wert, wenn sich das Zinsniveau ändert. Zinsänderungen müssen kurz- und mittelfristig als zufällig angesehen werden (auch wenn nach einer jeden Zinsänderung einleuchtende Erklärungen angeboten werden). Bonds unterliegen daher zufälligen Kursschwankungen. Sie haben ein gewisses Risiko. Die Stärke der zinsbedingten Kursänderungen von Bonds wird durch deren **Duration** ausgedrückt. Die Duration ist der Zeitpunkt, zu dem ein Halter von Anleihen im Mittel sein Geld zurück erhält. Bei Bonds mit Kupon ist die Duration etwas kürzer als die Restlaufzeit.[4] Die prozentuale Kursänderung wird durch das Produkt aus Duration und als Prozentpunkt ausgedrückte Veränderung des Zinsniveaus ausgedrückt. Dies gilt in erster Näherung und es kommt noch ein Faktor hinzu, der nahe bei 1 liegt.

---

[4] KLAUS SPREMANN und PASCAL GANTENBEIN: *Finanzmärkte: Grundlagen, Instrumente, Zusammenhänge.* 2. Auflage UTB, Stuttgart 2013.

	Anlage auf die kurze Sicht	*Anlage auf die lange Sicht*
Cash	*Cash bietet einen permanenten Wertanker. Die (nominale) Wertentwicklung von Cash ist von vornherein bekannt und zeigt eine sehr geringe, monotone Zunahme*	*Die erreichbare Verzinsung ist (vor oder nach Steuern) geringer als das Inflationsniveau. Deshalb ist Cash eine Anlageklasse, die Kaufkraftverluste mit sich bringt*
Bonds / Anleihen / Renten / Obligationen	*Bonds haben zwar einen Wertanker, doch zwischendurch entstehen Wertschwankungen aufgrund täglicher Veränderungen des Zinsniveaus*	*Das Zinsniveau bei Wiederanlage der bei Fälligkeit zurückgezahlten Nominalwerte ist unsicher. Daher unterliegt auch ein in Bonds angelegtes Vermögen gewissen Schwankungen. Nach Steuer ist die Rendite kaum höher als der Kaufkraftverlust*
Aktien	*Aktien haben keinerlei Wertanker. Auf kurze Sicht muss mit erheblichen Kursänderungen gerechnet werden. Wer Aktien kauft, hat am nächsten Tag mit Wahrscheinlichkeit einen Kursgewinn und mit derselben Wahrscheinlichkeit einen Kursverlust*	*Die Schwankungsbreite der möglichen Vermögensentwicklungen nimmt mit der Zeit zu, wenngleich nur mit der Wurzel aus der Länge der Zeit. Proportional zur Zeit wirkt indes die hohe erwartete Rendite bei Aktien. Bei langfristiger Anlage kann daher mit beachtlichen Wertzunahmen gerechnet werden und die Wahrscheinlichkeit für nominale Verlust wird mit der Zeit geringer*

Darstellung 4-4: Merkmalsausprägungen von Cash, Bonds und Aktien.

➝ Hat eine Anleihe eine Duration von 5 Jahren und steigt das Zinsniveau um 100 Basispunkte (etwa von 3% auf 4%), dann fällt der Kurs der Anleihe um ungefähr 5%. Zinsbewegungen um 100 Basispunkte sind auf ein Jahr nicht ausgeschlossen, weshalb die Kurse von Anleihen auf ein Jahr bezogen durchaus 5% oder sogar 10% an Wert verlieren können. Wenn über die nächsten zwei Jahre hinweg das Zinsniveau um insgesamt 300 Basispunkte steigen sollte (etwa von 3% auf 6%), dann würde der Wert der Anleihe in diesen drei Jahren um rund 15% zurückgehen. Daraus erklärt sich das Risk von 6%, das in den vorangegangenen Rechnungen und in Anlehnung an die historischen Renditen für Bonds unterstellt wurde. □

Anleihen beinhalten mithin eine Unsicherheit beachtlicher Größe. Doch jede einzelne Anleihe hat einen **Wertanker**: Zum Fälligkeitstermin wird – vom Ausfall des Schuldners sei abgesehen – der Nominalbetrag zurückbezahlt. Der Wertanker wirkt aber nur zu dem einen Zeitpunkt der Fälligkeit. Während der Laufzeit einer Anleihe kann es also durchaus zu Kursänderungen kommen, und Kursverluste von 10% oder mehr sind nicht auszuschließen. Doch gegen Ende der Laufzeit nähert sich der Wert einer einzelnen Anleihe immer mehr dem Nominalbetrag. Anleihen sind also zwischendrin mit Wertrisiken behaftet, doch aufgrund des Wertankers werden sie gegen Ende der Laufzeit immer sicherer und führen dann auf jenen Kurs, der bereits zu Beginn bekannt war, eben den Nennbetrag.

Das ist jedoch anders als bei einem Portfolio aus Anleihen, bei dem für zurückgezahlte Anleihen neue Anleihen zu den dann jeweils im Markt bestehenden Konditionen gekauft werden. Das Portfolio aus Anleihen hat daher (bei längerem Horizont) keinen Wertanker.

Wurzel aus der Zeit

Aktien haben keinen Wertanker, der zu irgendeinem zukünftigen Zeitpunkt ihren Kurs in bestimmter Höhe festmachen würde. Aktien werden mit zunehmender Länge des Anlagezeitraumes immer unsicherer – nicht wie viele Menschen meinen sicherer. Die Schwankungsbreite des Anlageergebnisses nimmt zu. Doch die Zunahme der Unsicherheit ist nicht proportional zur Anlagedauer, sondern proportional zur **Wurzel aus der Länge der Zeit** – ein Sachverhalt, der als **Quadratwurzel-Regel** angesprochen wird.

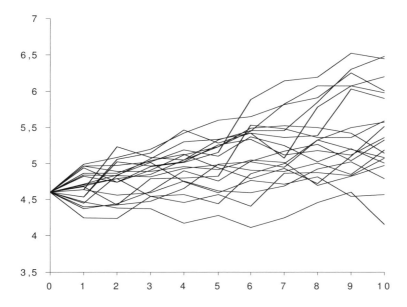

Darstellung 4-5: Veranschaulichung der Quadratwurzel-Regel: Die Bandbreite der möglichen Szenarien nimmt proportional zur Wurzel aus der Dauer der Anlage zu. Für einen Anlagehorizont von 10 Jahren wurden mit Simulation 20 Vermögensentwicklungen erzeugt. Die dazu benötigten 200 Jahresrenditen wurden ihrer wirklichen Verteilung entsprechend erzeugt. Die Wertentwicklung ist in logarithmischer Skala dargestellt. Die 20 Szenarien beginnen mit einem Einsatz von 100 Euro.

Für eine Aktie sind Kursänderungen von ±1% an einem Börsentag und von ±3% in einer Kurswoche nicht ungewöhnlich. Auf ein Jahr bezogen sind Abweichungen im Bereich von ±20% von einem mit der Renditeerwartung gestiegenen Kurs die Regel. Finanzmathematik und Stochastik lehren, dass deshalb in zwei Jahren mit Abweichungen von rund ±28% zu rechnen ist, und in fünf Jahren mit ±45%.

Die Quadratwurzel-Regel soll durch eine Simulation veranschaulicht werden (Darstellung 4-5). Zwanzig zufällige Entwicklungen einer Anlage in Aktien wurden für zehn Jahre (zwischen den Zeitpunkten 0 bis 10) erzeugt. Die Entwicklungen gehen immer weiter auseinander, wobei die

Spanne sich mit der Wurzel aus der Zeit vergrößert. Die Vermögensentwicklungen beginnen bei 100 Euro. Da (wie üblich) die Logarithmen der Vermögen gezeigt sind, gehen die zwanzig zufällig erzeugten Entwicklungen von $X = \ln(100) = 4,605$ aus. Die dazu erzeugten zweihundert (stetigen) Renditen sind normalverteilte Zufallszahlen mit dem Erwartungswert 8% und der Standardabweichung 20%.

Das höchste Endergebnis der zwanzig Entwicklungen führt auf ein logarithmiertes Vermögen von 6,48, was einem Vermögen von 652 Euro entspricht (das in den zehn Jahren von 100 Euro beginnend erreicht wird). Das geringste Endergebnis führt auf ein logarithmiertes Vermögen von 4,15, was einem Vermögen von 63 Euro entspricht, das in den zehn Jahren von 100 Euro beginnend erreicht wird.

Wenn jemand in fünf oder in zehn Jahren einen bestimmten Geldbetrag mit Sicherheit als Anlageergebnis haben muss, beispielsweise um eine Verpflichtung zu erfüllen, dann kommen aufgrund des Wertankers zwar Anleihen, nicht aber Aktien in Frage. Dies auch wenn fünf oder zehn Jahre oft als für Aktien ausreichend langer Horizont angesehen werden. Zwar ist die erwartete Rendite von Aktien höher als die von Anleihen, doch Anleihen haben den Vorzug, auf den Termin der Fälligkeit bezogen ein zuvor bekanntes Anlageergebnis mit Sicherheit zu liefern.

Im Vergleich zwischen Cash und Anleihen haben Anleihen die höhere Rendite. Aber bei Anleihen kann zwischendurch (vor Fälligkeit) der Kurs durchaus um 10% oder sogar 15% gefallen sein. Der Wertanker wirkt bei Anleihen nur gegen Ende ihrer Laufzeit. Cash hat hingegen einen permanent wirkenden Wertanker. Dass der Wertanker bei Anleihen nur zum Laufzeitende greift, ist kein Nachteil für Personen, die an dem Verwendungszweck in terminlicher Hinsicht festhalten. Nachteile entstehen für Anleger, die vielleicht vor Fälligkeit der Anleihe die Anlageentscheidung revidieren möchten und vorzeitig an das Geld kommen wollen, weil sie ihr Vorhaben ändern. Wer zu jedem Zeitpunkt eine Wertgarantie, also einen permanenten Wertanker benötigt, der muss seine Mittel geldnah halten, mithin als Cash.

Zur Liquidität

Liquidität ist Geldnähe. Eine Vermögensposition ist liquide, wenn sie ohne Wartezeit und ohne Preiszugeständnisse verkauft werden kann. Ein Investitionswunsch ist liquide, wenn er schnell und ohne Preisaufschlag verwirklicht werden kann.

Oft wird bei der Liquiditätsbeurteilung einer Kapitalanlage einbezogen, ob für sie leicht Finanzierungen gefunden werden können – beispielsweise, wenn der Kunde dann aufgrund von Lebensereignissen doch einen Kredit benötigt. Eine Kapitalanlage hat hingegen nur geringe Liquidität, wenn ihr Verkauf Preisabschläge verlangt oder doch längere Zeit auf einen Kaufinteressenten gewartet werden muss. Gleichermaßen ist eine gewünschte Investition wenig liquide, wenn es lange dauert, bis ein entsprechendes Objekt gefunden wird, das verkäuflich ist, und wenn dann möglicherweise ein deutlich über dem Wert liegender Preis geboten werden muss.

Liquidität ist eine Eigenschaft, die mehrere Merkmale kombiniert. Die einzelnen Merkmale sind zudem graduell erfüllt. Auch bei Vereinfachung müssen wenigstens zwei Merkmale betrachtet werden, der Preiseffekt und der Zeiteffekt.

1. Der **Preiseffekt** ist die transaktionsbedingte, gegenüber einem Wert der Kapitalanlage hinzunehmende (adverse) Preisänderung.

2. Der **Zeiteffekt** ist die Wartezeit. Zur Messung des Preiseffektes wird meist das Orderbuch herangezogen. Die Wartezeit wird mit der **Resilienz** in Verbindung gebracht. Darunter wird die Erneuerungskraft des Marktes verstanden. Die Resilienz beschreibt, wie schnell neue Interessenten kommen, Order aufgeben und in Transaktionen einwilligen. Ein Indiz für die Resilienz ist die Handelsfrequenz.

Die Liquidität unterliegt Schwankungen. Ein Aufschwung an der Börse oder in der Wirtschaft begünstigt die Liquidität, während Kursrückgänge oder eine wirtschaftliche Abkühlung die Leichtigkeit von Transaktionen hemmt. Liquidität ist ansteckend: Ihre Erhöhung in einem Bereich strahlt positiv auf die in benachbarten Bereichen aus. Ebenso verringert ein Liquiditätsrückgang die Liquidität in der Nachbarschaft. Liquidität kann sogar einbrechen, wie die jüngsten Krisen vor Augen geführt haben.

Liquidität ist nicht nur ein Aspekt, der bei Kauf oder Verkauf die Kosten der Transaktion betrifft. Liquidität bedeutet, dass es sich ein Anleger aus freien Stücken anders überlegen kann und vor dem geplanten Ende des Anlagehorizonts sich doch ohne große Verluste lösen kann. Liquidität ist für die Privatkundschaft wichtig, bei deren Pläne und Vorhaben nicht immer von einer großen Verbindlichkeit ausgegangen werden kann. Die Freiheit, plötzlich anders disponieren zu können, setzt hohe Liquidität der Anlagen voraus.

- Cash hat die höchste Liquidität. Anleihen sind liquider als Aktien. Innerhalb der Anlage-Klasse der Anleihen sind Staatsanleihen liquider als Unternehmensanleihen.

- Innerhalb der Gruppe der Aktien sind die der großen Unternehmen liquider als die der mittleren und der kleinen Gesellschaften.

- Im allgemeinen ist die Liquidität von an Börsen gehandelten Wertpapieren höher als die von anderen Anlagen.

- Bekanntlich haben Immobilien eine deutlich geringere Liquidität im Vergleich zu Wertpapieren. Dabei ist eine Standardimmobilie schneller verkaufbar als ein Ferienhaus.

Eine Besonderheit sind **Investmentfonds**. Hier sollten drei Arten unterschieden werden.

1. Bei offenen, **öffentlich angebotenen Fonds** unterliegen der Gesetzgebung, die den Manager verpflichtet, Anteile jederzeit (offene) zurückzunehmen.[5]

---

[5] Das geht nicht immer, wie die Krise der offenen Immobilienfonds in Deutschland (2009-2013) gezeigt hat, bei der auf einmal alle Anleger ihre Anteile zurückgeben wollten. Einige offene Immobilienfonds mussten dann liquidiert werden, jedoch war dies angesichts der Lage im Immobilienmarkt nicht gut möglich.

2. **Geschlossene** (öffentlich angebotene) **Fonds** werden nach ihrer Erstausgabe nur noch über die Börse gehandelt. Käufe oder Verkäufe verlangen, dass eine andere Person verkauft beziehungsweise kauft – genau wie bei Aktien.

3. **Private Investmentfonds** werden nicht öffentlich angeboten. Hier hat der Manager weder Zwang zur Rücknahme von Anteilen, noch unterliegt er den Gesetzen für öffentlich angebotene Fonds. Bei allem kommt es auf die Vertragsbedingungen an. Private Investmentfonds bieten den Vorteil geringer Kosten für den Vertrieb, weshalb sie teils bei der fondsgebundenen Lebensversicherung verwendet werden.

Auch Beteiligungen, Private Equity, Venture Capital haben geringe Liquidität. Einige Investoren sehen gerade darin, dass die Kapitalgeber eines Jungunternehmens nicht weglaufen können, einen Vorteil, durch den die Unternehmung stabiler und rentabler wird als sie es sonst wäre. Wer sich an einem Jungunternehmen finanziell investiert, bietet oftmals auch Rat und andere Leistungen. In einigen Situationen werden also Konstruktionen gewählt, durch die Liquidität eigens aufgehoben wird. So zum Beispiel bei Vereinbarung einer **Lock-Up-Period**, wie sie Hedge-Fonds von ihren Investoren verlangen.

Auch bei grenzüberschreitenden Direktinvestitionen wird vom Empfängerland geschätzt, wenn der Investor aufgrund der geringen Liquidität seiner Direktinvestition ein Bekenntnis zu einer langfristig gewünschten wirtschaftlichen Betätigung abgibt und zeigt, dass er nicht wie es beim Kauf von Wertpapieren möglich wäre, bei geringen Zweifeln alles zu verkaufen). Alle Staaten erlauben Direktinvestitionen aus dem Ausland, aber nicht überall sind Ausländer erwünscht, die Wertpapiere kaufen, Fonds auflegen, und im lokalen Immobilienmarkt als Käufer auftreten. Selbst Kuba begrüßt Direktinvestoren, aber in Havanna gibt es keine Börse.

Wieder gilt: Niemand würde auf die Möglichkeit eines vorgezogenen Verkaufs verzichten, wenn die Anlage nicht eine etwas höhere Rendite (oder ein etwas verringertes Risiko) erwarten ließe. In der Regel ist mit geringerer Liquidität eine Liquiditätsprämie verbunden, sie sind also rentabler.

Gibt es Zeithorizonteffekte?

Für die Frage nach Zeithorizonteffekten sollte der übliche Risikobegriff von HARRY MARKOWITZ – Risk ist die **Volatilität** – einem alternativen Risikobegriff gegenübergestellt werden, den ANDREW D. ROY untersucht hat. ROY hat die **Verlustwahrscheinlichkeit** betrachtet, also die Wahrscheinlichkeit, dass die Rendite unter Null liegt. ROY hat noch allgemeiner die Wahrscheinlichkeit betrachtet, dass eine vorgegebene **Mindest- oder Zielrendite** z nicht erreicht wird. Das ist die **Ausfallwahrscheinlichkeit**. Wird die Zielrendite verfehlt, tritt ein **Ausfall** oder **Shortfall** ein, ROY sprach von einem *Desaster*. Die Zielrendite z kann natürlich gleich Null sein. So wird sie gewählt, wenn die nominale Kapitalerhaltung erreicht werden soll. Dann ist die Ausfallwahrscheinlichkeit gleich der Verlustwahrscheinlichkeit.

Darstellung 4-6: Nach MARKOWITZ wird das Risiko einer Anlage durch die Standardabweichung der Rendite gemessen (links). Im Verständnis von ROY ist es die Wahrscheinlichkeit für einen Shortfall, also die Wahrscheinlichkeit, dass die Rendite der Geldanlage nicht einmal eine zuvor festgelegte Mindestrendite oder Zielrendite z erreicht oder übertrifft. Diese Ausfallwahrscheinlichkeit ist gleich der Fläche unterhalb der Dichtefunktion links von der Zielrendite.

Die Zielrendite kann auch in Höhe der Inflationsrate gewählt werden, etwa $z = 3\%$. So kann das Ziel beschrieben werden, mit hoher Wahrscheinlichkeit reale Kapitalerhaltung zu erreichen. Für ROY war das Risiko einer Geldanlage durch die Ausfallwahrscheinlichkeit ausgedrückt. Der Shortfall-Ansatz wird in Kapitel 10 noch genauer behandelt.

Das Ausfallrisiko drängt sich als Risikobegriff auf, wenn der Kunde Verpflichtungen hat, die mit dem Anlageergebnis erfüllt werden sollen, und wenn ihm Schaden eintritt, falls die Verpflichtungen nicht erfüllt werden können. Das ist für eine Privatperson der Fall, wenn konkrete Ausgaben geplant sind oder wenn aus dem Anlageergebnis die Lebenshaltungskosten bestritten werden müssen. Für einen institutionellen Investor (Versicherung, Pensionskasse) liegen Verpflichtungen insofern vor, als die Institution ihrer Kundschaft eine Mindestverzinsung (so genannter technischer Zins) der Einlagen garantiert hat.

Fazit:

1. Risk nach MARKOWITZ = Standardabweichung der Rendite: Die Schwankungsbreite des Anlageergebnisses oder die Standardabweichung der Gesamtrendite nehmen mit länger werdender Zeitdauer der Anlage zu.

2. Doch die Zunahme erfolgt nicht proportional zur Anzahl der Jahre. Die Standardabweichung der Gesamtrendite (über den Gesamtzeitraum) nimmt proportional zur Wurzel aus der Anzahl der Jahre zu.[6]

3. Weder eine Anlage in Aktien noch eine in Bonds werden in diesem Sinn sicherer, wenn der Anlagehorizont zunimmt. Das Ergebnis am Ende des Horizonts liegt vielmehr in einem Intervall, das mit der Zeit immer breiter wird.

---

[6] Die Standardabweichung der (geometrischen) Durchschnittsrendite nimmt hingegen ab. Sie proportional zu 1 geteilt durch die Wurzel aus der Anlagedauer.

4. Risk nach ROY = Ausfallwahrscheinlichkeit. Hinsichtlich der Verlustwahrscheinlichkeit oder der Ausfallwahrscheinlichkeit gilt ebenso, dass sich die Standardabweichung der (stetigen) Rendite proportional zur Wurzel aus der Länge des Anlagehorizonts zunimmt. Doch gleichzeitig verändert sich die erwartete Gesamtrendite, und zwar proportional zur Dauer der Anlage.[7]

5. Mit längerem Anlagehorizont wird die Verteilung breiter (proportional mit der Wurzel aus der Zeit), verschiebt sich indes nach rechts (proportional zur Zeit). Da der zweite Effekt stärker als der erste wirkt, verringert sich die Verlustwahrscheinlichkeit.

6. Ergebnis: **Die Verlust- oder die Ausfallwahrscheinlichkeit betreffend wird eine Investition mit längerem Anlagehorizont immer sicherer**. Beim Shortfall-Ansatz wirken demnach **Zeithorizonteffekte**.

4.3   Fundamentaldaten und Stimmungen

Zwei Quellen für das Anlagerisiko

Im Zusammenhang mit der Risikoaufklärung (Abschnitte 4.1 und 4.2) wird der Relationship Manager die Gelegenheit nehmen und die *augenblickliche Situation an den Finanzmärkten* ansprechen. Die meisten Kunden erwarten, dass darüber kurz gesprochen wird.

Der Berater wird die augenblickliche Situation an den Finanzmärkten aus verschiedenen Gründen ansprechen. Einer der Gründe: Der Berater kann durch ein Gespräch über die augenblickliche Lage dies zu verstehen geben: Die Bank beobachtet die Märkte und verfügt über aktuelle Analysen.

Nach einem Blick auf die aktuelle Lage an den Finanzmärkten kommt immer die Frage auf, was die Kurse der Wertpapiere treibt. Darauf sind mehrere Einflüsse zu nennen.

Die beiden bedeutendsten Werttreiber für die Kursbildung sind

1. die fundamentale Entwicklung der Wirtschaft

2. sowie Stimmungen der privaten und institutionellen Investoren.

---

[7] 1. ANDREW D. ROY: Safety-First and the Holding of Assets. *Econometrica* 20 (1952), 434-449. 2. MARTIN L. LEIBOWITZ und S. KOGELMAN: Asset allocation under shortfall constraints. *Journal of Portfolio Managament* 1991, 18-23. 3. PETER REICHLING: Safety First-Ansätze in der Portfolio-Selektion, *Zeitschrift für betriebswirtschaftliche Forschung* (1996) 1, 31-35. 4. JOCHEN V. KADUFF: *Shortfall-Risk-basierte Portfolio-Strategien.* Bank- und Finanzwirtschaftliche Forschungen, Band 239, Verlag Haupt, Bern 1996. 5. STEFAN HOLLIDT: *Der Einsatz von Shortfall-Maßen im Portfoliomanagement.* Bankademie-Verlag, Frankfurt / Main, 1999. 6. D. BERTSIMAS, G. J. LAUPRETE, A. SAMAROV: Shortfall as a risk measure: properties, optimization and applications. *Journal of Economic Dynamics & Control*, 28 (2004) 7, 1353-1381.

Die fundamentale Entwicklung der Wirtschaft ist natürlich unsicher. Damit ist eine **erste Quelle für das Risiko von Geldanlagen** angesprochen.

Stimmungen können bedeutsam werden, wenn sie die Investoren nicht an den Fundamentaldaten orientieren. Dies weil Fundamentaldaten wenig transparent, wenig verlässlich oder kaum beschaffbar sind. In Marktsegmenten, Teilsegmenten oder hinsichtlich einzelner Anlagen können Stimmungen mit all ihrer Unberechenbarkeit dominant werden, sofern es keine oder zu wenig Informationen über die Fundamentaldaten gibt.

Mit anderen Worten: Eine **zweite Quelle für das Risiko von Geldanlagen** ist die Informationsunsicherheit beziehungsweise der Informationsmangel, so dass zufällige Stimmungen entstehen und wirken können. Wichtig im Gespräch über die aktuelle Marktlage und über die treibenden Kräfte ist, dass ein Kunde beide Einflüsse sieht und unterscheidet.

1. Der Kunde soll zugeben, dass trotz des Einflusses der Stimmungen (in Situationen ohne ausreichende Information über Fundamentaldaten) die Börse kein Kasino ist.

2. Kunden sollen verstehen, dass der Einfluss von Stimmungen über die verschiedenen Anlageklassen hinweg höchst unterschiedlich ist. Stimmungen wirken besonders stark für Anlageklassen mit ausgesprochen dünner Information. Ansonsten dominieren die Fundamentaldaten.

Fundamentaldaten und Stimmungen

Die Welt ändert sich. Änderungen und Neuerungen werfen neues Licht auf Investitionen, die daher immer wieder neu eingeschätzt werden müssen. In einigen Märkten können die Investoren so leicht und schnell kaufen beziehungsweise verkaufen, dass eine laufende Preisbildung erfolgt und die Preise publik werden. Das ist bei Wertpapieren der Fall sowie in Märkten, die als Börse organisiert sind. Analystenkommentare führen dazu, dass die Kurse schnell den augenblicklichen Wissensstand der Investoren über die Perspektiven reflektieren, die mit Finanzanlagen verbunden sind. Gemeint sind die weitere Rentabilität und das Risiko. Bei einem Abweichen der Preise nach unten von der allgemeinen Einschätzung würden einige Investoren zukaufen.[8]

Bei einem Abweichen der Kurse nach oben würden einige Halter der Wertpapiere sich von ihren Engagements trennen. Die Perspektiven hinsichtlich der weiteren Rentabilität und der Risiken hängen dabei (1) von Fundamentaldaten ab sowie (2) von der Stimmungslage bei den Investoren. Für jedes Wertpapier und jede Investitionsmöglichkeit werden Analysten immer wieder eine Bewertung vornehmen, die sich an den wirtschaftlichen Grundlagen (Fundamentaldaten) orientiert. Der **Wert** oder **Fundamentalwert** geht von diesen wirtschaftlichen Grundlagen aus und unterstellt ein normales, typisches Funktionieren der Märkte. In eine Bewertung fließen zudem langfri-

---

[8] In gewissen Bereichen werden Neubewertungen von Investitionen unterlassen, was die Illusion nährt, es habe sich an deren Wert nichts geändert. Diese Haltung ist bei selbst bewohnten Immobilien üblich. Das trägt zur populären Sicht bei, Geldanlagen in Immobilien seien sicher. Doch schon bei vermieteten Immobilien ist ab und zu eine Neubewertung verlangt, um die aktuelle Höhe der marktgerechten Miete herauszufinden.

stig anzutreffende Zahlenwerte ein. Doch das Marktgeschehen führt nicht immer in jedem Augenblick zu Kursen, die gleich den Werten (Fundamentalwerten) sind. Denn die Märkte können im Augenblick von jenem normalen Funktionieren abweichen, das bei einer Fundamentalbewertung unterstellt wird. Außerdem können augenblickliche Zahlenwerte von Parametern anders sein, als ihre bei einer Bewertung unterstellten langfristigen Niveaus.

Unterschiede zwischen Fundamentalwerten und der tatsächlichen Kursbildung an den Finanzmärkten gehen auf **Marktsstimmungen** zurück. Beispielsweise werden Anleger in gewissen Zeiten vorsichtiger, dann wieder unvorsichtiger. Das hat einen großen Einfluss auf die Kursbildung.

> Stimmungen können durch Indikatoren) direkt gemessen werden. Und Stimmungen haben eine eigene Dynamik. Stimmungen stecken an und entfalten sich selbst verstärkende Kräfte. Sie zeigen sich dann als Trend. Diese gleichgerichteten Kräfte führen dann zu immer mehr Pessimismus oder eben zu immer leichtfertigerem Optimismus.

Dominiert eines das andere?

Wenn Fundamentaldaten und ihre Änderung sowie die Stimmungslage und ihre Änderung als zwei Faktoren erkannt sind, die Kurse bestimmen, stellt sich die Frage, ob einer dieser Faktoren den anderen dominiert. Die Antwort lautet, dass es auf die Dichte und Sicherheit der Informationen über Fundamentaldaten ankommt.

1. Situation: Zahlreiche und zuverlässige Informationen über den Fundamentalwert sind vorhanden: Es gibt Wertpapiere und Marktsegmente, in denen jeder Interessierte recht umfangreiche Einblicke in die Fundamentaldaten nehmen kann. Dazu gehören Staatsanleihen und die Aktien großer Gesellschaften. Die Investoren haben dann weder Ungewissheit noch Zweifel hinsichtlich des Fundamentalwerts. Die meisten Investoren nehmen folgerichtig an, dass Stimmungen eine geringere Rolle spielen sollten, weshalb sie sich um Stimmungen nicht weiter kümmern. Diese Einschätzung wird zu einer sich selbst erfüllenden Prophezeiung. Die entsprechenden Teilmärkte (Staatsanleihen, Blue Chips) bleiben von Stimmungen weitgehend befreit. Alle Investoren achten auf Fundamentaldaten.

2. Situation: Wenige und unsichere Informationen über den Fundamentalwert: Demgegenüber stehen Wertpapiere, bei denen der allgemeine Informationsstand über die Fundamentaldaten gering ist, beispielsweise aufgrund geringer Transparenz, oder weil nur wenige Analysten das Wertpapier beurteilen. Dazu gehören die Aktien kleiner Unternehmen, gewisse Märkte in Schwellenländern und bei den Bonds Unternehmensanleihen in Zeiten, in denen wenig über die Bonität der Schuldner bekannt ist. Dann besteht allgemein eine hohe Ungewissheit über den Fundamentalwert. Die allgemein geringe Informiertheit der Investoren lässt eine besondere Gruppendynamik aufleben.

Ein natürliches Verhalten der Investoren bei geringer Informiertheit besteht darin, das Verhalten anderer Investoren zu beobachten. Dies in der vagen Hoffnung, andere Investoren wären vielleicht doch informierter. An ihrem Verhalten könnte in diesem Fall abgelesen werden, was sie über den Fundamentalwert wissen.

> JOHN M. KEYNES (1883-1946) meinte in seiner **Metapher vom Schönheitswettbewerb**, in solchen Situationen würden Investoren sogar Aufwand treiben, um zu erkennen, was andere tun. Die Entscheidungen einiger weniger Personen, auch wenn sie erratisch oder aus politisch-taktischen Manövern bewusst herbeigeführt sind, werden von anderen Marktteilnehmern imitiert. Laufen einige der Uninformierten in irgend eine Richtung, folgen ihnen die anderen Uniformierten. Investieren einige der Uninformierten, investieren andere der Uninformierten ebenso. Verkaufen einige der Uninformierten, verkaufen auch die anderen.

Auf diese Weise entfalten Stimmungen die Kraft des Faktischen wie eine sich selbst erfüllende Prophezeiung. Sie verstärken sich in der Richtung, die sie anfangs nahmen – auch wenn sich diese anfängliche Richtung der Marktbewegung zufällig eingestellt hatte oder aus Taktik weniger Akteure zustande kam.

> Die Lehre: In Märkten mit dünner und unzuverlässiger Information sowie bei geringer Transparenz wird ein Privatanleger nicht allein darauf achten, aus welchen wirtschaftlichen Perspektiven sich die Zahlungen und Fundamentalbewertungen ableiten, die mit einem Wertpapier verbunden sind, und wie sich diese in der Zukunft mutmaßlich verändern werden. Denn diese Informationen sind in dem Marktsegment spärlich und ungenau.
>
> Für wichtiger wird dann ein Blick auf die anderen Investoren angesehen, die das Wertpapier kaufen oder verkaufen. Wer als Investor in einen solchen Markt geht, sollte sich daher diese Fragen stellen:
>
> 1. Lassen sich die anderen Investoren leicht verunsichern?
>
> 2. Würden sie vielleicht sofort verkaufen, sobald sich die Stimmung eintrübt?
>
> 3. Oder bleiben die anderen Investoren investiert in dem Vertrauen darauf, dass die weitere Kursentwicklung eher von den vergleichsweise stabilen Fundamentaldaten abhängt als von der Stimmungslage, die leicht umschlagen kann?
>
> Fazit: Zwei Quellen für das Anlagerisiko sind die als zufällig zu bezeichnenden Änderungen der Fundamentaldaten sowie die (ebenso in ihrer Wirkung als zufällig anzusehenden) Stimmungen. Stimmungen wirken indes nur in jenen Marktsegmenten und bei jenen Instrumenten, für die keine oder nur wenig verlässliche Fundamentaldaten der Allgemeinheit zur Verfügung stehen. Dann besteht die Versuchung, sich dem (an der Kursentwicklung beobachtbaren) Verhalten anderer Marktteilnehmer anzuschließen.

4.4   Dimensionen des Risikos

Sieben Arten des Risikos

Bis jetzt wurden zwei Risikoarten verdeutlicht: Zufällige Veränderungen der Fundamentaldaten und (zufällige) Stimmungen in einer Situation der Informationsunsicherheit oder in einer Situation mangelhafter Verfügbarkeit von Informationen über die Fundamentaldaten. Daneben wirken eine ganze Reihe weiterer Risikofaktoren. Die wichtigsten seien nachstehend genannt:

1. Risiko im Sinne täglicher, wöchentlicher und monatlicher **Kursschwankungen**, und zwar aufgrund von (1) zufälligen Änderungen der Fundamentaldaten und aufgrund von (2) Informationsunsicherheit, die Freiraum für zufällige Stimmungen gibt. Die Fragen lauten: Welche Faktoren bestimmen die Bewertung und den Kurs des Wertpapiers überhaupt (Zinshöhe, Dollarkurs, Inflation)? Wie stark schwanken diese Faktoren typischerweise? Wie und bis zu welchem Ausmaß können diese Risiken diversifiziert werden? Welches Schwankungsrisiko (**Volatilität**) ist üblicherweise mit dem Finanzpapier verbunden? Ist die Volatilität konstant über die Zeit hinweg oder kann sie sich ändern?

2. Risiko im Sinne einer **Korrelation von Kurseinbussen mit einem Rückgang realwirtschaftlicher Tätigkeit – Zyklizität**. Kommt es zu negativen Renditen bei der Finanzanlage typischerweise zur selben Zeit, wenn es in der Realwirtschaft zu einem Wirtschaftsabschwung oder zu einer Rezession kommt und der Investor dann ohnehin schon Nachteile erleidet, weil sich sein Arbeitseinkommen reduziert (Geschäftsrückgang in eigener Firma, Gefahr für Arbeitsplatz)? Oder sind die Börsenbewertungen robust gegenüber Änderungen der Konjunktur, sind also mit ihnen unkorreliert?

3. **Gegenparteirisiko, Kreditrisiko, Defaultrisiko**: Welche Verluste können eintreten, wenn der Kapitalnehmer in Zahlungsschwierigkeiten gerät (*Distress*), Gläubigerschutz beantragt oder Konkurs anmelden muss? Wie stark und mit welcher Wahrscheinlichkeit kann sich die jetzige Einschätzung des Kreditrisikos (Rating) unvermittelt eintrüben? Was passiert, wenn ein Mittelsmann (zum Beispiel eine Investmentbank) in Zahlungsschwierigkeiten gerät?

4. **Krise**: Welche Verlustgefahren können im Fall einer Wirtschafts- oder Finanzkrise eintreten? Könnte es zu einem allgemeinen Austrocknen des Handels an den Börsen kommen? Könnten Banken in eine Krise geraten? Welche Möglichkeiten haben die Institutionen des Landes (Regierung, Zentralbank, Kapitalmarktaufsicht), eine Krise abzuwenden oder die Auswirkungen für Kapitalgeber zu mildern?[9]

---

[9] Die Erfahrung zeigt, dass in Rezessionen Bonds bessere Kapitalanlagen als Aktien waren, während in Kriegszeiten und nach Kriegsende Aktien besser als Bonds waren. Auch zeigt die Erfahrung, dass die amerikanische Zentralbank bei Krisen stets zügig und kraftvoll eingreift. In Ländern wie Norwegen und der Schweiz hat es in den letzten 100 Jahren keine Krise im Wirtschafts- oder Finanzsystem gegeben. Einige Länder, darunter Thailand, führen bei einer Krise eine unterschiedliche Behandlung heimischer und ausländischer Investoren ein (die schlechter behandelt werden). Hier gibt es sowohl hinsichtlich der Asset-Klassen als auch der Länder große Unterschiede.

5. **Rechtliche Risiken und Location-Risk**: Gehen Unwägbarkeiten davon aus, dass die Rechtsprechung des Landes, die politische Praxis und die Stabilität der Institutionen Einfluss auf die Ansprüche des Investors hat? Welche politischen Beschlüsse und welche Instanzen könnten die an Investoren gerichteten Zahlungen zurückhalten? Welche Rolle spielt das Bankkundengeheimnis im jeweiligen Land?

6. **Operational-Risk**: Welche Risiken entstehen bei der Transaktion, Verwahrung und bei der Abrechnung von Vermögenspositionen (Diebstahl, Formfehler, Bezahlung ohne Lieferung). Wo werden die Wertpapiere verwahrt (*Custody*)? Wo findet die Abrechnung statt?

7. Schließlich sind **Liquidität und Transaktionskosten** wichtige Punkte bei der Entscheidung, welche Assets in das IOS aufgenommen werden. Die Fragen lauten: 1. Wie liquide ist der entsprechende Markt? 2. Kann die Liquidität überraschend verloren gehen und in welchen Situationen ist damit zu rechnen? 3. Wie hoch sind die Kosten für Kauf oder Verkauf in einer normalen Börsensituation?

Risikostufen von Anlagen

Die eben genannten Risikoarten finden sich höchst ungleichmäßig in den einzelnen Wertpapieren. Summarisch kann daher ein Ranking aufgestellt werden, in dem die Wertpapiere in einer stufenweise Reihenfolge angeordnet werden. Kriterium ist eine Zusammenfassung aller relevanten Risikoarten und der betreffenden Stärke. So entstehen Risikostufen für Wertpapieranlagen.

Die Zeitschrift *Cash* hat acht Risikostufen formuliert:

1. Cash-Risikostufe: **Fast kein Risiko**, zum Beispiel Bargeld, Girokonto, Geldmarkt. Nachteil: Nach Abzug von Steuern und Inflation wenig Realertrag. Für risikoscheue Anleger oder als Liquiditätsreserve geeignet.

2. Cash-Risikostufe: **Gewisse Wertschwankungen** zwischendurch nicht ausgeschlossen, doch es gibt feste nominelle Rückzahlungsbeträge, zum Beispiel bei Anleihen mit Rating AAA, Rentenfonds, Investmentfonds mit geringem Aktienanteil. Nachteil: geringer Realertrag. Für Durchschnittsanleger geeignet.

3. Cash-Risikostufe: **Starke Wertschwankungen** möglich, aber (bei langfristiger Anlage ist ein) höherer Ertrag zu erwarten als mit Instrumenten der Risikostufe 1 und 2. Zum Beispiel Branchenfonds oder weltweit diversifizierende Aktienfonds. Nachteil: Sonderfaktoren können negativ für einzelne Währungen, Länder oder Branchen wirken. Geeignet für Anleger mit bewusst langfristigem Vermögensaufbau.

4. Cash-Risikostufe: **Ungünstiges Verhältnis von Chance und Risiko**. Erwarteter Mehrertrag lohnt sich oft nicht, weil beispielsweise zu viele Währungsrisiken übernommen werden. So zum Beispiel bei Fremdwährungsanleihen, Fremdwährungs-Geldmarkt. Nachteile: Ungünstige Steuerbelastung, wenn die Fremdwährungsanleihen zwar einen hohen Kupon bieten, zugleich aber Währungsverluste eintreten. Geeignet für Zins-Picker.

5. Cash-Risikostufe: **Hohe Wertschankungen**, langfristig aber hoher Ertrag. Zum Beispiel bei erstklassigen Blue Chips. Nachteil: Aktienkurs hängt vom Unternehmenserfolg ab. Geeignet für börsenkundigen Investor mit gezieltem Vermögensaufbau.

6. Cash-Risikostufe: **Sehr hohe Wertschwankungen**, zum Beispiel Aktien kleiner Firmen oder ausländische Aktien. Nachteil: Zusätzlich dem Währungsrisiko ausgesetzt. Geeignet für engagierten Anleger mit großem Portfolio.

7. Cash-Risikostufe: **Sehr hohe Wertschwankungen und hohes Verlustrisiko**, bedingt durch fragwürdige Bonität. Zum Beispiel High-Yield-Bonds und Aktien von Firmen, die in eine schwierige Situation geraten sind. Nachteil: Oft nur ungenügende Information verfügbar. Geeignet nur für aggressive, erfahrene Investor mit finanziellen Reserven.

8. Cash-Risikostufe: **Sehr hohes Verlustrisiko**. Zum Beispiel Optionen, Terminkontrakte, Futures, Rohstoffe und anderen Derivate. Nachteil: Eventuell Nachzahlungspflicht für gewisse Optionsformen und bei Terminkontrakten. Geeignet für Spieler.

Diese Risikostufen sind durch ihre Beschreibung einsichtig. Privatanleger sollten nicht nur in der Lage sein, die Stufen zu unterscheiden. Sie sollten, jetzt am Ende der Risikoaufklärung vielleicht sogar in der Lage sein, die für sich selbst passende Risikostufe direkt benennen zu können.

Für die große Mehrheit der Privatkundschaft sind die Risikostufen 2 und 3 passend, und für einige wenige die Risikostufen 5 und 6.

Fazit:

1. Parallel zur Risikoaufklärung und eventuell parallel zum Gespräch über die Treiber der Kursbildung an den Märkten (Fundamentaldaten und Stimmungen) Bestimmungsfaktoren der Kursbildung wird der Berater die Weite des IOS besprechen.

2. Bei der Festlegung hilft eine Liste. Auf den ersten Plätzen sind Anlageklassen genannt, die praktisch von allen Anlegern zugelassen werden. Sie werden als **Kernanlagen** bezeichnet (1) Geldmarktinstrumente, Staatsanleihen in Referenzwährung, Pfandbriefe. (2) Aktien großer inländischer Gesellschaften. (3) Bonds in Fremdwährung, Aktien ausländischer Gesellschaften, Unternehmensanleihen hoher Bonität. (4) Immobilienfonds und Aktien von Immobiliengesellschaften.

Auf den anschließenden Listenplätzen stehen Kapitalanlagen, die nur für einen kleineren Kreis von Investoren in Frage kommen: (5) Aktien kleinerer Firmen, Wandelanleihen, strukturierte Produkte. (6) Optionen, Hedge-Funds, Terminkontrakte. (7) Private-Equity, Direktinvestitionen, Gold, Rohstoffe. (8) Kunstgegenstände.

4.5 Investment-Opportunity-Set

Der Anlagevorschlag beginnt nie mit dem weltweiten Universum aller im Prinzip möglichen Assetklassen und Instrumente. Das Anlageuniversum ist unerschöpflich. Die meisten Kunden können viele Anlagen ausschließen, weil sie sich aufgrund ihrer Eigenschaften nicht einmal als Beimischung zu ihrem Portfolio eignen. So gibt es Anleger, die weder Derivate noch Hedge Funds wünschen. Und natürlich möchten einige Anleger keine Aktien.

> Jeder Kunde trifft eine *Vorauswahl* der Einzelanlagen oder Anlageklassen, die für in Frage kommen sollen. Die Vorauswahl führt auf das **Investment-Opportunity-Set** (IOS).

Die Vorauswahl hängt davon ab wie wichtig und nachteilig die den Merkmalen der Anlagen für den Investor sind.

Erstens wird die Vorauswahl durch **finanzielle Eigenschaften** wie Rendite, Sicherheit und Liquidität bestimmt. Ein Anleger könnte von vornherein Kontrakte mit Rohstoffen ausschließen, weil sie ihm zu riskant erscheinen. Oder der Kunde meidet Wertpapiere, die nur in einem Nebensegment der Börse gehandelt werden und eher geringe Liquidität haben.

Zweitens hängt die Wahl des IOS von den **Kenntnissen und Erfahrungen** des Investors ab. Personen, die über weniger Wissen verfügen, werden sich auf bekannte Anlagen einschränken. Der **Home-Bias** ist eine Verhaltensweise, wegen hoher Beobachtungskosten ausländische Assets auszuschließen.

Drittens kommen bei der Wahl des IOS **Besonderheiten der Vermögensverwaltung** hinzu. Einige Manager spezialisieren sich auf Rohstoffe, andere auf Edelmetalle oder auf Strukturierte Produkte.

Rendite, Besteuerung, Bilanzbild

> Es ist eine gute Praxis, bei der Festlegung des IOS diese Liste von fünf Punkten zu beachten:
>
> 1. Die **Rendite**: Welche Rendite darf erwartet werden? Wie setzt sich die Rendite aus Geldbeträgen zusammen, die dem Investor während des Jahres bar zufließen (Zinszahlungen, Dividenden), sowie aus einer Wertsteigerung, deren Realisation einen Verkauf der Kapitalanlage erfordert?
>
> 2. Hinsichtlich der erwarteten Wertsteigerungen sind weiter die **Einflussfaktoren** wichtig. Hier können einerseits *Fundamentaldaten* im Vordergrund stehen, andererseits die *Marktstimmung* und *Preistrends*. Im ersten Fall hängt die Wertsteigerung mit dem wirtschaftlichen Einsatz des Kapitals über längere Zeit zusammen, im zweiten Fall mit der Hoffnung auf eine interessante *Verkaufsmöglichkeit* (die von der Stimmung an der Börse abhängt). Der Kunde sollte folglich nicht nur eine Erwartung über die Höhe der Rendite als Prozentzahl haben. Er sollte Klarheit erlangen, in welcher Form die Rendite anfällt (bar oder unbar als Wertsteigerung) und welche Faktoren die Wertsteigerung bestimmen.

3. **Risiken**, also die Volatilität, die Verlustgefahr, der Grad an Liquidität, sowie die die Abhängigkeit dieser drei Größen vom Umfeld.

4. Die **Besteuerung** der Erträge. Jeder Investor wird die Anlageergebnisse *nach* Steuer (Kapitalertragsteuer, in einigen Ländern wird auch Vermögensteuer bezahlt und gelegentlich sollten auch Erbschaftsteuer und Schenkungssteuer vorweg in Betracht gezogen werden). In fast allen Ländern werden Zinszahlungen und Dividenden besteuert. Unterschiedlich behandelt wird die Besteuerung von Kursgewinnen. Oft sind Kursgewinne steuerfrei, sofern die Anlagen über eine Spekulationsfrist hinaus gehalten werden.

5. Wie werden die Kapitalanlagen in der **Bilanz** des Investors behandelt? Oder: In welcher Form muss ein Kunde über das Vermögen und über Vermögensänderungen berichten? Einige Kunden orientieren beispielsweise Familienmitglieder mit geeigneten Berichten. Da diese Berichte dann die Grundlage für die Aufteilung der Erträge bildet, sollten die Berichte nachprüfbar sein. Das ist bei Jahresabschlüssen der Fall — im Unterschied zu manch anders gestalteten Finanzberichten. Bereits bei der Anlage wird dann überlegt, wie sie sich auf das Bilanzbild auswirken sollte.

Der Punkt der Berichterstattung wird oft übersehen, denn Privatanleger mit kleineren Vermögen müssen keine Bilanz erstellen.

Für Institutionen ist wichtig, wie die einzelnen Anlagen bilanziell behandelt werden. Aufsichtsgremien orientieren sich an der Bilanz.

Auch wenn Familienmitglieder an einem Vermögen berechtigt sind, wird mit Jahresabschlüssen Bericht gegeben. Denn die Bilanz kann andere Zahlen ergeben als eine finanzmathematische Renditeberechnung. Als Grundlage für die Verteilung von Ergebnissen bietet die Bilanz gewisse Vorteile hinsichtlich der Überprüfbarkeit und der Klarheit der Standards der Rechnungslegung. Immerhin werden aufgrund der Ergebnisse Ausschüttungen an die Berechtigten vorgenommen.

Typische Fragen bei der Bilanz:

1. Ist beim Kauf einer Kapitalanlage Goodwill gezahlt worden, der laufend abgeschrieben werden muss oder dessen Werthaltigkeit immer wieder zu begründen ist?

2. Dürfen Wertpapiere zum Nominalwert bilanziert werden (oft bei Namenspapieren der Fall) oder führen Kurseinbrüche zu Abschreibungsbedarf in der Bilanz?

3. Bis zu welchem Umfang kann eine Kapitalanlage als Sicherheit für einen Lombardkredit dienen?

4.6 Fragen zur Lernkontrolle

1. a) Was sind Geldillusionen? Erläutern Sie kurz den von KEYNES immer wieder verwendeten Begriff. b) Richtig oder falsch: Die Inflationsrate liegt etwa bei 3% [Zwar richtig, doch für Privatanleger hat die Dienstleistungsinflation größere Bedeutung]

2. a) Erläutern Sie, bei welchen Anlageklassen davon ausgegangen werden kann, dass die Fundamentalwerte bei der Kursentwicklung dominieren? b) Bei welchen Anlageklassen stehen immer wieder Stimmungen im Vordergrund? c) Was besagt die Metapher vom Schönheitswettbewerb? [siehe Abschnitt 4.3]

3. Erläutern Sie in einer ganz knapp gehaltenen Darstellung diese sieben Risikoarten: 1. Kursschwankungen, 2. Korrelation von Kurseinbußen mit einem Rückgang realwirtschaftlicher Tätigkeit – Zyklizität. 3. Gegenparteirisiko, Kreditrisiko, Defaultrisiko. 4. Krise: Welche Verlustgefahren können im Fall einer Wirtschafts- oder Finanzkrise eintreten? 5.Rechtliche Risiken und Location-Risk. 6. Operational-Risk: Risiken bei der Transaktion, Verwahrung und bei der Abrechnung von Vermögenspositionen (Diebstahl, Formfehler, Bezahlung ohne Lieferung). 7. Schließlich haben Liquidität und Transaktionskosten Einfluss auf die Entscheidung, welche Assets in das IOS aufgenommen werden. Die Fragen lauten: a) Wie liquide ist der entsprechende Markt? b) Kann die Liquidität überraschend verloren gehen und in welchen Situationen ist damit zu rechnen? c) Wie hoch sind die Kosten für Kauf oder Verkauf in einer normalen Börsensituation? [Abschnitt 4.4]

4. Eine Art von Risiko wurde in der Korrelation von Kurseinbussen mit einem Rückgang realwirtschaftlicher Tätigkeit gesehen, das heißt, als Zyklizität. Warum ist Zyklizität für viele Investoren von Nachteil? [Sie haben bereits andere Positionen, deren Werte von der (zyklischen) Konjunktur abhängen]

5. Geben Sie jeweils ein Beispiel zur Illustration von: a) Volatilität, b) Zyklizität, c) Ausfallrisiko, d) Krise, Location-Risk, e) Operational-Risk. [siehe Abschnitt 4.4]

6. Bei der Auswahl des IOS spielen die Rendite, die Besteuerung und das Bilanzbild eine große Rolle. Sind nicht besondere Finanzrechnungen geeigneter für eine Berichterstattung als ein Jahresabschluss? [Nein, als Grundlage für die Verteilung des Ertrags wird eine nachprüfbare Rechnung verlangt]

7. Das vierte Lernziel war, wichtige Ansätze und Vorgehensweisen zu verstehen. Erläutern Sie kurz, wie sie vorgehen, welche Argumenten Sie bringen, um einem Neukunden mit diesen drei Inhalten vertraut zu machen: 1. Die Risikoaufklärung wird so vorgenommen, dass der Kunde das Formblatt unterzeichnet. 2. Über Faktoren, die Kurse bewegen, wird so gesprochen, dass der Kunde die Kompetenz der Bank für Finanzanalyse und Research sieht. 3. Das IOS des Kunden wird durch Eingrenzung des Universums ausgewählt und festgehalten. [siehe Abschnitte 4.5]

8. Das fünfte Lernziele war, Namen von Personen und Einrichtungen sowie Produktbezeichnungen und Begriffe in ein Gespräch einfließen lassen können. Sagen Sie kurz etwas zum Risikobegriff nach ANDREW D. ROY.

9. Darstellung 4-2 suggeriert, dass die Jahresrenditen für Aktien sich wie zufällig realisieren, annähernd normalverteilt sind, und in etwa den Erwartungswert 10% und die Standardabweichung 20% haben. Mit welcher Wahrscheinlichkeit ist dann eine Jahresrendite kleiner als -10%? [Bei einer normalverteilten Zufallsgröße liegen Realisationen links von Erwartungswert minus die einfache Standardabweichung ziemlich genau mit Wahrscheinlichkeit 1/6, es darf also gesagt werden, dass mit 5/6 Wahrscheinlichkeit Aktien in einem Jahr besser als -10% rentieren. Im Intervall -10% bis +30%, das ist das so genannte einfache Sigma-Band, weil die Standardabweichung meist mit dem griechischen Buchstaben Sigma bezeichnet wird, liegen die Realisationen mit Wahrscheinlichkeit 2/3. Oberhalb +10% treten Jahresrenditen wieder mit Wahrscheinlichkeit 1/6 auf]

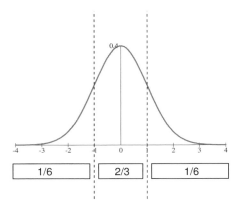

Darstellung 4-7: Dichtefunktion der Standard-Normalverteilung (Erwartungswert =0, Standardabweichung 1, das einfache Sigma-Band geht von -1 bis +1) zur Illustration von Frage 6.

5   Risikostufen

Wie unter Risiko entschieden werden sollte (Erwartungsnutzen) und wie tatsächlich entschieden wird (KAHNEMAN und TVERSKY)

Die Kapitel 4, 5 und 6 behandeln das Risiko. Thema dieses fünften Kapitels ist die persönlich angemessene Risikostufe für die Geldanlage. Zunächst wird gefragt, wie Entscheidungen getroffen werden, deren Konsequenzen unsicher sind. Aus zwei Gründen ist Unsicherheit von Nachteil für einen Anleger: (1) Menschen haben nur begrenzte psychische Bereitschaft zu Risiken (*Risikotoleranz*) und (2) die finanzielle Situation eines Anlegers erlaubt das Eingehen von Risiken nur bis zu einem gewissen Umfang (*Risikofähigkeit*). Das *Risikoprofil* fasst die Risikotoleranz und die Risikofähigkeit der Person zusammen. Mit einem *Profiler* wird das Risikoprofil eines Kunden bestimmt. Sobald das Risikoprofil ermittelt ist, steht fest, bis zu welcher Stufe die Person Anlagerisiken eingehen kann.

Nach der Darstellung von Risikotoleranz und Risikofähigkeit und der Ableitung der persönlich passenden Risikostufe wird die Entscheidungsfindung näher betrachtet. Wie die Investoren ihre Entscheidung treffen sollten, ist das eine. Wie sie tatsächlich entscheiden, das andere. Werden die Menschen den Erwartungsnutzen maximieren oder die Verlustgefahr minimieren? In beiden Fällen kommt es auf das Risikoprofil der am Vermögen berechtigten Person an.

Wieder sollen fünf Lernziele erreicht werden: 1. Risikotoleranz, Risikofähigkeit, Profiler und Risikostufe klar begrifflich einordnen können. 2. Die üblicherweise in einem Profiler gestellten Fragen erklären können. 3. Unterschiede zwischen der normativen und der deskriptiven Entscheidungstheorie nachvollziehen können. 4. Wichtige Ansätze und Vorgehensweisen zu den Themenpunkten dieses Kapitels verstehen. 5. Namen von Personen und Einrichtungen sowie Produktbezeichnungen und Begriffe in ein Kundengespräch einfließen lassen können.

5.1   Risikotoleranz und Risikofähigkeit

Die meisten Finanzanlagen sind unsicher, und die Unsicherheit ist in jeder Art und Form (vergleiche Kapitel 4) nachteilig. Unsicherheit ist allgemein nachteilig, sofern sie eine Größe wirtschaftlicher Bedeutung hat. Eine kleine Überraschung kann hingegen wie im Glücksspiel reizvoll sein und widerspricht nicht der Nachteiligkeit von Risiken wirtschaftlicher Relevanz. Investoren werden daher über die Größe ihres risikobehafteten Engagements sorgfältig entscheiden.

Die Nachteile bei wirtschaftlich relevanter Unsicherheit zeigen sich in zwei Aspekten:

- Unsicherheit beeinträchtigt unser psychisches Wohlbefinden

- und verlangt aufwendige Sondermaßnahmen zur Bewältigung.

Wie stark diese beiden Nachteile ausgeprägt sind – Beeinträchtigung des psychischen Wohlbefindens und Aufwand für Sondermaßnahmen zur Risikobewältigung – ist von Person zu Person unterschiedlich. Der Grad, zu dem es jemandem möglich ist, Unsicherheit psychisch auszuhalten, wird als **Risikotoleranz** bezeichnet. Der Grad, zu dem es jemanden möglich ist, den mit Unsicherheit verbundenen Aufwand zu tragen, wird als **Risikofähigkeit** bezeichnet. Risikotoleranz und Risikofähigkeit sind individuell unterschiedlich.

Warum Unsicherheit von Nachteil ist

Unsicherheit versetzt die Menschen im Vorfeld in (1) **Unruhe**. Sie werden immer wieder daran denken, dass die Ergebnisse noch ausstehen und Einflüsse nicht bekannt sind.

Wenn dann bekannt wird, wie sich die Ergebnisse realisiert haben, und wenn sie unter den Erwartungen liegen, (2) kommen **Enttäuschungen** auf. Negative Resultate hinnehmen zu müssen, beeinträchtigt.

Doch damit nicht genug. (3) Im Nachhinein kann ein Gefühl des Bedauerns (Regret) der seinerzeitigen Festlegungen aufkommen. Manche Personen machen sie sich dann Vorwürfe. Sie kommen schwer darüber hinweg, dass sie seinerzeit zu riskant gesetzt und Pech gehabt haben. Ebenso kann Bedauern entstehen, wenn aufgrund zu großer Vorsicht Chancen entgangen sind. Es tut dann leid, nicht schneller zugegriffen zu haben.

Nicht immer fällt den Menschen leicht, das **Bedauern** (**Regret**) hinreichend schnell zu überwinden. Dies besonders dann, wenn wir immer wieder daran erinnert werden, beispielsweise wenn jeden Monatlich eine Zahlung kommt, die aufgrund früherer Anlageentscheidungen gering ist.

> Alle drei psychologischen Wirkungen – (1) Unruhe im Vorfeld, (2) Enttäuschung bei bekanntwerden der Ergebnisse, (3) Bedauern im Nachhinein – können das psychische Wohlbefinden und so die Lebensführung beeinträchtigen.

Zur psychischen Belastung kommt ein zweiter Nachteil hinzu: Unsicherheit zu Tragen verursacht Aufwand: Wo Unsicherheit besteht, müssen **Sondermaßnahmen** zu ihrer Bewältigung getroffen werden. Die Person muss höhere Reserven vorhalten, Versicherungen abschließen, bis zum Schluss flexibel bleiben, sie muss gegebenenfalls darauf verzichten, günstige Opportunitäten zu ergreifen, und so fort. All das verursacht Kosten: Wer ein risikobehaftetes Engagement eingeht, muss zugleich Geld ausgeben, um die Risiken zu bewältigen. Deshalb kommt das Tragen von Risiken eher für jene Personen in Frage, bei denen dieser Zusatzaufwand vergleichsweise gering ist. Das sind Personen, deren finanzielle Situation sie für das Eingehen von Risiken befähigt.

So ist Unsicherheit von unserem Nutzenempfinden her (Unruhe, Enttäuschungen, Bedauern) sowie wegen der Kosten für die Bewältigung (Reserven, Versicherungen, Flexibilität, Verzicht auf Opportunitäten) nachteilig. Alle Menschen haben daher eine Präferenz für Sicherheit, auch wenn sie unterschiedlich stark ausgeprägt ist. In einer marktnahen Umgebung führt die allgemeine Präferenz für Sicherheit dazu, dass Geldanlagen umso teurer sind, je sicherer sie sind. Hohe Einstiegspreise bei Investitionen bedeuten, dass die Renditen geringer sind. **Im Finanzmarkt sind die sicheren Anlagen immer weniger rentabel. Rentablere Kapitalanlagen haben immer Risiken.**[1]

Anlagevorschlag verlangt Risikotoleranz und Risikofähigkeit

Die Ausarbeitung des Anlagevorschlags setzt sowohl bei Beratungskunden wie bei Mandatskunden die Abklärung voraus, welches Maß an Risiken eingegangen werden kann. Das Maß an Risiko kann dosiert werden, in dem die Gewichtung von Aktien variiert wird. Die wichtigste Aufgabe bei der Bestimmung der Aktienquote besteht darin, dasjenige Maß an Risiko zu ermitteln, das dem Kunden aufgrund von Präferenz und Situation empfohlen werden kann. Meistens wird der Kunde dabei helfen, dass seine Risikopräferenz und seine finanzielle Situation verdeutlicht wird. Einige Kunden bestehen darauf, dass ihre Risikopräferenz stark berücksichtigt wird, weil sie zum Beispiel schlechte Erfahrungen mit Aktien gemacht haben und mehr Methodik suchen.

Der Berater wird mit Fragen nach der persönlichen Risikoeinstellung des Kunden beginnen. Wie stark und lang wirken Unruhe, Enttäuschungen, Bedauern? Wie sehr beeinträchtigt Unsicherheit das Lebensgefühl von Freiheit, Vermögen und Zufriedenheit? Das Ergebnis der Befragung führt auf die persönliche **Risikotoleranz**. Dabei handelt es sich um eine psychische, um eine subjektive Einstellung.

Gleichwohl kommt es bei der Wahl der Anlagestrategie ebenso darauf an, ob der Kunde aufgrund seiner finanziellen Situation die entsprechenden Risiken tragen kann. Wie leicht fallen ihm angesichts von Risiken zu treffende Sondermaßnahmen wie die Haltung höherer Reserven oder die Schaffung von Flexibilität? Beispielsweise ist die Risikofähigkeit geringer, wenn die Person finanzielle Verpflichtungen zu erfüllen hat und dazu Entnahmen tätigen muss. Die Risikofähigkeit ist eher höher, wenn die Person in den kommenden Jahren weitere Mittel erhalten dürfte, etwa Arbeitseinkünfte, die später zusätzlich angelegt werden können. Die **Risikofähigkeit** folgt aus einer objektivierbaren Beurteilung der finanziellen Verhältnisse der Person. Auch hierzu werden verschiedene Fragen gestellt.

---

[1] Doch nicht jede Unsicherheit bei einer Geldanlage wird durch eine höhere Rendite belohnt. Für das Tragen von Risiken, die diversifizierbar sind, gibt es im Markt keine Kompensation. Auch wenn das normale Marktgeschehen behindert ist, etwa in einer Krise oder in einem Börsencrash, wird das Eingehen von Risiken nicht wie sonst üblich kompensiert. Das drückt die Empfehlung aus, man solle nie in ein fallendes Messer greifen. Hingegen werden im normal funktionierenden Finanzmarkt Renditevorteile für die Übernahme jener Risiken geboten, die aus wirtschaftlichen Gründen irgend jemand im Wirtschaftsleben tragen muss.

Welche Fragen werden gestellt?

Beide Gegebenheiten, das subjektive Empfinden und die objektive Tragfähigkeit von Risiken fließen in die Nutzenüberlegungen des Kunden ein. Um mehr über die Nutzenfunktion des Kunden herauszufinden, aufgrund der dann die Vermögensallokation (Aktienquote) vorgeschlagen wird, müssen also die Risikotoleranz und Risikofähigkeit ermittelt werden. In der Praxis wird das Gesamtbild, das Risikotoleranz und Risikofähigkeit über das Entscheidungsverhalten bei Risiko zeichnen, als das **Risikoprofil** der Person bezeichnet. Interviews zur Exploration von Risikotoleranz und Risikofähigkeit und damit zur Ermittlung des Risikoprofils des Kunden heißen **Profiler**.

Ein Profiler enthält (1) Fragen zum psychischen Empfinden, bei denen die Antworten möglichst viel über die Risikotoleranz aussagen sowie (2) Fragen zur finanziellen Situation, bei denen die Antworten Rückschlüsse auf die Risikofähigkeit zulassen. (3) Es sind auch Fragen konzipiert worden, die sowohl die Risikotoleranz als die Risikofähigkeit betreffen. Dazu gehört beispielsweise die Frage, wie sich die Person nach einem Kursverlust verhält: Möchte sie (Toleranz) und kann sie (Fähigkeit) dann zukaufen? (4) Außerdem wurden Fragen über weitere Faktoren entworfen, bei denen die Antworten Schlüsse über Risikotoleranz oder Risikofähigkeit zulassen. Dazu gehört beispielsweise das Wissen in Finanzfragen.

Fragen zur **Risikotoleranz** sollen die Stärke dieser Empfindungen herausfinden:

1. Unruhe im Vorfeld der Realisation unsicherer Handlungskonsequenzen: kann die Person bei Aktien gut schlafen?

2. Enttäuschung bei negativen Resultaten: neigt die Person zu Extremreaktionen bei negativen Überraschungen?

3. Bedauern im Nachhinein: kann sie etwas leicht wegstecken oder hadert sie wegen vermeintlicher Fehler in der Vergangenheit?

Fragen zur Risikofähigkeit thematisieren, ob die finanzielle Situation es ermöglicht, Verluste aufzufangen, oder ob dazu erst aufwendige Sondermaßnahmen getroffen werden müssen. Hier drei Punkte, die hinterfragt werden:

1. Höhe des Vermögens, das nicht für Ausgaben verplant und daher benötigt wird.

2. Sind in den nächsten Jahren weitere Einlagen (etwa aus Arbeitseinkommen) möglich oder müssen die Finanzanlagen periodische Entnahmen erzeugen?

3. Dauer der Anlage – denn das Verlustrisiko wird bei längerem Anlagehorizont geringer und wer einen längeren Anlagehorizont nennt, hat davor wohl kaum Entnahmebedarf. In die Risikofähigkeit wirken noch weitere Aspekte hinein. Beispielsweise ist der Kunde zu fragen, ob die Belastung für mit Hypothekardarlehen finanziertes Wohneigentum auch bei einem Anstieg des Zinsniveaus noch tragbar bliebe.

Das sind drei Aspekte der Risikotoleranz und drei der Risikofähigkeit.

Beispiele für einen Profiler

Ein einfacher Profiler könnte daher sechs Fragen stellen. Hier sind jeweils drei Möglichkeiten für die Antworten vorformuliert:

1. Unruhe? Könnten Sie mit Aktien in ihrem Portfolio noch gut schlafen?
   a) Nein, Aktien würden mich unruhig machen.
   b) Ab und zu müsste ich schon an mögliche Verluste denken.
   c) Aktien würden mich nicht um meinen Schlaf bringen.

2. Enttäuschung? Was trifft eher auf Sie zu:
   a) Wenn der Wert in einem Jahr um 5% fiele, würde ich das nicht aushalten.
   b) Einen Verlust von 5% würde ich zwar hinnehmen, doch ein Verlust nicht größer sein.
   c) Selbst wenn der Wert meines Vermögens in einem Jahr um 10% oder 15% fiele, muss gesehen werden, dass es andere Jahre geben sollte, in denen er deutlich ansteigt. Bedauern?

3. Wenn einmal etwas schief gegangen ist, und sie früher vielleicht etwas hätten anders festlegen sollen um Pech zu vermeiden, wie stark ist ihr Bedauern?
   a) Ich müsste immer wieder daran denken und käme nicht so leicht darüber hinweg. b) Eine Zeitlang werde ich die Situation schon bedauern.
   c) Manches muss man wegstecken und hat dann den Blick wieder frei.

4. Vermögen?
   a) Mein Vermögen ist nicht besonders hoch und ich brauche die Mittel.
   b) In Relation zu meinen Lebensausgaben hat mein Vermögen eine gewisse Höhe, und nicht alles ist für Ausgaben verplant.
   c) Mein Vermögen ist so hoch, dass es mir viele Freiheiten gibt.

5. Anlagen oder Bezüge? Werden Sie in den kommenden Jahren weitere Mittel zusätzlich anlegen können?
   a) Nein, ich nutze mein Kapital und es soll deshalb so angelegt werden, dass Ausschüttungen und Bezüge möglich sind.
   b) Weder wird noch viel hinzu kommen noch muss ich Entnahmen vornehmen.
   c) Ja, weitere Anlagen sollten in den kommenden Jahren möglich sein.

6. Anlagehorizont? Wann denken Sie, dass Sie über Ihr Vermögen verfügen möchten?
   a) Nach zwei oder drei Jahren.
   b) Ungefähr nach fünf Jahren.
   c) Nach acht bis zehn Jahren oder noch später.

Drei Antwortmöglichkeiten haben indes den Nachteil, dass viele Menschen denken, die mittlere Antwort sei richtig und die beiden anderen zu extrem. Menschen lassen sich von der Präsentation der Dinge beeinflussen. Um diese behavioristischen Fallen zu vermeiden, werden die drei Antwortmöglichkeiten mit zwei weiteren ergänzt, so dass die drei hier genannten drei Antworten in der Mitte von fünf Antworten stehen. Selbstverständlich können die Fragen so formuliert werden, dass sie noch eine Botschaft in sich tragen und beispielsweise die Risikoaufklärung unterstützen.

Neben solchen Fragen zu Risikotoleranz und zu Risikofähigkeit kann ein Profiler auch Fragen enthalten, die beide Dimensionen verbinden. Dazu gehören Fragen nach dem Nachkaufen bei Kursverlusten und auch Fragen nach dem Alter. Viele Banken erkundigen sich, ob nach einem Verlust der Kunde sich mit Bedauern zurückziehen oder den Titel noch zukaufen würde. Letzteres spricht an, wie der Kunde seine Situation und Finanzkraft einschätzt. Oft wird auch nach dem Alter gefragt. Dabei wird gedacht, ältere Personen seien vorsichtiger und ihre finanzielle Situation sei in wenigen Jahren enger, als sich heute darstellt. Wiederum andere Fragen betreffen Einflussfaktoren, von denen bekannt ist, dass sie Rückschlüsse entweder auf die Risikotoleranz der Person oder auf ihre Risikofähigkeit erlauben.

Einer dieser indirekten Faktoren ist die **Kontrollkompetenz**. Die Überzeugung, sein Leben Im Griff zu haben (starke Kontrollkompetenz), deutet auf eine hohe Risikotoleranz. Das Bedürfnis, immer wieder Schutz zu suchen, weil Einflüsse „nicht kontrollierbar" sind (schwache Kontrollkompetenz), weist auf eine geringe Risikotoleranz. Ein zweiter indirekter Faktor ist das **Wissen über Finanzthemen**. Personen, die in Finanzfragen Kenntnisse und Erfahrungen haben, verstehen die Gründe für Verluste besser und können sie dadurch leichter psychisch bewältigen.

Der Profiler führt auf die passende Risikostufe

Mit diesen Ergänzungen hätte der Profiler bereits zehn Fragen.

> Die **Übersetzung** der Antworten **in Risikostufen** (etwa *Sicher*, *Konservativ*, *Ausgewogen*, *Wachstum*, *Dynamisch*) oder auch in akzeptierte Standardabweichungen der Jahresrendite (etwa 3%, 6%, 10%, 15%, 19%) geschieht durch Punkte. Die bei jeder Frage erreichten Punkte werden addiert. Die Summe bestimmt, welches der fünf bezeichneten oder durch Standardabweichungen der Jahresrendite beschriebene Risikoprofil zutrifft.

Der Profiler wird genau wie jeder andere Test eingesetzt. Wenn der Profiler konstruiert wird, müssen natürlich die Fragen ausgewählt werden. Besonders im angelsächsischen Kulturkreis werden Profiler mit zahlreichen Fragen geschätzt, da so Interesse an der Person des Kunden und Genauigkeit suggeriert wird. In Europa werden wenige Fragen bevorzugt, damit der Profiler nicht ermüdet. Sind die Fragen und Antworten gewählt, müssen den Antworten Punkte zugewiesen werden. Die Punkte werden nicht den Kunden gezeigt, damit sie nicht ihre Antworten steuern, um ein angestrebtes Risikoprofil zu erhalten. Es werden den Antworten so viele Punkte zugewiesen, dass der Profiler treffsicher ist. Die empirischen Wissenschaften lehren, wie Tests zu kalibrieren sind.[2] Bei einem Profiler wird so vorgegangen: Ausgangspunkt ist eine gewisse Anzahl

---

[2] 1. TAKESHI AMEMIYA: Qualitative Response Models: A Survey. *Journal of Economic Literature XIX* (December 1981) 4, pp. 1483-1536. 2. MOSHE BEN-AKIVA und ANDRÉ DE PALMA: Investselect: Econometric Model of Investor's Risk Tolerance to Assist Choice of Investment Strategy. *Working Paper* 1999.

von Personen, bei denen bekannt ist, welche der Risikostufen für sie die jeweils richtige ist. Dies kann durch Experten bestimmt worden sein. Anschließend muss jede dieser Person den Profiler beantworten. Sodann werden mit einer *Regressionsrechnung* die Punkte so ermittelt, dass der Profiler bei diesen Personen möglichst gut trifft. Der so kalibrierte Risk Ruler wird anschließend auch für Neukunden verwendet, deren Risikoprofil nicht bekannt ist.

Eine Kalibrierung der zuvor genannten Fragen hat gezeigt, dass die Fragen 2 und 6 besonders kraftvoll sind, die individuelle Risikostufe zu treffen. Deshalb ist ein auf die zwei kraftvollsten Fragen reduzierter Profiler mit den entsprechenden Punkten nochmals wiedergegeben.

Enttäuschung? Was trifft eher auf Sie zu?	Punkte
a) Wenn der Wert in einem Jahr um 5% fiele, würde ich das nicht aushalten.	5
b) Einen Verlust von 5% würde ich zwar hinnehmen, doch er sollte nicht größer sein.	20
c) Selbst wenn der Wert einmal in einem Jahr um 10% oder 15% fiele, muss gesehen werden, dass es andere Jahre geben sollte, in denen er deutlich ansteigt.	50

Anlagehorizont? Wann planen oder denken Sie, dass Sie über ihr Vermögen verfügen möchten?	Punkte
a) Nach zwei oder drei Jahren	5
b) Ungefähr nach fünf Jahren	25
c) Nach acht bis zehn Jahren oder noch später	45

Darstellung 5-1: Ein auf die zwei kraftvollsten Fragen reduzierter und kalibrierter Profiler. Die Punktesumme ergibt die Risikostufe, ausgedrückt durch die empfohlene Aktienquote. Die anhand der Antworten zu den beiden Fragen gegebene Empfehlung reicht von 10% bis zu 95% Aktien.

Aufgrund der Befragung soll letztlich ermittelt werden, welche **Risikostufe** dem Kunden empfohlen wird. Die verschiedenen Risikostufen können als Aktienquote ausgedrückt werden, oder auch durch Begriffe wie **Sicher**, **Konservativ**, **Ausgewogen**, **Wachstum**, **Dynamisch**. Diese Bezeichnungen tragen Portfolios, die aus Cash, Bonds und Aktien bestmöglich diversifiziert zusammengesetzt sind. Die Aktienquote steigt in der angegebenen Reihenfolge.

Mit **Sicher** bezeichnete Portfolios sollten keine Aktien (oder aus Diversifikationsgründen allenfalls einen sehr geringen Aktienanteil) haben. Als **Konservativ** bezeichnete Portfolios haben 15% bis 20% Aktien. **Ausgewogene** Vermögensallokationen haben zwischen 45% und 50% Aktien. Mit **Wachstum** werden Allokationen bezeichnet, die zwischen 60% und 75% Aktien aufweisen. Als **Dynamisch**, hier und da auch als *aggressiv* bezeichnete Portfolios bestehen zu 90% bis 100% aus Aktien.

5.2   Empfehlungen der Entscheidungstheorie

Jede Entscheidung führt auf ein Bündel möglicher Szenarien

Die meisten Geldanlagen werden für einen gewissen Zeitraum (Anlagehorizont) geplant, und vielfach sind das 2, 5, 10 oder noch mehr Jahre.

Selbstverständlich gibt es auch Finanzanlagen, für die kein konkreter Anlagehorizont genannt werden kann, weil noch offen ist, wozu das Vermögen später dienen soll. Diese Finanzanlagen werden dann „bis auf weiteres" getätigt. Offensichtlich werden auch diese Finanzanlagen wenigstens für einige Jahre getätigt. Es darf wohl gesagt werden, die Finanzanlagen (ohne präzisierbaren Horizont) würden auch für 5 oder 10 Jahre getätigt, und anschließend werde man weitersehen.

Mit dieser Zurechtlegung entsteht die Vorstellung, das Ziel des Investors betreffe das bei **Ende des Anlagehorizontes** oder eben nach einer gewissen Anzahl von Jahren erreichte **Anlageergebnis**. Jede Entscheidung führt (nach 5 oder 10 Jahren) auf unsichere Anlageergebnisse, und die Entscheidung wird anhand der jeweils möglichen, unsicheren Ergebnisse getroffen.

Wie ist die Vorgehensweise?

1. Der Investor wird für jede zu Beginn der Anlage mögliche Entscheidung – die Gewichtung der Anlageklassen muss festgelegt werden – überlegen, welche Ergebnisse jeweils am Ende der Anlage eintreten können („jeweils" bezieht sich auf die wählbaren Vermögensallokationen, Aktienquoten oder Risikostufen).

2. Dazu wird der Investor für den geplanten Anlagezeitraum überlegen, welche Szenarien für die Vermögensentwicklung jeweils eintreten können. Etwas einfältig wäre, bei allen Entscheidungsmöglichkeiten (Allokationen, Aktienquoten, Risikostufen) nur das mittlere Szenario zu betrachten und davon auszugehen, es würde Realität werden. Vielmehr müssen für jede Entscheidung (Vermögensallokation) *alle* Szenarien betrachtet werden oder zumindest *so viele*, dass sie die Bandbreite der möglichen Ergebnisse aufspannen.

3. Sodann würde die an den Ergebnissen berechtigte Person die Wahl (Anlagemix, Aktienquote, Risikostufe) so treffen, dass ihr die entsprechenden Szenarien, genau die am Ende des Anlagehorizontes erreichten Ergebnisse ausgedrückt als Geldbetrag, am meisten zusagen. Das Wort „Zusage" weist darauf hin, dass eine Vorstellung der Nützlichkeit den Ausschlag gibt. Die Person würde also so entscheiden, dass sie die jeweils möglichen Ergebnisse mit einer Nutzenfunktion bewertet und zu jeder Entscheidungsmöglichkeit den mittleren Nutzen (Durchschnitt des Nutzens aller von den Szenarien erzeugten Anlageergebnisse) betrachtet.

Die Person würde schließlich jene Entscheidung wählen, bei der dieser mittlere Nutzen maximal wird.

Diese Vorgehensweise heißt **Erwartungsnutzen** (Expected Utility), weil der mittlere Nutzen der mit einer Entscheidung erreichten Gesamtpositionen dem Erwartungswert des Nutzens entspricht. Statt von Erwartungsnutzen wird vom **Bernoulli-Prinzip** gesprochen, weil das Vorgehen auf DANIEL BERNOULLI (1700-1782) zurückgeht, der es 1738 dargestellt hat.[3]

Aufstellung der Szenarien

Die Erzeugung der möglichen Szenarien (Schritt 2) ist nicht besonders schwierig. Wenn die Entscheidung beispielsweise für ein reines Aktienportfolio oder auch für ein reines Bondportfolio fiele, dann können die Szenarien aus historischen Vermögensentwicklungen für Aktien oder für Bonds abgeleitet werden. Wer historische Entwicklungen der Entwicklung eines in Aktien oder in Bonds angelegten Vermögens über 80 Jahre hat, kann die Gesamtentwicklung leicht in zehn Szenarien je achtjähriger Anlagedauer zerlegen. Abgesehen davon gibt es auch andere Techniken für die Erzeugung von Szenarien.

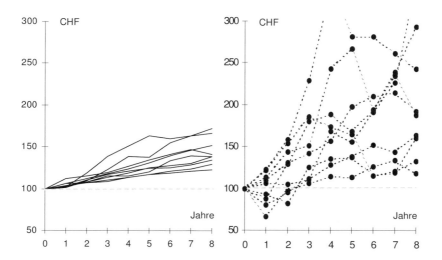

Darstellung 5-2: Wertentwicklungen von Anleihen (links) und Aktien (rechts) in neun historischen Szenarien von je acht Jahren Dauer. Alle Geldanlagen beginnen mit 100 Franken. In vier der neun dargestellten Zeit-räume haben Aktien nur jene Wertentwicklung erreicht, die auch Anleihen erzielten. In den drei besten Szenarien hatten Aktien den Einsatz in acht Jahren verdoppelt oder sogar verdreifacht. Aktienanlagen hatten dafür in vier der neun Szenarien im ersten Jahr herbe Verluste, doch im Szenario hat der Aktionär durchgehalten.

---

[3] 1. Eine Übersetzung der Originalarbeit von 1738 wurde von LUTZ KRUSCHWITZ und PETER KRUSCHWITZ vorge-nommen und ist abgedruckt in: *Die Betriebswirtschaft* (1996) 6, 733-742. 2. Zu Entscheidungskriterien: GÜNTER BAMBERG und ADOLF G. COENENBERG: *Betriebswirtschaftliche Entscheidungslehre*. 10. Auflage, Vahlen, 2002.

Wenn mehrere solcher historischer Achtjahresabschnitte von Wertentwicklungen mit Aktien betrachtet werden, die sich tatsächlich ereignet haben, ist man enttäuscht. Bei Aktien hat es in der Vergangenheit immer wieder Achtjahresabschnitte mit negativer oder magerer Gesamtrendite gegeben — ebenso wie es Zeitabschnitte dieser Dauer gab, in denen sich der Wert der Aktien verdoppelt oder verdreifacht hat. Werden die möglichen Szenarien für Aktien aufgestellt, zeigen sie eine enorme Auffächerung hinsichtlich der schließlich erreichten Ergebnisse, besonders im Vergleich mit den Szenarien der Entwicklung eines Bondportfolios. In Darstellung 5-2 sind historische Szenarien für Achtjahresabschnitte gewählt. Ähnliche Ergebnisse zeigen Fünfjahresabschnitte oder Zehnjahresabschnitte. Insgesamt neun solcher Achtjahresabschnitte erzeugen die jeweils neun Szenarien der Darstellung 5-2.

Noch zu Aktien: Aktien zeigen auffällige Einbrüche im ersten und im zweiten Jahr. Bei 4 der 9 Szenarien war der Aktionäre nach einem Anlagejahr im Verlust, und in einem Fall war der Verlust sogar 30%. Kurzfristig macht sich die hohe Volatilität bemerkbar, während die Tatsache einer (im Vergleich zu Bonds) klar höheren mittleren Rendite bei Aktien ihre treibende Kraft erst nach mehreren Jahren entfaltet. Deshalb sind die Verluste mit Aktien (bei knapp der Hälfte der Szenarien) in der kurzen Frist typisch. Sie ergeben sich letztlich aus der hohen Volatilität von Aktien. Aktien liefern nach längerer Zeit (hier 8 Jahre) in vier Szenarien Ergebnisse, die nur so gut sind wie die von Bonds (in einem Szenario ist die Aktienentwicklung sogar leicht schlechter als das schwächste Ergebnis einer Bondanlage). Bei zwei Szenarien sind die Ergebnisse mit Aktien etwas besser als die von Bonds, und in drei der neun Szenarien ist das Aktienergebnis extrem hoch und übertrifft das beste Ergebnis mit Bonds bei weitem. In diesen drei der neun Szenarien haben sich die hohen Chancen manifestiert, die mit Aktien verbunden sind.

Ursache für die Chancen ist wiederum die hohe Volatilität einer Aktienanlage. Sie bedeutet zunächst: Ausschläge weit nach unten ebenso wie weit nach oben sind möglich. Doch bei langem Anlagehorizont werden die Ausschläge nach unten kompensiert, weil wie gesagt auf lange Sicht die Tatsache ihre Kraft entfaltet, dass die mittlere Rendite bei Aktien mit rund 10% höher ist. Folglich kann, etwas vereinfacht natürlich, die Aktienanlage so beschrieben werden:

- In der einen Hälfte der Szenarien hat man Verluste, die aber von der Kraft ausgeglichen werden, welche die höhere mittlere Rendite von Aktien entfaltet.

- In der anderen Hälfte der Szenarien hat man Gewinne, und hinzu kommt noch die Wirkung der höheren mittleren Aktienrendite.

Insgesamt sind in der einen Hälfte die langfristigen Ergebnisse einer Aktienanlage nicht besser als bei Bonds, während in der anderen Hälfte der Szenarien bei Aktien die langfristigen Ergebnisse enorme Wertsteigerungen bedeuten.

> Aktien bieten im Ergebnisse wie Bonds, nur hat man bei Aktien in der Hälfte der Szenarien kurzfristig Werteinbrüche sowie langfristig enorme Wertsteigerungen. Prägnanter: Aktien sind wie Bonds plus ein Deal: Der Aktionär übernimmt die Gefahr kurzfristiger Einbrüche und wird dafür mit substantiellen Chancen auf langfristigem Superreichtum entschädigt.

Beurteilung der Ergebnisse einer Anlage	auf die kurze Frist	langfristig
in Bonds	in allen Szenarien **gut** mit nur leichten Unterschieden zwischen den Szenarien	in allen Szenarien **gut** mit nur leichten Unterschieden zwischen den Szenarien
in Aktien	in einer Hälfte der Szenarien **sehr gut**, in der anderen Hälfte der Szenarien **sehr schlecht**	in einer Hälfte der Szenarien **extrem gut**, in der anderen Hälfte der Szenarien **gut**

Darstellung 5-3: Wertentwicklungen von Aktien und von Bonds auf kurze und auf lange Sicht.

Die langfristigen Ergebnisse bei Aktienanlagen sind in der Tat **nicht symmetrisch verteilt**. Der Median der Ergebnisse am Ende einer mehrjährigen Anlage ist bei Aktien kaum höher als der bei Anlagen in Bonds. Doch es zeigen sich einige Szenarien bei Aktien – in der Darstellung sind es 3 von 9 Szenarien – mit sehr hohen Ergebnissen (die in einem Fall sogar die bis 300 reichende Skala gesprengt haben). Bei Bonds sind hingegen aufgrund der deutlich geringeren Volatilität keine besonderen Chancen erkennbar.

Empfehlung der normativen Entscheidungstheorie

Nun hat ein Anleger nicht nur die Wahl zwischen entweder einem reinen Bondportfolio oder einem reinen Aktienportfolio. Das wäre ein Dilemma. Alle Kombinationen von Aktien und Bonds (und anderen Assetklassen) sind ebenso mögliche Entscheidungen. Es versteht sich von selbst, dass für diese Kombinationen – etwa mit 25% Aktien oder auch mit 50% Aktien – und für einen Anlagehorizont von fünf, acht oder zehn Jahren die Szenarien weniger extrem verlaufen als die eben angesehenen Entwicklungen eines reinen Aktienportfolios. Die Kombinationen haben denn auch im Durchschnitt eine geringere Rentabilität.

Der Investor kann also wählen. Wie trifft der Investor die Entscheidung unter Risiko? Es wurde bereits gesagt, als der Begriff des Erwartungsnutzens eingeführt wurde:

1. Der Investor würde für jede Vermögensallokation (vereinfacht: Aktienquote), die überhaupt für ihn in Frage kommt, die Szenarien der möglichen Wertentwicklungen aufstellen und die jeweils erreichten Anlageergebnisse am Ende des Horizontes betrachten.

2. Sodann würde der Investor die Wahl so treffen, dass ihm die entsprechenden Szenarien – genauer die am Ende des Anlagehorizontes erreichten Ergebnisse – am meisten zusagen. Das Wort „Zusage" weist darauf hin, dass eine Vorstellung der Nützlichkeit den Ausschlag gibt. Die den Szenarien entsprechenden Endergebnissen wird die Person einen Nutzen zuordnen.

3. Für jede Entscheidungsmöglichkeit wird die Person sodann den Mittelwert des Nutzens (über die der Entscheidung entsprechenden Szenarien hinweg) ermitteln.

4. Das macht die Person so für jede Entscheidungsmöglichkeit (Aktienquote). Sodann wählt sie jene Entscheidung, bei der der mittlere Nutzen der jeweiligen Gesamtpositionen am größten ist – so die Empfehlung der normativen Entscheidungstheorie.

Nachdem das Prinzip des Erwartungsnutzens Beachtung gefunden hat, wurde untersucht, welche Eigenschaften es hat. Viele Forscher haben die Eigenschaften, nach dem Erwartungsnutzen zu entscheiden, mit Rationalität der Entscheidung bei Risiko gleichgesetzt. Dadurch sind der Erwartungsnutzen / Bernoulli-Prinzip zum Gebot für jene Entscheidende geworden, die ihre Festlegungen rechtfertigen müssen. Damit erfüllt das Prinzip einen normativen Anspruch.

Die normative Entscheidungstheorie betont, dass es auf die möglichen **Ergebnisse bei Ende des Anlagehorizonts** ankommt, genauer, auf die möglichen **Gesamtpositionen** unter Berücksichtigung sonstigen Vermögens. Zwischenzeitliche Verluste oder Gewinne sind *nicht* wichtig. Bei den Szenarien der Vermögensentwicklung kommt es nicht darauf an, wie der Weg zum Ziel aussieht. Wer nach dem Erwartungsnutzen / Bernoulli-Prinzip entscheidet und dann die optimale Anlagestrategie umsetzt, kommt daher möglicherweise während der Laufzeit der Anlage in Situationen, die überhaupt nicht behagen.

Eine nach der normativen Entscheidungstheorie (Erwartungsnutzen / Bernoulli-Prinzip) gewählte Anlagestrategie verlangt deshalb große Disziplin, Durchhaltevermögen und Gewissheit, dass die Anlageentscheidung gut getroffen wurde. Wie oft im Leben wird das langfristige große Mahl mit kurzfristig schlaflosen Nächten zuvor erkauft. Da kann es vorkommen, dass der Mensch aufgibt.

Doch es gibt eine Möglichkeit, sich selbst davor zu schützen, eine langfristige Strategie vorzeitig abzubrechen. Der übliche Weg ist der einer starken Delegation der Vermögensanlage an einen Verwalter, der bei abträglichen Zwischenergebnissen beruhigt und Vertrauen gibt. Eine anderer Weg besteht darin, Zwischenergebnisse überhaupt nicht zur Kenntnis zu nehmen, so wie der Vogel Strauß. Der Börsenguru ANDRÉ KOSTOLANY (1906-1999) empfahl Anlegern, bis zum Ende des Anlagehorizontes Schlaftabletten zu nehmen.

5.3   Empirisches Entscheidungsverhalten

Deskription des tatsächlichen Entscheidungsverhaltens

Die wenigsten Menschen gehen so vor, dass sie nur die finalen Gesamtergebnisse betrachten, die am Ende des Anlagehorizontes eintreten können. Die meisten Menschen verfolgen die Entwicklung ihrer Geldanlage über die Jahre hinweg und ziehen immer wieder Zwischenbilanzen. Ihr Nutzenempfinden hängt von all den Zwischenresultaten ab, die bei den periodischen Beobachtungen festgestellt werden.

Um diesem Verhalten Rechnung zu tragen, muss die Vermögensallokation (Aktienquote) so gewählt werden, dass die anhand der **Zwischenergebnisse** gebildeten Nutzenempfinden des Kunden bei der Entscheidung über die Vermögensallokation mit berücksichtigt werden.

Die Verhaltenswissenschaft und die deskriptive Entscheidungstheorie haben dabei drei Besonderheiten entdeckt.

1. Menschen haben weniger das langfristige Gesamtergebnis im Auge. Statt dessen hängt ihr **Nutzen stark von Zwischenergebnissen** ab. Sie beobachten periodisch wiederkehrend (etwa einmal im Jahr) die Wertentwicklung.

2. Die anhand der Zwischenergebnisse jeweils gebildete Nutzenempfindung hängt *nicht* so sehr von der Höhe des bis dahin erreichten Vermögens oder der dann vorhandenen Gesamtposition ab, als vielmehr davon, ob im abgelaufenen Jahr ein **Zugewinn oder ein Wertverlust** zu verzeichnen ist.

3. Dabei werden **Verluste als deutlich abträglicher erlebt als Zugewinne** den Nutzen erhöhen können. Zugewinne sind zwar angenehm, doch sie können in der Nutzenempfindung Verluste nur schwer ausgleichen.

Ein übliches Schema, dem viele folgen, ist die Beobachtung der realisierten Rendite einmal im Jahr. Viele Kunden haben Reisen und Planungen, die mit den Jahreszeiten zusammenhängen. So besuchen sie auch die Vermögensverwaltung einmal pro Jahr und dies stets im selben Monat. Kunden, die ein Mandat gegeben haben, werden bei diesen Besuchen über die Performance orientiert.

Zweifellos haben die Kunden eine Vorahnung, weil sie die allgemeine Lage an den Börsen schon zwischendurch sehen, doch die mit ihren Finanzanlagen erzielten Ergebnisse werden ihnen erst beim Performancebericht erklärt.

Ist das Vermögen weniger geworden – der Punkt ist nicht, ob die Person ihren Lebensplan ändern müsste – hat sie einen hohen Nutzenentgang, und dies selbst dann, wenn es in den Jahren zuvor Gewinne gab. Offensichtlich wird ein Verlust als Zeichen interpretiert, dass die Anlagestrategie vielleicht falsch gewählt worden ist. Änderungsbedarf zerbricht den Komfort eines entspannten Lebens. Selbstverständlich ist nicht nur die Eintrittswahrscheinlichkeit für einen Verlust abträglich, sondern auch die Verlusthöhe.

Zwar erklärt der Mensch als sein Ziel, am Ende des Anlagehorizontes ein möglichst großes Mahl zu haben, doch was ihn letztlich zufrieden macht und seine Entscheidungen erklärt, sind die kleinen Zwischenmahlzeiten, die nicht ausbleiben sollten. Als Bild sei erlaubt, dass der Mensch Gewinne schnell verdaut, und an Verlusten lange kaut.

Aufgrund dieses Nutzenempfindens versuchen die Personen Anlageentscheidungen zu treffen, bei denen Verlustjahre selten sind, und wenn sie eintreffen, sollten die Verluste nicht allzu hoch ausfallen. Diese Beobachtungen gehen auf DANIEL KAHNEMAN (geboren 1934, Nobelpreis 2002) und AMOS TVERSKY (1937-1996) und deren Experimente zurück.

Abträglich sind Verluste zwischendurch

KAHNEMAN und TVERSKY bestätigten, dass Personen eine offene Sache schnell abschließen wollen, wenn aus ihr Verluste unsicherer Höhe drohen. Menschen akzeptieren sogar teure Lösungen, nur um vom unsicheren Verlust wegzukommen.[4] Der empirische Befund:

- Die Menschen sind erstens kurzsichtiger, als sie vorgeben. Sie sprechen von einem langen Anlagehorizont, doch sie wünschen sich eine Anlage auf ein Jahr. Kunden blicken trotz eines vielleicht mehrjährigen Anlagehorizontes immer wieder auf die Situation in einem einzelnen Jahr. Deshalb kann die Wahl der Vermögensallokation anhand einer Beschreibung der Anlage in einem Jahr bestimmt werden.

- Anleger sind zweitens risikoaverser als sie vorgeben. Die Risikoaversion beschreibt die erforderliche Höhe von Gewinnen, die Verluste im Empfinden ausgleichen könnten. Und die Menschen finden Verluste weitaus abträglicher als Gewinne angenehm sind.

Fazit: Der normative Ansatz des Bernoulli-Prinzips lenkt den Blick auf die Gesamtpositionen, die am Ende des (meist mehrjährigen) Anlagehorizonts erreicht werden könnten. Das beobachtete Entscheidungsverhalten zeigt, dass die periodischen Gewinne und Verluste den Nutzen bestimmen. Das lenkt die Betrachtung auf ein einzelnes Jahr, auch wenn der Anlagehorizont fünf, acht, zehn oder noch mehr Jahre lang ist.

Die Beobachtungen unterstreichen weiter, dass Verluste sehr abträglich sind. Die Menschen sind also kurzsichtiger als sie vorgeben und sie sind risikoaverser, als sie zugeben.

Der aus der Beobachtung und Deskription des tatsächlichen Entscheidungsverhaltens abgeleitete Befund hat auch bei institutionellen Investoren Bedeutung. Institutionen wie Pensionskassen legen zwar langfristig an. Aber sie müssen periodisch Bericht geben, meist in einer Form, die an ihre Bilanzen anknüpft. Institutionelle Investoren beurteilen daher Anlagestrategien nicht allein nach den möglichen finalen Ergebnissen, sondern daran, wie der Entwicklungsweg des Vermögens (in bilanzieller Darstellung) aussieht.

Es kommt auf den **Pfad** der Szenarien an, nicht nur auf das Ergebnis am Ende des Anlagehorizonts. Entscheidungen im Asset Management werden folglich **pfadabhängig** gefällt. Es ist einzusehen, dass größere Renditeschwankungen sehr abträglich sind, wenn periodische Beobachtungen, Bilanzen und Berichte zwischendurch verlangt sind. Das zwingt diese Institutionen dazu, geringe oder mäßige Aktienquoten zu wählen.

---

[4] 1. DANIEL KAHNEMAN und AMOS TVERSKY: Subjective Probability: A Judgement of Representativeness. *Cognitive Psychology* 3 (1972), 430-451. 2. D. KAHNEMAN und A. TVERSKY: Prospect theory: An analysis of decisions under risk. *Econometrica* 47 (1979) 2, pp. 263-291. 3. A. TVERSKY UND D. KAHNEMAN: Advances in Prospect Theory: Cumulative Representations of Uncertainty. *Journal of Risk and Uncertainty* 5 (1992), 297-323.

5.4 Was in einem Jahr passieren kann

Die deskriptive Entscheidungstheorie in ihrer Begründung durch KAHNEMAN und TVERSKY lenkt wieder auf die Jahresrendite. Denn wie gesagt leben die Menschen in einem Jahresrhythmus und dürften einmal im Jahr die Anlageergebnisse genauer betrachten und besprechen. So entsteht auch bei einem längeren Anlagehorizont die Frage, was typischerweise mit der Geldanlage in einem Jahr geschehen kann.

Histogramm

Neue Nachrichten über Fundamentaldaten, über die Wirtschaftslage, und über Marktstimmungen enthalten immer überraschende Momente — andernfalls wären sie nicht neu, sondern erwartet und mit Prognosen aus bekanntem Wissen bereits erschlossen.

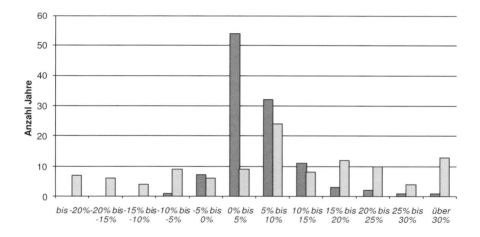

Darstellung 5-2: Anzahl von Jahren zwischen 1900 und 2012, in denen die Jahresrendite Bonds (gepunktet) und die von Aktien (grau) in verschiedene Bereiche zu liegen kamen, gezeigt für die Schweiz. Berechnungen aufgrund von Daten der Bank Pictet & Cie. sowie von E. DIMSON und M. STAUNTON.

Was überrascht, wirkt wie die Ziehung bei einem Zufallsexperiment. Neue Nachrichten sind daher zufällig. Die durch sie bewirkten Kursänderungen sind es dann auch. Im Ergebnis sind die Renditen für Wertpapiere als **Zufallsvariable** anzusehen, zufällige Ziehungen aus einer gewissen Grundgesamtheit. Mehr über die Art der Zufälligkeit und die Grundgesamtheit geht aus historischen Aufzeichnungen hervor. Die Daten können als Wertentwicklung dargestellt (wie in Kapitel 2 Gezeigt) oder als Histogramm der Jahresrenditen aufbereitet werden. Ein **Histogramm** ist eine empirische Häufigkeitsverteilung und weist auf die Wahrscheinlichkeitsverteilung der zufälligen

Renditen hin. Selbstverständlich ist die Vergangenheit nur *ein Indiz* für die Zukunft, das Histogramm bietet nur eine *Schätzung* der Wahrscheinlichkeitsverteilung und ihrer Parameter.

Eine Überraschung, die keinen Vorläufer in den historischen Aufzeichnungen hat, ein so genannter **Schwarzer Schwan**, ist grundsätzlich denkbar. Skepsis gegenüber dem Verfahren, von der Vergangenheit auf die Zukunft zu schließen, ist immer angebracht. Doch was wäre besser?

Histogramme historischer Jahresrenditen (von Aktien und von Bonds) zeigen immer ähnliche Muster: Das Auftreten mittlerer Renditen ist gehäuft, anders als bei einer Lotterie, wo alle Zahlen gleichwahrscheinlich sind. Die Verteilung der Renditen wirkt symmetrisch.

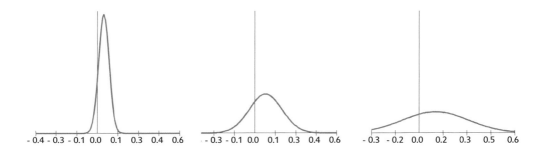

Darstellung 5-3: Veranschaulichung der zufälligen (und als normalverteilt angenommen) Renditen für ein Jahr. Links die Renditeverteilung für ein Portfolio, das nur aus Bonds besteht, rechts die eines reinen Aktienportfolios. In der Mitte ist die Wahrscheinlichkeitsverteilung der Jahresrendite eines ausgewogenen Portfolios dargestellt, das sich zur Hälfte aus Bonds und Aktien zusammensetzt. In allen drei Portfolios beträgt die Fläche unterhalb der Wahrscheinlichkeitsdichte 1

Früher wurde die Ähnlichkeit der Histogramme mit einer Glockenkurve betont: Histogramme wurden deshalb als Hinweis dafür angesehen, dass die als zufällig erkannten Renditen einer **Normalverteilung** folgen. Immerhin sprechen auch ökonomische und statistische Gründe für die Normalverteilung.

> Eine normalverteilte Rendite ist durch zwei Parameter charakterisiert: Der **Erwartungswert** der Rendite und der **Standardabweichung** der Rendite. Die Standardabweichung drückt die Größe der Schwankungen aus, die die einzelnen Realisationen der zufälligen Rendite um ihren Mittelwert nehmen.
>
> Bei einer Normalverteilung liegen rund 2/3 der Realisationen im Intervall von Mittelwert ± Standardabweichung.

Die Standardabweichung ist die Wurzel aus der **Varianz**. Statt von der Standardabweichung wird von der **Volatilität** gesprochen (auch wenn die Volatilität in der Fachsprache nicht die Standardabweichung der Jahresrenditen bezeichnet, sondern die der stetigen Renditen).

Heute stehen leistungsfähigere ökonometrische Methoden sowie mehr Daten zur Verfügung. Wissenschaftliche Untersuchungen haben die ursprüngliche Vorstellung normalverteilter Renditen verfeinert. Sie hat heute den Rang einer zwar einfachen aber gelegentlich etwas groben Beschreibung der Wirklichkeit. Die Verfeinerungen werden noch besprochen.

Eine quantitative Beschreibung

Das Histogramm (Darstellung 5-2) lässt erkennen:

- Die Jahresrenditen für Bonds (Anleihen, Renten, Obligationen) bewegten sich, selbst wenn von extrem guten und schlechten Jahren abgesehen wird, in dem doch weiten Bereich von -5% bis +15%. Demgegenüber zeigten Aktien Renditen von unter -20% und von über +30%. Hinsichtlich der mittleren Rendite zeigt das Histogramm, dass sie für Bonds bei 5% liegt, während die der Mittelwert der Aktienrendite etwa 10% beträgt.

- Etwa 2/3 der historischen Renditen liegen im Intervall von 0% bis 10% bei Bonds und im Intervall von -10% bis +30% bei Aktien. Das bedeutet: Die Standardabweichung bei Bonds ist etwa 5%, die von Aktien etwa 20%. Demnach wären Aktien viermal so riskant wie Bonds.

- **Verlustgefahr**: Auch bei Bonds gab es Jahre mit negativer Rendite. Doch die relative Häufigkeit von Verlustjahren ist bei Bonds deutlich geringer als bei Aktien. Bei Aktien gab es in rund 1/3 der 113 Jahre negative Renditen. Gleichsam kommt es „alle drei Jahre" zum Verlust.

- **Verlusthöhe**: Hinzu kommen unterschiedliche Verlusthöhen. Bei Bonds liegen, wenn es zu einem Verlustjahr kommt, die Verluste typischerweise im Bereich von 0% und -10%. Bei Aktien liegen die Verluste typischerweise im Bereich von 0% und -30%.

Auf den ersten Blick wirken die Standardabweichung und die Verlustgefahr oder die Verlusthöhe wie konkurrierende Maße des Risikos. Doch sie bedingen sich gegenseitig in ihrer Höhe. Wenn eine Normalverteilung unterstellt wird und die mittlere Rendite (Erwartungswert) und die Standardabweichung bekannt sind, dann kann die Wahrscheinlichkeit für eine negative Jahresrendite aus der Tabelle für die Normalverteilung abgelesen werden.

> Ob im Kundenprofil hinsichtlich der Risikotoleranz und der Risikofähigkeit eines Kunden vier oder fünf Stufen betrachtet werden, ist nicht ausschlaggebend. Weniger wichtig ist auch, wie die Risikostufen bezeichnet werden. Das Charakteristikum der im Profil betrachteten Stufen von Anlagerisiko ist die Standardabweichung der Jahresrendite, die einem Kunden aufgrund der persönlichen Präferenz und Risikofähigkeit empfohlen werden kann.

Aus dieser fachtechnischen **Gleichsetzung der Risikostufe mit der Standardabweichung** ergeben sich der Anlagemix, die Verlustwahrscheinlichkeit, die typische Verlusthöhe und selbstverständlich auch die Rendite, die erwartet werden darf. Die Tabelle (Darstellung 5-4) zeigt Parameter für Aktien und Bonds sowie für zwei zusätzliche Vermögensallokationen. Eine hat eine Aktienquote von 25%, die andere von 50%.

Parameter	nur Bonds	¾ Bonds + ¼ Aktien	½ Bonds + ½ Aktien	nur Aktien
Erwartungswert der Rendite	5%	6,3%	7.5%	10%
Standardabweichung der Rendite (Volatilität)	6%	7%	11%	20%
Korrelation zwischen Anleihen und Aktien:0,2				
Verlustgefahr (Wahrscheinlichkeit für eine negative Jahresrendite)	20% — Verlust „alle fünf Jahre einmal"	20% — Verlust „alle fünf Jahre einmal"	25% — Verlust alle vier Jahre einmal"	31% — Verlust „alle drei Jahre einmal"
Typische **Verlusthöhe**	um -4%	um -5%	um -9%	um -20%

Darstellung 5-4: Für Jahresrenditen von Aktien und Bonds bestimmte Parameter der Wahrscheinlichkeitsverteilung von Renditen und die sich ergebende Wahrscheinlichkeit einer negativen Jahresrendite. Daten in Anlehnung an die Verhältnisse in der Schweiz 1900-2012.

Die Daten lehnen sich an die für die Schweiz 1900-2012 an:

*   Die mittleren Bondrendite wird zu 5% und die mittlere Aktienrendite zu 10% geschätzt.

*   Die Standardabweichungen der Jahresrenditen sind 6% bei Bonds und 20% bei Aktien.

*   Der Koeffizient der Korrelation zwischen Bonds und Aktien ist 0,2.

Selbstverständlich verändern sich die Daten etwas, wenn Daten aus anderen Ländern und Währungsgebieten herangezogen werden. Doch die grundsätzlichen Verhältnisse, insbesondere die Vergleiche zwischen Aktien und Bonds, sind in allen Ländern ähnlich. Allerdings beziehen sich die eben genanten Daten auf eine Welt ohne Steuern und ohne Kosten für die Vermögensverwaltung. Im Folgekapitel werden dann Steuern und Verwaltungskosten berücksichtigt. Sie haben vor allem eine Reduktion der angegebenen Erwartungswerte der Renditen zur Folge, weniger eine Veränderung der Standardabweichungen. Dadurch wird bei Berücksichtigung von Steuern und den Kosten der Vermögensverwaltung die Verlustgefahr etwas größer und auch die typische Verlusthöhe nimmt leicht zu.

Schließlich muss eine Person, die Entscheidungen unter Risiken zu treffen hat, eine individuelle Haltung bekunden: **Welche Aversion hat sie persönlich gegenüber Unsicherheit der Ergebnisse, gegenüber der Schwankung der Renditen, gegenüber der Verlustgefahr?** Diese Aversion wird als **Risikoaversion** bezeichnet. In der Entscheidungstheorie wird sie durch die konkave *Krümmung* der Nutzenfunktion gegeben: Sehr hohe Ergebnisse oder Zugewinne sind nicht so nützlich, geringe Ergebnisse oder Verluste bedeuten im Vergleich dazu eine starke Nutzenbelastung. Als Präferenz der Person drückt die **Risikoaversion sowohl psychische wie monetäre Nachteile der Person** aus, die für sie mit der Unsicherheit verbunden sind. Die Risikoaversion fasst daher die Risikotoleranz und die Risikofähigkeit der Person zusammen. Die Risikoaversion wird durch Fragen und Beobachtungen ermittelt, wobei die Antworten und Interpretationen in der Praxis.

Die Risikoaversion bestimmt das Risikobudget oder die passende Risikostufe einer Person, auch als **Risikoprofil** bezeichnet. Sowohl das Risikobudget als auch die passende Risikostufe können durch die maximal akzeptierte Standardabweichung der Jahresrendite ausgedrückt werden.

1. Bei der mit **Sicher** bezeichneten Risikostufe sollten die Jahresrendite der Portfolios eine Standardabweichung von 3% haben.

2. Bei der Risikostufe **Konservativ** bezeichneten Risikostufe sollte die Standardabweichung 6% sein (wie die eines reinen Bondportfolios).

3. Die Risikostufe **Ausgewogen** hat eine Standardabweichung von 10%;

4. **Wachstum** 15%.

5. **Dynamisch** 19% (etwas unter der Standardabweichung eines reinen Aktienportfolios).

5.5   Fragen zur Lernkontrolle

1. a) Unterscheiden Sie die drei Begriffe *Unruhe*, *Enttäuschung*, *Regret*! b) Nennen Sie konkrete Kosten für Sondermaßnahmen, die bei Risiko entstehen! c) Was wird unter Risikotoleranz, was unter Risikofähigkeit verstanden? [siehe Abschnitt 5.1]

2. a) Stellen Sie drei typische Fragen zur Risikotoleranz und drei typische Fragen zur Risikofähigkeit. b) Warum ist für die Risikofähigkeit wichtig, ob die Person Hypothekarschulden hat oder nicht? [Die Zinsen könnten steigen und die Hypothek zu einer Belastung machen]

3. Richtig oder falsch: „Wer wagt, gewinnt" [So ist die Aussage falsch. Nicht mit allen Unsicherheiten ist eine Prämie verbunden. Es muss heißen: Nur wer die richtige Art von Risiko trägt, kann begründet eine Prämie erwarten. Siehe Fußnote 1]

4. Benennen Sie fünf Risikostufen und charakterisieren Sie diese durch a) die Aktienquoten sowie b) durch die Standardabweichung der Jahresrendite [siehe Abschnitte 5.1 und 5.4]

5. a) Welche Empfehlung gibt die normative Entscheidungstheorie für Entscheidungen unter Risiko? b) Welche Beobachtungen hat die deskriptive Entscheidungstheorie in den Fokus gerückt? [siehe Abschnitte 5.2 und 5.3]

6. Das vierte Lernziel war, wichtige Ansätze und Vorgehensweisen zu verstehen. Erläutern Sie kurz, wie sie vorgehen, welche Argumente Sie bringen, um einem Neukunden mit diesem Inhalt vertraut zu machen: Aktien sind nicht einfach „langfristig besser als Bonds", wie oft zu hören ist. Aktien bieten auch langfristig im wesentlichen Ergebnisse wie Bonds, nur hat man bei Aktien in der Hälfte der Szenarien kurzfristig Werteinbrüche, dafür aber langfristig enorme Chancen und eventuell sehr hohe Wertsteigerungen.

7. Das fünfte Lernziele war, Namen von Personen in ein Gespräch einfließen lassen können. Überlegen Sie, wie Sie einen Kunden über KAHNEMAN und TVERSKY und ihre Entdeckungen orientieren können. [Erste Entdeckung: Privatanleger entscheiden nicht aufgrund der möglichen (unsicheren) Ergebnisse am Ende des Anlagehorizonts, sondern anhand der zwischenzeitlichen Wertveränderungen bei ihrem Kapital. Zweite Entdeckung: Zwischenzeitliche Verluste werden erheblich abträglicher erlebt als Zugewinne nützlich eingeschätzt werden. Mit diesen Entdeckungen sind Aktien problematisch, weil sich deren höhere Renditeerwartung erst mit den Jahren niederschlägt, während das höhere Risiko bereits auf die kurze Frist enorme Verlustgefahren bedeutet.]

6 Anlagevorschlag

Optimizer setzen den Ansatz von Markowitz als Software um und führen zu bester Diversifikation — sowohl auf der Ebene der Vermögensallokationen wie auf der Ebene der Einzelanlagen

Nach der Risikoaufklärung (Kapitel 4) und der Wahl der Vermögensallokation (Kapitel 5) kann der Berater den Anlagevorschlag ausarbeiten. Nur zwei Schritte sind noch verlangt. Im ersten Schritt muss der gewählte Anlagemix dahingehend überprüft werden, ob das Portfolio durch eine bessere Diversifikation optimiert werden kann. Das geschieht nach dem Ansatz von MARKOWITZ durch *Optimizer*. Im zweiten Schritt muss die für Anlageklassen (wie Cash, Bonds, Aktien) definierte Vermögensallokation auf der Ebene der Einzelanlagen umgesetzt werden.

Fünf Lernziele: 1. Den Ansatz von MARKOWITZ beschreiben können. 2. Argumente verstehen, die zur Beimischung von Aktien auch in risikoarmen Portfolios führen. 3. Die Vor- und Nachteile von Top-Down und Bottom-Up erklären können. 4. Wichtige Ansätze und Vorgehensweisen verstehen. 5. Namen von Personen und Einrichtungen sowie Produktbezeichnungen und Begriffe in ein Kundengespräch einfließen lassen können.

6.1 Optimizer

Risk und Return

Bei den letzten Schritten auf dem Weg zum Anlagevorschlag muss dies berücksichtigt werden: Anlagerisiken können zum Teil diversifiziert werden, weshalb auf bestmögliche Diversifikation geachtet werden sollte. Diversifikation ist nicht nur auf der Ebene einzelner Wertpapiere möglich, sondern auch in der Ebene ganzer Anlageklassen. Die Korrelation zwischen Aktienrenditen und Bondrenditen ist mit 0,2 (in Anlehnung an Schätzungen aufgrund historischer Daten) recht gering. Das bedeutet, dass zwischen Aktien und Bonds Diversifikationseffekte möglich sind.[1]

---

[1] Empirische Untersuchungen zeigen, dass der Koeffizient der Korrelation zwischen Aktien und Bonds nicht konstant ist. In Zeiten normaler Funktion der Finanzmärkte liegt er zwischen 0,2 und 0,3. In Krisenzeiten kann er auch negativ werden (während die Korrelationen der einzelnen Aktien untereinander sich alle 1 nähern). Es kommt zu einer Entkopplung von Aktien und Bonds. Aktien plus Bonds im Portfolio bieten gute Diversifikation besonders in Krisenzeiten, wenn sie stark erwünscht ist.

Einige Kombinationen von Aktien und Bonds verwirklichen die Diversifikationsmöglichkeiten aber nicht genügend. Entsprechende Portfolios kommen daher erst nach Verbesserung in Frage. So kann beispielsweise ein reines Bondportfolio noch verbessert werden, in dem zur Diversifikation einige wenige Prozent Aktien oder Wandelanleihen hinzugenommen werden.

→ Beispielsweise sollte jemand mit Wunsch einer konservativen Geldanlage anstelle von 100% Bonds besser 90% Bonds plus 10% Wandelanleihen nehmen oder 96% Bonds plus 4% Aktien. Oder die Person nimmt 90% Bonds plus 10% Aktien, und wenn das zu riskant ist, wählt sie 80% Bonds plus 10% Aktien und hält 10% als Cash. □

Zwecks Diversifikation sollten zu Bonds immer Aktien hinzugenommen werden, auch wenn in geringem Gewicht. Diese Empfehlung strahlt wiederum auf Geldanlagen aus, für die eine noch geringere Volatilität gewünscht ist und die dazu Cash und Bonds kombinieren. Diese Portfolios bestehen beispielsweise aus 50% Geldmarktanlagen, 45% Bonds und 5% Convertibles. oder aus 50% Geldmarktanlagen, 48% Bonds und 2% Aktien. Generell zeigt sich, dass eine leichte Erhöhung des Aktienanteils fast immer für die Diversifikation günstig ist. Sollte dadurch das Portfolio zu riskant werden, muss der Anteil von Cash erhöht werden.

> Eine Modellierung, anhand derer die bestmögliche Diversifikation zwischen Einzelanlagen oder zwischen Anlageklassen untersucht werden kann, geht auf HARRY MARKOWITZ zurück. Sein Ansatz hat die Moderne Portfoliotheorie (MPT) begründet. Es benutzt nur wenige Eingangsgrößen und zeigt, welche Gewichtungen der Anlagen – hier sind das die Assetklassen wie Aktien, Bonds und Cash – bestmögliche Diversifikation herbeiführen. MARKOWITZ bezeichnete die bestmöglich diversifizierten Portfolios als **effizient**.

Die Moderne Portfoliotheorie (MPT) hat über fünfzig Jahre der wissenschaftlichen und praktischen Arbeit einen Denkrahmen geliefert, der sich als höchst fruchtbar und ausbaufähig erwiesen hat. Gleichwohl ist das Grundmodell der MPT einfach. Hier und da wurde es verfeinert.

1. Die Renditen der Anlagen werden als zufällige Größen behandelt werden. Der Erwartungswert der Rendite, von MARKOWITZ als **Return** angesprochen und die Standardabweichung der Rendite, bezeichnet als **Risk**, sollen gegeben sein. Der Return wird oft mit dem griechischen μ (Mü) und das Risk mit σ (Sigma) bezeichnet. Risk und Return werden mit statistischen und ökonometrischen Verfahren aus historischen Daten sowie Einschätzungen aus Finanzanalyse und Research bestimmt.

2. MARKOWITZ sah alles, was bei einer Geldanlage abträglich ist, durch das Risk subsumiert und repräsentiert. Die Standardabweichung ist zwar ein fachtechnischer Repräsentant des Risikos, aber sie beschreibt (über einfache Umrechnungen) was Personen wirklich als abträglich empfinden, so die Verlustgefahr und auch die typische Verlusthöhe.

3. Neben Risk und Return müssen die Koeffizienten der paarweisen Korrelation zwischen den Renditen der Anlagen bekannt sein. Die Koeffizienten der Korrelation werden meistens mit dem griechischen ρ (Rho) bezeichnet.

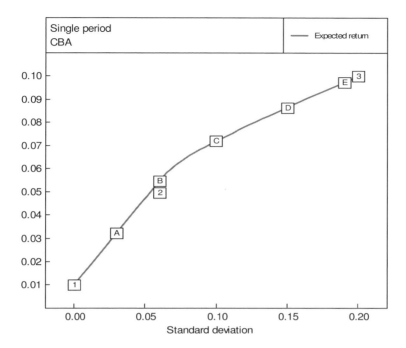

Darstellung 6-1: Die Markowitzsche Effizienzkurve zeigt im Risk-Return-Diagramm die bestdiversifizierten Portfolios, gebildet aus Cash (Anlage 1), Bonds (Anlage 2) und Aktien (Anlage 3) gebildet. Due Portfolios mit den Risikostufen von 3%, 6%, 10%, 15% und 19% Standardabweichung sind mit A, B, C, D, E markiert. Deutlich erkennbar: Das Portfolio B dominiert ein reines Bondportfolio. Die Effizienzkurve hat beim Risk von 6,35%, sehr nahe bei B, ein Corner-Portfolio (bestehend aus 86% Bonds und 14% Aktien). Alle Portfolios mit geringerem Risk enthalten Aktien, Bonds, Cash in positiver Gewichtung; Portfolios mit höherem Risk bestehen nur noch aus Bonds und Aktien (ohne Cashanteil). Software: VisualMVO von Efficient Solutions Inc.

Mit diesen Daten – Risk, Return und paarweise Korrelationen der einbezogenen Anlagen – lassen sich die Parameter Risk und Return aller aus den Anlagen erzeugbarer Portfolios berechnen. Ein Portfolio (eine Kombination der zur Verfügung stehenden Anlagen) ist **effizient**, wenn es hinsichtlich Risk und Return nicht verbessert werden kann.

Die ursprünglichen Anlagen sowie alle aus ihnen erzeugten Portfolios werden anhand der beiden Parameter Risk und Return in einer Grafik positioniert, dem so genannten **Risk-Return-Diagramm**. Es hat als Abszisse das Risk und als Ordinate den Return. Portfolios, deren Position im Risk-Return-Diagramm oben und links ist, sind folglich jenen überlegen, deren Position eher unten und eher rechts ist.

Die bestmöglich diversifizierten (**effizienten**) Portfolios sind auf der links oben gelegenen Begrenzung der Menge aller Portfolios positioniert. Diese Begrenzung ist die **Markowitz-sche Effizienzkurve**. Für die mathematischen Berechnungen und für grafische Darstellungen werden **Optimizer** herangezogen.

In Darstellung 6-1 sind die effizienten Portfolios im Risk-Return-Diagramm gezeigt, die sich aus Aktien, Bonds und Cash erzeugen lassen. Selbstverständlich hängt die Markowitzsche Effizienzkurve von den eingegebenen Daten ab (Risk und Return für jede Anlage, Korrelationen für alle Paare von Anlagen).

In Darstellung 6-2 sind die Zusammensetzungen (Gewichte von Cash, Bonds, Aktien) der in Darstellung 6-1 positionierten Portfolios mit den Risikostufen von Risk = 3% (A), Risk =6% (B), Risk =10% (C), Risk =15% (D), Risk =19% (Position E) tabelliert. Für diese Risikostufen sind in der Praxis Bezeichnungen wie *Sicher, Konservativ, Ausgewogen, Wachstum, Dynamisch* üblich (vergleiche Abschnitte 5.1 und 5.4).

Risikostufe	Sicher	Konservativ	Ausgewogen	Wachstum	Dynamisch
	Risk = 3%	Risk=6%	Risk=10%	Risk=15%	Risk=19%
	Portfolio A	Portfolio B	Portfolio C	Portfolio D	Portfolio E
Anteil Cash	53%	6%	0%	0%	0%
Anteil Bonds	41%	81%	56%	27%	5%
Anteil Aktien	6%	13%	44%	73%	95%
Return	3,2%	5,4%	7,2%	8,7%	9,8%

Darstellung 6-2: Die Zusammensetzung der bestmöglich diversifizierten Portfolios aus den Anlageklassen Cash, Bonds und Aktien für fünf Risikostufen.

Steuern und Gebühren

Die Berechnungen (Darstellungen 6-1 und 6-2) gehen von den Zahlen aus, die sich an die Daten für die Schweiz 1900-2012 anlehnen. Hier sind sie nochmals: (1) Cash rentiert mit 1% (kein Risk). (2) Der Return von Bonds ist 5%, der von Aktien 10%. (3) Das Risk von Bonds ist 6%, das von Aktien 20%. (4) Der Korrelationskoeffizient zwischen Aktien und Bonds: 0,2.

Die Zahlen beschreiben gut die Situation eines institutionellen Investors. Doch es sind darin keine Steuern berücksichtigt, mit denen ein Privatanleger belastet wird. Ebenso wenig sind Kosten für die Vermögensverwaltung abgezogen. Diese Modifikationen werden in Kapitel vorgenommen.

Die Zahlen sollen daher neu berechnet werden, um **Ertragsteuern** und **Verwaltungskosten** für einen Privatanleger zu berücksichtigen. Annahme: Der Privatanleger habe 40% Steuern auf Kapitalerträge zu entrichten.

1. Bei Cash hieße dies, dass die Rendite nach Steuern 0,6% (anstatt von 1%) wäre. Kosten für die Verwaltung von Cash (Bargeld, Konti, Geldmarktfonds) sollen in Höhe von 0,4% entstehen, so dass letztlich 0,2% bleiben.

2. Bei Bonds ist praktisch die gesamte Rendite zu versteuern, was auf einen Return von 3% (anstelle von 5%) bei unverändertem Risk von 6% führt. Allerdings ist das Risk aufgrund der steuerlichen Wirkung etwas geringer (was hier nicht berücksichtigt ist). Die Kosten für die Verwaltung eines Bondportfolios liegen bei 0,8%, so dass letztlich mit einem Return von 2,2% gerechnet wird.

3. Bei Aktien setze sich der Return von 10% zusammen aus 6% Kursentwicklung und 4% Dividende, für die mit einer steuerlichen Belastung so gerechnet wird, dass nach Steuern 2,4% von den Dividenden bliebe. Kursavancen werden nicht besteuert. Die Kosten für die Verwaltung eines Aktienportfolios liegen bei 1,3%, so dass bei Aktien mit einem Return von 7,1% gerechnet werden kann. Die Volatilität von 20% ergibt sich deutlich mehr aus den Kursschwankungen als aus der Veränderlichkeit von Dividenden, weshalb das Risk von Aktien auch nach Steuern 20% sei.

Die neuen Daten sind (in Darstellungen 6-3 und 6-4) festgehalten, weil sie später weiter verwendet werden.

Parameter der Anlageklassen (nach Steuern und nach Verwaltungskosten) für einen Privatanleger	Cash	Bonds	Aktien
Return der Rendite	0,2%	2,2%	7.1%
Risk der Rendite (Volatilität)	0%	6%	20%
Korrelation zwischen Bonds und Aktien: 0,2			

Darstellung 6-3: Die Parameter der drei Anlageklassen Cash, Bonds, Aktien nach Kapitalertragsteuern und nach den Kosten der Vermögensverwaltung auf nominaler Basis für einen Privatanleger. Daten in Anlehnung an die Verhältnisse in der Schweiz 1900-2012. Soll ein Return auf der Basis von Kaufkraft ausgedrückt werden, so ist noch die Inflationsrate (etwa 3%) abzuziehen oder — wenn mit den Anlageergebnissen überwiegend Dienstleistungen bezogen werden — die Dienstleistungsinflation (etwa 6,8%).

Risikostufe	Sicher Risk = 3% Portfolio A	Konservativ Risk=6% Portfolio B	Ausgewogen Risk=10% Portfolio C	Wachstum Risk=15% Portfolio D	Dynamisch Risk=19% Portfolio E
Anteil Cash	59%	17%	0%	0%	0%
Anteil Bonds	31%	63%	56%	27%	5%
Anteil Aktien	10%	20%	44%	73%	95%
Return nach Steuern und Verwaltungskosten	**1,5%**	**2,8%**	**4,3%**	**5,8%**	**6,8%**

Darstellung 6-4: Effiziente (bestmöglich diversifizierte) Portfolios aus Cash, Bonds und Aktien für fünf Risikostufen. Daten nach Kapitalertragsteuer und nach Kosten der Vermögensverwaltung.

Jetzt werden die neuen Daten (Darstellung 6-3) in den Optimizer eingegeben. Die Rechnungen führen auf die in Darstellung 6-4 gezeigten Ergebnisse für die fünf Risikostufen Sicher, Konservativ, Ausgewogen, Wachstum, Dynamisch. Die erreichten Renditeerwartungen sind selbstverständlich geringer als in Darstellung 6-2. Doch die Zusammensetzungen der Portfolios habe sich kaum verändert.

Die Darstellungen 6-3 und 6-4 dürften für viele Anleger ernüchternd sein. Leider gehen einige Dienstleister über Steuern und Verwaltungskosten hinweg, um Kunden nicht von vornherein zu verlieren. Erst später, wenn sich die Kunden über die Ergebnisse nach Steuern und nach Verwaltungskosten beklagen, werden diese Argumente nachgetragen.

Wie sich die reale Kaufkraft entwickelt

Die in den Darstellungen 6-4 gezeigten Renditen für die fünf Risikostufen *Einkommen, Konservativ, Ausgewogen, Dynamisch* stimmen nachdenklich. Denn es handelt sich um nominale Renditen. Zuvor wurde von Geldillusionen gesprochen. Die Inflationsrate beträgt etwa 3% und es wurde gesagt, dass die Dienstleistungsinflation noch um 3,8 Prozentpunkte darüber liege.

Risikostufe	Sicher	Konservativ	Ausgewogen	Wachstum	Dynamisch
	Risk = 3%	Risk=6%	Risk=10%	Risk=15%	Risk=19%
	Portfolio A	Portfolio B	Portfolio C	Portfolio D	Portfolio E
Anteil Cash	*59%*	*17%*	*0%*	*0%*	*0%*
Anteil Bonds	*31%*	*63%*	*56%*	*27%*	*5%*
Anteil Aktien	*10%*	*20%*	*44%*	*73%*	*95%*
a) Return nominal	3,2%	5,4%	7,2%	8,7%	9,8%
b) Return nach Steuern und Verwaltungskosten	1,5%	2,8%	4,3%	5,8%	6,8%
c) Return als Veränderung der Kaufkraft für Güter	-1,5%	-0,2%	1,3%	2,8%	3,8%
d) Return als Veränderung der Kaufkraft für Dienstleistungen	-5,3%	-4,0%	-2,5%	-1,0%	0%

Darstellung 6-5: Bestmöglich diversifizierte Portfolios aus Cash, Bonds und Aktien für fünf Risikostufen — mit den Renditen a) nominal, b) nach Steuern und nach Vermögensverwaltungskosten, c) nach weiterem Abzug der Inflationsrate für Güter von 3%, d) nach Inflationsrate für Dienstleistungen für einen Privatanleger.

> Wer also Geld anlegt, um nach Steuern und nach Kosten der Vermögensverwaltung dieselbe Kaufkraft für Güter zu haben, oder wer die Kaufkraft für Dienstleistungen erhalten möchte, der kommt auf keine positive Rendite, nicht einmal mit dem Portfolio *Dynamisch*.

Die Ergebnisse sind tabelliert (Darstellung 6-5). Für einen konstanten Abzug von 3% oder von 6,8% verändern sich die Zusammensetzungen der optimal diversifizierten Portfolios nicht). Ein Blick auf das Portfolio *Ausgewogen* (56% Bonds, 44% Aktien) zeigt die Situation: Es ist nicht leicht, nach Steuern und nach Kosten für die Vermögensverwaltung eine positive Rendite zu erreichen, doch immerhin ist der reale Return 1,3%. Hingegen geht Kaufkraft für Dienstleistungen der Tendenz nach (denn es kann Jahre mit hohen Kursgewinnen bei Aktien geben) Jahr für Jahr verloren: der Return ist -2,5% beim ausgewogenen Portfolio. Als Lehre daraus folgt: Finanzanlagen bieten große Bequemlichkeit („ich lasse mein Geld für mich arbeiten" heißt es in Werbungen), doch der Return ist nach Steuern und nach Kosten für die Vermögensverwaltung mager, wenn er als reale Veränderung der Kaufkraft ausgedrückt wird – sei es Änderung der Kaufkraft für Güter, sei es für Dienstleistungen. Wie kann der Investor dies verändern?

1. Es gibt kein angeborenes oder natürlich uns zukommendes Recht, eine positive reale Rendite zu erhalten. Die ökonomischen Bedingungen und die Daten sind so, wie sie sich seit Jahrzehnten eingespielt haben. Dies durch a) Angebot und Nachfrage beim Kapital, b) durch die Steuergesetze und c) durch die Kosten der Vermögensverwaltung.

2. Die Person sollte prüfen, ob sie alle Möglichkeiten für eine steuerbegünstigte Anlage ausgeschöpft hat. Für den Aufbau von Vorsorgekapital gibt es steuerliche Begünstigungen.

3. Auch bei der Frage zwischen Kapitalbezug oder Erhalt einer Rente aus Versorgungswerken kann überlegt werden, welche Variante höhere Verwaltungskosten hat. Ebenso könnten einige Aktien dem Unternehmen zur Verwahrung übergeben werden, was Depotgebühren spart (auch wenn die Möglichkeit einengt ist, Wertpapiere zur Kreditsicherung als Pfand der Bank zu überlassen).

4. Ein Investor wird überlegen, ob er wirklich das psychologisch gewünschte Niveau an Sicherheit der Anlage aufgrund seiner wirtschaftlichen Situation benötigt. Immerhin beträgt der Renditeunterschied zwischen den Portfolios *Sicherheit* und *Konservativ* 1,3 Prozentpunkte, und das Risk ist bei *Konservativ* ist kaum größer als bei *Sicherheit*. Der Unterschied im Return von *Ausgewogen* und *Konservativ* beträgt 1,5 Prozentpunkte, und bei einem langen Anlagehorizont sollte sich das bemerkbar machen.

5. Ein Investor kann bei Wertpapieren als Anlageform bleiben, aber versuchen, durch eine Anlagestrategie (wie *Return Enhancement*, Kapitel 16) die Rendite etwas zu verbessern.

6. Der Investor könnte selbst unternehmerisch tätig werden. Er könnte ein Dienstleistungsunternehmen erwerben oder gründen und selbst betreiben – ein Hotel, ein Reisebüro, ein Taxiunternehmen. Es bieten sich Dienstleistungsbranchen, bei denen Preiserhöhungen üblich sind, die das Ansteigen der eigenen Lebenshaltungskosten (und Ausgaben für Dienstlei-

stungen ausgleichen). Natürlich ist Mut verlangt, wenig liquide Investments wie Private Equity oder Innovationskapital zu wählen. Damit wird die Investition zum Teil irreversibel, und der Investor muss sich festlegen. Die Liquidität bei Wertpapieren erlaubt hingegen, Pläne und Vorhaben zu revidieren. Doch auch die Liquidität kostet etwas.

6.2 Ebene der Einzelanlagen

Nachdem die Vermögensallokation erarbeitet und der Anlagevorschlag auf der Ebene der Anlageklassen vom Kunden akzeptiert wurde, wurde, stellt sich die Frage nach den Wegen für die weitere Umsetzung.

Wenn das Vermögen nicht hoch ist, empfehlen sich Strategiefonds, die für jeden der fünf Anlagemixe — Sicherheit, Konservativ, Ausgewogen, Wachstum, Dynamisch — angeboten werden. Die Strategiefonds erlauben einfachste Einlagen und Entnahmen und wahren nach jedem Kauf von Anteilen oder nach jeder Rückgabe von Fondsanteilen die gewählten Gewichte der Anlageklassen. Die Risikostufe bleibt erhalten.

Bei Vermögen mittlerer Höhe empfiehlt sich, jede der drei Klassen Cash, Bonds, Aktien entweder durch einen einzelnen Fonds, einen Exchange Traded Fund (ETF) oder durch einen Indexfund darzustellen. Eventuell werden für jede Anlageklasse zwei oder sogar drei dieser Fonds gewählt, so dass unterschiedliche Fondsmanager verglichen werden können.

Allerdings muss bei Neuanlagen ebenso wie bei Entnahmen überlegt werden, ob sie eher den Bestand an Cash, Bonds oder Aktien verändern sollen. Eventuell verändert sich durch diese Transaktionen die Risikostufe. Doch ohnehin muss dann und wann darauf geachtet werden, die gewünschte Vermögensallokation wieder herzustellen.

> Etwa nach einem sehr guten Aktienjahr müssen Aktien verkauft werden und mit dem Erlös werden Bonds gekauft. Nach einem schlechten Aktienjahr werden Aktien zugekauft. Diese Vorgehensweise heißt **Rebalancing.**[2]

Vermögensallokation und Portfolioselektion

Bei einem sehr hohen Vermögen können Einzeltitel gekauft werden, ohne dass die Diversifikation leiden müsste. Viele Personen mischen verschiedene Arten der Umsetzung. Beispielsweise decken sie den heimischen Aktienmarkt durch den Kauf einzelner Aktien ab und wählen für aus-

[2] 1. ANDRÉ F. PEROLD and WILLIAM F. SHARPE: Dynamic Strategies for Asset Allocation. Financial Analysts Journal, Vol. 51 (Jan-Feb 1995), No. 1. 2. WILLIAM J. BERNSTEIN: Diversification, Rebalancing, and the geometric mean frontier. Arbeitspaper 1996. 3. Wilkinson SETH J. MASTERS: Rebalancing. *Journal of Portfolio Management*, Spring 2003, pp 52-57. 4. TAYLOR LARIMORE, MEL LINDAUER, MICHAEL LEBOEUF: *The Bogleheads' Guide to Investing.* Wiley 2006. pp. 199–209

ländische Aktienmärkte Fonds. Ebenso könnten sie Bonds vor allem durch einzelne Staatsanleihen und Pfandbriefe abdecken, ergänzt um Fonds für Fremdwährungsanleihen und Unternehmensanleihen. Bei der Auswahl und Gewichtung einzelner Titel leiten zwei Prinzipien.

Erstens kommt es auf bestmögliche Diversifikation an. Beispielsweise werden für die Assetklasse der Aktien Unternehmungen verschiedener Branchen oder verschiedener Wirtschaftsräume berücksichtigt. Oder, weil noch Unsicherheit hinsichtlich der Konjunktur besteht, werden nicht nur Zykliker gekauft, sondern auch Value und Growth Stocks.

Zweitens können auf der Ebene der Einzelanlagen auch die Empfehlungen der Finanzanalyse berücksichtigt werden, denn die Berichte der Analysten, Kaufempfehlungen und Kursziele beziehen sich auf einzelne Wertpapiere. Taktische Bevorzugungen einzelner Anleihen oder einzelner Aktien können so in die Auswahl und Gewichtung der Einzeltitel einfließen. Diese Ebene ist die der **Portfolioselektion**.

> Die Gesamtaufgabe der Geldanlage wird demnach in zwei Teilaufgaben zerlegt.
>
> 1. Eine Aufgabe ist die Bestimmung der Vermögensallokation.
>
> 2. Wenn die Gewichte der Assetklassen festgelegt sind, wird für jede Assetklasse entschieden, welche der in ihr gruppierten Einzeltitel zu wählen und wie stark die Gewichtung sein sollte. Das ist Aufgabe des Portfoliomanagements.
>
> Diese beiden Aufgaben werden auf unterschiedlichen Ebenen angegangen, die der Assetklassen und die der Einzeltitel. Die Ebenen werden nacheinander oder in Iterationen durchlaufen, um eine Simultanbetrachtung von Assetklassen und von Einzeltiteln anzustreben.

Top-Down und Bottom-Up

Für die Umsetzung wird oftmals von der (oberen) Ebene der Vermögensallokation auf die (untere) Ebene der Portfolioselektion gegangen (**Top-Down** im Jargon). Doch der umgekehrte Weg (**Bottom-Up**) ist ebenso möglich.

> Bei Wahl der Vorgehensweise **Top-Down** wird erst die Vermögensallokation (aufgrund des individuellen Profils und der grundlegenden Eigenschaften der Assetklassen) festgelegt. Danach wird für jede Assetklasse festgelegt, welche der ihr zugehörenden Einzeltitel gekauft werden sollen.
>
> Bei der Richtung **Bottom-Up** steht am Anfang eine Liste der Titel, die Finanzanalyse und Research für den Kauf empfehlen. Oder der Investor hat aus eigenen Überlegungen eine Liste mit Einzeltiteln zusammengestellt, die er berücksichtigen möchte. Danach werden die ausgewählten Einzeltitel so gewichtet, dass die dadurch entstehende Vermögensallokation mit dem Kundenprofil harmoniert.

Sowohl Top-Down als auch Bottom-Up führen durch die beiden Ebenen, nur eben in anderer Reihenfolge.

In der Praxis wird Top-Down als *systematischer* angesehen. Allerdings widmen viele Personen, nachdem sie die Aufgabe bewältigt haben, ihr Profil aufzustellen und auf dieser Basis die Vermögensallokation zu bestimmen, nicht mehr die wünschenswerte Aufmerksamkeit für die Titelwahl und die Diversifikation im Portfolio. Oftmals delegieren sie diese Funktionen dann, indem sie für jede Assetklasse einen gut diversifizierten Anlagefonds oder einen ETF wählen.

Bottom-Up ist *intuitiver*. Bottom Up kommt unserer Denkweise entgegen, mit konkreten Titeln und Kaufempfehlungen zu beginnen und von dort aus zu abstrakteren Konzepten zu gelangen, wie dem der Vermögensallokation. Beim Bottom-Up besteht allerdings die Gefahr, dass immer wieder die augenblicklich versprechenden Einzeltitel dem Portfolio zugefügt werden. So entsteht Patchwork. Das Portfolio geht alsbald an der Vermögensallokation vorbei, die zum Profil passt.

Simultanbetrachtung durch Iterationen

Sowohl bei Top-Down als auch bei Bottom-Up kommen weitere Gesichtspunkte hinzu. So liefern Finanzanalyse und Research nicht nur Kauflisten und Empfehlungen auf der Ebene der Einzeltitel. Und meist gibt das Investment Research Empfehlungen dahingehend, dass von der aufgrund von Risikotoleranz und Risikofähigkeit passenden Vermögensallokation etwas abgewichen werden sollte. Dadurch können die Erkenntnisse zur augenblicklichen Marktsituation einfließen.

Im Research wird die volkswirtschaftliche und geldpolitische Konstellationen untersucht, und auch im Vergleich der Länder und Währungsräume ergeben sich Empfehlungen, gewisse Assetklassen über- oder unterzugewichten. Wenn beispielsweise ein Zinsanstieg vermutet wird, weil sich die Konjunktur verbessert, dann könnte daran gedacht werden, die Assetklasse der Anleihen leicht unter zu bewerten.

Viele Personen erweitern deshalb einen einzigen Durchgang Top-Down oder einen einzigen Weg Bottom-Up zu mehreren Iterationen: Sie gehen in den beiden Entscheidungsebenen von unten nach oben, dann von oben nach unten, und wieder von unten nach oben. Stets dabei adjustierend, um so nach einigen Schritten eine Vermögensallokation und ein Portfolios zu haben, die ihren Anlagezielen entspricht und gleichzeitig durch Einzeltitel verwirklicht wird, die auf Kauflisten erscheinen. Bei allem wird zudem in beiden Ebenen auf bestmögliche Diversifikation geachtet. Die Unterscheidung der beiden Ebenen empfiehlt sich, weil zahlreiche Einflussfaktoren wirken, wobei einige nur auf der Ebene der Vermögensallokation, andere nur auf der Ebene des Portfoliomanagements hineinspielen.

Fazit:

1. Die Vermögensallokation hängt vom **Profil** der Person ab (**Risikotoleranz** und **Risikofähigkeit**). In die Vermögensallokation hinein spielt auch die momentane Einschätzung der Attraktivität der Assetklassen aufgrund des volkswirtschaftlichen Research.

2. Das Portfoliomanagement berücksichtigt vor allem die Diversifikationsmöglichkeiten zwischen den verschiedenen Einzelanlagen. In das Portfoliomanagement hinein spielen sodann die Finanzanalyse der einzelnen Titel, Kursziele und Empfehlungslisten. Durchaus darf gesagt werden: Die Vermögensallokation hängt von strategischen Überlegungen ab, während das Portfoliomanagement taktische Aspekte berücksichtigt.

3. **Insgesamt ist das Geld einer Person gut und richtig angelegt, wenn die Vermögensallokation auf das Profil (Risikotoleranz und Risikofähigkeit) der Person zugeschnitten ist,** und wenn das Portfoliomanagement diese Vorgabe hinsichtlich Diversifikation und Berücksichtigung von taktischen Aspekten und Empfehlungen umsetzt.

6.3 Fragen zur Lernkontrolle

1. Versuchen Sie, den Ansatz von MARKOWITZ mit wenigen Worten zu beschreiben.

2. a) Was wird im Risk-Return-Diagramm dargestellt? c) Ist ein reines Bondportfolio effizient? [siehe Abschnitt 6.1 und Darstellung 6-2 beziehungsweise Darstellung 6-3]

3. Vergleichen Sie die Darstellungen 6-2 und 6-3. Welche Wirkung hat die Besteuerung der Kapitalerträge sowie die Kosten der Vermögensverwaltung auf die fünf Strategiefonds Einkommen, Konservativ, Ausgewogen, Wachstum, Dynamisch? [Bei der Vermögensallokation gibt es keine großen Änderungen, doch nehmen Besteuerung und Gebühren zwischen 2% und 3% an Return weg, siehe Abschnitt 6.1]

4. Nennen Sie sechs Möglichkeiten, mit denen ein Investor den Return (nach Steuern und nach Verwaltungskosten) erhöhen kann. [Abschnitt 6.1, letzter Unterabschnitt]

5. Was ist Rebalancing? [siehe 6.2]

6. Was wird bei der Vermögensallokation und beim Portfoliomanagement unter *Top-Down* und was unter *Bottom-Up* verstanden? [siehe 6.2]

7. Professor ROBERT F STAMBAUGH (Wharton) hat einen Optimizer im Internet zur Verfügung gestellt. Die Seite kann über die Eingabe „Stambaugh Portfolio" in eine Suchmaschine leicht gefunden werden. a) Gehen Sie 3 Assets aus und geben Sie als Daten die ein, die in diesem Buch für Cash, Bonds und Aktien verwendet werden: Cash = Asset 1: Mean = 0.01, Std Dev = 0. Bonds = Asset 2: Mean = 0.05, Std Dev = 0.06. Aktien = Asset 3: Mean = 0.10, Std Dev = 0.20 . Der Koeffizient der Korrelation zwischen Asset 2 und 3 ist 0.2, die anderen Korrelationen sind 0. Als Anfangsgewichte geben Sie zum Beispiel 0, 0.8 und 0.2 ein – diese ist unkritisch. Bei der *Objective Function* geben Sie als Koeffizient der Risikoaversion 12 ein und initieren: *Compute the portfolio that maximizes the objective function.* Fragen a) Welche Zusammensetzung hat das Portfolio? Ist es in Darstellung 6-1 positio-

niert? [a) Zusammensetzung (gerundet) 3% Cash (Asset 1), 83% Bonds (Asset 2), 14% Aktien (Asset 3) mit Return = 5,6% und Risk = 6,2%. b) Ja, auf der Effizienzkurve ein wenig rechts oberhalb des Portfolios B]

8. Das vierte Lernziel war, wichtige Ansätze und Vorgehensweisen zu verstehen. Erläutern Sie kurz, welche Argumente für Top-Down und welche für Bottom-Up sprechen!

9. Das fünfte Lernziele war, Namen von Personen und Einrichtungen sowie Produktbezeichnungen und Begriffe in ein Gespräch einfließen lassen können. Welche Leistungen werden mit dem Namen MARKOWITZ verbunden? [HARRY MARKOWITZ hat vorgeführt, wie Diversifikation mathematisch untersucht werden kann]

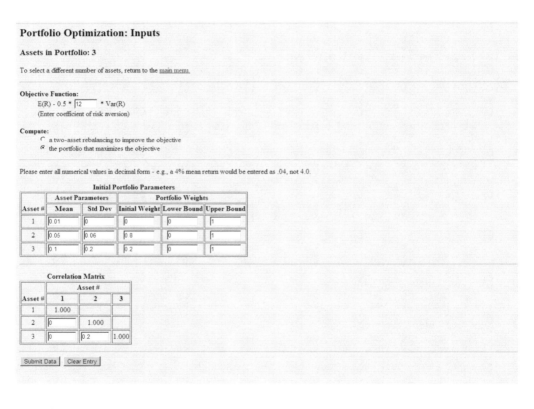

Darstellung 6-6: Ausdruck des Arbeitsblattes im Optimizer von R. F. STAMBAUGH mit den Daten von Frage 4.

II Finanzplanung

7 Vermögensaufbau

Wie sieht ein typischer Ansparvorgang aus? Welches Deckungskapital muss erreicht werden?

Dieses erste Kapitel des Teils II über Finanzplanung befasst sich mit dem Sparen und dem Vermögensaufbau. Drei Fragen: 1. Wie viel sollte jemand sparen? 2. Welches Vermögen kommt im Verlauf von 30 Jahren zusammen? 3. Kann man von dem akkumulierten Kapital leben? Diese Fragen stellen die drei Hauptthemen dieses Kapitels 7. Gleichzeitig bereitet es auf die Lebenszyklus-Hypothese (LZH) vor, die im Folgekapitel 8 eingehender behandelt wird.

Auch diesmal werden fünf Lernziele gesetzt: 1. Erklären können, weshalb das während des Arbeitslebens akkumulierte Vermögen ungefähr das 15-fache des letzten verfügbaren Einkommens erreichen sollte. 2. Verstehen, warum dazu eine Sparquote von etwa 25% verlangt wird. 3. Die *Stanley-Danko-Formel* kennen lernen und anwenden können. 4. Die Ansätze und Vorgehensweisen dieses Kapitels ausbauen und weiterführen können. 5. Fähig werden, Namen von Personen und Begriffe in ein Kundengespräch einfließen zu lassen.

7.1 Konsum ohne Schwankungen

Konsumieren oder Sparen?

Viele Menschen haben Arbeitseinkünfte und können während des Arbeitslebens immer einen Teil ihres Lohnes „auf die Seite legen". Dieser Einkommensteil wird nicht sofort für den Lebensunterhalt ausgegeben oder konsumiert, sondern gespart. Bei guter Anlage und Verwaltung der Mittel stehen dann später Mittel für (zusätzlichen) Konsum und andere Ausgaben – Geschenke, Spenden und Wohltätigkeit – zur Verfügung. **Sparen ist momentaner Konsumverzicht und bedeutet Aufschub der Konsumausgaben.** Die Entscheidung, wie viel gespart werden sollte, stellt sich nicht nur bei Arbeitseinkommen, sondern bei allen Arten von Einkünften. Auch bei Erträgen aus Vermögen, oder wenn die Person eine Schenkung erhält oder eine Erbschaft macht, stellt sich die Frage, welcher Teil gespart werden kann und soll. Der andere Teil wird für den Lebensunterhalt und andere Ausgaben verwendet. Selbstverständlich bezieht sich diese Entscheidung nicht auf Brutto-Einkünfte, sondern auf Netto-Einkünfte, die nach Besteuerung (und nach Erfüllung eventueller finanzieller Verpflichtungen wie Transfers an Dritte) verbleiben.

Vor der Entscheidung, wie das Gesparte angelegt werden soll, steht die Entscheidung, **wie hoch** der Teil des Einkommens eines Jahres sein sollte oder kann, der gespart wird.

Die Wahl zwischen Konsum heute und Sparen (Konsum- und Ausgabemöglichkeiten morgen) fällt nicht immer leicht. Deshalb unterwerfen sich die Menschen freiwillig gewissen Zwängen, um nicht jedesmal von Neuem die Entscheidung zwischen Sparen und Konsum treffen zu müssen (Selbstbindung). Ähnlich wirken gesetzliche Vorschriften, die zu Sparleistungen zwingen.

In der Folge von Gesetzen und von Selbstbindung wird der Entscheidung, wie hoch der zu sparende Teil der Einkünfte sein soll, oft keine große Aufmerksamkeit mehr geschenkt. Doch die Entscheidung ist wichtig, um den maximalen Lebensnutzen zu erreichen.

Zunächst erklären Ökonomen, dass unser **Nutzen vom tatsächlichen Konsum** bestimmt wird, den wir über die Jahre hinweg tätigen. Geld „auf der Seite" zu haben ist nicht direkt nützlich, auch wenn es Freude stiftet, unabhängig macht und Freiheit gibt. In den ökonomischen Modellen sind es allein die getätigten Konsumausgaben (einschließlich Spenden, Geschenke, Wohltätigkeit), die Wohlgefühl und Nutzen bringen. Geldanlagen und Vermögen sind nur indirekt nützlich, insofern als der später mit finanziellen Mitteln ermöglichte Konsum Nutzen stiftet. Die Sicht der Ökonomie lautet: Wenn das Sparschwein *nie* geschlachtet wird, bringt es keinen Nutzen. Weiter unterstellen Ökonomen, dass wir alle **ungeduldig** sind – offensichtlich beobachten sie überwiegend Kinder. Folglich ist für uns Menschen späterer Konsum nicht so nützlich, macht nicht so glücklich oder zufrieden, wie der Konsum im Augenblick.[1]

Warum sich Sparen lohnt

Durch die Ungeduld werden momentane Konsumausgaben stark gewichtet. Dennoch würde es nicht den Gesamtnutzen anheben, wenn alles verfügbare sofort verbraucht würde. Denn dann wären in Zukunft nur wenige Finanzmittel vorhanden, und der Konsum wäre so gering, dass der spätere Nutzen äußerst gering wäre. Im richtigen Umfang erhöht Sparen den über das **Leben gesehenen Gesamtnutzen der Person**, den **Lebensnutzen**. Diese Feststellung wird durch vier Argumente unterstrichen:

- Erstes Argument: **Rendite**. Die gesparten Gelder können rentabel angelegt werden. Der momentane Konsumverzicht öffnet daher höhere Konsummöglichkeiten in der Zukunft.

- Zweites Argument: **Lebenszyklus**. Menschen schätzen über die Jahre hinweg stabile Konsummöglichkeiten (das wird bei Behandlung der LZH im nächsten Kapitel formal gezeigt). Den höchsten Lebensnutzen haben Menschen, wenn die Konsumausgaben nicht schwanken, sondern sich verstetigt und gleichmäßig verändern.

---

[1] SHANE FREDERICK, GEORGE LOEWENSTEIN und TED O'DONOGHUE: Time Discounting and Time Preference: A Critical Review. *Journal of Economic Literature* 40 (2002) 2, 351-401.

- Drittes Argument: **Lebensereignisse**. Ein Teil unserer Geldanlage dient als Notgroschen, als Reserve. Immer wieder kommen unvorhergesehen Ereignisse. Bei Einkommensausfall aufgrund abträglicher Lebensereignisse wie Krankheit und Unfall helfen Versicherungen, doch viele externe Hilfen haben nach oben begrenzte Leistungen und die Leistungen werden erst nach einiger Zeit ausbezahlt. Ohne Gelder im Rückhalt zu haben, würden Konsummöglichkeiten unsicher und stark schwanken.

- Viertes Argument: **Verfügungsmacht**. Geld verschafft Freiheit und Verfügungsmacht. Über finanzielle Mittel jederzeit bestimmen zu können, gibt Unabhängigkeit und Freiheit. Wir können Pläne schmieden, uns neue Lebensziele setzen, Einfluss nehmen, Kinder und andere Menschen materiell unterstützen, wohltätig werden. Wir müssen nicht auf Preise achten und können einer Passion nachgehen. Verfügbare Mittel geben Handlungsfreiraum und verschaffen Ansehen und Achtung.[2]

Aus diesen vier und eventuellen weiteren Argumenten erhöht das Sparen, sofern es im richtigen Umfang vorgenommen wird, das Wohlsein über das Leben insgesamt trotz Ungeduld.

> Verschiedene Studien zum Lebenszyklus belegen die Aussage: Für den auf das Leben bezogenen Gesamtnutzen sollten die Konsumausgaben wenig schwanken. Sie sollten voraussehbar und konstant sein und (für die meisten Menschen) einen leicht wachsenden Trend aufweisen, damit die Person nicht gegenüber der Allgemeinheit zurückfällt. Diese Grundaussage der Lebenszyklus-Hypothese (LZH) wird im Folgekapitel genauer dargestellt. Pioniere der Lebenszyklus-Hypothese sind: FRANCO MODIGLIANI (1918-2003), JAMES DUESENBERRY (1918-2005), MILTON FRIEDMAN (1912-2006, Nobelpreis 1976), SIMON KUZNETS (1901-1985, Nobelpreis 1971), RICHARD BRUMBERG und ALBERT ANDO (1929-2002).

Oft wird gesagt, im Alter hätten Konsumausgaben keinen hohen Nutzen mehr. Gemeint ist der Kauf von Produkten und tatsächlich äußern viele Menschen im Alter, dass sie „schon alles hätten". Doch in der formulierten Allgemeinheit ist die Aussage aus zwei Gründen falsch: (1) Im Alter werden überwiegend Dienstleistungen bezogen. Der Konsum verschiebt sich vom Kauf von Produkten hin zu Ausgaben für Unterstützung und Pflege. (2) Konsumausgaben betreffen nicht einzig den Kauf von Produkten und von Diensten. Auch Spenden, Geschenke und Zuwendungen, die altere Menschen gern machen, fallen unter den Begriff der Konsumausgaben.

Sparen ermöglicht den optimalerweise gleichmäßigen Konsum. Allerdings müssen die Beträge oder die Anteile der Einkünfte, die gespart werden, der Höhe nach so bemessen werden, dass sie auf dieses Optimum führen. Wer stets weniger als den optimalen Teil der Einkünfte spart, hat einen geringeren Lebensnutzen, weil der Lebensstandard später nicht gehalten werden kann. Zu wenig zu sparen (und anzulegen) werden wir Menschen später definitiv bereuen. Doch wer immer nur knausert, hat später einmal keine Erinnerungen an schöne Stunden, die mit Konsum verbunden sein können. Der Geizhals ist reich, doch unglücklich. Wo liegt die richtige Mitte?

---

[2] ERICH KITZMÜLLER und HERWIG BÜCHELE: *Das Geld als Zauberstab und die Macht der internationalen Finanzmärkte*. 2. Auflage, Lit Verlag, Wien 2005.

Leben wir in der Zukunft oder in der Vergangenheit?

Nicht alle Menschen sind hinsichtlich ihrer *persönlichen* Ungeduld gleich.

- Wohl die meisten Menschen haben Vorfreude auf die Zukunft. Sie können in der Gegenwart durchaus auf etwas verzichten. Diese Menschen haben geringe Ungeduld. Sie sparen viel. Aufgrund hoher Sparleistungen sollten (bei guter Anlage) die Konsumausgaben im Verlauf der Jahre steigen können.

- Einige Personen ziehen aus der Gegenwart hohen Nutzen. Zukünftiger Konsum liegt für sie in weiter Ferne. Die Nutzen des Konsums in zukünftigen Jahren werden stark diskontiert. Diese Personen sparen weniger und haben so in späteren Jahren weniger Mittel. Der Lebensnutzen wird maximiert, wenn die Konsumausgaben in frühen Lebensjahren eher hoch sind, auch wenn sie daher im Verlauf der Jahre sinken. Die genannten Personen finden diese Verteilung des Konsums über das Leben hinweg gut. Später schwelgen die Personen mit hoher Ungeduld in Erinnerungen und denken an ihre glorreiche Vergangenheit zurück.

In beiden Fällen sollten die Konsumausgaben gleichmäßig sein und keinen Schwankungen unterliegen. Um Menschen mit kleiner Ungeduld von jenen mit großer Ungeduld zu unterschieden, bieten sich Fragen an. Etwa: a) Lieben Sie den Blick voraus und können die Vorfreude genießen? b) Oder lieben Sie den Blick zurück und können in Erinnerungen schwelgen? Die **Ungeduld** oder **Zeitpräferenzrate** einer Person ist die Rate, mit der zukünftiger Nutzen diskontiert wird.

> Der Philosoph und Anhänger der österreichischen Schule der Nationalökonomie LUDWIG VON MISES (1881–1973) hat die Ungeduld oder Zeitpräferenz in ihrem Einfluss auf das menschliche Handeln erkannt.

Eine formale Definition der Ungeduld wird im Grundmodell der Lebenszyklus-Hypothese gegeben. Die Stärke der Ungeduld (Rate für die Diskontierung zukünftigen Nutzens) wird durch einen Parameter ω (Omega) ausgedrückt.

- Ist Omega kleiner als die Rendite an den Finanzmärkten, dann findet es die Person optimal, reichlich zu sparen und somit einen steigenden Strom von Ausgaben für Konsum zu verwirklichen. Personen mit geringer Ungeduld leben in der Zukunft.

- Ist Omega größer als die Kapitalmarktrendite, dann findet es die Person optimal, wenig zu sparen. Sie verwirklicht dann mit der Zeit fallende Ausgaben für den Konsum. Zukünftiger Nutzen wird ohnehin stark diskontiert und zählt nicht so viel. Personen mit großer Ungeduld leben eher in der Gegenwart, die schnell zu Vergangenheit wird.

Um maximalen Lebensnutzens zu erreichen, ist es am besten, wenn die Person über die Lebensjahre hinweg relativ stabile Ausgaben für Konsum tätigen kann. Für maximalen Lebensnutzen ist abträglich, wenn in einem Jahr soviel Geld da ist, dass es noch für einige Dinge ausgegeben wird, die keinen großen Zusatznutzen verschaffen. Denn der Nutzenentgang in späteren Jahren schmerzt, weil das Geld dann nicht reicht.

Gleichmäßige Konsummöglichkeiten sind optimal. Die Höhe der verbrauchbaren Mittel soll (bei Menschen, die nicht so stark ungeduldig sind) im Verlauf der Lebensjahre leicht ansteigen. Bei stark ungeduldigen Menschen bleibt der Konsum optimalerweise konstant oder geht sogar mit den Jahren zurück.

7.2 Wie viel sparen?

Vier Lebensphasen

Aufgrund der vier Argumente (Rendite, Lebenszyklus, Lebensereignisse, Verfügungsmacht) wäre es das beste, mit dem Sparen und mit der Geldanlage möglichst früh zu beginnen. Hänschen und nicht erst Hans sollte lernen, wie gespart und angelegt wird. Allerdings ist in den frühen Lebensabschnitten unser Arbeitseinkommen typischerweise noch nicht so hoch. Die erbrachten Sparleistungen werden Jahrzehnte später im Rückblick als recht mager erscheinen (und nur noch den Kommentar wie „besser als gar nichts" entlocken). Noch dazu beginnen junge Leute mit dem Sparen in einer Lebensphase, in der die Ausgaben für die Gründung von Hausstand und Familie sich kaum ohne Nutzeneinbussen verringern lassen. Also: Zwar wäre es gut, mit dem Sparen früh zu beginnen, doch dann würde es besonders schwer fallen, substantielle Beträge auf die Seite zu legen. Das ist ein Dilemma.

Gleichwohl empfiehlt sich, mit dem Sparen früh zu beginnen, auch wenn die Beträge (aus späterer Sicht) klein sind und der Konsumverzicht schwer fällt. Und zwar vor allem wegen eines Nebeneffektes: Durch frühes Sparen lernen die jungen Leute über die Geldanlage, die dafür stehenden Anlageformen, die staatlichen Vorsorgeprogramme und über die steuerlichen Gegebenheiten. Früher Sparbeginn, selbst wenn die Beträge noch gering sind, zahlt sich durch diese **Lerneffekte** aus. Sparleistungen in wesentlicher Höhe sind erst in folgenden Lebensabschnitten möglich.

Zu Einkommen und Sparmöglichkeiten sollen vier Abschnitte unterschieden werden:

- Phase vom Lebensalter 20 bis 35 Jahre: In früheren Lebensabschnitten (Berufsfindung, Familiengründung, Kindererziehung) bestehen Unsicherheiten. Hohe Belastungen und das noch geringe Einkommen zu Beginn der beruflichen Laufbahn begrenzen das Sparen. Substantielle Sparleistungen und eine Reduktion der laufenden Ausgaben führen vom langfristig optimalen Konsumpfad weg. Deshalb ist in früheren Lebensabschnitten der Prozentsatz des Einkommens, der optimalerweise gespart wird, gering. Es ist nicht zu verwerfen, wenn Anschaffungen wie etwa die eines Autos oder die einer Eigentumswohnung kreditfinanziert werden. Besonders in den USA ist es (mehr noch als in Europa) sozial akzeptiert, wenn die jungen Leute ihr eigenes Leben mit **Krediten** beginnen.

- Phase 35 bis 50 Jahre. Die berufliche Laufbahn führt zu Erfolgen und das Einkommen steigt. In dieser Phase muss der Grundstock des Vermögens und der Ansprüche gegen Rentensystem und andere Institutionen (Lebensversicherungen) gelegt sein und ausgebaut werden. Da das Arbeitseinkommen über die besonders aktiven beruflichen Jahre hinweg ansteigt, kann der zu sparende Anteil an den Arbeitseinkünften konstant gehalten werden. In diesem Lebensabschnitt wird diese **langfristige Sparquote** durchgehalten.

- Phase 50 bis 65 Jahre. Auch wenn die Person beruflich tätig bleibt, sind die großen Karriereschritte vorbei. Das berufliche Einkommen steigt kaum weiter oder es sinkt sogar, weil Quellen für Zusatzeinkünfte (weitere Ämter und Tätigkeiten) versiegen. Allerdings sind „die Kinder außer Haus": Mehr und mehr nehmen die Verpflichtungen ab. In dieser dritten Phase kann und muss der vom (geringer werdenden) Arbeitseinkommen gesparte Prozentsatz gegenüber der langfristigen **Sparquote eher noch erhöht** werden. Besondere Vermögenszuwächse, Erfolgsbeteiligungen oder Erbschaften, werden angelegt.

- Phase 65 bis 80 Jahre. Eine besondere Abweichung von der langfristigen Sparquote besteht im Ruhestand. Wer in späten Lebensjahren kein Arbeitseinkommen und vielleicht nur eine geringere Rente bezieht, der sollte (um den Lebensnutzen zu maximieren) *nicht* weiter sparen. Im Gegenteil: **Entsparen** ist angezeigt. Ein Teil des Konsums oder die gesamten Ausgaben in den späten Lebensabschnitten werden durch Verbrauch der zuvor ersparten und angelegten Mittel ermöglicht. Viele Personen sind nicht gewohnt, Vermögen aufzubrauchen. Sie benötigen Hilfe, die Ausgabemöglichkeiten zu finden, die ihnen dann wirklich Nutzen bringen.

Zusammenfassung:

1. Phase: Geringe Sparleistungen erlauben, über Geldanlage und Investments zu lernen.

2. Phase: Durchhalten der optimalen langfristigen Sparquote verhilft zum Grundstock an Finanzvermögen.

3. Phase: Im Vergleich zur langfristigen Sparquote sind höhere Sparleistungen möglich.

4. Phase: Das Finanzvermögen dient dazu, den optimalerweise konstant und leicht ansteigenden Konsumstrom aufrecht zu erhalten. Es wird entspart. Sinnvolle Ausgaben sind gesucht.

Die Permanente Einkommenshypothese

Nach der Lebenszyklus-Hypothese wird eine jede Person während ihres Arbeitslebens soviel sparen und anlegen, dass sie sich nicht während des Ruhestands einschränken muss: Die Konsumausgaben und sonstiger, Nutzenstiftender Geldverbrauch sollte weitgehend konstant über das Leben bleiben.

- Die Mittel sollten mit der Zeit ansteigen, wenn die Person eine geringe Ungeduld (Zeitpräferenzrate) besitzt. Die Ausgaben sollten durchaus zurückgehen, wenn die Person eine hohe Ungeduld besitzt, tendenziell wenig spart und später bescheidener leben muss.

- Wenn ein Mensch in sehr jungen Jahren voraussieht, dass später einmal die Löhne steigen — zum Beispiel durch Karriere — dann könnte es der Fall sein, dass der optimale augenblickliche Konsum höher ist als das augenblickliche Einkommen. In diesen Fällen werden junge Menschen sich durch Kredit momentan höhere Konsumausgaben verwirklichen und den Kredit später tilgen.

Die eben skizzierten Grundideen der Lebenszyklus-Hypothese LZH werden in der von MILTON FRIEDMAN entwickelten **Permanenten Einkommenshypothese** (PEH) aufgegriffen. Die PEH postuliert, dass Personen und Haushalte laufend ihr langfristiges Einkommen schätzen (Kapitel 1). Das ist jenes Einkommen, auf welches sie „permanent" vertrauen können. Die aktuellen Konsumausgaben orientieren sich, so die PEH, am permanenten Einkommen. Deshalb würde eine Person enorme Börsengewinne in einem Jahr nicht sogleich zu Konsumzwecken verbrauchen.

Hohe Börsengewinne erhöhen das permanente Einkommen, doch eben nur etwas. Entsprechend erhöht der Anleger sein Konsumniveau, doch nur ein wenig. Auch Steuersenkungen oder Steuererhöhungen wirken sich nach der PEH aus und ändern das Niveau der Konsumausgaben, aber eben nur in geringem Umfang. Die PEH empfiehlt, neben einer auf das augenblickliche Arbeitseinkommen bezogenen Sparquote auch die auf das permanente Einkommen bezogene Konsumquote zu untersuchen.

Wie hoch ist die Sparquote?

Wie hoch ist die langfristige Sparquote, wie hoch sollte sie sein? Um sie zu bestimmen, werden Rechnungen angestellt, die praktische Situationen mit realistischen Daten für die Anlagerendite, das Lebensalter und die anderen Parameter nachbilden. Lebensversicherungen und andere Finanzdienstleister bieten solche Beispielrechnungen. Sie beruhen auf Finanzmathematik.

Allerdings werden die Rechnungen kompliziert, wenn die erzielbaren Anlagerenditen als zufällig modelliert würden. Sie können dann nicht so leicht nachvollzogen werden. Selbstverständlich sind Simulationen möglich, mit denen die Zufälligkeit von Anlagerenditen untersucht werden kann. Doch sie eignen sich weniger für ein Kundengespräch.

> Beispielrechnungen zeigen, dass während der aktiven beruflichen Laufbahn, in der zweiten Phase zwischen 35 und 50 Jahren, etwa 25% vom Arbeitseinkommen gespart werden sollten.
>
> 1. Denn dieser Satz von 25% als langfristige Sparquote ermöglicht (in den meisten Situationen) ein langfristig leicht ansteigendes Konsumniveau, bei dem die Person oder der Haushalt nicht gegenüber der Allgemeinentwicklung zurückfällt. Eine Sparquote von 15% erweist sich als zu gering, und bei 35% würde die Person im Alter sehen, dass sie doch bereits früher einen höheren Lebensstandard hätte haben können.

2. Wer an Frühpensionierung denkt, muss selbstverständlich mehr als 25% sparen. Wer bereits vermögend ist, zum Beispiel aufgrund einer Erbschaft, kann auch weniger als 25% vom Arbeitseinkommen sparen.

In Bezug auf die zuvor besprochenen vier Lebensphasen gilt: Die Sparbeiträge liegen in der ersten Phase (20 bis 35 Jahre) bedingt durch die Situation deutlich darunter und in der dritten Phase (50 bis 65 Jahre) kann mehr als 25% des dann erzielten Arbeitseinkommens gespart werden. In der vierten Lebensphase wird nicht mehr gespart sondern das Ersparte aufgebraucht.

Ohne Frage sind die genannten 25% als langfristige Sparquote eine grobe Faustformel. Dabei ist zu berücksichtigen, dass staatliche Programme uns bereits einen Teil des richtigen Umfangs von Sparen abnehmen. In diesen Fällen ist die Quote des Einkommens, die privat gespart und angelegt wird, geringer. Die genannte Sparquote von 25% bezieht sich auf die Summe von obligatorischem und freiem Sparen.

Eine Beispielrechnung

Beispiele sollen diese Feststellungen illustrieren. Zu Beginn steht eine vereinfachte Rechnung.

- Die Person möge vom Alter 31 bis zum Alter 60 intensiv sparen und möchte dann von 61 bis 90 Jahre von diesem Ersparten leben. Dazu werden die Ersparnisse, die im Alter von 31 gemacht werden, auf 30 Jahre angelegt und im Alter 61 verbraucht. Die Ersparnisse im Alter 32 werden wieder auf 30 Jahre angelegt und im Alter 62 konsumiert und so fort.

- Wenn r die auf ein Jahr bezogene Anlagerendite beschreibt, steht als Anlageergebnis für jede dieser 30 Schichten, wenn sie dann aufgelöst werden, das $(1+r)^{30} - fache$ des ursprünglichen Sparbetrags zur Verfügung.

- In einer ersten Variante dieser einfachen Betrachtung gehen wir davon aus, das Arbeitseinkommen (nach Steuern) betrage konstant über das Leben 100 Geldeinheiten (GE), und jedes Jahr werde der Anteil x gespart. Der angelegt Betrag ist also $100 \cdot x$ GE und das spätere Anlageergebnis beträgt $(1+r)^{30} \cdot 100 \cdot x$ GE.

- Die Größe x ist die Sparquote, und die richtige Sparquote soll gefunden werden.

- Die Konsumausgaben während der Jahre mit Arbeitseinkommen vom Alter 31 bis 60 haben also jeweils die Höhe $c = 100 \cdot (1-x)$ GE. Der Konsum soll auch im Ruhestand diese Höhe haben, also muss das Anlageergebnis dieser Konsumhöhe entsprechen: $c = 100 \cdot (1-x) = (1+r)^{30} \cdot 100 \cdot x$.

Dies ist eine Bestimmungsgleichung für die Sparquote. Nach x aufgelöst ergibt sich

$$(7\text{-}1) \qquad x = \frac{1}{1+(1+r)^{30}}$$

Das zuvor mit 100 GE spezifizierte Gehaltsniveau spielt bei der richtigen Sparquote keine Rolle. Doch selbstverständlich kommt es auf die Kapitalmarktrendite an. Einige Ergebnisse sind in nachstehender Tabelle angeführt.

Kapitalmarktrendite (nach Steuern und Verwaltungskosten)	0	1%	2%	3%	4%	5%	6%	7%
Sparquote	50%	42,6	35,6	29,2	23,6	18,8	14,8%	11,6%

Darstellung 7-2: Jemand spart zwischen 30 und 60 Jahren von seinem Arbeiteinkommen und lebt von dem akkumulierten Kapital zwischen 60 und 90 Jahren. Das Arbeitseinkommen hat immer dieselbe Höhe und der spätere Konsum soll so hoch sein, wie das, was zuvor vom Arbeitseinkommen abzüglich Sparleistung bleibt. Kurz: Der Konsum ist von 30 bis 90 Jahren, über das Leben hinweg konstant. Frage: Wie hoch muss die Sparquote in Abhängigkeit von der Anlagerendite sein?

Ausbau der Beispielrechnung

Dieses Modell soll um eine Stufe ausgebaut werden: Das Arbeitseinkommen möge Jahr für Jahr mit der Rate h ansteigen. Beispielsweise gibt es einen Inflationsausgleich und eine Teilhabe am allgemeinen Wirtschaftswachstum. Bei einer Rate der Teuerung von 2% und einem realen Wachstum von 1% wäre es sachgerecht, $h = 3\%$ anzunehmen.

- Mit 31 habe die Person wieder das Arbeitseinkommen (nach Steuern) in Höhe 100, mit 32 sind es $100 \cdot (1 + h) = 103$ GE, im Alter 33 sind es $100 \cdot (1 + h)^2 = 106{,}09$ GE und so fort. Im Alter 60 beträgt das dreißigste und letzte Arbeitseinkommen $100 \cdot (1 + h)^{29} = 235{,}66$ GE.

- Bei Aufrechterhalten einer konstanten Sparquote von x wird der Anteil $1 - x$ des jeweiligen Arbeitseinkommens konsumiert oder verbraucht. Diese Ausgaben für das Leben steigen also ebenso mit der Rate $h = 3\%$.

- Im Sinne der optimalerweise gleichmäßigen Fortentwicklung sollen sich auch die Ausgaben im Ruhestand mit dieser Rate weiter entwickeln. Das bedeutet: Der Konsum im letzten Arbeitsjahr (Alter 60) beträgt $100 \cdot (1 + h)^{29} \cdot (1 - x)$ GE.

- Der Konsum im ersten Jahr des Ruhestands (Alter 61) sollte die Höhe $100 \cdot (1 + h)^{30} \cdot (1 - x)$ haben. Der Konsum im zweiten Jahr des Ruhestands (Alter 62) sollte die Höhe $100 \cdot (1 + h)^{31} \cdot (1 - x)$ haben und so fort.

- Der erste Sparbetrag (Alter 30) von $100 \cdot x$ liefert nach 30 Anlagejahren das Ergebnis $(1 + r)^{30} \cdot 100 \cdot x$ und dieses muss jetzt gleich dem Konsum im ersten Jahr des Ruhestands (Alter 61) sein, also $100 \cdot (1 + h)^{30} \cdot (1 - x)$ betragen.

Anders ausgedrückt:

$$(7\text{-}2) \qquad 100 \cdot (1+h)^{30} \cdot (1-x) \;=\; (1+r)^{30} \cdot 100 \cdot x$$

Dies ist eine Bestimmungsgleichung für die Sparquote.

Kapitalmarktrendite	0	1%	2%	3%	4%	5%	6%	7%
Sparquote	70,8%	64,3%	57,3%	50%	42,8%	36%	29,7%	24,2%

Darstellung 7-3: Jemand spart zwischen 30 und 60 Jahren von seinem Arbeiteinkommen und lebt von dem ak-
kumulierten Kapital von 60 bis 90 Jahren. Das Arbeitseinkommen steigt mit 3% jährlich an, und der Konsum
steigt zwischen 30 und 90 Jahren ebenso mit dieser Rate von 3%. Wie hoch muss die Sparquote in Abhän-
gigkeit von der Anlagerendite sein?

Nach x aufgelöst ergibt sich

$$(7\text{-}3) \qquad x \;=\; \frac{1}{1+\left(\dfrac{1+r}{1+h}\right)^{30}}$$

Ebenso wir für alle anderen Jahre gerechnet, und immer ergibt sich (7-3) als Formel für die richtige Sparquote. Die Formel hat denselben Aufbau wie (7-1), nur ist anstelle der Kapitalmarktrendite nun die durch $(1+r)/(1+h)$ ausgedrückte Relation zwischen der Kapitalmarktrendite r und
der Wachstumsrate h von Lohn und Konsum einzusetzen.

Für verschiedene Kapitalmarktrenditen zeigen Berechnungen die erforderliche Sparquote. Dabei
ist $h = 3\%$ unterstellt, das heißt: Langfristig steigen die Arbeitseinkommen und der Konsum mit
3% jährlich.

Ergebnis der beiden Rechnungen

Die Rechnungen zeigen, dass die mit den angelegten Mitteln erreichbare Rendite einen Einfluss
auf jene Sparquote hat, die verlangt ist, um die Konsumausgaben in konstanter oder leicht stei-
gender Höhe aufrecht zu erhalten. Daneben hat auch die Rate einen Einfluss, mit der das Einkommen und die Ausgaben steigen.

Über 50% liegende Sparquoten wären verlangt, wenn die Dynamik der Einkommen im Alter größer sein sollte als die Kapitalmarktrendite.

Selbstverständlich kann die Formel (7-3) auch für von $h = 3\%$ verschiedene Wachstumsraten h von Lohn und Konsum durchgeführt werden. Die Rechenergebnisse nach Formel (7-3) können gut in eine Näherungsformel gebracht werden: Die Sparquote x ist ziemlich genau gleich 50% abzüglich dem Siebenfachen des Unterschied zwischen r und h:

(7-4) $x \approx 0{,}50 - 7 \cdot (r - h)$

Etwa für $h = 2\%$ und $r = 6\%$ würde $x = 50\% - 7 \cdot 4\% = 22\%$ nach (7-4) die verlangte langfristige Sparquote sein (während die finanzmathematische Formel (7-3) auf $x = 23{,}9\%$ führt).

→ Im Finanzministerium von Ruritanien soll eine Planungsrechnung zur Neugestaltung der Altersversorgung erstellt werden. Es soll ein Staatsfonds eingerichtet werden. Ein Frage ist, mit welcher langfristigen Sparquote (Arbeitnehmerbeitrag und Arbeitgeberbeitrag) gerechnet werden sollte. Als ein „junges" Land steigen die Arbeitseinkommen von Jahr zu Jahr schnell an, und bis auf weiteres wird mit $h = 7\%$ (auf einer nominalen Basis) gerechnet. Für den Sovereign Fund wird nach Verwaltungskosten mit einer Anlagerendite von langfristig $r = 9\%$ gerechnet (Steuern fallen nicht an). Nach der Formel (7-4) ist eine Sparquote von 36% erforderlich. Das Ministerium bereitet einen Gesetzesentwurf vor, nach dem der Arbeitnehmerbeitrag 18% und ebenso der Arbeitgeberbeitrag 18% betragen soll. □

Die Formel (7-4) besagt:

1. Die zuvor immer wieder als Richtgröße erkannte Sparquote von 25% ist richtig, falls der Unterschied zwischen der Kapitalmarktrendite und der auf ein Jahr bezogenen Wachstumsrate von Lohn und Konsum rund 3½ Prozentpunkte beträgt.

2. Eine Sparquote von 20% wäre hingegen nur richtig, wenn der Unterschied zwischen der Rendite und der Wachstumsrate von Lohn und Konsum 4,3 Prozentpunkt beträgt.

3. Vielleicht sind diese Konstellationen für unsere Welt nicht ganz falsch, weshalb wirklich Sparquoten zwischen 20% und 25% verlangt sind, damit der während des Erwerbsleben erreichte Lebensstandard im Alter fortgeführt werden kann.

7.3   Welches Vermögen wird so erreicht?

Das Fünfzehnfache

Wie viel Finanzvermögen wird im Verlauf der Jahre aufgebaut, wie viel sollte aufgebaut sein, wenn die Person in den Ruhestand tritt? Um eine Orientierung zu erhalten, soll die finanzmathematische Rechnung aus dem letzten Abschnitt fortgeführt werden.

- Die Person möge vom Alter 31 bis zum Alter 60 sparen und möchte anschließend von 61 bis 90 Jahre von diesem Ersparten leben.

- Ihr Erwerbseinkommen im Alter 31 betrage (nach Steuern) wiederum 100 GE. Aufgrund des Wachstums der Erwerbseinkommen mit der Rate h sind es ein Jahr später (Alter 32) $100 \cdot (1+h)$ GE, im Alter 33 sind es $100 \cdot (1+h)^2$ GE und so fort.

- Im Alter 60 bezieht die Person den dreißigsten und letzten Lohn $100 \cdot (1+h)^{29}$.

Von allen diesen Netto-Einkünften werde der Teil x gespart und mit Kapitalmarktrendite r angelegt. Wenn im Alter 61, dem ersten Jahr des Ruhestands, die erste Entnahme von dem gesparten und angelegten Vermögen getätigt wird, dann sind Anlageergebnisse wie folgt vorhanden:

- Vom allerersten Erwerbseinkommen wurde der Betrag $100 \cdot x$ gespart und dreißig Jahre angelegt, was auf das Ergebnis $100 \cdot x \cdot (1+r)^{30}$ führt.

- Vom zweiten Erwerbseinkommen in Höhe $100 \cdot (1+h)$ wurde der Betrag $100 \cdot x \cdot (1+h)$ gespart und inzwischen für 29 Jahre angelegt, was auf das Ergebnis $100 \cdot x \cdot (1+h) \cdot (1+r)^{29}$ führt.

- Vom dritten, im Alter 33 erzielten Erwerbseinkommen in Höhe von $100 \cdot (1+h)^2$ wurde seinerzeit der Betrag $100 \cdot x \cdot (1+h)^2$ gespart und ist bis dato für 28 Jahre angelegt, was auf das Ergebnis $100 \cdot x \cdot (1+h)^2 \cdot (1+r)^{30}$ führt.

- Betrachten wir noch das letzte Erwerbseinkommen (Alter 60) von $100 \cdot (1+h)^{29}$, von dem vor gerade einem Jahr der Betrag $100 \cdot x \cdot (1+h)^{29}$ gespart und angelegt wurde, was ein Anlageergebnis in Höhe von $100 \cdot x \cdot (1+h)^{29} \cdot (1+r)$ bedeutet.

Somit ist das kurz vor der ersten Entnahme im Alter von 61 akkumulierte Vermögen die Summe aller dieser dreißig Schichten. Wir klammern den gemeinsamen Faktor $100 \cdot x$ gleich aus:

$$(7\text{-}5) \quad V = 100 \cdot x \cdot \left\{ (1+r)^{30} + (1+h) \cdot (1+r)^{29} + (1+h)^2 \cdot (1+r)^{28} + ... + (1+h)^{29} \cdot (1+r) \right\}$$

Die Relation von Vermögen zu Arbeitseinkommen

Nun sei nach dem Verhältnis zwischen dem akkumulierten Vermögen V und dem letzten Arbeitseinkommen nach Steuern (es sei mit L bezeichnet) gefragt, das gerade ein Jahr zuvor bezogen wurde und $L = 100 \cdot (1+h)^{29}$ betrug:

$$\frac{V}{L} = x \cdot (1+r) \cdot \left\{ \left(\frac{1+r}{1+h}\right)^{29} + \left(\frac{1+r}{1+h}\right)^{28} + ... + \left(\frac{1+r}{1+h}\right) + 1 \right\}$$

Für die geschweifte Klammer gilt: Falls $h = r$, dann hat der Ausdruck in der geschweiften Klammer den Wert 30. Für den Fall $h \neq r$ zeigen sind einige Umformungen, dass er die Höhe

$$\left(\left(\frac{1+r}{1+h}\right)^{30} - 1\right) \Big/ \left(\frac{1+r}{1+h} - 1\right)$$

hat. Für die Relation zwischen akkumulierten Vermögen und dem letzten Netto-Einkommen gilt:

$$(7\text{-}6) \qquad \frac{V}{L} = \begin{cases} x \cdot (1+r) \cdot 30 & \textit{falls} \quad h = r \\[2em] x \cdot (1+r) \cdot \left(\left(\frac{1+r}{1+h}\right)^{30} - 1\right) \Big/ \left(\frac{1+r}{1+h} - 1\right) & \textit{falls} \quad h \neq r \end{cases}$$

Hier wird die bereits ermittelte Sparquote (7-3) eingesetzt, um die Formel weiter auszuwerten. Etwa für $h = 3\%$ und $r = 7\%$ folgt zunächst $x = 24{,}2\%$, wie in obiger Tabelle gezeigt. Dies in (7-6) eingesetzt liefert $V / L = 21{,}5$. In Worten: Die betrachtete Person hat als Vermögen das $21{,}5 - fache$ des letzten Nettolohnes aufgebaut.

Man könnte leicht für andere Konstellationen der Wachstumsrate h von Lohn und Konsum sowie der Kapitalmarktrendite r die Formeln (7-6) auswerten:

Kapitalmarktrendite	3%	4%	5%	6%	7%	8%
Wachstum 4%	15,5	15,6	15,6	15,3	14,9	14,4
Wachstum 3%	15,4	15,4	15,2	14,8	14,2	13,6
Wachstum 2%	15,3	15,0	14,6	14,1	13,4	12,8
Wachstum 1%	14,9	14,5	13,9	13,3	12,6	11,9
Wachstum 0%	14,3	13,7	13,1	12,4	11,7	11,1

Darstellung 7-4: Welches Vielfache des letzten Netto-Einkommens wird nach 30 Jahren Ansparen als Kapitaldeckung erreicht? Angaben in Abhängigkeit von der Rendite des angelegten Kapitals sowie der jährlichen Wachstumsrate von Lohn und Konsum. Die Berechnungen zeigen: Das Fünfzehnfache wird erreicht.

Eine Überschlagsrechnung

Für eine Überschlagsrechnung wird angenommen, die ökonomische Welt wäre statisch — konstantes Einkommen während der Berufstätigkeit, kein Kaufkraftverlust des Geldes (Inflation), zwar Werterhalt aber keine Verzinsung von Geldanlagen, konstante Ausgaben für Konsum über das ganze Leben.

In dieser in allen ökonomischen Größen konstant bleibenden Welt müssten die Menschen durch Sparen während der Berufsjahre den Konsum für alle Lebensjahre finanzieren. Richtig, während unserer Kindheit und Jugend haben die Eltern für unseren Konsum gesorgt, doch während unseres Lebens sorgen wir für die eigenen Kinder. Von daher klammern wir den Sachverhalt aus, dass nicht wir unseren Konsum in Kindheit und Jugend bezahlen mussten.

Insgesamt hieße dies bei 40 Arbeitsjahren und 20 Lebensjahren im Ruhestand: Während der 40 Arbeitsjahre muss soviel gespart werden, dass es für die 20 Lebensjahre im Ruhestand reicht. Bei der unterstellten Konstanz der ökonomischen Größen würde dies verlangen: 1/3 des Einkommens der 40 Arbeitsjahre muss gespart werden.

Beträgt das Arbeitseinkommen (nach Steuern) beispielsweise 90 Tausend Euro, dann werden 60 konstant Jahr für Jahr konsumiert und stehen auch während des Ruhestands zur Verfügung. Mit Eintritt in den Ruhestand beträgt das Finanzvermögen 1.200 Tausend Euro und das ist 1/3 des Lebens-Arbeitseinkommens (nach Steuern) von 3.600 Tausend Euro.

> Das Finanzvermögen bei Eintritt in den Ruhestand ist zugleich das rund 13-fache des (letzten) Jahreseinkommens aus Arbeit (denn im Beispiel zeigte sich 1200 / 90 = 13,333..). Zugleich ist das erreichte Finanzvermögen das 20-fache der (letzten) Ausgaben für Konsum (denn 1200 / 60 = 20).
>
> Dies ist nur eine Überschlagsrechnung. Aufgrund der erzielbaren Rendite kann die Sparquote, sofern sie über die vierzig Berufsjahre aufrecht erhalten bleibt, auch etwas geringer als 1/3 sein. Doch andererseits verlangt der Wunsch, mit der Gesellschaft mitzuhalten, leicht steigende Konsumausgaben, und zwar auch im Alter.
>
> Dies verlangt, dass der Multiplikator, mit dem das letzte Jahreseinkommen zu multiplizieren ist, größer als 13 ist, vergleiche Darstellung 8-4. Folglich muss auch mehr gespart werden. Wieder bezieht sich die Rechnung auf die Summe von obligatorischen und freiwilligen Sparbeiträgen. Institutionelle Rentensystem und Vorsorgewerke, einschließlich Lebensversicherungen, haben steuerliche Wirkungen. Doch letztlich ist der Multiplikator von 13 beziehungsweise für das Netto-Einkommen (beziehungsweise der Multiplikator von 20 für die Konsumausgaben) eine gute Orientierung.

In der Wirklichkeit werden die meisten Leute, wenn sie dann in den Ruhestand eintreten werden, nicht so viel Geld und so hohe Ansprüche gegen Rentensystem und Lebensversicherungen haben. Die Folge ist ein **Knick** bei den ihnen dann noch möglichen Konsumausgaben.

Die Menschen sehen die auf sie zukommende Versorgungslücke durchaus bereits in den mittleren Lebensjahren. Doch entweder können sie dann ihren Konsum nicht weiter einschränken – die Kinder leben mit den Eltern oder sind im Studium oder sie folgen der trügerischen Perspektive, im Alter hätte man weniger Geldausgaben, weil der Kauf und Verbrauch von Gütern des Alltags zurückginge.

Die meisten Menschen sehen im mittleren Lebensalter *nicht* die später einmal erwünschten und notwendigen Dienstleistungen. Sie erkennen auch nicht die Nutzengefühle und die Freude, die sie hätten, wären sie nur finanziell unabhängiger und könnten Geschenke machen oder hier und da etwas spenden.

Die Stanley-Danko-Formel

Dass die meisten Haushaltungen nicht über ein Finanzvermögen in Höhe des 13-fachen oder des 15-fachen ihres Netto-Einkommens verfügen, bestätigen zwei amerikanische Forscher: THOMAS J. STANLEY und WILLIAM D. DANKO. Die Forscher haben über 20 Jahre hinweg Tausende amerikanischer Haushaltungen untersucht. Sie wollten herausfinden, ob die wohlhabenden Personen und Familien durch Erbschaften oder durch Sparen zu ihrem Vermögen gekommen sind (*The Millionaire Next Door*, 1996).

Selbstverständlich gibt es reiche Familien, deren Wohlstand geerbt wurde und nachfolgende Generationen ebenso noch begünstigen dürfte. Aber in der Mehrzahl hängt das Finanzvermögen allein vom Sparverhalten ab — eines der Ergebnisse von STANLEY und DANKO.

Die Autoren haben auch Regeln aufgestellt, die dazu verhelfen, Vermögen aufzubauen. Sie waren bei den Interviews überrascht, dass die Millionäre bescheiden leben. So lautet ihre erste Regel: **Lebe stets unter deinen Verhältnissen.**

STANLEY und DANKO teilen die untersuchten Haushaltungen in zwei gleich große Gruppen ein. Den Haushalten der Gruppe POW (*Prodigious Accumulators of Wealth*) gelingen Sparen und Geldanlage gut, denen der Gruppe UAW (*Under Accumulators of Wealth*) haben eine nur schwache Sparleistung und nur geringen Anlageerfolg.

Die beiden Gruppen POW und UAW werden durch eine Formel getrennt, die eine mittlere Sparleistung und einen mittleren Anlageerfolg (im Sinn eines Medians) beschreibt.

Die Formel lautet: **Über das Leben hinweg ist das Finanzvermögen gleich dem Alter multipliziert mit dem aktuellen Jahreseinkommen geteilt durch 10.**

Ein dergestalt mittlerer Haushalt hätte demnach im Alter von 65 das 6,5-fache des Jahreseinkommens als Finanzvermögen. Es handelt sich indes um den Median, nicht um ein arithmetisches Mittel. Viele Haushaltungen in PAW haben aufgrund der Schiefe der Verteilung deutlich mehr als das 6,5-fache. Die **Stanley-Danko-Formel** lautet:

$$(7\text{-}7) \qquad Verm\ddot{o}gen \ = \ Jahreseinkommen \cdot \frac{Alter}{10}$$

Personen und Haushalte, die im Vergleich zu (7-7) das Doppelte oder mehr an Finanzvermögen angesammelt haben, sind **Prodigious Accumulators of Wealth** (POW). Die POW sparen viel und sind erfolgreiche Anleger.

Haushalte, die weniger als die Hälfte akkumuliert haben, sind die **Under Accumulators of Wealth** (UAW). Die UAW sparen wenig oder legen ihr Geld schlechter an.

→ 1. Lin Lao, 50, hat derzeit ein Einkommen von 80.000 Euro im Jahr. Sie hat immer viel gespart und möchte wissen, wie hoch ihr Vermögen nach der Stanley-Danko-Formel sein sollte. Nach (7-7) sollte die Summe aus Finanzvermögen und des Werts von Anwartschaften auf Altersversorgung die Höhe von 400.000 Euro betragen. Min Mao, 60, hat ein Einkommen von 50.000 Dollar und hat ein Vermögen von einer Million Dollar. Ist sie ein POW oder ein UAW? Antwort: Die Stanley-Danko-Formel würde ein mittleres Vermögen von 300.000 Dollar liefern, und da Min Mao mehr als das Doppelte hat, gilt sie als POW. □

Die Formel lädt dazu ein, die Sparquote zu errechnen, die nötig ist, um über die Jahre hinweg ein Vermögen zu haben, das der Formel entspricht. Rechnungen zeigen: Um in der Mitte zu bleiben und die Stanley-Danko-Formel in etwa einzuhalten, müssen Jahr für Jahr 20% bis 25% des Netto-Einkommens gespart und angelegt werden.

Fazit: Mit Eintritt in den Ruhestand verfügen Menschen im Median zwischen Arm und Reich vielleicht über das 6,5-fache ihres letzten Nettoeinkommens in der Form von Finanzanlagen oder als Ansprüche auf Renten und Pensionen. Das ist jedoch zu wenig, um den nutzenoptimal angelegten Konsum weiter aufrecht zu erhalten.

Etwa das Doppelte davon, also das 13-fache des letzten Netto-Einkommens sollte als Finanzvermögen und als Ansprüche auf Renten und Pensionen zur Verfügung stehen. Zahlreiche Personen haben daher eine deutliche **Versorgungslücke** im Alter. Um den auf das Gesamtleben bezogenen Nutzen zu maximieren, wären über das Arbeitsleben hinweg höhere Sparleistungen besser gewesen: Lebe stets unter Deinen Verhältnissen.

Selbstbindungen

Um trotz unserer Ungeduld eine langfristig optimale Entscheidung zwischen sofortiger Verwendung und Sparen (spätere Verwendungsmöglichkeit) zu unserem eigenen Gesamtwohl zu treffen und umzusetzen, sind für uns Menschen gewisse Hilfen, Selbstbindungen und die Bildung von Gewohnheiten angebracht.

* Immer wieder ist der Rat zu hören, sich die „schönen Dinge" des Lebens wie eine Reise oder Anschaffung bewusster zu machen und zu planen. Auf diese Weise werden Spitzen im Einkommen nicht unüberlegt ausgegeben.

* Sodann sollten wir eine positive Emotionalität zum Sparen entwickeln. So wie man sich vielleicht durch eine Spontanausgabe (gut Essen gehen) für ein hohes Sondereinkommen

belohnt, so sollte man auch einen Sparbetrag feiern, und sei es durch einen wiederholten Blick auf den Kontoauszug.

- Oder wir lassen die Gedanken schweifen und stellen uns etwas Schönes vor, das später mit den angelegten Mitteln ermöglicht werden soll.

Sicher haben Sie, liebe Leserin und lieber Leser ihr eigenes Rezept, immer die optimalen Geldbeträge auf die Seite zu legen und sich darüber zu freuen.

Die Sparbeträge werden selbstverständlich zum größten Teil nicht als Geld gehalten, sondern angelegt. Beiträge zu gesetzlichen Versorgungen werden geleistet, Immobilieneigentum wird geschaffen, Wertpapiere gekauft und Ansprüche gegenüber Lebensversicherungen begründet.

> Das Sach- und Finanzvermögen einschließlich der Anwartschaften und Rechte bilden das Vermögen der Person oder des Haushaltes (Wealth).

> Andere Faktoren, die ein Leben glücklich und zufrieden machen, wie etwa die Kenntnisse, die menschliche Reife, die soziale Einbettung in die Gesellschaft, die Möglichkeiten zu lernen und vor allem die Gesundheit bleiben bei einer auf das Materielle und den Wealth ausgerichteten Betrachtung natürlich unberücksichtigt.

> Beim Gesamtnutzen des Lebens haben die nicht-finanziellen Aspekte indessen einen großen Beitrag. Das Klima, der Freundeskreis und einige andere Faktoren beeinflussen das Wohlsein der Menschen. Das überrascht niemanden. Doch der Aufbau eines Freundeskreises verlangt Pflege über Jahre hinweg. Soziales Kapital wird ebenso wie finanzielles Kapital durch Investitionen aufgebaut. Die hohe Bedeutung der nicht-finanziellen Aspekte darf aber nicht dazu führen, dass man sich nicht mehr um die finanziellen Aspekte kümmert.

7.4 Fragen zur Lernkontrolle

1. Führen Sie den Hauptgrund dafür an, dass Konsumausgaben über die Jahre hinweg ziemlich konstant sein sollten. [Abnehmender Grenznutzen spricht für geglättete Konsumausgaben, vergleiche Abschnitt 7.1]

2. Jemand behauptet, große Ungeduld zu haben. Die Rate der Ungeduld ist größer als die Kapitalmarktrendite. Zukünftiger Konsumnutzen wird stärker diskontiert als zukünftige Zahlungen. a) Was folgt für den optimalen Konsumstrom? b) Wird die Person bei einer Bank eher Kunde im Kreditgeschäft oder Kunde im Anlagegeschäft sein? [7.1]

3. Jemand spart zwischen 30 und 60 vom Arbeitseinkommen und lebt vom Kapital von 60 bis 90 Jahren. Das Arbeitseinkommen hat immer dieselbe Höhe und der spätere Konsum soll so hoch sein, wie das, was vom Arbeitseinkommen abzüglich Sparleistung bleibt. Wie hoch muss die Sparquote sein? [Eine Kopfrechnung zeigt 50%]

4. Nach der Planung der Sparquote wird bekannt, dass der Unterschied zwischen der Kapitalmarktrendite und der auf ein Jahr bezogenen Wachstumsrate von Lohn und Konsum geringer ist als gedacht. Folglich muss die Sparquote neu berechnet werden. Ist sie nach der Modifikation kleiner oder größer? [Größer, vergleiche Formel (7-4)]

5. Jemand behauptet, mehr als das 4-fache seines Nettoeinkommens „auf der hohen Kante" zu haben. Hat die Person mehr oder weniger Vermögen als in der Formel nach STANLEY und DANKO angegeben ist? [Es kommt darauf an, ob die Person jünger oder älter ist als 40 Jahre, vergleiche Formel (7-7)]

6. Das vierte Lernziel lautet, wichtige Vorgehensweisen zu verstehen. STANLEY und DANKO beschreiben, wie Millionäre zu ihrem Vermögen gekommen sind. Vor allem nennen sie diese drei Punkte: Millionäre a) leben bescheiden, b) sparen wenigstens 20% ihrer Arbeitseinkünfte und c) geben jährlich weniger als 7% ihres Vermögens für das Leben aus. Könnten Sie aus dieser Angabe eine Information über den Unterschied zwischen der Kapitalmarktrendite und der Wachstumsrate von Lohn / Konsum ableiten? Beträgt der Unterschied 0%, 2%, 4% oder noch mehr? [Lösung: Formel (7-4) deutet auf $r = h + 4,3\%$ hin. Unterschiede zwischen r und h von 3,5% bis 4,3% sind als realistisch bezeichnet. Die Millionäre schaffen es folglich, eine hohe Anlagerendite zu erwirtschaften. Millionäre sind gute Sparer *und* gute Anleger]

7. Das fünfte Lernziel regt an, Begriffe in ein Kundengespräch einfließen lassen können. Der Begriff soll die Geduld sein. Einige Religionen setzen *Geduld* mit *Sanftmut* gleich und stellen ihr *Wut* und *Zorn* gegenüber. Zorn kann viel zerstören. Glücklicherweise sind Geduld und Sanftmut Fähigkeiten, die mit der Zeit erlernt und weiter ausgebildet werden können. Menschen berichten immer wieder, wie Übungen in Geduld, Entspannungen und Seelenfrieden ihre Lebensqualität verbessert. Mit welchen Worten oder Vergleichen könnten Sie bei einer Finanzplanung die betreffende Person dazu bewegen, etwas mehr Geduld beim Geldausgeben walten zu lassen?

8 Lebenszyklus-Hypothese

Die Lebenszyklus-Hypothese (LZH) und die Behavioristischen Lebenszyklus-Hypothese (BLZH) als Basis einer jeden Finanzplanung

Dieses Kapitel 8 befasst sich ebenso wie das Vorkapitel 7 mit dem Sparen. Die bisherigen Fragen waren: 1. Wie viel sollte jemand überhaupt sparen? Die gefundene Antwort: 25%. 2. Was kommt so zusammen? Antwort: Das 15-fache des letzten Nettoeinkommens. 3. Kann man davon dann leben? Antwort: Sofern das Kapital mit Vorsicht angelegt wird, und die Entnahmen eher nominal konstante Höhe haben, sollte es für 20 Jahre reichen.

Jetzt werden die Grundlagen zur Lebenszyklus-Hypothese (LZH) zusammengeführt. Außerdem werden Elemente der Behavioristischen Finance und insbesondere die Behavioristischen Lebenszyklus-Hypothese (BLZH) behandelt.

Fünf Lernziele: 1. Verstehen, wie der Lebensnutzen aus den in den einzelnen Lebensjahren erzielten Nutzenniveaus (Jahresnutzen) zusammensetzt ist. 2. Die Bedeutung Budgetrestriktion und das Ergebnis der LZH handhaben können. 3. Einem Kunden Modifikationen hinsichtlich der Erkenntnisse der BLZH nahe legen zu können. 4. In der Lage sein, Ansätze und Vorgehensweisen dieses Kapitels weiterzuführen. 5. Namen von Personen und Begriffe in ein Kundengespräch einfließen lassen können.

8.1 Die Lebenszykus-Hypothese

Der Gesamtnutzen

Nicht alle Menschen sind hinsichtlich ihrer *persönlichen* Ungeduld gleich. Wohl die meisten haben Vorfreude auf die Zukunft und können daher in der Gegenwart ab und zu verzichten (geringe Ungeduld). Sie sparen viel, weshalb die Konsumausgaben im Verlauf der Jahre steigen können. Doch andere Personen ziehen vor allem aus dem Konsum der Gegenwart Nutzen, weil für sie die Zukunft weit weg zu sein scheint. Sie haben eine hohe Ungeduld. Diese Personen sparen wenig und haben folglich später weniger für Konsum zur Verfügung. Dann schwelgen sie in der Erinnerung an die zurückliegenden guten Zeiten. Bei Menschen mit hoher Ungeduld wird der Lebensnutzen maximiert, wenn die Konsumausgaben anfangs hoch sind und im Verlauf der Jahre nicht noch ansteigen, sondern vielleicht sogar sinken.

Sowohl bei geringer wie bei hoher Ungeduld sollten die Konsumausgaben gleichmäßig sein und keinen Schwankungen unterliegen.

Diese Feststellungen der Lebenszyklus-Hypothese LZH kann durch ein einfaches Modell begründet werden.

- Es werden Jahre betrachtet und mit t symbolisiert: $t = 0$ ist das heutige Jahr, $t = 1$ liegt ein Jahr voraus, $t = 2$ liegt zwei Jahre in der Zukunft und so fort. Die Konsumausgaben im heutigen Jahr werden mit c_0 bezeichnet. Die geplanten Konsumausgaben in einem Jahr sind c_1, die in zwei Jahren c_2 und so weiter.

- Konsum der Höhe c_t im Jahr t spendet in jenem Jahr den **Jahresnutzen** $u(c_t)$. Eine recht häufig verwendete Nutzenfunktion ist der Logarithmus, $u(x) = \ln x$. Der Logarithmus drückt das **Gesetz des abnehmenden Grenznutzens** aus: Mehr an Konsum erhöht zwar den Nutzen, doch der Nutzenzuwachs wird geringer, wenn bereits viel konsumiert wird.

- In der Wissenschaft werden nun die einzelnen Jahresnutzen $u(c_t)$, $u(c_t)$, $u(c_t)$, ... zu einem **Lebensnutzen** zusammengefasst. Er hängt vom Konsumstrom $c_0, c_1, c_2, ...$ ab und sei mit $U(c_0, c_1, c_2, ...)$ bezeichnet.

In ökonomischen Modellen wird der Lebensnutzen wie ein Barwert bestimmt. Die zukünftigen Jahresnutzen werden mit dem Ungeduldsparameter der Person diskontiert und die Barwerte der Jahresnutzen werden addiert:

$$(8\text{-}1) \qquad U(c_0, c_1, c_2, ...) \;=\; u(c_0) + \frac{1}{1+\omega} \cdot u(c_1) + \frac{1}{(1+\omega)^2} \cdot u(c_2) + ...$$

Die **Ungeduld** wird formal durch diejenige Rate ω (Omega) charakterisiert, mit der zukünftige Jahresnutzen diskontiert werden um den Lebensnutzen zu ermitteln. Der Lebensnutzen ist die Summe der mit dem Ungeduldsparameter ω diskontierten Jahresnutzen.

Typischerweise ist der Ungeduldsparameter ω zwar positiv, jedoch individuell verschieden. Je größer der Ungeduldsparameter ω ist, desto weniger tragen zukünftige Konsum- und Verbrauchsmöglichkeiten zum Lebensnutzen bei. Personen mit einem kleinen ω schätzen zukünftigen Konsum hoch ein. Sie „leben in der Zukunft". Personen mit einem großen ω sind stark ungeduldig und „leben in der Vergangenheit".

Budgetrestriktion

Die Lebenszyklus-Hypothese besagt, dass jede Person versucht, den Lebensnutzen (8-1) zu maximieren. Dabei gibt es eine Nebenbedingung: Die Konsumausgaben $c_0, c_1, c_2, ...$ müssen mit dem Lebenseinkommen finanzierbar sein.

Das Lebenseinkommen ist das aktuelle Einkommen plus die der Barwerte der Arbeitseinkommen der zukünftigen Jahre. Der Barwert der Konsumausgaben muss gleich dem Barwert der Arbeitseinkünfte sein. Diese Bedingung wird als **Budgetrestriktion** bezeichnet.

Der Lohn im jetzigen Jahr sei mit l_0 bezeichnet, die Arbeitseinkommen der folgenden Jahre mit l_1, mit l_2 und so fort. Um den Barwert des Konsumstroms und den der Löhne zu berechnen, muss die Rendite bekannt sein, zu der Mittel angelegt und aufgenommen werden können. Das Modell verwendet r als einheitlichen Kalkulationsgröße.[1] So lautet die Budgetrestriktion:

$$(8\text{-}2) \qquad c_0 + \frac{1}{1+r} \cdot c_1 + \frac{1}{(1+r)^2} \cdot c_2 + ... \;=\; l_0 + \frac{1}{1+r} \cdot l_1 + \frac{1}{(1+r)^2} \cdot l_2 + ...$$

Links in der Gleichung steht der Barwert der Konsumausgaben, rechts der Barwert der Arbeitseinkünfte. Die Person ist sehr solide: Sie wird dereinst keine Schulden hinterlassen. Allerdings verbraucht sie ihr ganzes Lebenseinkommen für Konsumausgaben (einschließlich Geschenke oder Wohltätigkeit). Die Person wird nichts hinterlassen.

Die LZH besagt, dass Personen die Absicht haben, den Lebensnutzen (8-1) unter der Nebenbedingung (8-2) zu maximieren.

Diese Aufgabe hat für den Logarithmus als Nutzenfunktion eine einfache Lösung, die mit Schulmathematik hergeleitet werden kann. Hier die Lösung der Aufgabe: Die Konsumausgaben der einzelnen Jahre sollten sich optimalerweise mit dem Faktor $(1+r)/(1+\omega)$ über die Jahre hinweg entwickeln. Genauer, es sollte für alle Jahre gelten:

$$(8\text{-}3) \qquad c_{t+1} \;=\; \frac{1+r}{1+\omega} \cdot c_t$$

Ist der Ungeduldsparameter ω kleiner als die Kapitalmarktrendite r, dann ist der Faktor $(1+r)/(1+\omega)$ größer als 1 und die optimalerweise getätigten Konsumausgaben sollten über die Jahre hinweg ansteigen. Das ist bei vielen Menschen der Wunsch. Sie sparen viel und haben Vorfreude darauf, dass es ihnen später „besser geht".

Ist hingegen der Ungeduldsparameter ω größer als die Kapitalmarktrendite r, dann ist der Faktor $(1+r)/(1+\omega)$ kleiner als 1 und der optimale Strom von Konsumausgaben geht (von einem anfänglich hohem Niveau) mit den Jahren immer weiter zurück. Einige Menschen ziehen es vor, weniger zu sparen und jetzt zu leben. Später haben sie die Erinnerungen an die Jahre mit hohem Konsum.

---

[1] Es ist eine Rendite, mit der im Modell kalkuliert wird. Ansonsten sind für einen Privatinvestor Kredite teurer als die erzielbare Anlagerendite, mit Ausnahme von Lombardkrediten, die durch Wertpapiere gedeckt sind.

8.2   Fallbeispiele

Zwei Fallbeispiele zur Sparquote

Die (in nominale Höhe ausgedrückten) Gehälter verändern sich im Lauf der Zeit, weil die Arbeitgeber einen Ausgleich für die Verringerung der Kaufkraft des Geldes geben (Inflationsausgleich) und vielfach darüber hinaus eine Teilhabe am Produktionsfortschritt und am allgemeinen Wirtschaftswachstum gewähren.

- Geht man von einer Inflationsrate von 2% und einem realen Wirtschaftswachstum von 1% aus, so dürften die Nominallöhne jährlich mit 3% stiegen.

- Für eine konkrete Person erhöht sich der Lohn zusätzlich, wenn **Karriereschritte** erfolgen. Das ist besonders während der zweiten Lebensphase der Fall. Vielleicht zwischen 25 und 40 Jahren oder zwischen dem Alter von 35 und 50 kommt es zu diesen zusätzlichen Erhöhungen beim individuellen Einkommen.

Wie Gehaltstabellen zeigen, ist (zu praktisch jedem Zeitpunkt) das Verhältnis des Lohns der Eingangsstufe zu dem der Endstufe einer Laufbahn in vielen Bereichen 1:2. Natürlich erreichen nicht alle Menschen die Endstufe auf der Karriereleiter, doch jetzt sei eine Person betrachtet, die das in 15 Jahren schafft. Es gibt etwa fünf Stufen in einer Karriere. Alle drei Jahre komme es zu einer Beförderung. Durch die Karriere verdoppelt sich das Gehalt in 15 Jahren. Auf ein Jahr bezogen bedeutet dies eine Gehaltssteigerung um 4,73%, denn $(1+0,0473)^{15} = 2$.

Dieser Karriereeffekt überlagert die allgemeinen Gehaltssteigerungen von 3%. Das bedeutet, dass unser erfolgreicher junger Angestellter oder Beamte Jahr für Jahr mit einem um rund 8% gestiegenen Lohn (nominal) rechnen darf. In etwa bleibt die steuerliche Belastung ein gleich bleibender Prozentsatz, so dass auch das Netto-Einkommen mit 8% steige.

→ Das sei in Zahlen ausgedrückt: Im Alter von 35 habe die Person ein Netto-Jahreseinkommen von 100 (Geldeinheit GE = Tausend Euro). Im Alter 36 würde die Person ein Nettoeinkommen von 108 GE beziehen, im Alter 37 in Höhe von $100 \cdot 1,08^2$, was fast 117 GE sind, und so fort. Nun sei unterstellt, dass die Person jedes Jahr so viel spart, dass sie über die Jahre hinweg ein Vermögen hat, das der Stanley-Danko-Formel entspricht. Das heißt, dass ihr Finanzvermögen im Alter 35 (beim Einkommen von 100 GE) die Höhe 350 GE haben sollte. Im Alter 36, weil dann ihr Einkommen 108 GE beträgt, sollte es die Höhe 108·3,6 haben, also 388,8 GE betragen. Aus dem Vermögen von 350 GE sollte also in einem Jahr ein Vermögen von 388,8 GE entstehen. Dies wird durch zweierlei erreicht: 1. Das Vermögen von 350 GE wird erstens rentabel angelegt und 2. wird am Jahresende eine zusätzliche Einlage aus gespartem Lohn getätigt. Wie viel gespart werden muss, hängt von der Höhe der Rendite ab. Beträgt die Rendite beispielsweise 4%, dann steigt das Vermögen von 350 GE dadurch bis auf 364 GE und die Spareinlage müsste die Höhe von 388,8-364 = 24,8 GE haben. Beträgt die Rendite 6%, dann steigt das Vermögen von 350 bereits auf 371 und die Spareinlage müsste nur 388,8-371 = 17,8 GE betragen. □

> Bezogen auf das Einkommen von 100 GE müssen also, je nach Anlagerendite, 24,8% oder 17,8% gespart werden, um eine Vermögensentwicklung zu bewerkstelligen, die der Stanley-Danko-Formel genügt.

Die gefundenen Prozentsätze ändern sich nicht, wenn die Rechnung für die folgenden Jahre ausgeführt werden. Sie wären hingegen anders, wenn die Person keine Karrieresprünge vor sich hat. Dies zeigt das nächste Zahlenbeispiel.

➜ Der Lohn im Alter 35 sei wiederum 100 GE, doch es soll sich nun Jahr für Jahr um nominal 3% erhöhen (keine Karrieresprünge). Aufgrund der Verringerung der Kaufkraft — wir hatten dafür 2% jährlich unterstellt — steigt das Einkommen dieser Person real lediglich um 1%. Auch diese Person soll im Alter von 35 das der Stanley-Danko-Formel entsprechende Vermögen von 350 haben. Im Alter von 36, weil dann das persönliche Jahreseinkommen nach Steuern 103 GE beträgt, sollte es die Höhe 103·3,6 haben, also 370,8 GE betragen.

Aus dem Vermögen von 350 GE sollte also in einem Jahr ein Vermögen von 370,8 GE entstehen. Wie viel diese Person sparen sollte, hängt wiederum von der Rendite ab. a) Beträgt die Rendite 4%, dann steigt das Vermögen von 350 GE dadurch bis auf 364 GE und die Spareinlage müsste die Höhe von 370,8-364 = 6,8 GE haben. a) Beträgt die Rendite 6%, dann steigt das Vermögen von 350 GE bereits auf 371 GE und die Person könnte, rein rechnerisch gesehen, sogar 0,2 GE entnehmen. Allerdings stellt sich die Frage, wie die Person bis zum Alter von 35 das Vermögen von 350 GE aufgebaut hat. Wenn sie beispielsweise erst mit 25 mit dem Aufbau dieses Vermögens hat beginnen können, dann sind sicherlich in den Jahren von 25 bis 35 erhebliche Sparleistungen verlangt, um bis zum Alter von 35 das der Stanley-Danko-Formel entsprechende Vermögen erreicht zu haben. □

> Im Alltag haben viele Personen, die nur geringen Karriereschritten entgegen sehen, Mühe, ein Vermögen nach der Stanley-Danko-Formel aufzubauen. Sie können diesen Vermögensaufbau bis zum Alter 35 in aller Regel nicht schaffen. Auch für sie sind über das Arbeitsleben hinweg Sparquoten von 18% bis 25% verlangt, damit wenigstens zum Zeitpunkt des Eintritts in den Ruhestand das erforderliche Kapital angespart ist, sei es in einem Versorgungsträger oder in privater Form.

Ein Fallbeispiel zur Lebenszyklus-Hypothese

➜ Fabian Fuchs ist 50 und möchte eine Finanzberatung. Zugleich möchte er wissen, ob er über seine Verhältnisse lebt oder sich sogar etwas mehr leisten könnte. Fabian Fuchs hat nach Steuern ein Einkommen von 100 (Geldeinheit GE = Tausend Euro) handeln. Er möchte vorzeitig in den Ruhestand gehen und wird (ab kommendem Jahr gerechnet) noch 9 Arbeitseinkommen beziehen. Er erwartet weder Gehaltssteigerungen, noch einen Teuerungsausgleich. Doch sein Arbeitsplatz scheint ihm sicher.

Fabian möchte die noch erwarteten Arbeitseinkommen mit einem kalkulatorischen Satz von $h = 12\%$ auf die Gegenwart beziehen. Dieser Satz für die Diskontierung ist im Vergleich zur Kapitalmarktrendite hoch, „weil es doch immer gewisse Unwägbarkeiten" gebe, wie er meint. Der Barwert der noch kommenden Lohneinkünfte kann mithilfe des Rentenbarwertfaktors berechnet werden:

$$L = \frac{l_1}{1+h} + \frac{l_2}{(1+h)^2} + \ldots + \frac{l_9}{(1+h)^9} = \frac{100}{1{,}12} \cdot + \frac{100}{1{,}12^2} + \ldots + \frac{100}{1{,}12^2}$$

(8-4)

$$= 100 \cdot \frac{1 - \dfrac{1}{1{,}12^9}}{1{,}12 - 1} = 100 \cdot \frac{1 - 0{,}36}{0{,}12} = 100 \cdot 5{,}33.. \approx 533$$

Fabian Fuchs verfügt über ein Finanzvermögen von 500 GE, genau der Formel von Stanley-Danko entsprechend. Rentenanwartschaften und ähnliche Rechte sind gering und sollen nicht in die weiteren Überlegungen einbezogen werden.

Der Kunde möchte das optimale Konsumniveau berechnen lassen. Es soll so kalkuliert werden, dass die Konsumausgaben bis zum Alter von 80 geleistet werden. Jedenfalls möchte Fabian 30 Jahresausgaben, beginnend im kommenden Jahr, berücksichtigt wissen. Der Barwert dieser Ausgaben wird mit der Kapitalmarktrendite ermittelt. Hier wird $r = 6\%$ unterstellt.

Nun kommt es auf den individuellen Ungeduldsparameter von Fabian an. Im Beratungsgespräch wird dem Kunden klar, dass er sich am wohlsten fühle, wenn seine Konsumausgaben jedes Jahr um etwas mehr steigen würde als die Inflation. Sein Argument: Blieben die ihm möglichen Ausgaben real immer gleich, vermisse er das belebende Element des Fortschritts. Im Gespräch bildet sich heraus, dass die Ausgaben Jahr für Jahr um nominal 4% steigen sollten. Aus der Lösung im Lebenszyklusmodell, vergleiche Formel (8-3),

(8-5)
$$c_{t+1} \overset{Vorgabe}{=} 1{,}04 \cdot c_t \overset{LZH}{=} \frac{1 + 0{,}06}{1 + \omega} \cdot c_t$$

ergibt sich rechnerisch als individueller Ungeduldsparameter $\omega = 1{,}92\%$. Zur Vereinfachung wird mit $\omega = 2\%$ weitergerechnet. Damit kann der Barwert der Ausgaben so berechnet werden:

$$C = \frac{c_1}{1+r} + \frac{c_2}{(1+r)^2} + \ldots + \frac{c_{30}}{(1+r)^9} = \frac{c_0 \cdot 1{,}04}{1{,}06} + \frac{c_0 \cdot 1{,}04^2}{1{,}06^2} + \ldots + \frac{c_0 \cdot 1{,}04^{30}}{1{,}06^{30}}$$

(8-6)

$$= c_0 \cdot \frac{1 - \dfrac{1}{\left(\dfrac{1{,}06}{1{,}04}\right)^{30}}}{\dfrac{1{,}06}{1{,}04} - 1} = c_o \cdot \frac{1 - 0{,}56}{0{,}0192} = c_0 \cdot 22{,}92. \approx c_0 \cdot 23$$

Deshalb lautet die Budgetrestriktion (Barwert der Löhne + Finanzvermögen = Barwert der Ausgaben) hier:

(8-7) $533 + 500 \; = \; c_0 \cdot 23 \qquad c_0 = \dfrac{1033}{23} \; = \; 51{,}65$

Die Kundenberaterin meint: Damit ihr Lebensplan aufgeht, sollten sie, bezogen auf dieses Jahr,
ein Ausgabenniveau von 52% ihres Einkommen nach Steuern haben, nicht höher. Die kommenden neun Jahre müssen sie noch kräftig sparen. Andernfalls reicht es nicht, nach weiteren neun
Arbeitsjahren in den Vorruhestand zu gehen. Sie haben zwar Vermögen angespart, doch das nach
der Stanley-Danko-Formel bestimmte Vermögen ist nicht so hoch, dass sie ohne Einbußen ihren
gewohnten Lebensstil nachhaltig fortführen könnten. □

Fazit:

1. Um maximalen Lebensnutzens zu erreichen, ist es am besten, wenn die Person über die
   Lebensjahre hinweg gleichmäßige Ausgaben für Konsum tätigen kann. Die optimale
   Höhe der verbrauchbaren Mittel steigt im Verlauf der Lebensjahre bei geringer Ungeduld
   an, und sie bleibt bei großer Ungeduld optimalerweise konstant oder geht sogar zurück.
   In jedem Fall sollen die jährlichen Konsumausgaben keinen Schwankungen unterliegen.

2. Bis zum Alter von 50 Jahren muss die Sparquote etwa 20% des Einkommens betragen,
   in den darauf folgenden 15 Jahren wieder geringer werdenden Arbeitseinkünften sollte
   ein höherer Prozentsatz des Arbeitseinkommens gespart werden. Wo gesetzliche Vorsor-
   gesystem greifen, verstehen sich die so bestimmten Sparbeiträge als Summe der Beiträge
   zu gesetzlicher und zu privater Vorsorge und Vermögensbildung.

3. Orientierung: Einschließlich der Ansprüche an gesetzliche Rentensystem sollte eine Privatperson im Alter von 65 Jahren als Sach- und Finanzvermögen etwa das zehn, fünfzehn oder zwanzigfache der letzten Arbeitseinkünfte (nach Steuern) als Vermögen erreicht haben und dieses setzt sich zusammen aus dem Wert der Anwartschaften auf Renten und dem erreichten Wert privater Vermögensbildung.

8.3   Elemente der behavioristischen Finance

Verhaltenswissenschaft

In den Wirtschaftswissenschaften wurde stets der vernünftig handelnde und entscheidende *Homo
Sapiens* angenommen. Das Vorbild für die Menschen des Alltags sollte sein, dem Modell rationalen Entscheidens und Wirtschaftens zu folgen.

Doch schon immer wurde beobachtet, dass die Menschen sich im Alltag anders verhalten, als sie nach einer Norm oder nach einem Modell sollten. Seit den achtziger Jahren des letzten Jahrhunderts wurden vermehrt wissenschaftliche Untersuchungen durchgeführt, die das *tatsächliche* Verhalten der Menschen bei finanziellen Fragen zu beschreiben und zu erklären versuchte.[2]

> Die empirische Befunde und Entdeckungen – gemacht aufgrund von Beobachtungen, Experimenten, Befragungen, Börsenspielen und von Spielen über die Verteilung von Geld – haben sich verdichtet. Den Befunden und Entdeckungen folgten Erklärungen. Diese Erkenntnisse werden als **Verhaltensökonomik** oder **Behavioral Finance** bezeichnet und in einem eigenständigem Gebiet gelehrt.

Einige Entdeckungen sind weithin bekannt: (1) Die Menschen haben im Durchschnitt ein ungerechtfertigt hohes Selbstvertrauen in eigene Fähigkeiten (**Overconfidence**). Jedermann würde sich als einen guten Autofahrer einschätzen und an der Börse ist es nicht viel anders. (2) Weiter haben die Menschen eine sehr große **Aversion gegen Verluste**, und insbesondere gegen den Zwang, sich Verluste eingestehen zu müssen. Lieber lassen sie Anlagen mit Kursverlusten weiterlaufen, als dass sie verkaufen, den Verlust realisieren und sich selbst gegenüber eingestehen. (3) Schließlich ist das **Bedauern** besonders groß und dauert lange, wenn Objekte verloren gegangen sind, zu denen eine starke gefühlsmäßige Bindung bestand. Drei weitere Entdeckungen über das tatsächliche Verhalten sollen erwähnt werden:

- Wir haben nur **wenig Selbstkontrolle** und daher Schwierigkeiten, uns diszipliniert an langfristige (selbst und freiwillig getroffene) Entscheidungen zu halten.

- Wir neigen dazu, aufgrund von uns **bekannten Mustern** zu handeln, selbst ohne eine weitere Überprüfung vorzunehmen – eine der Quellen für den Wert von Marken: Einer guten Bank vertraut man blindlings. Wir sind träge (und in alten Verhaltensmustern verhaftet), weshalb **neue Informationen zögerlich aufgenommen** werden. Wo wir Wissenslücken haben und sie uns selbst zugeben können, dort sind wir zu leichtfertig bereit, anderen Personen zu glauben und ihnen zu folgen – wie die Metapher vom Schönheitswettbewerb ausdrückt. In Situationen und Teilmärkten mit dünnen Informationen wird das Börsengeschehen daher zur Recht durch Massenpsychologie erklärt.

- Weitere Erkenntnisse belegen, dass die Wertschätzung von den Dingen davon abhängt, wie sie uns präsentiert werden, also in welchen **Rahmen** sie gestellt werden (**Framing**). Erste Ergebnisse hierzu hatte 1953 MAURICE F. ALLAIS (1911-2010, Nobelpreis 1988) als Paradoxien publiziert. Jeder zitiert das Glas, das als bereits halbleer dargestellt werden kann, um einen pessimistischen Eindruck zu geben. Oder das Glas wird als noch halbvoll beschrieben, um ein optimistisches Bild zu vermitteln.

---

[2] 1. RICHARD THALER: *The Winner's Curse: Paradoxes and anomalies of economic life*. Princeton University Press, 1994. 2. ANDREI SHLEIFER: *Inefficient Markets: An Introduction to Behavioral Finance*. Oxford University Press, 1999. 3. HERSH SHEFRIN: *Beyond Greed and Fear: Understanding behavioral finance and the psychology of investing*. Oxford University Press, 2007.

Sozialpsychologie

Einige dieser Beobachtungen fallen unter den Oberbegriff der **kognitiven Dissonanz**. Unter Kognition werden Wahrnehmungen, Gedanken, Meinungen, Einstellungen, Wünsche oder Absichten verstanden. **Kognitive Dissonanz** bezeichnet abträgliche Gefühle, die in Menschen aufkommen, wenn Informationen aus dem Umfeld und ihre Wahrnehmungen im Widerspruch zu ihren Meinungen und Einstellungen steht, insbesondere nach bereits getroffenen Entscheidungen.

Die Menschen haben die Entscheidung aufgrund einer Meinung getroffen, und anschließend sehen oder erfahren von Fakten und Daten, die gegen ihre Meinung und die getroffene Entscheidung sprechen. Die Menschen erkennen das Spannungsfeld und leiden darunter, was Kraft kostet und sie hemmt. Sie wünschen sich **konsonante Kognitionen**, also Einstimmigkeit zwischen allen Informationen und ihren Meinungen und Entscheidungen. Entdeckungen zur kognitiven Dissonanz gehen auf LEON FESTINGER (1919-1989) zurück, der 1957 über seine Beobachtungen ein Buch publiziert hat, sowie auf seinen Schüler STANLEY SCHACHTER (1922-1997).

> Die von FESTINGER und SCHACHTER entwickelte und empirisch bestätigte Lehre besagt, dass Menschen bei **kognitiver Dissonanz** die gegen ihre Meinung und Entscheidung sprechenden Informationen nicht weiter beachten und abwehren. Oder sie gehen einer kognitiven Dissonanz anders aus dem Weg. Beispielsweise selektieren Menschen nach einer Entscheidung die weiteren Informationsquellen danach, ob sie eine Bestätigung geben. Oder die Menschen geben ihre Meinung auf und erklären, sie seien zu der Entscheidung aufgrund der Umstände gezwungen gewesen.

➜ Sam Saul will an seine Geldanlage auch glauben können. Er liest nur Analystenberichte, von denen er schon im vorweg weiss, dass sie ihn nicht dazu veranlassen werden, etwas an seiner Anlage ändern zu müssen. Kürzlich wurde er doch mit einem Analystenbericht konfrontiert, nach dem er Handlungsbedarf hätte und seine Anlagestrategie ändern sollte. Sam Saul hat gleich abgewunken: „Die irren auch immer und wollen nur Geld verdienen". ☐

> Zweifellos motiviert kognitive Dissonanz auch dazu, Lernmöglichkeiten und Neues anzunehmen. Der amerikanische Erziehungswissenschaftler DAVID RIESMAN (1909-2002) hat eine Lehre über drei Typen von Verhaltenskonformität entwickelt: Danach sind Menschen **traditionsgeleitet**, **innengeleitet** oder **außengeleitet** (The Lonely Crowd, 1950). RIESMANN sieht in den postindustriellen Wohlstandsgesellschaften mit sinkender Geburtenrate vor allem den Typus des außengeleiteten, konformistischen Menschentypus. Von außen kommende Informationen und das Verhalten der anderen Menschen bestimmen die eigene Meinung. Wichtig ist, von anderen akzeptiert und für voll genommen zu werden.

Bei Außenleitung eines Kunden (und Bedarf, sich konform zu verhalten) kann der Finanzberater die kognitive Dissonanz mildern. Dazu gibt er Beispiele, wie es andere machen. Das verringert die ansonsten leicht aufkommende Angst beim Kunden.

Behavioristischen Lebenszyklus-Hypothese

Um diese verhaltens- und sozialwissenschaftlichen Erkenntnisse zu berücksichtigen, haben HERSH SHEFRIN und RICHARD H. THALER 1988 die LZH zu einer **Behavioristischen Lebenszyklus-Hypothese** (BLZH) modifiziert.

Die BLZH beruht auf drei verhaltenswissenschaftlich abgestützten Beobachtungen:

- Mangel an Selbstkontrolle,

- Bildung mentaler Konten,

- Framing, insbesondere das Verhalten, auf Veränderungen von Einkommen oder Vermögen „je nach Art und Größe der Verpackung" unterschiedlich zu reagieren.

Der **Mangel an Selbstkontrolle** zeigt sich darin, dass die Menschen langfristige Sparverträge nach ein paar Jahren kündigen (weil sie es nicht durchhalten und sie keinen Sinn mehr darin sehen). Hier könnte ein Berater darauf verweisen, dass es andere Menschen auch schaffen und sie könnten die Vorteile, das Ziel zu erreichen, in ein positives Licht stellen.

Framing bedeutet, dass auf Informationen unterschiedlich reagiert wird, wenn sie in einen anderen Rahmen gesetzt werden. Im Gespräch ist es daher wichtig und üblich, vor einer Kritik immer einige Pluspunkte zu erwähnen und erst dann mit einem „andererseits" die Kritik einzuleiten.

→ Wenn ein Kunde nach den Kosten fragt, sollte die Antwort etwa diesen Rahmen setzen: „Es gibt immer viele Aspekte, diese und jene, und den Kosten stehen auch diese und jene Leistungen gegenüber". Erst nach diesem Rahmen werden die Kosten genannt. So wird die kognitive Dissonanz durch Framing der Informationen reduziert. □

Framing bedeutet auch, dass eine Gleichung wie die Budgetgleichung (8-2) wenig verstanden wird, weil auf die Beträge auf der einen Seite der Gleichung der Rahmen auf Arbeitseinkommen gesetzt ist, und die Beträge auf der anderen Seite (Ausgaben für Konsum) den Rahmen auf Verbrauch setzen. Deshalb verbindet die Budgetgleichung die Inhalte zweier unterschiedlicher Rahmen. Daher ist die Budgetgleichung von einigen Menschen mathematisch leichter verständlich als von der materiellen Aussage her akzeptiert.

Zu den mentalen Konten

In der LZH wurden der Barwert zukünftiger Arbeitseinkünfte (Humankapital) und das sonstige Finanzvermögen so behandelt, als ob der Betrag ohne weitere Unterscheidung der Herkunft auf einem einzigen Konto bereit läge. Diese Größe sollte nach der LZH die Höhe der Konsumausgaben bestimmen.

Im wirklichen Leben jedoch ist zu beobachten, dass die Menschen ihr Einkommen und ihr Vermögen gedanklich (mental) klar unterscheiden. Sie gehen dann beispielsweise davon aus, dass Vermögen nicht einfach liquidiert und als Erhöhung des Einkommens dargestellt werden darf.

Insbesondere besteht ein großer mentaler Widerwillen, eine Kreditlinie für Konsum auszuschöpfen, selbst wenn ein langfristiger Plan dafür spricht.

Menschen teilen Einkommen, Vermögen, Kreditlinien **mental** in verschiedene **Konten** ein und assoziieren mit jedem Konto eine bestimmte Verwendungsart. Ein Wechsel der zugedachten Verwendungsarten ist mit hohen psychischen Kosten verbunden.

> **Deshalb weichen Menschen oftmals von jenem Konsumplan ab, der ihren Gesamtnutzen maximieren würde. Sie geben sich mit einem suboptimalen Finanzplan zufrieden, der keine Transfers zwischen mentalen Konten verlangt.**

→ Der Kunde hat bei einem System der Altersvorsorge die Wahl zwischen Kapitalbezug und Leistung einer Rente. Die Bank verspricht, durch ein Simulationsprogramm die Rente nachzubilden, und der Kunde solle sich für den Kapitalbezug entscheiden. Doch der Kunde ahnt, dass bei der Simulation von Renten ein Kapitalverzehr erfolgt. Bei der Rente sieht er kein Vermögen und keinen Kapitalverzehr, sondern eine periodische Leistung, die er mit seinen früher geleisteten Beiträgen sich wohl verdient hat. Diese Vorstellung sagt ihm mental mehr zu. So entscheidet sich der Kunde für den Bezug der Rente. □

Ebenso durch den Einfluss mentaler Konten ist zumindest zum Teil erklärbar, dass Menschen im Durchschnitt über die wohlhabende Bevölkerung und im Vergleich zur LZH im Alter zu wenig konsumieren. Erklärungsversuche:

- Viele Menschen unterschätzen ihre weitere Einkommensentwicklung, sparen in frühen Jahren zu viel, passen ihre Konsumausgaben nicht an, und sie legen später das Geld nur noch an.

- Die Menschen haben ein Vererbungsmotiv und Freude daran, etwas zu hinterlassen. Sie denken, man würde sie nicht vergessen und das verschaffe ihnen in einem gewissen Sinn Unsterblichkeit, woraus sie Nutzen ziehen.

- Konsum von Gütern und Dienstleistungen erhöht den Nutzen nicht in dem Maße, wie es Ökonomen postulieren.

- Menschen überschätzen die Risiken, für die sie Reserven bilden. Das heißt, die Menschen haben eine unerklärliche und extrem hohe Aversion gegen den Fall der Unversorgung bei Geldbedarf.

- Menschen bewerten die Freiheit, überraschend selbst große Konsumwünsche realisieren zu können — sie beziehen also Nutzen aus Konsum, der im Prinzip möglich wäre. Anders formuliert: Sie beziehen Nutzen weniger aus tatsächlichem Konsum, wohl aber aus der Freiheit, jederzeit Konsumausgaben tätigen zu können.

Aussage der BLZH

Die BLZH besagt, dass wir aus zwei Gründen Nachteile hinsichtlich des Lebensnutzens hinnehmen:

1. Die Menschen konsumieren in jungen Jahren zu wenig (gemessen an der LZH), weil sie ihr permanentes Einkommen unterschätzen und moralische Bedenken haben, einen Kredit für Konsum zu nehmen.

2. Die Menschen konsumieren in späteren Jahren zu wenig, weil sie zu hohe Reserven halten, vererben oder spenden wollen und sich bereits damit begnügen, etwas kaufen zu können (ohne es tatsächlich zu tun). **Nutzen erwächst aus der Freiheit, die das Geld verschafft, nicht aus dem tatsächlichem Konsum.**

Die BLZH sollte nicht aus der Perspektive der „rationalen" LZH abgelehnt werden. Die BLZH beschreibt eine Verhaltensweise, die den Menschen hilft. Denn in den mittleren Lebensjahren sind die durch die Belastungen jener Lebensphase (Familiengründung, Kinder und Investitionen wie Hausbau) noch bleibenden Konsumausgaben ohnehin gering. Die BLZH verhilft daher den Menschen zur Beachtung dieser Belastung in den mittleren Lebensjahren, die in der LZH nicht berücksichtigt wird. Daher ist die BLZH eine durch das Verhalten der Menschen vorgenommene sinnvolle Korrektur der Empfehlung der LZH, die etwas zu einfach über die finanzielle Belastung in den mittleren Lebensjahren hinweg geht.

Auch die Gesellschaft als Ganzes wird durch die BLZH gefördert. Denn die nach der BLZH handelnden Menschen stellen mehr Geld für Investitionen zur Verfügung (und konsumieren weniger). Doch wenn die Gesellschaft überaltert ist, ist der Gesamtkonsum im Land zu gering. Die Unternehmer investieren infolgedessen nur wenig (oder nur noch dann, wenn sie in Länder mit einer jüngeren Bevölkerungspyramide exportieren können). Leider ist das von Älteren gehortetes Kapital vielfach „totes Kapital."

Der Berater kann auf individueller Ebene helfen. So kann bei der Wahl von Anlageinstrumenten auf hohe Ausschüttungen geachtet werden, die vom Kunden dann als „verdient" angenommen und gern ausgegeben werden. Oder es können automatische Bezugspläne eingerichtet werden, die nicht immer von Neuem eine Entscheidung abverlangen, dem Vermögen etwas für Konsum zu entnehmen. Schließlich kann der Berater seine Kunden dazu anregen, sich einmal etwas zu gönnen. Bei den außengeleiteten Menschen unserer Zeit kann dabei das Beispiel anderer Menschen helfen.

Hyperbolische Diskontierung

Eine weiterer Befund der Verhaltenswissenschaft besagt, dass wir, wenn das Ziel ohnehin nah und alles geschafft ist, auf einmal ungeduldig werden. In der Fachsprache: Wir ersetzen die *exponentielle*, finanzmathematische Diskontierung durch eine *hyperbolische* Diskontierung.

Wer Geld zu einem festen Zinssatz anlegt, und auch die Zinsen wieder anlegt, hat einen exponentiell Anstieg des Kapitals. Entsprechend werden Geldbeträge, die jemand zu einem zukünftigen Zeitpunkt erhält, (exponentiell) diskontiert.

Doch im Bewusstsein der Menschen wird anders diskontiert: Die tatsächliche Sicht lautet:[3]

- Langfristig diskontieren Menschen finanzmathematisch, als am Zinssatz oder am relevanten Diskontsatz orientiert. Deshalb wird eine Zahlung, die (innerhalb dessen, was als langfristig angesehen wird) sehr spät erfolgt, vorgezogen, falls ihr finanzmathematischer Barwert höher ist als der einer Alternative: Es kommt auf die Rendite an.

- Auf kurze Sicht wird die Ungeduld sehr stark. In der kurzen Frist geben wir Menschen Zahlungen, die man schneller erhält, immer den Vorzug, selbst wenn ihr finanzmathematischer Barwert geringer ist der einer Alternative.

In der Tat: Wenn man jemandem sagt: Ich zahle in einem Monat oder gleich jetzt mit 2% Barzahlungsrabatt, dann werden die meisten Geschäftspartner mit 98% des geschuldeten Betrags sehr zufrieden sein, wenn sie das Geld sofort erhalten.

> Mit einem Wort: Auf kurze Frist ist es immer gut, Geld möglichst früh zu erhalten (starke Ungeduld). Auf lange Sicht ist es immer gut, einen hohen Zins zu erhalten oder die Alternative mit dem höheren Wert zu wählen.

Zwischen der kurzfristigen (wichtig ist, das Geld schnell zu erhalten) sowie der langfristigen Sicht (wichtig ist, einen hohen Zins zu erhalten) gibt es einen Zeitpunkt, in dem sich die beiden Beurteilungsperspektiven umkehren. Wenn die Zeit voranschreitet, kommt eine Person immer näher an den Umkehrungszeitpunkt und sieht auf einmal die Dinge anders. Sie ist dann auf einmal zu Abschlägen bereit, nur um schnell an ihr Geld zu gelangen. Ihr wird dann auf einmal jene Zahlung lieber, die sie als erstes erhalten würde.

> Dieses Verhalten kann auch in anderen Lebensbereichen beobachtet werden. Erst werden die Dinge auf die lange Bank geschoben und plötzlich eilt auf einmal alles.
>
> 1. Ein Berater muss sich daher auf dies einstellen: Der Kunde spricht von Plänen, die er für die weite Zukunft hat, und er möchte sein Geld höchst rentabel anlegen.
>
> 2. Doch die Zeit verstreicht und auf einmal möchte der Kunde ganz schnell an sein Geld heran kommen, selbst wenn damit gewisse Kosten verbunden sind und der Kunde auf (hinsichtlich der finanzmathematischen Rentabilität) unklugen Maßnahmen besteht, nur weil er die Sache schnell abschließen möchte. Menschen sind im kurzfristigen Bereich ungeduldig. Anders ausgedrückt: Im kurzfristigen Bereich sind wir alle wie Kinder.

---

[3] SHANE FREDERICK, GEORGE LOEWENSTEIN, TED O'DONOGHUE: Time Discounting and Time Preference: A Critical Review. *Journal of Economic Literature* 40 (2002) 2: 351–401.

Banking im Lebenszyklus

→ Drei Banker treffen sich zu einem Glas Bier.

- Der erste sagt: Unser Idealkunde ist 35 Jahre alt, leistungsfähig im Beruf, mit sicherem Einkommen und noch ein paar Karriereschritten. Wir loben den Kunden und sagen ihm, er sei kreditwürdig. Bald haben wir ihn so weit, dass er eine Hypothek möchte, um sich ein Haus zu kaufen. Wir machen das Geschäft, weil wir unsere Kreditkonditionen so *präsentieren*, dass sie etwas günstiger wirken als bei der Konkurrenz. Dazu zeigen wir unserer Kundschaft, dass wir eine Bank mit standardisierten Finanzdienstleistungen und daher kostengünstig sind. Wir bieten bewusst keine Individualisierung an, denn die Kunden denken, wir seien auf diese Weise billiger. Natürlich begeht unser Kunde einen Fehler: Das Haus wird mit Sonderwünschen so ausgebaut, dass es nie verkäuflich ist.

- Der zweite meint: Unser Idealkunde ist 50 Jahre alt und beginnt damit, Finanzvermögen aufzubauen. Der Kunde verdient gut und hat hohe Risikofähigkeit. Wir raten zu Aktien und strukturierten Produkten, die das gerade aktuelle Thema umsetzen: Öl, Nahrung, Seltene Erden, was für zwei Jahre in aller Munde ist. Da der Kunde sich auf dem Höhepunkt des Werts seines Humankapitals befindet, fangen wir ihn mit *Individualität und Service*. Wir erklären ihm, er sei ein intelligenter Investor. Der Kunde versteht, dass alles etwas teurer ist. Er schaut sich um, doch letztlich bleibt er dort, wo ihm der individuelle Service am meisten schmeichelt. Auch unsere Kunden begehen Fehler. Statt eine gute Anlagestrategie mit Disziplin durchzuhalten, wechseln sie Produkte und Instrumente nach der Mode.

- Der dritte meint: Unsere Kunden sind über 65 Jahre alt. Sie waren alle ihr Leben lang zu sparsam und haben sich nie etwas geleistet. Sie waren arbeitsam und sind nun sozial eher isoliert. Das waren die zurückliegenden Fehler. Jetzt sind unsere Kunden oft allein. Meist handelt es sich um die Frau, der Mann ist bereits verstorben. Die Kundinnen haben Angst vor der Verwandtschaft. Sie schätzen sachliche Aufmerksamkeit, Beständigkeit und auch Zurückhaltung in der Person des Beraters.

Ein Unbeteiligter mischt sich ein: „Was Sie sagen stimmt mich traurig. Haben Sie keinen guten Ratschlag für Ihre Kundschaft?" 1. Der erste Banker meint daraufhin: Unsere Kunden wollen keinen Rat, doch ich würde mich nicht bereits mit 30 oder 35 tief verschulden und unverkäufliche Immobilien bauen. 2. Der zweite Banker meint: Auch unsere Kunden wollen keinen Rat. Doch wer 50 ist, sieht dass die Kinder außer Haus gehen. Das Leben wird anders. Man sollte nicht nach demselben Schema und denselben Gewohnheiten weiter machen. Sonst bringen die Jahre zwischen 50 und 65 letztlich wenig Nutzen und im Rückblick sind sie wie verflogen, weil es keine Erinnerungen an Erlebnisse gibt. Mit 50 hat man noch Kraft, seinem Leben einen neuen Inhalt zu geben. Das sollte man tun. 3. Der dritte Banker meint: Wer 65 ist, sollte der Zeit nicht nachtrauern. Höchste Zeit, alle „Baustellen" zu beenden oder jemandem zu übergeben. Sich selbst finden und offen für andere Menschen werden. Freude an der Natur und den kleinen Ereignisses des täglichen Lebens entfalten. Das wäre mein Rat. □

8.4 Fragen zur Lernkontrolle

1. a) Wie ist der Parameter der Ungeduld definiert? b) Was besagt die Budgetrestriktion der LZH? [Antworten: a] Die Ungeduld wird formal durch diejenige Rate charakterisiert, mit der zukünftige Jahresnutzen diskontiert werden. Der Lebensnutzen ist die Summe der mit dem Ungeduldsparameter diskontierten Jahresnutzen. b) Formel (8-2) in Anschnitt 8.1]

2. Erläutern Sie an Beispielen, was bei Overconfidence, Aversion gegen Verluste und was Bedauern heißt!

3. a) Welche sozialpsychologischen Beobachtungen gehen auf FESTINGER und SCHACHTER zurück? b) Welche Arten von Verhaltenskonformität hat RIESMAN postuliert?

4. Welche drei Beobachtungen haben SHEFRIN und THALER in die LZH integriert, so dass dadurch die BLZH entstand? [Mangel an Selbstkontrolle, Bildung mentaler Konten, Framing, vergleiche Abschnitt 8.3]

5. Richtig oder falsch? Die hyperbolische Diskontierung besagt: Wenn Zahlungen weit in der Zukunft erfolgen, kommt es nicht so sehr auf den Termin an, sondern vielmehr auf die Rendite. Wenn Zahlungen bald erfolgen, kommt es hingegen nicht auf die Rendite an als vielmehr darauf, das Geld möglichst früh zu erhalten.

6. Welche Ratschläge hätten die drei Banker für einen Kunden mit 35, 50 und 65 Jahren bereit? [1. Nicht tief verschulden und unverkäufliche Objekte bauen. 2. Mit 50 seinem Leben einen neuen Inhalt geben. 3. Mit 65 sich selbst finden, offen werden, Freude an der Natur entfalten, vergleiche Abschnitt 8.3]

7. Das vierte Lernziel war, Ansätze und Vorgehensweisen weiterführen zu können. Bitte betrachten Sie die Budgetrestriktion (8-2). Die Barwerte der Arbeitseinkünfte und die der Konsumausgaben sind mit derselben Diskontrate r ermittelt. Angenommen, dies sei eine gute Modellierung. a) Sollte die Rate r dann die Rendite an den Finanzmärkten vor oder nach Steuern sein? b) Sollte die Rate sich auf eine sichere Anlage beziehen oder auf eine bei mit gewissen Anlagerisiken erwartete Rendite? c) Wie könnte das Modell noch erweitert werden, wenn die Person bei der Planung ihres gesamten Lebens eine Erbschaft mit berücksichtigen möchte? d) Wie könnte berücksichtigt werden, dass die Konsumausgaben im Laufe der Zeit auch bei real konstantem Konsum aufgrund von Inflation steigen? e) Wie könnte berücksichtigt werden, dass die meisten Menschen in den mittleren Jahren die Verpflichtung haben, bestimmte Ausgaben zu leisten (für die Familiengründung, für Kinder, für die Schaffung von Wohnraum)?

8. Das fünfte Lernziele war, Namen von Personen und Begriffe in ein Kundengespräch einfließen lassen können. Die Unterscheidung von Traditions-, Innen- und Außenleitung nach RIESMAN führt auf die Frage, wer in der modernen Gesellschaft was entscheidet. Die Metapher von KEYNES bildet einen Ausgangspunkt: Zufällig oder taktisch handelnde, frühe Marktakteure werden imitiert und ihr Verhalten wird zu einer sich selbst erfüllenden Pro-

phezeiung. Nicht nur an den Finanzmärkten, auch in der Demokratie gibt es immer wieder Raum für Meinungsführer, die Zuspruch finden. Doch dadurch entstehen weder Gruppenentscheide noch kollektive Entscheidungen. In einem Buch (Springer-Verlag 1984) definiert GIOVANNI SARTORI: „Individuelle Entscheidungen werden von jedem Individuum für sich selbst getroffen (ungeachtet der Frage, ob es *innengeleitet* oder *außengeleitet* entscheidet). Gruppenentscheidungen dagegen bedeuten, dass Entscheidungen von einer konkreten Gruppe, also einer physisch versammelten Mehrzahl von Individuen getroffen werden, von denen man daher sagen kann, dass sie sich an den Entscheidungen beteiligen oder an ihnen teilhaben. Kollektive Entscheidungen lassen sich dagegen nicht so einfach und präzise definieren; gewöhnlich versteht man darunter Entscheidungen, die von einer „Vielzahl" getroffen werden. … Aber *kollektivierte* Entscheidungen unterscheiden sich grundlegend von allen anderen Typen. Individuelle Entscheidungen, Gruppenentscheidungen und kollektive Entscheidungen beziehen sich alle auf die Akteure, welche die Entscheidung tatsächlich treffen. Kollektivierte Entscheidungen dagegen sind solche, die ein Kollektiv betreffen oder ihm aufgezwungen werden, unabhängig davon, ob sie tatsächlich von einzelnen, von wenigen oder von vielen getroffen worden sind. Das entscheidende Merkmal ist hier nicht länger, wer die Entscheidung trifft, sondern ihre Reichweite: Wer auch immer entscheidet, entscheidet für alle." Die Frage lautet: Wie könnten Sie mit einem Kunden darüber sprechen, ob und in wie weit das Geschehen an den Finanzmärkten a) von individuellen Entscheidungen, b) von Gruppenentscheidungen oder c) von kollektiven Entscheidungen getrieben wird?

9 Vermögenspyramide

Von Wünschen, Vorhaben und Verwendungszwecken für das Anlageergebnis über gebundenes und freies Kapital zum Anlagevorschlag

Im Kapitel 6 wurde der Anlagevorschlag aus dem Kundenprofil (Risikotoleranz und Risikofähigkeit) abgeleitet. Zu diesem Weg gibt es eine Alternative. Sie läuft in vier Schritten ab: 1. Die Gesamtsituation und der Lebensplan des Kunden führen zu Wünschen, Vorhaben und Plänen, die mit den Anlageergebnissen erfüllt werden sollen. 2. Diese Vorhaben werden in Kategorien unterteilt, zu denen das *gebundene* Vermögen (Lunch Money, Brauchgeld) und das *freie* Vermögen (Smart Money) gehören. 3. Jede Kategorie von Vorhaben ist durch ihre eigenen Anlageziele charakterisiert, die wiederum auf entsprechende Anlageklassen weisen. 4. So bestimmt die gedankliche Aufteilung des Kundenvermögens auf Vorhaben und auf Kategorien von Vorhaben, wie die Anlageklassen zu gewichten sind. Damit ist die Vermögensallokation gefunden.

Jede *Finanzplanung* folgt diesem alternativen Weg zur Vermögensallokation: Der Kunde wird *nicht* nach seiner Risikotoleranz befragt, sondern nach den Plänen und Vorhaben, die verwirklicht werden sollen. Die Vorhaben bestimmen die Anlageziele. Die Anlageziele bestimmen die passende Gewichtung von Cash, Bonds und Aktien.

Fünf Lernziele: 1. Verstehen, dass Wünsche, Vorhaben und Pläne des Kunden erst aufeinander und mit der Vermögenshöhe abgestimmt werden müssen. 2. Die Aufteilung in Reserven, in gebundenes und in freies Vermögen vornehmen und daraufhin einen Anlagemix vorschlagen können. 3. Vier Gründe im Auge behalten, um die Höhe der Reserven festlegen und beim freien Vermögen drei Situationen unterscheiden zu können. 4. Wichtige Ansätze und Vorgehensweisen dieses Kapitels weiterführen können. 5. Namen von Personen und Begriffe in ein Kundengespräch einfließen lassen können.

9.1 Drei Kategorien von Verwendungszwecken

Von der Gesamtsituation zu Vorhaben

Die Bestimmung der Vermögensallokation über das Profil (Risikotoleranz, Risikofähigkeit) setzt voraus, dass der Kunde zu seiner Risikoeinstellung und zur finanziellen Situation klare Vorstellungen hat und diese äußern kann.

Das ist nicht immer der Fall. In einigen Situationen können die Berechtigten nicht befragt werden, oder der Finanzberater würde ein uneinheitliches oder unklares Profil erhalten. Zudem gibt es Kunden, die von sich aus wünschen, dass die richtige Vermögensallokation anders bestimmt wird als über Risikotoleranz und Risikofähigkeit. Das ist bei institutionellen Anlegern der Fall.

Für einen alternativen Zugang bieten sich die Gesamtsituation und der Lebensplan des Kunden an. Werden sie als Grundlage für die Ermittlung der Vermögensallokation herangezogen, dann steht die Risikotoleranz des Kunden nicht mehr im Vordergrund.

Ähnliches gilt für die Risikofähigkeit. Noch dazu ist die Risikofähigkeit nicht immer ein Datum. Ab und zu sind Kunden sogar bereit, Merkmale ihrer Risikofähigkeit – etwa ob, wie viel und wann sie ihrem Vermögen Mittel entnehmen – an ihre Gesamtsituation und den Lebensplan anzupassen. Deshalb sollte auch der Risikofähigkeit keine hohe Kraft für die Bestimmung der Vermögensallokation zugewiesen werden.

→ Andere Gründe, aus denen das Risikoprofil nur schwerlich dazu dienen kann, den passenden Anlagevorschlag zu bestimmen, wurden schon genannt: Der Berechtigte kann als Kind aufgrund eines Erbes vermögend sein. Oder es handelt sich beim Berechtigten um eine Gruppe von Personen mit heterogenen Profilen. Häufige Beispiele sind eine weitläufige Familie oder ein Ehepaar. Vielfach haben Ehepartner unterschiedliche Risikotoleranzen. ☐

In solchen Fällen wird ein anderer Zugang gewählt:

1. Die Vermögensallokation wird aus der Gesamtsituation des oder der am Vermögen Berechtigten abgeleitet. Das verlangt eine **holistische Sicht**, eine ganzheitliche und umfassende Perspektive. Sie zu entwickeln, stellt hohe Anforderungen an den Berater.

2. Sind Gesamtsituation und Lebensplan gezeichnet, dann werden aus dieser Perspektive die von den Berechtigten beabsichtigten Verwendungen der Finanzmittel harmonisiert. Was soll bereits heute, später einmal oder dereinst mit dem Vermögen geschehen, damit der Lebensplan verwirklicht und vollendet wird?

Die Grundidee: Stelle die geplanten, gewünschten oder angedachten Verwendungen des Vermögens in den Mittelpunkt. Sie müssen sich harmonisch mit dem Lebensplan zu einem Ganzen ergänzen. Das Profil, Risikotoleranz und Risikofähigkeit, rücken in den Hintergrund. Auf diesem Weg zur Ermittlung der Vermögensallokation werden die Berechtigten nach ihren Wünschen, Vorhaben und Plänen gefragt, die mit dem Vermögen und den Anlageergebnissen erfüllt werden sollen. Die Grundfrage: Wofür wird Geld angelegt?

→ Banken betonen Vorhaben, Pläne und Ziele des Kunden als Ausgangspunkt für die Bestimmung der Anlagestrategie. *Charles Schwab* nennt auf seiner Homepage eine Vorarbeit, die ein neuer Kunde noch vor Eröffnung eines Kontos zu leisten habe: *To get started, first you must ask yourself key questions: What is my purpose for investing? What do I plan to do with the money I earn? When will I need it? Then you need to make a plan to achieve those goals.* ☐

Realistische Vorhaben

Eine bloße Liste voneinander unabhängiger Wünsche genügt nicht. Die Wünsche und Vorhaben müssen zunächst realistisch sein und sie dürfen keine Widersprüche enthalten. Vielfach haben Kunden unrealistische Vorstellungen hinsichtlich der erreichbaren Renditen und sie übersehen, dass Kapitalerträge versteuert werden müssen. Oft übersehen: Auch für die Verwaltung des Vermögens entstehen Kosten.

Zudem unterliegen fast alle Kunden Geldillusionen. Sie sehen nicht, dass einen Betrag von 100 GE bei einer Inflation von 3% in 10 Jahren nur noch eine Kaufkraft von 74 GE hat und bei einer Dienstleistungsinflation von 6,8% nur noch 49 GE. Das kann gravierend werden, wenn Wünsche in der weiteren Zukunft realisiert werden sollen oder wenn in einem Jahrzehnt oder noch später Dienstleistungen zu bezahlen sind.

→ Gerd Grube plant, in zehn Jahren sein Haus zu renovieren und die Sitzmöbel neu polstern lassen. Heute würde das 100 (Geldeinheit GE = Tausend Euro) kosten. Deshalb möchte er heute 70 GE auf die Seite legen, so dass er mit dem Anlageergebnis seinen Wunsch in zehn Jahren erfüllen kann. Der Finanzberater meint, in zehn Jahren würde die Renovation von Gebäude und Mobiliar deutlich mehr kosten, weil der Preis stark von der Lohnentwicklung anhängen wird. Die Steigerungsrate sei höher als die Der Geldentwertung, und man solle mit 5% rechnen. Das bedeute, dass die Renovation 163 GE kosten werde. Als nominale Anlagerendite könne man bei einem ausgewogenem Portfolio nach Besteuerung der Kapitalerträge und nach den Kosten der Vermögensverwaltung mit einem Return von 4.3% rechnen. Dies bedeutet, man müsse heute 107 GE anlegen, um in zehn Jahren die geplanten 163 GE erwarten zu können. □

→ Gerd Grube (vom Beispiel eben) meint, ein Portfolio mit 56% Bonds und 44% Aktien käme für ihn ohnehin nicht in Frage, weil es zu riskant wäre. Er wünsche sich die Risikostufe Konservativ (17% Cash, 63% Bonds, 20% Aktien) mit einem Risk von 6%, vergleiche Darstellung 6.4. Doch dies hat einen Return von nominal 2.8% (nach Steuern und Kosten für die Vermögensverwaltung). Ohne Berücksichtigung des – zugegebenermaßen geringeren Risikos – muss am heute 124 GE anlegen, um in zehn Jahren mit 163 GE rechnen zu können. Gerd Grube ist von diesen Kalkulationen entsetzt: „Ich lege doch nicht heute 124 GE auf die Seite, um mir in zehn Jahren etwas zu leisten, was heute 100 GE kosten würde." □

→ Hans Heim, 50 Jahre alt, fühlt sich am Arbeitsplatz unwohl und möchte in Frühpension gehen. Er hat über die Jahre hinweg immer Geld gespart und will damit die 15 Jahre bis zum regulären Rentenbezug überbrücken. Derzeit hat er ein Bruttoeinkommen von 120.000 Euro jährlich oder 10.000 Euro monatlich, und er meint: „da sollte die Vorpension schon drin sein, wo Aktien mit 10% rentieren". Zudem könne sein Vermögen für den Vorruhestand „völlig aufgebraucht" werden. Es beträgt derzeit eine Million Euro. Der Berater erklärt, dass er, bei einer Anlage in ausgewogenes Portfolio mit einem Risk von 10% nach Steuern und nach den Kosten der Vermögensverwaltung – ohne Berücksichtigung von Kaufkraftverlust – eine Rendite von 4,3% erwarten kann, vergleiche Darstellung 6.4. □

Harmonisierung

Sind die Vorhaben realistisch, dann wird versucht, dass sie sich harmonisch ergänzen. Anders ausgedrückt: Die Vorhaben sollten der Gesamtsituation des Kunden entsprechen und sie sollen den Lebensplan verwirklichen. Denn die Vorhaben dienen dem Menschen nur, geben ihm nur Nutzen und Befriedigung, wenn sie aus einer Gesamtsicht situationsgerecht sind und wenn sie helfen, die Lebensperspektive der Person zu erfüllen.

Die Harmonisierung ist keine leichte Aufgabe. Um sie zu bewältigen, werden die vom Kunden genannten Wünsche und Vorhaben – nach realistischer Beschreibung – in eine Priorität und dann in eine zeitliche Reihenfolge gebracht. Sie werden anschließend aufeinander abgestimmt, indem Widersprüchlichkeiten und unharmonische Betonungen (wenig überlegte Wunschäußerungen des Kunden) beseitigt werden. Selbstverständlich geschieht dies nicht über den Kopf des Berechtigten hinweg, sondern in mehreren Beratungsgesprächen, bei denen der Kunde stets das letzte Wort hat. Doch der Relationship Manager kann als Gesprächspartner und Experte dabei helfen, die Vorhaben harmonisiert zu Tage treten zu lassen.

> Die Transformation einer ungeordneten Liste von Wünschen und Vorhaben in einen harmonischen und abgestimmten Lebensplan ist eine wichtige Vorarbeit für die nächsten Schritte auf dem Weg zur Vermögensallokation.

Eventuell hat der Kunde zwar Vermögen aber keine Wünsche, Vorhaben oder Pläne. Das ist oftmals bei älteren Menschen der Fall, die vielleicht recht sparsam gelebt haben und inzwischen die Bescheidenheit in eine Quelle des Glücks verzaubern konnten. Dann darf und sollte der Finanzberater von sich aus eine holistische Perspektive entfalten können und den Lebensplan in seinen Möglichkeiten bewusst werden lassen.

→ Zum Beispiel kann der Relationship Manager dem Kunden sagen: Andere Menschen wie sie haben sich nach einer Ferienwohnung umgesehen. Oder: Bei einer Hausrenovation kann auch ein Designer helfen, die Wohnräume aufzufrischen. Oder: Bietet sich der Kauf von Kunst an? Oder: Wenn Sie an Wohltätigkeit denken, haben wir viele Vorschläge, und in einem Gespräch kann ich sie näher aufzeigen. □

Auch bei Altruismus und Philanthropie lautet eine Grundfrage, welcher der vielen, heute möglichen wohltätigen Zwecke den Lebensplan des Spenders vollenden würde und dem Spender daher eine gewisses Wohlsein verschaffen könnte.

> Wenn ein Kunde kaum Wünsche, Vorhaben oder Verwendungszwecke nennen kann und der Berater Möglichkeiten nennt (wie Ferienwohnung, Hausrenovation, Kunst, Wohltätigkeit), dann wird dies nie in Form von Therapie oder Rezeptverordnung geschehen. Der Berater erwähnt nur Ideen, Denkrichtungen, Möglichkeiten. Vorschläge dem Kunden nahe zu bringen verlangt vertrauensvollen Umgang, stets behutsames Vorgehen und viel Zeit. Und es verlangt vom Relationship Manager Einfühlungsvermögen, Verständnis, ganzheitliches Denken und Erfahrungen mit Menschen.

Ist der Lebensplan gedanklich skizziert und besprochen, dann können Vorhaben und Verwendungszwecke für das Vermögen konkretisiert werden. Auf diese Weise werden die Verwendungszwecke (heute, später, dereinst) für das Vermögen aus der Gesamtsituation abgeleitet.

Reserven, gebundenes und freies Vermögen

Sind die Vorhaben und Verwendungen aufgestellt, harmonisiert und aufeinander abgestimmt, dann wird ihnen diese Rolle zugewiesen. Sie sollen als Grundlage für die Ermittlung der Vermögensallokation dienen. Dazu werden die Vorhaben in eine Ordnung gebracht. Kriterien sind:

- Die **Zeitnähe** der Erfüllung (sofort, in fünf, in acht, in fünfzehn Jahren),

- Der Grad der **Konkretisierung** (zwischen Wunsch und Plan) und der Grad an **Verbindlichkeit** (Vorhaben oder Verpflichtung)

- Der Grad an **Genauigkeit**, mit der der für das Vorhaben oder die Verwendung benötigte Geldbetrag feststeht (exakt oder nur der Größenordnung nach bestimmt, noch von Rate der Geldentwertung abhängig oder nicht).

Üblich ist, nach diesen Ordnungskriterien Gruppen oder **Kategorien von Vorhaben und Verwendungszwecken** zu bilden. Unterschieden werden wenigstens drei Kategorien. Doch es werden auch Unterteilungen in vier oder fünf Kategorien verwendet. Sind die zuvor bereit gelegten, realistisch formulierten und harmonisierten Vorhaben den drei Kategorien zugeordnet, dann kann immer noch, sofern Bedarf besteht, eine feinere Unterteilung der Kategorien vorgenommen werden. Die drei Kategorien sind überschrieben mit

1. Reserve,

2. gebundenes Vermögen (reserviertes Vermögen, Brauchgeld, Lunch Money),

3. freies Vermögen (Smart Money).

Den drei Kategorien entsprechend wird der Gesamtbetrag des vorhandenen Finanzvermögens gedanklich in drei Teilbeträge aufgespalten. Sie werden anschließend den Merkmalen der Kategorie entsprechend angelegt.

- **Reserven** sind Mittel, die bei Geldbedarf der Person – überraschende Lebensereignisse wie Krankheit oder Arbeitslosigkeit können eintreten, Zahlungsverpflichtungen werden evident, günstige Opportunitäten sollen ergriffen werden – die Weiterführung des Lebens in der gewohnten Art erlauben sollen.

- **Gebundenes Vermögen** (Lunch Money, Brauchgeld) bezeichnet jenen Teil des Gesamtbetrags des Vermögens, der für konkrete Verwendungszwecke vorgesehen wird, die dem Lebensunterhalt sowie der Sicherung und Fortführung des Lebensstils dienen. Die entsprechenden Vorhaben sind geplant. Vermögen wird gebunden (1) durch **Vorsorgezwecke**, (2) für **Anschaffungen** und konkret geplante Ausgaben für die überschaubaren kommenden fünf, zehn oder fünfzehn Jahre, sowie (3) als **Kapitaldeckung** für laufende Entnahmen. Für die einzelnen Vorhaben können Betrag und Termin genannt werden.

- **Freies Vermögen** (Smart Money) ist jener Teil des Gesamtbetrags, die (derzeit noch) nicht einer konkreten Verwendung zugedacht sind. Vielleicht bestehen Ideen, wie die Mittel einmal genutzt werden könnten, Wünsche und Vorstellungen. Doch sie sind vage, und es ist jedenfalls derzeit kein Verwendungszweck hinsichtlich Art, Termin und Betrag formulierbar. In diesem Sinn wird es vom Eigentümer bei derzeitiger Planung nicht für irgend etwas benötigt. Der unter dem Begriff des freien Vermögens subsumierte Betrag wird als das restliche Vermögen errechnet. Es ist die Differenz zwischen dem Gesamtbetrag des Vermögens sowie der Summe aus Reserven und gebundenem Vermögen.

Fazit:

Wer über jetzt oder später einmal über Geldanlagen verfügen kann, verknüpft damit Wünsche und Vorstellungen. Wozu sollen die Mittel einmal dienen? Was soll heute, später, dereinst mit dem verbleibenden Vermögen geschehen?

1. **Vorhaben** können die finanzielle Vorsorge betreffen, größere Anschaffungen, oder sie sind auf eine Verbesserung des Lebensstils ausgerichtet. Weitere Wünsche können sein, einmal wohltätig zu werden oder einen Teil des Vermögens zu hinterlassen.

2. Einige der Vorhaben und Verwendungszwecke sind so konkret, dass die Person sie nicht nur benennen und beschreiben kann, sondern auch den **Termin** der geplanten Verwirklichung kennt und den **Betrag**, der dazu dann benötigt wird. Wer beispielsweise plant, eine Ferienwohnung zu kaufen oder wer vor hat, eine Haushaltshilfe einzustellen, kennt die marktüblichen Kosten.

3. Andere Wünsche und Vorhaben sind vage. Oder sie sind für eine so weite Zukunft angedacht, dass es im Augenblick zu früh wäre, Termin oder Betrag festlegen zu wollen.

Vermögenspyramide mit drei Schichten

Selbstverständlich haben die drei Vermögensschichten Reserve, gebundenes und freies Vermögen bei jeder Person andere Beträge – genau wie die Summe der drei Teile, die Gesamtgröße der Pyramide höchst individuell ist. Und die Größe der Pyramide ebenso wie die Größen der drei Schichten hängen für einen Kunden vom Zeitpunkt ab, zu dem oder für den die Vermögensallokation bestimmt werden soll.

Bei einer Finanzplanung werden deshalb mehrere Pyramiden betrachtet, etwa die heutige und eine zweite, welche die Situation in fünf Jahren prognostiziert. Dann verändern die erwarteten zwischenzeitlichen Einnahmen und Ausgaben die Pyramide und die einzelnen Schichten. Auf diese Weise wird auch eine Vermögensallokation für die Situation in fünf Jahren bestimmt. Daraus ergibt sich, welche Anlageklassen bei Neuanlagen gewählt werden und Instrumente welcher Anlageklassen verkauft werden, wenn Vermögen verzehrt wird.

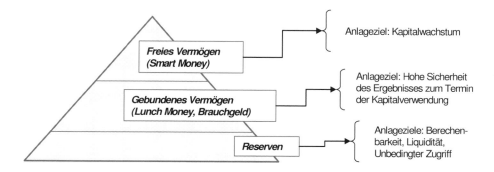

Darstellung 9-1: Vermögenspyramide: Die hierarchische Beziehung zwischen den drei Kategorien von Verwendungszwecken und Vorhaben.

Sicher gibt es viele Personen, die überhaupt kein freies Vermögen haben. Diese Personen benötigen die gesamten Mittel werden. Einige Menschen haben nicht einmal so viel gebundenes Vermögen, dass sie über die nötigste private Vorsorge hinaus an irgendwelche Anschaffungen denken könnten oder an Ausgaben für den Lebensstil. Diese Menschen müssen sich mit ihren finanziellen Plänen einschränken. Einige Personen haben nicht einmal private Vorsorge oder Vorsorge auf freiwilliger Basis, sondern halten höchstens eine Reserve.

Die Reserve bildet demnach die Grundlage der Vermögensanlage. Erst wenn an die Reserve gedacht ist, können weitere Verwendungszwecke geplant werden. Und erst wenn gebundenes Vermögen in ausreichendem Umfang vorhanden ist (und wenn durch Kapitalerträge und Neuanlagen das Finanzvermögen insgesamt noch weiter steigt), kann der Rest als freies Vermögen angesehen und entsprechend frei angelegt werden.

Die hierarchische Beziehung zwischen den Kategorien von Verwendungszwecken wird als **Vermögenspyramide** dargestellt. Die Schichten sind so groß dargestellt, dass sie die gedankliche Aufteilung des Gesamtvermögens widerspiegeln.[1]

Die Vermögenspyramide ist aus zwei Gründen mehr als eine reine Grafik oder Illustration von Beträgen:

1. Sie bietet eine Übersicht, unterstützt die Reflektion über die den drei Kategorien von Vorhaben zugedachten Beträgen, und fördert Adjustierungen, mit denen Angemessenheit, Konsistenz und Harmonie der Vorhaben im Hinblick auf Gesamtsituation und Lebensplan erreicht werden.

2. Wenn mehrere Pyramiden (für die heutige und die die in fünf Jahren mutmaßlich vorliegende Situation) betrachtet werden, dienen die Pyramiden auch der Finanzplanung und der Planung der Veränderung des Anlagemixes über die Zeit.

---

[1] PIA FREI-GEBELE: Persönliche Risikobereitschaft richtig einschätzen. *Bank Magazin* 12 (1996), 14-16.

9.2   Pyramide und Vermögensallokation

Jede Schicht eine Assetklasse

Jede Schicht der Pyramide (Gruppe von Vorhaben) zeigt die jeweiligen Anlageziele:

1. Auf die Reserve muss jederzeit zugegriffen werden können. Sie sollte bei Bedarf sofort oder in wenigen Tagen in Geldform zur Verfügung stehen und ausgegeben werden können. Die Höhe der Reserve sollte im Vorfeld vorhersehbar, das heißt sicher sein.

2. Bei gebundenem Vermögen bestimmt ein jeder dieser Kategorie zugeordnete Verwendungszweck die Höhe des für das Vorhaben verlangten Betrags sowie den Termin. Damit jedes der konkreten Vorhaben dann auch verwirklicht werden kann, muss das Anlageergebnis planbar sein. Dazu sollte die Geldanlage hohe Sicherheit haben.

3. Bei freiem Vermögen gibt es weder einen Anlagehorizont noch einen Betrag, der zu einem bestimmten Zeitpunkt erreicht sein und vorliegen muss. Das freie Vermögen kann daher mit dem Ziel des Kapitalerhalts oder des Kapitalwachstums investiert werden, und es kann auch so verwendet werden, dass es die Vision des Berechtigten erfüllt.

Den drei Schichten der Vermögenspyramide entsprechen also diese drei Anlageziele:

- **Reserven: Geldnähe**,

- **gebundenes Vermögen: hohe Sicherheit auf Ende des Anlagehorizontes**,

- **freies Vermögen: Kapitalwachstum**.

Die in Frage kommenden Kapitalanlagen (wie Cash, Bonds, Aktien, Immobilien, Kunst) sind schnell dahingehend geprüft, wie gut sie bei diesen Zielen geeignet sind. Die Antwort liegt auf der Hand, wenn Wertpapiere betrachtet werden:

Die zu den drei Schichten der Pyramide passenden Assetklassen:

1. Reserven müssen in geldnaher Form gehalten werden, kurz gesagt als Cash.

2. Für das gebundene Vermögen eignen sich vor allem Anleihen (Bonds).

3. Freies Vermögen kann in Aktien oder in ein Portfolio mit hohem Aktienanteil angelegt werden. Ebenso kommen Immobilien, Kunst, oder andere Investitionen in Frage wie unbebautes Land, eine Stiftung, die Gründung eines Museums.

Damit wäre die Vermögensallokation aus der Pyramide abgeleitet.

→ Eine Person, die über 500 (Geldeinheit GE = Tausend Euro) an Finanzvermögen verfügt, wovon 50 GE als Reserve dienen sollen und 250 GE für konkrete Vorhaben verplant sind. Die Person hat also ein freies Vermögen von 200 GE. Von daher werden 50 GE als Cash, 250 GE in Bonds und 200 GE in Aktien angelegt. Die Aktienquote (vom Gesamtvermögen) ist 40%. □

5. Konsistenz- und Zielüberprüfung

- Plausibilitätsprüfung der Schritte 1 bis 4
- Widersprüche klären

6. Ergebnis: Individueller Anlagevorschlag

- Startportfolio, Berichtswesen und Spesen
- Vermögensverwaltungsvertrag auf Basis der Schritte 1 bis 5

3. Ertragserwartungen und Risikobereitschaft

- Prioritäten: Ertrag / Wachstum oder Bewahren / Sicherheit
- Schwankungsbreiten eingrenzen

4. Regelmäßige Erfolgskontrolle

- Horizont für Revision definieren
- Berichtsintervalle und Modus festlegen

1. Die Basis: den Auftrag verstehen

- Ausgangslage, Wünsche, Notwendigkeiten
- Aber: Konzentration auf Finanzvermögen

2. Anlageziele

- Freies Vermögen für Kapitalerhalt und Zuwachs
- Reserviertes Vermögen sicherheitsorientiert und zweckbestimmt auf das Sparziel

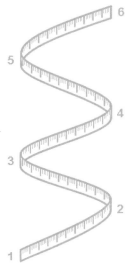

Darstellung 9-2: Diese Grafik der Bank Gutmann Aktiengesellschaft betont drei wichtige Punkte: Erstens die Bedeutung der Anlageziele sowie die Unterscheidung des gebundenen und freien Vermögens (unter 2. Anlageziele). Zweitens die Notwendigkeit, Widersprüche zu klären (unter 5. Konsistenz- und Zielüberprüfung). Drittens muss die Gesamtsituation und der Auftrag verstanden und entgegen genommen werden (unter 1. Basis). Den Auftrag zu verstehen ist der Imperativ, bevor ein maßgeschneiderter Anlagevorschlag formuliert wird — woran das Maßband in der Grafik erinnert (Wiedergabe mit freundlicher Genehmigung).

→ Eine Familie ist durch den Verkauf einer Unternehmung zu einem beträchtlichen Finanzvermögen gekommen, das derzeit 10 Millionen Euro beträgt. Allerdings werden im Monat (vor Steuern) rund 30 Tausend Euro dem Vermögen entnommen. Weitere Einkünfte gibt es nicht. Die Familie denkt nun daran, die 10 Millionen Finanzvermögen ganz in Aktien anzulegen, weil „die besser rentieren". Der Berater warnt: Die gesamten 10 Millionen Euro müssten, sofern sie nicht als Reserve dienen, angesichts der hohen monatlichen Ausgaben als gebundenes Vermögen betrachtet werden. Entsprechend müsste das Geld mit hoher Sicherheit angelegt werden. Weiter erklärt der Berater, dass überhaupt kein freies Vermögen vorhanden sei. Diese Sicht überrascht den Familienrat, doch schließlich wird gesehen, „dass man gar nicht so reich ist, wie gedacht." So werden 100 Tausend Euro als Reserve gehalten und der Rest mit zu 25% in Aktien angelegt. □

Vorgehensschritte

(1) Der erste Schritt bei der Kundenberatung soll die wichtigsten Wünsche, Vorhaben, Verwendungszwecke aufzeigen und mit der Gesamtsituation und dem Lebensplan des Berechtigten abstimmen, so dass realistische und harmonische Vorhaben (heute, später, dereinst) herausgearbeitet werden. Die Abstimmung kann in zwei Richtungen vorgenommen werden.

- Entweder nennt der Kunde seine Vorhaben für eine Auflistung und sie werden anschließend realistischer beschrieben, von Widersprüchen befreit, mit der Vermögenshöhe oder der erreichbaren Vermögenshöhe in Einklang gebracht und aus der Perspektive eines Lebensplans harmonisiert. Im Klartext: Der Berater führt die Wünsche auf das Realistische, das Harmonische und das wirklich Nutzenstiftende zurück.

- Oder der Berater nimmt eine holistische Perspektive der Gesamtsituation ein und leitet aus ihr passende Ideen für mögliche Vorhaben (heute, später, dereinst) ab. Im Klartext: Der Berater verhilft dem Kunden zu einem seinem Vermögen angemessenen Leben.

(2) Im zweiten Schritt der Kundenberatung werden die bereinigten und aufeinander abgestimmten Vorhaben nach verschiedenen (und bereits genannten) Kriterien geordnet: 1. Nach der Zeitnähe der Erfüllung (eventuell sofort, in acht Jahren, in vielleicht zwanzig Jahren). 2. Dem Grad der Konkretisierung (zwischen Idee, Wunsch und Plan) und dem Grad an Verbindlichkeit (Vorhaben, bereits angekündigter Plan, Verpflichtung). 3. Dem Grad an Genauigkeit hinsichtlich des für das Vorhaben oder die Verwendung benötigten Betrags (ungefähre Größenordnung oder bestimmter Betrag). Diese Kriterien bewirken eine Einteilung der Vorhaben in die drei Kategorien Reserve, gebundenes Vermögen, freies Vermögen.

(3) Im dritten Schritt wird ermittelt, wie groß die Geldbeträge oder Vermögensteile sind, die nun den in drei Kategorien gruppierten Vorhaben zuzuordnen sind. Das Ergebnis kann als Schichten der Vermögenspyramide dargestellt werden. Die Pyramide zeigt: Wie teilt sich das Gesamtvermögen heute gedanklich auf die drei Kategorien auf?

(4) Im vierten Schritt wird die Vermögensallokation festgehalten und umgesetzt: Die Reserven werden als liquide Mittel gehalten (Cash), das gebundene Vermögen mit hoher Sicherheit auf den Termin der geplanten Verwendung angelegt (großes Gewicht auf Bonds), während das freie Vermögen etwa mit dem Ziel des Kapitalwachstums (beispielsweise in Aktien oder in Immobilien) oder noch anders (Kunst, Länderein) investiert wird — je nach Lebensplan und Vorstellung des Kunden. So konkretisiert sich die Pyramide zur Vermögensallokation.

Bei dieser Umsetzung im vierten Schritt wird zum Schluss noch mit einem Optimizer geprüft, ob durch eine (kleine) Variation der Gewichte der Anlagen bei unverändertem Risiko eine Erhöhung der erwarteten Rendite bewirkt werden kann.

➜ Mia Mayer, hat ein Haus und Finanzanlagen im Wert von 500 (Geldeinheit GE = Tausend Euro). Sie möchte überprüfen lassen, ob ihr Finanzvermögen gut angelegt ist. Nach ihren Anlagezielen und Vorhaben befragt, nennt sie diese Pläne: 1. In drei Jahren soll eine dann fällige Hypothek in Höhe 100 GE abgelöst werden. 2. In fünf Jahren beendet sie das Berufsleben und möchte dazu dann 150 GE verrenten um ihre Pension zu ergänzen. 3. Der Rest wird nicht benötigt und soll dereinst der Wohltätigkeit zufließen. Aufgrund der Lebensumstände von Mia scheint eine Reserve von 50 GE ausreichend zu sein.

Der Anlagevorschlag lautet: 50 GE oder 10% des Gesamtvermögens als Cash zu halten, 100 GE in Anleihen mit dreijähriger Restlaufzeit anzulegen und 150 GE in Bonds mit fünfjähriger Restlaufzeit. Das freie Vermögen von 200 GE wird in Aktien angelegt. Die Aktienquote beträgt bei diesem Anlagevorschlag also 40%. Ein Risikoprofil mit Fragen nach Risikotoleranz und Risikofähigkeit wird nicht erstellt. Mia sieht: Der Vorschlag ist logisch aus ihren Vorhaben abgeleitet. Sie wendet sie nichts gegen die (auf ihr Gesamtvermögen bezogene) Aktienquote von 40% ein.

Nun werden die Daten (nach Steuer und nach Vermögensverwaltungskosten) aus Darstellung 6.3 zugrunde gelegt. Das Mia vorgeschlagene Portfolio von 10% Cash, 50% Bonds, 40% Aktien — es hat ein Risk von 9,09% und einen Return von 3,96% — wird mit einem Optimizer untersucht. Ein Portfolio aus 0% Cash, 62% Bonds und 38% Aktien hätte dasselbe Risk und einen leicht höheren Return von 4,06%, doch die Kunden hätte keine Liquidität als Reserve. Wird in den Optimizer Cashanteil = 10% als Bedingung eingegeben, dann bestätigt der Optimizer die genannte Vermögensallokation mit 50% Bonds und 40% Aktien als effizient. □

> Fazit: Eine Person sollte das Finanzvermögens gedanklich in drei Teile zerlegen: 1. Reserve, 2. Lunch Money (Brauchgeld, gebundenes Vermögen), 3. Smart Money (freies Vermögen). Die Reserve wird als Cash gehalten, das reservierte Vermögen überwiegend in Anleihen, die Reserve in Aktien, Immobilien, Kunst.

Kategorien und Assetklassen

Die Reserve sollte jederzeit und ohne lange Wartezeit in Geldform und in vorhersehbarer Höhe zur freien Verfügung stehen. Diese Anlageziele bieten Bargeld, Guthaben, kurzfristiges Festgeldanlagen, Geldmarktfonds.

Wichtig ist, dass die Person nicht erst noch andere Personen fragen muss, bevor sie an das Geld kommt. Die Aussicht Kredit zu erhalten ist daher nur bedingt für eine Reserve geeignet. Ebenso eignen sich Anleihen oder Aktien weniger gut als Reserve, weil sie Wertschwankungen ausgesetzt sind und beispielsweise bei einer Finanzkrise nicht so leicht verkauft werden können. Alle die genannten Anlagen wie Bargeld, Guthaben und Geldmarktfonds werden unter dem Begriff Cash subsumiert. Einige Personen denken, die Reserve verstecken zu müssen, weil sonst andere aus moralischen oder legalen Gründen darauf zugreifen könnten. Dann kommt Bargeld in Frage, physisches Gold und Diamanten, auch wenn letztere Wertschwankungen ausgesetzt sind. Einige Personen gründen einen Trust, um ihr Vermögen zu verbergen und vor Zugriff zu schützen.

> Für den Teil des Gesamtvermögens, der dem **gebundenen** Vermögen zugeordnet wird – es gibt Vorhaben, die hinsichtlich Art, Termin und Betrag konkret geplant sind – eignen sich vor allem Anleihen. Ob auch ein gewisser Anteile von Aktien für das gebundene Vermögen in Frage kommt, wird noch besprochen. Jedes Vorhaben, das die Person der Kategorie von gebundenem Vermögen zuordnet, wird also vor allem durch den Betrag und den Termin beschrieben. Mit Anlagen in Bonds wird erreicht, dass zu den geplanten Terminen Rückzahlungen erfolgen und so die für das jeweilige Vorhaben entsprechenden Beträge bereit stehen.

Beim **freien** Vermögen hat die berechtigte Person uneingeschränkte Wahl hinsichtlich der Anlage. Freies Vermögen kann ohne bestimmten Anlagehorizont angelegt werden. Wenn unbedingt ein Anlagehorizont angegeben werden soll und die Antwort „unbestimmt" nicht akzeptiert wird, dann ist er als *sehr lang* anzunehmen. Hinsichtlich der Höhe des in späterer Zukunft erreichten Anlageergebnisses besteht Beweglichkeit. Um eine höhere Rendite erwarten zu können, können risikobehaftete Anlagen gewählt werden. So wird oft das freie Vermögen in Aktien angelegt. Doch letztlich trifft die Person die Entscheidung, ob sie ihr freies Vermögen in Aktien oder in Immobilien, Beteiligungen, Kunst, Ländereien oder wie auch immer investieren möchte.

→ Nochmals Mia Meyer. Sie hat inzwischen eine Erbschaft über 500 (GE = Tausend Euro) von einem entfernten Verwandten erhalten. Auch wenn sie nun deutlich wohlhabender ist, möchte sie ihren Lebensstil nicht ändern. Der Berater kommt auf die demnächst eintreffende Rechnung über Erbschaftsteuer zu sprechen. Deshalb wird die Reserve von 50 GE auf 350 GE erhöht. Weiterhin bleiben unverändert 100 GE für die Ablösung der Hypothek und 150 GE für die Verrentung in Anleihen angelegt. Der Rest, das freie Vermögen, hat sich von 200 GE auf 400 GE erhöht.

Die Empfehlung für die Anlage der nunmehr 1.000 GE: 350 GE als Cash, 100 GE in Anleihen mit dreijähriger Restlaufzeit, 150 GE in Bonds mit fünfjähriger Restlaufzeit. Der Rest – nun beträgt das freie Vermögen 400 GE – könnte wiederum für Aktien vorgesehen werden. Von der Erbschaft in Höhe 500 GE werden also 300 GE wegen der Erbschaftsteuer den Reserven zugeführt. Für 200 GE werden zusätzlich Aktien gekauft. Soweit Vorschlag des Beraters. Bezogen auf das Gesamtvermögen von nunmehr 1.000 GE wäre die Aktienquote weiterhin 40%. Doch Mia Meyer sieht bei einem doppelt so hohem freien Vermögen die Möglichkeit, wohltätig zu wirken. Sie kauft eine Wohnung in der Stadt und überlässt sie bis auf weiteres, „um eine Sicherheit nicht aus der Hand zu geben", einem benachbarten Kinderheim zur freien Nutzung ☐

→ Rick Roll lebt als beamteter Parlamentarier von einer guten Pension und kann, weil er die monatlichen Zuweisungen nicht vollständig braucht, sogar weiter sparen und anlegen. Verpflichtungen bestehen nicht. Rick hat keine Familienangehörige. Inzwischen hat er 5 Millionen Euro und überlegt, was dereinst mit dem Vermögen geschehen soll. Seine Partei soll nichts bekommen. Aktien oder Wertpapiere möchte er nicht kaufen. Der Finanzberater meint: Ihr Vermögen ist, abgesehen von der Reserve, als frei anzusehen. Kaufen Sie Kunst. Sie haben noch Freude und bei guter Auswahl einen Wertgewinn. ☐

9.3   Das weitere Vorgehen

Damit ist der alternative Weg zum Anlagevorschlag beschrieben. Im Zentrum stehen weder Risikotoleranz noch Risikofähigkeit der Person, sondern ihre Wünsche, Vorhaben und Pläne. Die Vorhaben werden vom Kunden genannt oder erst in der Beratung angeregt. Sodann werden die

Vorhaben so verändert und vielleicht auch ausgewählt, dass sie (1) realistisch sind, (2) sich harmonisch ergänzen, und (3) den Lebensplan erfüllen. Nach Kategorisierung wird das Vermögen in Reserven, in gebundenes und in freies Vermögen unterteilt. Für jede der drei Kategorien gibt es eigene Anlageziele und daher zu ihnen jeweils passende Anlageklassen. Bei Reserven ist das die Anlageklasse Cash und beim gebundenen Vermögen Bonds oder ein Anlagemix mit hohem Bondanteil. Beim freien Vermögen sind diese Assetklassen passend: Aktien oder ein Portfolio für Kapitalwachstum, Immobilien, Ländereien, Kunst und anderes. So bestimmt die Pyramide die Vermögensallokation. Anschließend wird sie mit einem Optimizer auf Effizienz überprüft und allenfalls mit einer kleinen Modifikation hinsichtlich der Renditeerwartung verbessert. Schließlich wird die Vermögensallokation auf der Ebene der Einzelanlagen umgesetzt. Damit ist die alternative Vorgehensweise für die Herleitung des Anlagevorschlags dargestellt.

Für die nähere Ausführung sollen nun noch die Reserven, das gebundene Vermögen und das freie Vermögen genauer betrachtet werden. Das geschieht für die Reserven und das freie Vermögen in diesem Kapitel. Das gebundene Vermögen wird im nächsten Kapitel 8 betrachtet.

9.4   Wie hoch soll die Reserve sein?

Wie hoch sollte die Reserve sein? Eine höhere Reserve bedeutet, dass mehr Mittel bei geringer Rentabilität gehalten werden. Manche Personen halten deshalb geringe Reserven. Sie denken, bei überraschendem Geldbedarf könnte immer Hilfe oder eine Notlösung gefunden werden. Oder die angeforderten Hilfen zehren an der Reputation. Zumindest schwindet das Ansehen, Finanzen geordnet führen zu können. In vielen Ländern werden Dateien über Personen angelegt, die Verpflichtungen nicht pünktlich und betragsgerecht erfüllen. Kreditwürdigkeit kann verloren gehen.

Lebensereignisse

Reserven werden aus vier Gründen gebildet und gehalten. Der erste Grund sind **Lebensereignisse**, die überraschenden Geldbedarf auslösen. Die Ereignisse können den Ausfall von Arbeitseinkommen betreffen, etwa aufgrund von Arbeitslosigkeit oder Krankheit. Die Familiensituation kann sich unerwartet ändern, oder es entsteht plötzlicher Ersatzbedarf für Gegenstände wie das Auto oder die Heizung im Haus. Wie hoch die Reserve sein sollte, ergibt sich aus verschiedenen Einflussfaktoren, die wie folgt hinterfragt werden:

- Wie groß ist die Unsicherheit hinsichtlich der erwähnten Lebensereignisse (Arbeitslosigkeit, Krankheit)? 1. Wer übernimmt Reparaturen im Haus (Vermieter oder Eigentümer)? 2. Sind aufgrund des Berufs oder wegen des Alters höhere Krankheitskosten zu erwarten? 3. Leben im Haushalt weitere Menschen, etwa Kinder, denen auch etwas zustoßen kann, so dass auch für sie eine Reserve erforderlich wird?

- Welche Beträge? 1. Welche Beträge und Einkommen sind aufgrund des Lebensstils durch die Reserve zu ersetzen? 2. Welche Einschränkungen bei den weiteren Konsumausgaben werden in Fällen überraschenden Geldbedarfs von der Person noch geduldet und für wie lange Zeit? 3. Wie elastisch und flexibel ist die Person in einem Notfall?

- Welche Versicherungen bestehen? 1. Hat die Person Ansprüche auf Versicherungsleistungen? 2. Wie lange dauwert es, bis Versicherungen zahlen? 3. Könnte die Person auf Hilfe aus ihrem sozialen Umfeld vertrauen? 4. Wie stark ist der Wunsch ausgeprägt, in schwierigen Situationen von Dritten unabhängig zu bleiben? Ältere Menschen wollen vielfach unabhängiger sein.

Wie hoch die Reserve dann sein sollte, muss in der Praxis geschätzt werden. Zwar gibt es Modelle zur Berechnung eines optimalen Kassenbestands, doch diese Modelle setzen unter anderem voraus, dass die Wahrscheinlichkeiten für den Notfall gegeben sind. In der Praxis üblich sind pauschale Überschlagsrechnungen, die das Einkommen abzüglich dem Anspruch einer Hilfeleistung mit einer Anzahl von Monaten multiplizieren. In der Praxis wird eine Reserve zwischen dem dreifachen und dem sechsfachen des Monatseinkommens (oder der monatlichen Lebensausgaben) als ausreichend angesehen. Akribischen Menschen wird ein Haushaltsbuch empfohlen, aus dem typische Ausgaben und ihre zeitlichen Schwankungen hervorgehen.

Forderungen und gute Gelegenheiten

Ein zweiter Grund, aus dem Reserven erforderlich sind, stellen **Forderungen** dar, die vielleicht unbeachtet sind und auf einmal zu Tage treten und kurzfristig erfüllt werden müssen.

- Vorrangig ist hier an Steuerrechnungen gedacht. Im Fall einer Erbschaft kommen entsprechende Forderungen oftmals erst einige Monate nach dem Tod des Erblassers.

- Finanzielle Forderungen können auch von Geschäftskunden erhoben werden (Gewährleistungen), wenn die Person Leistungen erbringt und selbständig abrechnet.

- Schließlich engagieren sich einige Personen mit Investitionen, die Teilzahlungen verlangen. Nicht immer sind die zu leistenden Teilzahlungen genau terminlich im voraus planbar. Ein Beispiel ist der Kauf von Wohneigentum in der Bauphase. Der Abruf von Geld kommt immer zu einer ungünstigen Zeit, sagt die Lebenserfahrung. Auch hierfür sind Reserven zu empfehlen.

Ein dritter Grund, aus dem Reserven sinnvoll sind, wird durch **Opportunitäten** gegeben. Immer wieder bieten sich günstige Gelegenheiten für einen Kauf. Um sie zu ergreifen, muss man in der Lage sein, eine Zusage geben zu können auch ohne erst Dritte fragen zu müssen. Bargeld oder Kontoguthaben sind in diesen Situationen besser als Kreditwürdigkeit. Geld ist bedingungslose Verfügungsmacht. Wer Bargeld hat, kann meist noch über den Preis verhandeln.

John Maynard Keynes (1883-1946) lehrte, dass Haushalte aus zwei Motiven eine Kasse halten: Erstens für **Transaktionen**, die sich terminlich nie genau verzahnen lassen. Zweitens für **Spekulationen**, womit Keynes die Freiheit und Möglichkeit verstand, jederzeit Opportunitäten ergreifen zu können.

Weniger Risiko

Hier noch der vierte Grund, aus dem Reserven gebildet werden. Er hängt damit zusammen, dass Reserven in Formen gehalten werden, die praktisch frei von den sonstigen Anlagerisiken sind. Grosse Reserven bedeuten daher, dass das Gesamtvermögen etwas weniger riskant angelegt ist. Reserven beruhigen das Gesamtvermögen und damit oftmals den Berechtigte. Für eine bestmögliche Diversifikation kann sich aufdrängen, den Aktienanteil etwas höher festzusetzen als die Person vielleicht möchte oder als zu ihr aufgrund der Vermögenspyramide passt. Nur um eine bessere Diversifikation zu erreichen wird das Portfolioetwas riskanter als gewünscht oder passend gemacht. Dies kann durch höhere Reserven, also durch einen höheren Anteil von Geld, Kontoguthaben, Geldmarktfonds am Gesamtportfolio wieder ausgeglichen werden.

→ Die Risikostufe *Konservativ* wird sowohl bei Betrachtung von Returns vor oder nach Steuern und Kosten der Vermögensverwaltung durch Portfolios mit 17% Cash, 63% Bonds und 20% Aktien umgesetzt, vergleiche Darstellungen 6.3 und 6.4. Kunden, die sich für die Risikostufe *Konservativ* entscheiden, könnten den Aktienanteil von 20% Aktien als zu hoch empfinden. Denn das Risk von *Konservativ* ist mit 6% gleich dem Risk eines reinen Bondportfolios. Doch der hohe Aktienanteil wird verlangt, um eine gute Diversifikation mit Bonds herbei zu führen. Das höhere Risiko wird durch einen Anteil Cash von 17% wieder reduziert (während das reine Bondportfolio die Anlageklasse Cash nicht verwendet). □

9.5 Freies Vermögen

Freie aber nachhaltige Anlagepolitik

Als freies Vermögen wurde jenes *restliche* Kapital definiert, für das kein Verwendungszweck konkretisiert wurde und das demnach frei von einem hinsichtlich Termin oder Betrag definiertem Ziel angelegt werden kann. Das Kapital kann, gleichsam für immer oder auf unbestimmte Zeit, beispielsweise mit der Risikostufe *Wachstum* oder *Dynamisch* investiert werden. Deshalb waren Aktien empfohlen. Ebenso kommen Immobilien, Private Equity, Unternehmensbeteiligungen und Kunst in Frage. Die Anlage kann die Passion des Eigentümers ausdrücken oder zeigen, woran er glaubt: An die Notwendigkeit von Land und Rohstoffen oder an die Bedeutung von Innovation oder von Technologie. Vielleicht gründet der Investor ein Museum oder legt eine Sammlung an.

Selbstverständlich sind für das freie Vermögen auch Kombinationen von Aktien und Bonds möglich, wie beispielsweise die Risikostufe *Ausgewogen*, wenn aufgrund hoher Risikoaversion der Person eine reine Aktienanlage zu wenig Komfort bieten sollte.

➝ Pia Paul hat ihr freies Vermögen von 1 Million Euro zu 2/3 in Aktien angelegt und führt sich bei dieser Aktienquote komfortabel. Völlig unerwartet erhält sie eine Zahlung aus dem Firmenvermögen ihres verstorbenen Mannes, und zwar nach Steuern 3 Millionen Euro. Sie könnte ihren Lebensstil ändern, sich mehr vornehmen und vielleicht eine weitere Immobilie kaufen. Doch Frau Paul plant kein neues Vorhaben, weshalb der Geldbetrag gedanklich nicht dem gebundenen Vermögen zugeordnet wird. Die 3 Millionen Euro stellen eine Erhöhung des freien Vermögens dar. Pia ändert auch nicht ihre Risikoeinstellung. Also werden für 2 der 3 Millionen Euro Aktien gekauft und mit 1 Million Euro werden die Anlagen in Bonds erhöht. Dies alles lediglich mit einer kleinen Variation, um Diversifikationseffekte zwischen Aktien und Bonds auszuschöpfen. □

> Allerdings gibt es auch für das freie Vermögen eine Bedingung. Die Anlagestrategie soll so konzipiert sein, dass sie auch auf Dauer möglich ist und durchgehalten werden kann. Sie soll **nachhaltig** angelegt sein.

Nachhaltigkeit könnte aus verschiedenen Richtungen gefährdet sein. Zwei seien genannt: Eine erste Gefährdung könnte daraus erwachsen, dass der Investor mit einer Sache beginnt, die gar nicht zur Persönlichkeit passt und dann alsbald aufgegeben wird. Eine zweite Gefährdung der Nachhaltigkeit von Investitionen entsteht aus politischen Veränderungen. Die Frage lautet, was getan werden kann, um eine Vermögensanlage gegen politische Risiken zu schützen.

➝ Es darf nicht sein, dass aufgrund von Rohstoffeigentum in Indonesien auf einmal Steuerforderungen kommen, die nicht bedient werden können – und zugleich kann die Vermögensposition nicht verkauft werden. □

> Politische Risiken können nicht immer frühzeitig erkannt werden. Doch auch bei politischen Risiken gibt es Regeln, die beachtet werden sollten und helfen.
>
> 1. Wer das Geld in Staaten mit verlässlich stabilen Verhältnissen anlegt, ist stärker geschützt als bei einer Investition in Ländern mit sozialen Unruhen.
>
> 2. Wer sich mit der Masse bewegt, ist meist vor selektiven Benachteiligungen geschützt. Denn wenn beispielsweise übliche Wohnimmobilien auf einmal stark besteuert werden sollen, würde sich die Bevölkerung wehren. Doch die Bevölkerung wehrt sich kaum, wenn der Landbesitz eines Ausländers im Erbfall höher besteuert wird.

Vermögen der Dynastie

Es wurde bemerkt, dass freies Vermögen vom Berechtigten *umgewidmet* werden könnte. Mit der Formulierung neuer Vorhaben würde es zu gebundenem Kapital werden. Einige Familien sind so wohlhabend, dass sie das freie Vermögen von Generation zu Generation weiter geben können. Dieser Sachverhalt legt eine weitere Unterteilung für das freies Vermögen nahe.

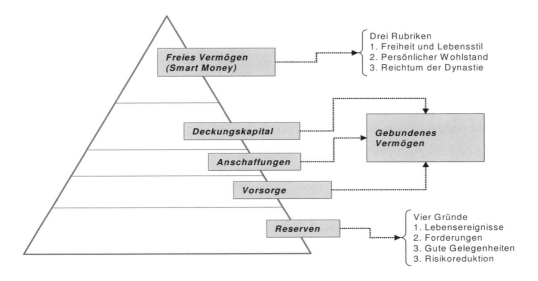

Darstellung 9-3: Die verfeinerte Vermögenspyramide mit fünf Schichten, von denen drei Schichten (Vorsorge, Anschaffungen, Deckungskapital) das gebundene Vermögen bilden.

Das freie Vermögen wird demnach in drei Rubriken unterteilt.

- In der ersten Rubrik, sie kann als **Freiheit im Lebensstil** bezeichnet werden, stehen freie Mittel, die vermutlich doch irgendwann umgewidmet werden. Irgendwann entdeckt der Berechtigte, dass die nicht verbrauchten Mittel nicht mitgenommen werden können. Ein Investor meint: „Ich fliege ab jetzt nur noch Business Class, denn ich verbrauche dabei nicht *mein* Geld, sondern das meiner Erben." Aufgrund kommender Umwidmungen der freien Mittel ist hohe Liquidität angezeigt. Deshalb bieten sich für diese Rubrik *Freiheit im Lebensstil* Wertpapiere an sowie Standardimmobilien. Der Anlagemix bewegt sich auf die bei gebundenem Vermögen empfohlenen Aktienquoten zu, also auf die Vermögensallokation *Ausgewogen*.

- In der zweiten Rubrik, für die sich **persönlicher Wohlstand** als Begriff anbietet, stehen Mittel, die zum Überwiegenden Teil einmal hinterlassen werden. Denn das freie Vermögen ist so hoch, dass selbst bei der Umwidmung eines Teils der persönliche Wohlstand erhalten bleibet. Hier kommen also Aktien und Immobilien in Frage. Bei Unternehmensbeteiligungen muss geklärt werden, ob die Unternehmung beim Übergang von Entscheidungsmacht auf Kinder an Wert gewinnt oder verliert. Nachfolgeregeln werden zu einem Thema für das Wealth Management.

- In der dritten Rubrik – bezeichnet als **Reichtum der Dynastie** wird Vermögen zuge-rechnet, dass von Generation zu Generation weitergegeben wird. Die Beispiele: Ländereien, Unternehmungen, Kunst, der Bau eines Museums, eine Stiftung für Kunst.

Um eine Orientierung zu geben. Das freie Vermögen – wie gesagt der freie Teil des gesamten Vermögens – liegt bei der mit *Freiheit und Lebensstil* bezeichneten Untergruppe in der Größenordnung von einer Million Euro. Bei der Rubrik *persönlicher Wohlstand* liegt das freie Vermögen im Bereich von 10 Millionen Euro und beim *Reichtum einer Dynastie* ist das freie Vermögen mehr als 100 Millionen Euro.

Beim Reichtum der Dynastie sind zudem zwei Aspekte anders im Vergleich zum persönlichen Wohlstand und zur Freiheit im Lebensstil:

Erstens wird die Anlagestrategie nicht von einer persönlichen Risikotoleranz des gerade Lebenden bestimmt sein. Vielmehr sollte sie aus der Sicht aller Generationen getroffen werden. Die Risikopolitik folgt also einer objektivierbaren, durch Wissenschaft und Best-Practices gestützten Sicht. Persönliche Präferenzen und Aversionen treten zurück.

Zweitens verliert die jederzeitige Liquidierbarkeit der Vermögenspositionen an Bedeutung. Deshalb kann der Reichtum einer Dynastie in Ländereien sowie in Beteiligungen investiert sein, auch wenn sich diese Objekte nicht immer so leicht verkaufen lassen. Das Kriterium ist wiederum, welche Beurteilung sich aus wissenschaftlicher Erkenntnissen und aus besten Praktiken ergibt.

Fazit: Das freie Vermögen kann zwar frei investiert werden. Doch es stehen weitere Aspekte im Raum:

1. Ist mit einer Umwandlung in gebundenes Vermögen zu rechnen?

2. Kann die Anlage auf Dauer durchgehalten werden, ist sie nachhaltig? Die Themen sind die Dauerhaftigkeit persönlichen Engagements sowie politische Risiken.

3. Fühlen sich die Berechtigten mit der Anlage wohl?

4. Wie sind politische Veränderungen einzuschätzen und wie kann das Vermögen dagegen geschützt werden?

5. Passt die Art der Anlage des freien Vermögens zur Person und dient sie dazu, den Lebensplan der Person, der Familie, der Generationen von Familienmitgliedern zu unterstützen, zu festigen und zu vollenden?

Insgesamt kann die Vermögenspyramide etwas detaillierter dargestellt werden. Dabei soll berücksichtigt werden, dass Vermögen erstens für Vorsorge gebunden wird, zweitens für konkret geplante Anschaffungen oder drittens als Deckungskapital für laufende Entnahmen bereits gebunden ist. Die verfeinerte Pyramide hat damit fünf Schichten. Ein Bild soll zudem die vier Gründe festhalten, aus denen Reserven gebildet werden und beim freien Vermögen die Unterscheidung von Freiheit im Lebensstil, persönlichem Wohlstand und Reichtum der Dynastie erkennbar machen.

9.6   Fragen zur Lernkontrolle

1. Ein Kunde, 60 Jahre, hat ein Finanzvermögen von 500 (Geldeinheit GE = Tausend Euro) und möchte sich damit zwei Wünsche erfüllen. Erstens möchte er in Vorruhestand gehen und die 5 Jahre bis zum Bezug von Altersversorgung durch einen Bezugsplan überbrücken. Das Kapital soll aber nicht ganz aufgebraucht werden, weil er zweitens mit Pensionierung in fünf Jahren in nominaler Höhe von etwa 300 GE zur Verfügung haben möchte, um eine Ferienwohnung zu kaufen. Der Kunde meint, auf fünf Jahre sollten nicht zwischen nominalen Geldbeträgen und realer Kaufkraft unterschieden werden, das heißt, es solle von Inflation abgesehen werden. Sind die beiden Wünsche realistisch? Der Kunde erwartet eine schnelle Überschlagsrechnung im Kopf. [Es kommt vor allem auf die Höhe der Entnahmen an: Bei einem Horizont von fünf Jahren kann angesichts einer gewissen Elastizität, die der Kunde zeigt, konservativ angelegt werden (Risk 6% wie bei Bonds), mit einem Return nach Steuern und Kosten der Vermögensverwaltung von 2,8%. Würde nichts entnommen werden, wären, bezogen auf 500 GE und 5 Jahre, rund 70 GE zu erwarten. Grob gerechnet können also 270 GE auf 5 Jahre verteilt werden, was netto (nach Kapitalertragsteuer) etwa 54 GE im Jahr bedeutet.]

2. Ist die Vermögenspyramide einfach eine Grafik, oder kann sie noch zu anderen Aufgaben dienen? [1. Die Pyramide gestattet Adjustierungen, mit denen Angemessenheit, Konsistenz und Harmonie der Vorhaben im Hinblick auf Gesamtsituation und Lebensplan erreicht werden. 2. Wenn mehrere Pyramiden (für die heutige und die die in fünf Jahren vorliegende Situation) betrachtet werden, dienen die Pyramiden auch der Finanzplanung und der Planung der Veränderung des Anlagemixes über die Zeit.]

3. a) Welche vier Gründe legen nahe, eine Reserve zu halten? b) Was meinte KEYNES, wenn er von einer Transaktionskasse und einer Spekulationskasse sprach? [siehe 4.2]

4. Wodurch wird Vermögen gebunden? Nennen Sie die drei wichtigsten Untergruppen der Kategorie gebundenes Vermögen. [Vermögen wird gebunden (1) durch Vorsorgezwecke, (2) für Anschaffungen und konkret geplante Ausgaben für die überschaubaren kommenden Jahre, sowie (3) als Kapitaldeckung für laufende Entnahmen]

5. Für das freie Vermögen wurden drei Situationen („Rubriken") unterschieden, die vom Finanzberater unterschiedliche Zugangsweisen verlangen. Sie sind so betitelt: 1. Freiheit und Lebensstil, 2. persönlicher Wohlstand. 3. Reichtum der Dynastie. a) Ein Kunde besucht hat eine freies Vermögen von einer Million Euro und möchte nun ganz frei damit umgehen können. Der Kunde hat kürzlich von Freunden gehört, man solle in seltene Erden investieren und das möchte er nun machen. Was raten Sie? [1. Richtig ist, der Kunde entscheidet. 2. In der Rubrik Freiheit und Lebensstil ist mit Umwidmungen zu rechnen. 3. Ein kürzlich gehörter Tipp hat höchst selten eine nachhaltiges Investment begründet. 4. Warum sollte sich der Kunde mit einem Investment in seltene Erden wohl fühlen und weshalb sollte es seine Lebensperspektive verwirklichen?]

6. Als viertes Lernziel wurde angestrebt, wichtige Ansätze und Vorgehensweisen dieses Kapitels verstehen und weiterführen zu können. Erweitern Sie die dreischichtige Pyramide, indem sie eine Brücke zur Bedürfnispyramide nach ABRAHAM MASLOW (1908-1970) schlagen. Insbesondere sollen Sie den Grundwunsch des Menschen, abgesichert zu sein (hier: Versicherungen) in die Vermögenspyramide integrieren, so dass sie vier Schichten erhält. Auf welcher Ebene würden Sie diese Schicht einfügen?

7. Das fünfte Lernziel war, Namen von Personen in ein Kundengespräch einfließen lassen können. JOHN MAYNARD KEYNES wurde in diesem Kapitel zur Unterscheidung von Transaktions- und Spekulationskasse erwähnt und wir waren bereits auf seine Metapher des Schönheitswettbewerbs zu sprechen gekommen. Meistens wird Keynes indessen für seine Vorschläge zitiert, der Staat solle in Konjunkturflauten Schulden machen, das Geld ausgeben, und so die Wirtschaft „ankurbeln" (*Deficit Spending*). Demgegenüber steht die als *Monetarismus* bezeichnete und auf MILTON FRIEDMAN (1912-2006) zurückgehende Lehre, der Staat solle stabile Rahmenbedingungen schaffen und nicht immer steuernd und gegensteuernd in die Wirtschaft eingreifen. Die Frage und Aufgabe: Wie könnten Sie einen Kunden dazu bringen, die gegenwärtige Wirtschaftspolitik im Licht dieser gegensätzlichen Empfehlung zu beurteilen, so dass der Kunde Sie als Gesprächsteilnehmer mit allgemein wirtschaftlicher Expertise schätzen lernt?

10 Gebundenes Vermögen

Mit welchem Risiko Geld für (1) Vorsorgezwecke oder für (2) Anschaffungen und wie (3) Deckungskapital für laufende Entnahmen angelegt werden kann

Jede Finanzplanung folgt diesem Weg zur Vermögensallokation: Der Kunde wird *nicht* nach seiner Risikotoleranz befragt, sondern nach den Wünschen, Vorhaben und Plänen, die verwirklicht werden sollen. Auf Grundlage der Vorhaben und der Anlagezwecke wird die Vermögenspyramide aufgestellt. Die Pyramide legt sodann die Gewichtung der Anlageklassen fest.

Im Mittelpunkt dieses Kapitels steht die Pyramidenschicht des *gebundenen* Vermögens. Vermögen wird durch dreierlei Vorhaben gebunden: 1. Vorsorge. 2. Anschaffungen für die kommenden fünf, zehn oder fünfzehn Jahre. 3. Kapitaldeckung für bereits laufende, periodische Entnahmen (Renten, Bezugsplan). Diese drei Untergruppen des gebundenen Vermögens werden jetzt näher betrachtet. Die Frage ist, ob als Anlage für diese Kategorie nur Bonds in Frage kommen oder ob eventuell auch ein gewisser Aktienanteil möglich ist. Dazu gibt es Antworten aus der Praxis und eine Modellbetrachtung. Letztere beruht auf dem *Shortfall-Ansatz*, der in Abschnitt 4.2 erwähnt wurde und nun ausgebaut wird.

Fünf Lernziele: 1. Für das gebundene Vermögen einen Anlagevorschlag nach einem praxisnahen Vorgehen ausarbeiten zu können. 2. Den Shortfall-Ansatz mit einer Näherungsformel lösen können. 3. Darüber sprechen können, was unter Beachtung des Risikos für die Vorgänge Ansparen und Entsparen zu empfehlen ist. 4. Wichtige Vorgehensweisen dieses Kapitels verstehen. 5. Namen von Personen und Einrichtungen sowie Produktbezeichnungen und Begriffe in ein Kundengespräch einfließen lassen können.

10.1 Vorsorge

Generell wirken zwei Einflussfaktoren

Vorhaben werden dem gebundenen Vermögen zugeordnet, wenn 1. der Verwendungszweck konkret ist, 2. der Termin und 3. der dann benötigte Betrag feststehen und wenn 4. das Anlageergebnis in einer überschaubaren Frist (von fünf, zehn oder fünfzehn Jahren) benötigt wird. Vermögen wird gebunden erstens durch Vorsorgezwecke, zweitens für Anschaffungen, sowie drittens als Kapitaldeckung für laufende Entnahmen.

Gebundenes Vermögen hat drei repräsentative Beispiele. 1. **Vorsorge** für das Alter. 2. Geplante **Anschaffungen**. 3. **Deckungskapital**. Letzteres wird von der Person bereits genutzt, um den laufenden Lebensunterhalt zum Teil oder zur Gänze zu bezahlen.

Diese drei repräsentativen Beispiele für gebundenes Vermögen werden näher betrachtet. Dabei wird die Frage aufgegriffen, ob von der bisherigen Empfehlung, gebundenes Vermögen in Anleihen anzulegen, zugunsten einer gewissen Gewichtung von Aktien abgewichen werden kann, um eine etwas höhere Rendite erwarten zu können. Selbstverständlich könnte anstatt von der Aktienquote vom möglichen Risk gesprochen werden, also von der Standardabweichung der Rendite der Vermögensallokation. Anschließend würde mit einem Optimizer eine bestmöglich diversifizierte Gewichtung von Cash, Bonds und Aktien gefunden. Entsprechend werden wir entweder das Risiko durch die Aktienquote ausdrücken oder uns auf die immer wieder genannten fünf Risikostufen *Sicher* (Risk 3%), *Konservativ* (Risk 6%), *Ausgewogen* (Risk 10%), *Wachstum* (Risk 15%), *Dynamisch* (Risk 19%) beziehen.

Aufgrund bester Praktiken und von Modellen stellt sich heraus: Die Entscheidung über die Risikostufe beim gebundenen Vermögen wird durch zwei Aspekte bestimmt:

1. Der **Horizont** hat deutlichen Einfluss auf die Risikostufe, also die Frage, ob von 5 oder von 15 Jahren Anlagehorizont gesprochen wird.

2. Die **Elastizität und Flexibilität** der Person, sollte die Prognose oder der Plan nicht ganz aufgehen und das Anlageergebnis etwas geringer ausfallen. Die Elastizität und Flexibilität sind fast immer eine Frage der **Höhe des Vermögens**. Wer heutzutage mit 1.000 Euro Rente leben muss, hat keinerlei Elastizität und muss bei allen Ausgaben genau rechnen können. Wer ein Monatseinkommen von 10.000 Euro bezieht, kann bei den verschiedensten Anschaffungen deutlich flexibler reagieren.

Anlage bereits angesammelten Deckungskapitels

Die erste Untergruppe von gebundenem Vermögen bildet Vermögen, das in einigen Jahren dazu dienen soll, ab dann – allerdings nicht bereits jetzt – regelmäßige Zahlungen wie bei einer Rente zu erzeugen (**Vorsorge**). Dies kann, wenn es dann soweit ist und die periodischen Zahlungen benötigt werden, durch den Kauf einer Leibrente oder durch einen dann einsetzenden Bezugsplan bewerkstelligt werden.

Beispielsweise möchte jemand in acht Jahren in Frühpension gehen und benötigt ab diesem Zeitpunkt eine Ergänzung der sonstigen Leistungen aus der Altersversorgung, der staatlichen und betrieblichen Rente. In einigen Fällen ist das für die Vorsorge gedachte Vermögen zum (heutigen) Zeitpunkt der Planung der Vermögensallokation bereits vorhanden und wird daher nur bis zur Pensionierung des Berechtigten an den Finanzmärkten geparkt. Doch im Regelfall muss das Vorsorgekapital erst akkumuliert werden.

Um privates Vorsorgekapital aufzubauen, werden periodisch immer wieder Neuanlagen getätigt. Auf eine Ausschüttung von Erträgen aus dem akkumulierten Vermögen wird verzichtet. Alle Finanzerträge werden zusätzlich angelegt.

> Noch bevor der Zeitpunkt gekommen ist, zu dem das angelegte oder das über Jahre hinweg angesammelte Vorsorgekapital in eine Rente umgewandelt oder mit einem Bezugsplan genutzt wird, wünschen sich die Menschen hohe Planbarkeit und somit Sicherheit der erreichbaren Renten oder Bezüge.

> Denn mit zunehmendem Lebensalter wird auch das Arbeitsleben irreversibel: Nicht alle Menschen können, sollten sie in den letzten drei Jahren vor der Pensionierung herbe Verluste beim Vorsorgekapital haben, nochmals die Zeit zurückdrehen und ihre Arbeit, ihr Sparverhalten und ihre Vermögensallokation ändern. Die Menschen wollen somit bereits Jahre vor der Pensionierung Informationen über die Anlageergebnisse und wünschen hohe Sicherheit, dass diese Vorhersagen ziemlich genau eintreffen.

In den letzten Jahren vor der Rentenumwandlung sollte daher das dann (später mit einem Bezugsplan genutzte und meistens über die Jahre hinweg auch verringerte) Vermögen vergleichsweise sicher angelegt sein, etwa mit einem Risk von 3% (sichere Anlage) oder von 6% (konservative Anlage). Niemand wollte etwa im letzten Jahr vor dem Kauf einer Leibrente die Hälfte des Vermögens in Aktien halten mit der Gefahr, dass das Vorsorgekapital noch um 10% oder 15% absinken kann.

→ Maria, eine Angestellte, spart in bescheidenem Umfang Teile ihres Einkommens, um später, wenn sie in fünf Jahren mit der Arbeit aufhört, ihre Rente monatlich zu ergänzen. Sie wird darauf angewiesen sein und hat kaum Elastizität hinsichtlich der Höhe der dann möglichen Zusatzrente. Für die Vermögensallokation wird empfohlen, entweder eine *sichere* und eine *konservative* Anlage zu kombinieren oder praktisch vollständig auf Anleihen mit der Restlaufzeit von fünf Jahren zu setzen (was allerdings kein effizientes Portfolio ergibt). □

→ Marta, ebenso angestellt, ist ein ähnlicher Situation wie Maria: Doch Marta beendet ihre Arbeit erst in zehn und nicht schon in fünf Jahren. Aufgrund des längeren Horizontes bietet sich eine konservative Anlage oder eine Mischung aus *konservativem* und *ausgewogenen* Portfolio. □

→ Eine dritte Situation: Wieder beträgt der Anlagehorizont zehn Jahre. Doch diesmal ist die Person eine Geschäftsführerin, mit geschäftlichen Risiken vertraut und gewohnt, schlechte Ergebnisse zu hinzunehmen. Angesichts der Höhe ihres Einkommens hat sie Elastizität. Die der Vorsorge zugeführten Beträge werden anfangs *ausgewogen* angelegt. In den letzten Jahren vor der Anlage wird die Aktienquote allerdings reduziert. Bei Verwendung des Kapitals in zehn Jahren ist es schließlich konservativ angelegt. □

Die Betonung der Anlagesicherheit für das Vorsorgekapital in den letzten Jahren vor dem Beginn der Inanspruchnahme hat zwei Ausnahmen. (1) Eine Ausnahme liegt vor, wenn keine Leibrente gekauft wird, sondern wenn die Rente durch einen Bezugsplan nachgebildet wird. Dann verkürzt sich der Anlagehorizont für Vorsorgekapital nicht so stark, wenn der Zeitpunkt der ersten Rente kommt. (2) Eine zweite Ausnahme sind sehr hohe Vermögen, bei denen die Person eine deutlich ausgeprägte Elastizität und Flexibilität hat. Beide Ausnahmen erlauben, zu Beginn der Pensionierung das Vorsorgekapital einer Risikostufe zwischen *Konservativ* und *Ausgewogen* zu halten.

Ansparen des Deckungskapitals

Nur wenige Personen haben so hohe Arbeitseinkommen, dass sie durch Sparen und Anlegen wohlhabend werden. Durch Sparen vom Lohn allein kommt selten freies Vermögen zusammen. Für die meisten Menschen gilt, dass auch bei einem Ansparvorgang in den letzten Jahren vor der Nutzung für die Erzeugung periodischer Entnahmen das Vorsorgekapital sicherheitsbetont (Risk 3%) oder konservativ (Risk 6%) angelegt werden muss. Doch bei den ersten Einlagen eines meist über Jahrzehnte währenden Ansparens von Vorsorgekapital darf demgegenüber ein höheres Risk gewählt werden, weil der Anlagehorizont für die ersten Einlagen entsprechend lang ist.

Wer den Aufbau privaten Vorsorgekapitals im Lebensalter von 30 Jahren beginnt und plant, ihn durch Einlagen bis zum 65. Lebensjahr zu bewerkstelligen, der kann dieser Faustformel folgen:

1. Aktienquote für die Einlage im Lebensalter = 3·(Anzahl Jahre bis zur Pensionierung).

2. Es wird kein Rebalancing vorgenommen. Für neue Einlagen werden die Gewichte der Assetklassen nach eben genannter Formel bestimmt. Der tatsächlich vorliegende Anlagemix des bestehenden Vorsorgekapitals wird nicht adjustiert.

Mit Beginn des Aufbaus des Vorsorgekapitals ist die Aktienquote des dann bereits vorhandenen Vorsorgekapitals noch hoch, doch sie wird im Verlauf der Zeit immer geringer. Für die Jahreseinlage, die etwa 10 Jahre vor der Pensionierung getätigt wird, ist nach dieser Formel eine Aktienquote von 30% vorgesehen.

Wie hoch zum Schluss die Aktienquote des Vorsorgekapitals insgesamt ist, hängt erstens von der Entwicklung der Wertentwicklung von Aktien ab, zweitens von den Höhen der getätigten Einlagen über die Jahre hinweg. Im allgemeinen steigen die Einlagen an, weil die Person (zumindest bis zum Alter 45) am Arbeitsplatz steigende Löhne haben dürfte und ihr über die Jahre hinweg aufgrund von geringeren Belastungen – Kinder stehen dann auf eigenen Füßen – höhere Sparleistungen möglich sind. Deshalb liegt die schließlich erreichte Aktienquote nicht bei 45%, sondern deutlich darunter. Szenarien können durch **Simulation** verdeutlicht werden.

→ Zeta Zinn, eine Berufssportlerin, 25 Jahre, hat ein hohes aber unregelmäßiges Einkommen. Sie möchte einen Teil für die Zeit anlegen, in der sie den Berufssport nicht mehr ausüben kann, und das wird etwa in 15 Jahren der Fall sein. Hinsichtlich der späteren Höhe der Beträge, die das Kapital dann abwirft, ist sie sehr elastisch. Sie kann sich abfinden, sollte das Anlageergebnis magerer als erhofft ausfallen. Ihr wird ein Anlagemix empfohlen, der zu Beginn auf *Wachstum* setzt (Risk 15%) und später sukzessiv durch eine *ausgewogene* Anlage (Risk 10%) ersetzt wird. □

Beste Praktiken

Der Berater wird nach dem Vorsichtsprinzip in allen Fällen mehr Zurückhaltung gegenüber Aktien empfehlen. Denn wenn der über ein Arbeitsleben andauernde Aufbau von privatem Vorsorgekapital mißlingt, dann kann der Ansparvorgang *nicht wiederholt* werden. Im Hinblick darauf muss geprüft werden, ob die Person dazu neigen könnte, später unter eventuellen Anlagefehlern zu leiden (Bedauern, Regret). Einige Menschen machen sich während des Ruhestands immer wieder Vorwürfe und kommen nicht darüber hinweg, dass sie seinerzeit zu riskant investierten und das Glück nicht auf ihrer Seite stand. Wenn jemand dazu neigt, unter Bedauern länger zu leiden, dann muss beim Anlagemix für das Vorsorgekapital die Sicherheit betont werden. Noch ein Blick auf institutionelle Investoren. Lebensversicherungsgesellschaften und Pensionskassen praktizieren eine Aktienquote von bis zu 30% und sie halten einen Teil des Vorsorgekapitals in Immobilien. Dieser Anlagemix kann als beste Praxis auch Privatanleger orientieren.

- Inzwischen kehren die institutionellen Investoren vom so genannten **Leistungsprimat** ab, bei dem den Versicherten ein Leistungsversprechen gegeben wird, das sich eher an der Entwicklung der Arbeitseinkünfte orientiert als an den Renditen im Finanzmarkt. Aufgrund dieses Leistungsversprechens wird zwar ein kollektives Konto geführt, doch es werden keine Einzelbeträge den Kunden zugeordnet. Es liegt in der Verantwortung der Institution, die gegebenen Leistungszusagen auch einhalten zu können. Da die Leistungszusagen meistens vom letzten Gehalt abhängen, interessieren sich die Versicherten weniger für die Anlagepolitik des Gruppenvermögens. Sie gehen zudem davon aus, dass bei einem Notfall der Staat der Institution mit Hilfen zur Seite stehen würde.

- Die institutionellen Anleger führen zunehmend das **Beitragsprimat** ein, den Grundsatz, dass die späteren Zahlungen an die Versicherten von deren Beträgen und den realisierten Renditen bestimmt sind. Bei einem Betragsprimat führen die institutionellen Anleger von Vorsorgekapital für jeden Kunden ein eigenes Konto, aus dem der durch eingelegten Beiträge und durch die Anlageerfolge (vermindert um Kosten für die Verwaltung und die Versicherungsleistung) angesammelte Wert hervorgeht. Dieser Wert auf dem individuellen Konto bestimmt die späteren Leistungen an den Versicherten. Beim Beitragsprimat haben Kunden die Möglichkeit zu entscheiden, mit welcher Risikostufe ihr Kapital angelegt wird.

Wie immer gibt es Variationen. Bei einer **Riester-Rente** – eine privat finanzierte Rente, die durch staatliche Zulagen und Abzugsmöglichkeiten in Deutschland gefördert wird – müssen die Institutionen ihren Versicherten Kunden eine nominale Wertgarantie auf den Zeitpunkt des Beginns der Leistungsbezüge geben.[1] Auch die **Rürup-Rente** in Deutschland ist kapitalgedeckt. Aufgrund der steuerlichen Gestaltung eignet sie sich besonders für Selbständige.

Fazit: Wichtig für den Anlagemix beim Vorsorgekapital sind: 1. Das Alter und somit der **Anlagehorizont** der Einlagen. 2: Die Höhe des Vorsorgekapitals und die Höhe der Sparbeiträge (aus denen sich Hinweise über die **Elastizität und Flexibilität** ergeben).

---

[1] DIRK KIESEWETTER: Für wen lohnt sich die Riester-Rente? *FinanzBetrieb* 4 (2002), 101-110.

10.2 Anschaffungen

Zur zweiten Untergruppe von gebundenem Vermögen gehören Mittel, die zu einem bestimmten Zeitpunkt oder in einem gewissen Zeitraum eine größere Geldausgabe verlangen. Beispiele für diese besonderen Zwecke: Hausbau, Kauf einer Ferienwohnung, Bezahlung der Ausbildung von Enkeln, Kauf einer Jacht. Der Fälligkeitstermin sowie die Höhe des dann benötigten Geldbetrags stehen in solchen Fällen fest.

- Oftmals spricht die Person über ihr Vorhaben mit Angehörigen und Freunden und bindet sich dadurch, oder sie gibt sogar rechtlich wirksame Zusagen. Ankündigungen führen bei sich selbst und bei anderen zu Vorkehrungen, die wiederum Aufwand verursachen. Dann wird der Betrag tatsächlich benötigt und der Termin ist einzuhalten. Bei dadurch geringer Flexibilität wird die Geldanlage *sicher* oder *konservativ* vorgenommen.

- Demgegenüber kann Flexibilität hinsichtlich Termin und Betrag bestehen. Wenn etwa nicht wie gewünscht in zehn Jahren exakt 100 Tausend Euro für eine Hausrenovierung zur Verfügung stehen, könnte das Vorhaben entweder um zwei weitere Anlagejahre hinausgezögert oder mit einem geringeren Betrag immer noch auf annehmbare Art erfüllt werden. Falls Flexibilität besteht, kommen neben Bonds auch Aktien in Frage, bis hin zum Portfolio *Ausgewogen* und in Einzelfällen *Wachstum*.

Aktienanlagen sind nur empfohlen, wenn der Zeithorizont länger als fünf Jahre ist. Um den Anlagemix zu bestimmen, müssen zwei Punkte geklärt werden: 1. Liegt der Zeitpunkt der Anschaffung bereits in drei, vier oder fünf Jahren oder deutlich später? 2. Besteht hinsichtlich des Betrags für die Verwirklichung des Vorhabens oder der Anschaffung Elastizität und Flexibilität?

→ Carola Cannes, eine Beamtin, hält eine Reserve in Höhe von drei Monatsgehältern. Für eine zusätzliche Altersversorgung möchte sie nicht auf Konsum verzichten. Doch sie möchte Mittel sparen und anlegen, um in fünf Jahren ihr Haus zu renovieren. Der Termin ist nah, doch bei der Hausrenovierung besteht große Flexibilität. In den ersten zwei Jahren werden die Spareinlagen für die Renovation ausgewogen angelegt, in den folgenden Jahren konservativ. □

→ Bei Geburt der Enkelin versprechen die Großeltern, in 18 Jahren das für ein Studium in den USA erforderliche Geld zu schenken. Sie möchten das Kapital in einem eigenen Depot anlegen. Anbetracht des langen Horizontes und der hohen Elastizität hinsichtlich des Betrags wird für den Anlagemix *Wachstum* entschieden. Es sollen gleich Wertpapiere gekauft werden, die auf Dollar lauten. Die Großeltern wissen, dass derzeit ein dreijähriges Studium mit Gebühren, Lebenshaltungs- und Reisekosten 180.000 Dollar kosten kann. Bei einer Inflationsrate von angenommen 3% sind das in 18 Jahren 306.438 Dollar. Bei einem wachstumsorientierten Portfolio rechnen sie nach Steuern und Kosten mit einer Rendite von 6%. Entsprechend nehmen sie von ihrem Vermögen einen Eurobetrag, der für den Kauf von 107.359 Dollar nötig ist und kaufen damit zu 27% einen Bond ETF und zu 73% einen Aktien ETF. Sie planen, jedes Jahr die gewünschte Allokation Wachstum wieder herstellen. □

10.3 Shortfall-Ansatz

Zielrendite und Ausfallwahrscheinlichkeit

In den Abschnitten 10.1 und 10.2 wurden pragmatische Anlageempfehlungen gegeben. Sie sollten als Faustformeln verstanden werden, die so Zustimmung bei anderen Experten erhalten würden. In der Tat lassen sich die Anlagevorschläge in Modelluntersuchungen bestätigen.

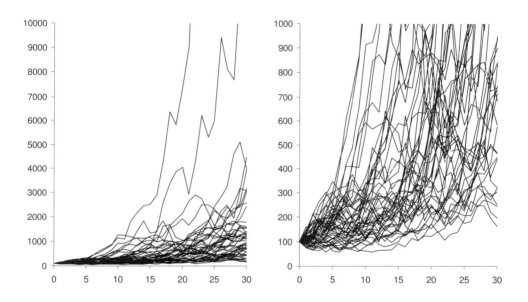

Darstellung 10-1: Fünfzig Simulationen einer mit 100 Euro beginnenden Aktienanlage über 30 Jahre hinweg. Links die Skala von 0 bis 10.000 Euro, rechts dieselben Entwicklungen in der Skala auf 1.000 Euro beschränkt. Die beiden besten Entwicklungen bei diesen fünfzig Simulationen (mit Ergebnissen von 14.190 und 12.388 Euro) zeigen: Die Wahrscheinlichkeit mit Aktien superreich zu werden, ist substantiell. Doch die beiden schlechtesten Ergebnisse bei den Simulationen führten von 100 Euro Anlage in Aktien 30 Jahre später auf Ergebnisse von nur 162 und 197 Euro. Die zehn magersten der 50 Ergebnisse bleiben unter 466 Euro (was einer diskreten Durchschnittsrendite von 5,2% entspricht). Die 20 schlechtesten der 50 Szenarios bleiben unter 843 Euro. Simulationen mit normalverteilten stetigen Renditen mit Erwartung 8% und Volatilität 20%.

Eine erste Möglichkeit, die Auswirkungen von Anlagen mit alternativen Risikostufen zu vergleichen, bieten Simulationen. Es werden (zahlreiche) Szenarien erzeugt, anhand derer diverse Auswirkungen untersucht werden können. Beispielsweise kann für jeden Anlagemix nach den eher schlechteren der Szenarien gefragt werden, um danach über den Anlagemix zu entscheiden. Eine zweite Möglichkeit, die zuvor genannten Faustformeln zu begründen, bietet der Shortfall-Ansatz.

> Wie (in Darstellung 4-3 und in Abschnitt 4.2) gezeigt, wird beim Shortfall-Ansatz die Wahr-
> scheinlichkeit kontrolliert, mit der zum Ende eines Anlagehorizonts ein zuvor festgelegtes
> Ergebnis verfehlt wird. Der Shortfall-Ansatz ist eine gute Beschreibung der Situation, vor
> der ein Anleger von gebundenem Kapital steht. Die in den Faustformeln zuvor genannten
> Faktoren von Einfluss auf die Anlage des gebundenen Vermögens – Anlagehorizonts und
> Elastizität / Flexibilität – spielen wichtige Rollen innerhalb des Shortfall-Ansatzes. Die Ela-
> stizität / Flexibilität wird in eine noch gerade erlaubte Wahrscheinlichkeit übersetzt, mit der
> das Anlageziel möglicherweise nicht erreicht wird.

ANDREW D. ROY konzipierte den **Shortfall-Ansatz** (1952) und hat Vermögensallokationen bestimmt, bei denen die Ausfallwahrscheinlichkeit minimiert wird. Sein Vorgehen:

- Gebe eine **Zielrendite** z vor, die (zwar nicht in jedem einzelnen Jahr der Anlage doch) am
  Ende des Horizonts als Durchschnittsrendite mit hoher Wahrscheinlichkeit erreicht werden
  soll. Häufig verwendete Zahlenwerte sind $z = 3\%$, um das Ziel der realen Kapitalerhaltung
  und $z = 0$ um das der nominalen Kapitalerhaltung auszudrücken.

- Für alle möglichen Portfolios ermittle die Ausfallwahrscheinlichkeit SW. Sie ist dadurch
  charakterisiert, dass die durchschnittliche Jahresrendite mit dieser Wahrscheinlichkeit unter
  der festgesetzten Zielrendite z zu liegen kommt und folglich mit der Sicherheitswahr-
  scheinlichkeit $1 - SW$ die Zielrendite erreicht oder übertrifft. Anders ausgedrückt: Das
  $SW - Quantil$ der zufälligen Durchschnittsrendite ist z.

- Wähle jenen Anlagemix bei dem die Ausfallwahrscheinlichkeit SW am geringsten ist –
  weshalb ROY seinen Aufsatz mit *Safety-First and the Holding of Asset* betitelte.

Varianten

Für den Shortfall-Ansatz wurden mehrere Varianten formuliert. Eine Variante stammt von SHINJI
KATAOKA (1963). Der **Kataoka-Ansatz** geht so vor:

- Wähle eine Ausfallwahrscheinlichkeit SW und gebe sie vor. Je nach Situation kann diese
  Ausfallwahrscheinlichkeit 1% oder 5% oder 15% sein.

- Bestimme für jedes Portfolio, für jeden dem Investor möglichen Anlagemix, die Mindestrendite wie folgt: Die durchschnittliche Jahresrendite soll mit der vorgegebenen Wahrscheinlichkeit SW unter dieser **Mindestrendite** zu liegen kommen und folglich mit der Si-
  cherheitswahrscheinlichkeit $1 - SW$ sie erreichen oder übertreffen. Wähle sodann jenen
  Anlagemix, der die höchste Mindestrendite hat.

Die geduldete Ausfallwahrscheinlichkeit ergibt sich aus der Art des Vorhabens und der Einstellung des Investors, summarisch als **Elastizität** oder **Flexibilität** angesprochen. Wer noch 20%
Ausfallwahrscheinlichkeit akzeptiert, der ist hinsichtlich des Vorhabens elastischer als jemand,
der bei einem Verwendungszweck nur 2,5% Ausfallwahrscheinlichkeit hinzunehmen bereit ist.

Ein dritter Ansatz stammt von LESTER G. TELSER (1955). Hierbei werden sowohl eine Ausfall-wahrscheinlichkeit SW als eine Zielrendite z vorgegeben. Dann werden alle Portfolios be-stimmt, bei denen zum Ende des Anlagehorizonts die Durchschnittsrendite mit Wahrscheinlich-keit $1 - SW$ die Zielrendite erreicht oder übertrifft. Unter ihnen wird jenes Portfolio gewählt, das den höchsten Return hat. Das Telser-Kriterium bietet sich an, wenn die Ausfallwahrscheinlichkeit groß und die Zielrendite klein gewählt sind, so dass mehrere Portfolios die gestellte Bedingung erfüllen — und unter ihnen dann das mit der höchsten Renditeerwartung gewählt wird. Ferner sei erwähnt, dass anstelle der Ausfallwahrscheinlichkeit andere Größen betrachtet werden, um den Verlust zu quantifizieren.

Fazit:

Der Shortfall-Ansatz eignet sich in diesen Varianten gut, wenn das gebundene Vermögen vorhanden (und nicht erst durch Akkumulation aufzubauen) ist und eben für eine gewisse Anzahl von Jahren an den Finanzmärkten geparkt werden soll — wie wir manchmal der An-schaulichkeit wegen gesagt haben.

Die Akkumulation von Vermögen ist mit dem Shortfall-Ansatz hingegen etwas komplizier-ter, weil verschieden Jahresschichten der jährlich vorgenommenen Einlagen simultan be-trachtet werden müssen.

Das Ziel wird beim Shortfall-Ansatz als eine auf ein Jahr bezogene Mindestrendite oder Zielrendite z ausgedrückt. Sie soll mit hoher Wahrscheinlichkeit übertroffen werden. Die geduldete Wahrscheinlichkeit SW, am Ende des Anlagehorizonts das Ziel zu verfehlen, richtet sich nach der Elastizität und Flexibilität.

Stetige Rendite

Vergleichsweise einfach ist die Prüfung, mit welcher Wahrscheinlichkeit eine gewisse Vermö-gensallokation das Ziel verfehlt. Zuerst wird ein Anlagemix gewählt, für den die Ausfallwahr-scheinlichkeit berechnet werden soll. Für diesen Anlagemix werden Risk und Return ermittelt.

Wie schon die Darstellung 6-4 veranschaulicht, muss das Weitere die Wahrscheinlichkeitsvertei-lung der Rendite bekannt sein. Die Standardannahme in der Finance ist, dass die **stetigen Rendi-ten normalverteilt** sind. Wenn R die zufällige — auch als „einfach" bezeichnete — Jahresrendi-te ist, dann ist

(10-1) $r \;=\; \ln(1 + R)$

die stetige Rendite. Folglich ist $R = \exp(r) - 1$.

→ Zahlenbeispiel: Die stetige Rendite zur einfachen Jahresrendite $R = 10\%$ ist $r = 9{,}531\%$. □

Die stetige Rendite r ist der Umrechnung (10-1) folgend ebenso wie die einfache Rendite R auf ein Jahr bezogen. Wäre sie über das Jahr hinweg konstant und wird gleichsam nach jeder Sekunde der Zins dem Vermögen gutgeschrieben, dann ist mit der stetigen Rendite r aufgrund des Zinseszinseffektes am Jahresende der durch die einfache Rendite R beschriebene Vermögenszuwachs erreicht.

Risikostufe	*Sicher*	*Konservativ*	*Ausgewogen*	*Wachstum*	*Dynamisch*
	Risk = 3%	*Risk=6%*	*Risk=10%*	*Risk=15%*	*Risk=19%*
	Portfolio A	*Portfolio B*	*Portfolio C*	*Portfolio D*	*Portfolio E*
Anteil Cash	59%	17%	0%	0%	0%
Anteil Bonds	31%	63%	56%	27%	5%
Anteil Aktien	10%	20%	44%	73%	95%
Erwartungswert der stetigen Rendite (nach Steuern und Verwaltungskosten) für einen Privatanleger	**1,5%**	**2,6%**	**3,8%**	**4,7%**	**5,0%**

Darstellung 10-2: Die erwarteten stetigen Renditen. Quelle: Daten der Darstellung 6-4 mit Hilfe der Sheppardschen Korrektur umgerechnet.

Lösung im Shortfall-Ansatz

Zur Notation: Für die nachstehende Formel wird die erwartete stetige Rendite μ benötigt. Sie ergibt sich aus Risk und Return nach der Sheppardschen Korrektur: $\mu = \text{Return} - (\text{Risk})^2/2$. Die Volatilität, die Standardabweichung der für ein Jahr ausgedrückten stetigen Rendite, sei mit σ bezeichnet. Sie wird mit dem Risk gleichgesetzt.

- Wenn die stetige Rendite (gemäß der Standardannahme in der Finance) normalverteilt ist, dann ist auch die Gesamtrendite, ausgedrückt in stetiger Notation, für eine Anlagedauer von T Jahren wiederum normalverteilt. Die Gesamtrendite hat den Erwartungswert $\mu \cdot T$, die Varianz $\sigma^2 \cdot T$ und folglich die Standardabweichung $\sigma \cdot \sqrt{T}$.

- Die Durchschnittsrendite (in stetiger Notation) ist ebenso normalverteilt und hat den Erwartungswert μ und die Varianz σ^2, also die Standardabweichung $\sigma/\sqrt{T}$.

Bei einem Anlagehorizont von T Jahren hat die durchschnittliche stetige Rendite eine Volatilität, die um den Faktor $1/\sqrt{T}$ geringer ist. Das ergibt sich aus der Stochastik von Zufallsprozessen. Damit gilt:

$$(10\text{-}4) \qquad \textit{Ausfallwahrscheinlichkeit } SW \;=\; N\!\left(\frac{-(\mu - z) \cdot \sqrt{T}}{\sigma} \right)$$

Hier ist $N(.)$ die kumulative Verteilungsfunktion der Standard-Normalverteilung.

Immer wieder verwendete Werte sind $N(-3) = 0,135\%$, $N(-2) = 2,275\%$, $N(-1) = 15,865\%$ und selbstverständlich $N(0) = 50\%$.

> Die Wahrscheinlichkeit, dass ein **Drei-Sigma-Event** eintritt, die Realisation der normalverteilten Zufallsgröße also nach links oder nach unten um mehr als die dreifache Standardabweichung vom Erwartungswert abweicht, beträgt 0,135%.
>
> Die Wahrscheinlichkeit, dass ein **Zwei-Sigma-Event** eintritt, die Realisation der Zufallsgröße nach links oder nach unten um mehr als die doppelte Standardabweichung vom Erwartungswert abweicht, ist 2,275%.
>
> Die Wahrscheinlichkeit für ein **Ein-Sigma-Ereignis**, die Realisation der Zufallsgröße nach links oder nach unten um mehr als die Standardabweichung vom Erwartungswert abweicht, ist 15,865%.

Die Formel (10-4) kann leicht nach der Mindestrendite z aufgelöst werden. Mit der Umrechnung wird der Kataoka-Ansatz unterstützt, bei dem die Ausfallwahrscheinlichkeit SW vorgewählt und die Mindestrendite z gesucht wird (um dann jenen Anlagemix zu wählen, bei dem die Mindestrendite größtmöglich ist. Auflösung von (10-4) nach der Mindestrendite liefert:

$$(10\text{-}5) \qquad z \;=\; \mu - \frac{k \cdot \sigma}{\sqrt{T}} \qquad mit \quad k = N^{-1}(SW)$$

Die Umkehrfunktion der Normalverteilung kann in Spreadsheet-Software abgerufen werden.

> Diese Werte wurden erwähnt: $k = 3$ für $SW = 0,135\%$, $k = 2$ für $SW = 2,275\%$ und $k = 1$ für $SW = 15,865\%$.
>
> Weitere, oft verwendete Werte sind: $k = 2,326$ für $SW = 1\%$, $k = 1,960$ für $SW = 2,5\%$, $k = 1,645$ für $SW = 5\%$ und $k = 1,282$ für $SW = 10\%$.

Zahlenbeispiele

→ Tina Tell überlegt, ob sie ein konservatives Portfolio wählen soll und rechnet mit den Zahlen aus Darstellung 10-1: $\mu = 2,6\%$ und $\sigma = 6\%$: Sie möchte wissen, wie hoch nach einer Anlage von $T = 5$ Jahren jene Rendite ist, die sie mit Wahrscheinlichkeit 95% erreichen und übertreffen wird. Formel (10-5) liefert das Ergebnis:

$$z \;=\; \mu - \frac{k \cdot \sigma}{\sqrt{T}} \;=\; 0,026 - \frac{1,645 \cdot 0,06}{\sqrt{5}} \;\approx\; -1,8\%$$

Der Berater meint, das Kapital könne bei einer konservativen Anlage am Ende der fünf Jahre etwas reduziert sein, doch die Mindestrendite von -1,8% sei nahe bei 0, so dass die nominale Kapitalerhaltung quasi mit Sicherheit erreicht werde. Tina wünscht die die Rechnung noch für die Risikostufen Ausgewogen und Dynamisch. Die Parameter sind $\mu = 3{,}8\%$ und $\sigma = 10\%$ sowie $\mu = 4{,}7\%$ und $\sigma = 15\%$:

$$z_{Ausgewogen} \;=\; \mu - \frac{k \cdot \sigma}{\sqrt{T}} \;=\; 0{,}038 - \frac{1{,}645 \cdot 0{,}10}{\sqrt{5}} \;=\; -3{,}6\%$$

$$z_{Dynamisch} \;=\; \mu - \frac{k \cdot \sigma}{\sqrt{T}} \;=\; 0{,}047 - \frac{1{,}645 \cdot 0{,}15}{\sqrt{5}} \;=\; -6{,}3\%$$

Stehen nur diese drei Allokationen zur Wahl, dann sollte die Kundin nach dem Kataoka-Ansatz die konservative Anlage wählen. Tina Tell meint noch zum Anlagemix Dynamisch: Minus 6,3% als Durchschnittsrendite fünf Jahre lang – da ginge viel verloren. □

Mindestrendite zum Sicherheits-niveau von 90% (95%) für einen Privatanleger beim Anlagehori-zont T	Sicherheit Risk = 3% Portfolio A	Konservativ Risk=6% Portfolio B	Ausgewogen Risk=10% Portfolio C	Wachstum Risk=15% Portfolio D	Dynamisch Risk=19% Portfolio E
T=1 Jahr	-2% (-3%)	-5% (-7%)	-9% (-13%)	-15% (-20%)	-19% (-26%)
T=2 Jahre	-1% (-2%)	-3% (-4%)	-5% (-8%)	-9% (-13%)	-12% (-17%)
T=5 Jahre	0% (-1%)	-1% (-2%)	-2% (-4%)	-4% (-6%)	-6% (-9%)
T=10 Jahre	0% (0%)	0% (-1%)	0% (-1%)	-1% (-3%)	-3% (5%)

Darstellung 10-3: Die auf ein Jahr bezogenen, durchschnittlichen Mindestrenditen, erzielbar zu einem Sicherheitsniveau von 90% (beziehungsweise 95%) für einen Privatanleger. Quelle: Daten der Darstellung 10-2 und Formel (10-5).

Bei kurzen Horizonten von einem bis fünf Jahren wirken die Mindestrenditen der Allokationen *Sicherheit* und *Konservativ* noch annehmbar, während die bei *Wachstum* und *Dynamisch* ausgesprochen tief sind. Immerhin handelt es sich um die durchschnittlichen Renditen, die dann über T Jahre wirken. Bei längeren Horizonten von etwa zehn Jahren entfalten die höheren Renditeerwartungen bei *Wachstum* und *Dynamisch* ihre Kraft. Die mindestens erreichten Renditen (beim Sicherheitsniveau von 90% oder 95%) sind deutlich höher als die bei den vorsichtigeren Allokationen, die gerade nominale Kapitalerhaltung versprechen. Doch die nominale Kapitalerhaltung auf zehn Jahre ist mangelhaft, weil bei einer Inflationsrate von 3% die Kaufkraft in einer Dekade um 26% gesunken ist.

So drängt sich diese Empfehlung auf: Für das gebundene Vermögen

1. wird bei kurzem Anlagehorizont (unter 5 Jahre) eine *sichere* Anlage (Risk 3%) oder eine *konservative* Anlage (Risk 6%) gewählt, weil bei Allokationen wie *Wachstum* oder *Dynamisch* zu große Verluste auftreten können, die selbst bei einer gewissen Elastizität / Flexibilität untragbar sein dürften.

2. sind bei langem Anlagehorizont (über 5 Jahre) die *sichere* und oder die *konservative* Anlage hinsichtlich der realen Kapitalerhaltung mangelhaft. Demgegenüber bieten Anlagen wie *Wachstum* oder *Dynamisch* bei hohem Sicherheitsniveau realen Kapitalerhalt und zudem Chancen auf Wertgewinne. Allerdings muss der Kunde eine gewisse Elastizität / Flexibilität haben. Denn auch ein Sicherheitsniveau von 95% stellt keine Garantie dar.

In einer Faustformel darf dies für das gebundene Vermögen so zusammengefasst werden: Anlagehorizont 1 Jahr: Allokation *Sicherheit*. Anlagehorizont 2 bis 3 Jahre: Allokation *Konservativ*. Anlagehorizont 4, 5 oder 6 Jahre: *Ausgewogen*. Anlagehorizont 7, 8 oder 9 Jahre: *Wachstum*. Anlagehorizont 10 Jahre oder länger: Anlage *Dynamisch*.

Auflösung nach der möglichen Aktienquote

Die eben vorgenommenen Rechnungen beruhen auf den Renditen nach Steuern und Verwaltungskosten eines Privatanlegers. Institutionen haben eine andere steuerliche Situation und prozentual gesehen geringere Verwaltungskosten. Daher sind die Ausfallwahrscheinlichkeiten im Asset Management institutioneller Anleger geringer und die erzielbaren Mindestrenditen höher.

Dies wird in der nachstehenden Rechnung berücksichtigt. Alle möglichen Portfolios werden als Kombinationen eines Zinssatzes und eines Aktienportfolios oder Marktportfolios betrachtet. Gesucht ist der Anteil des Marktportfolios, bezeichnet mit x. Der Anteil $1-x$ im Portfolio wird folglich sicher zum Zinssatz angelegt.

Diese Marktdaten sollen gegeben sein: 1. Der Zinssatz r_0 (in stetiger Notation) 2. Der Erwartungswert μ_M der (stetigen) Rendite der risikobehafteten Anlage des Marktportfolios und die Volatilität der Rendite des Marktportfolios σ_M.

Die Lösungsformel (10-6) stellt eine Beziehung zwischen einer vorgegebenen Ausfallwahrscheinlichkeit SW, der auf ein Jahr bezogenen (in stetiger Notation ausgedrückten) Zielrendite z und dem maximal möglichen Exposure x in die risikobehaftete Anlage Marktportfolio her, kurz als Aktienquote bezeichnet.

$$(10\text{-}6) \qquad x = \frac{(r_0 - z) \cdot \sqrt{T}}{k \cdot \sigma_M - (\mu_M - r_0) \cdot \sqrt{T}}$$

- Im Zähler von (10-6) steht $r_0 - z$, die Überrendite der sicheren Anlage gegenüber der Zielrendite. Diese Größe ist im Zähler mit der Wurzel aus der Zeit T bis zur Fälligkeit des gebundenen Kapitals multipliziert.

- Im Nenner steht die Volatilität σ_M der risikobehafteten Anlage (Aktien), zusammen mit anderen Größen, darunter der Risikoprämie $\mu_M - r_0$, also der Differenz zwischen der erwarteten Aktienrendite μ_M und dem Zinssatz r_0.

- Die Größe k setzt die zugelassene Wahrscheinlichkeit für einen Shortfall SW als Vielfaches der Standardabweichung um, $k = -N^{-1}(SW)$. Wenn für SW als Ausfallwahrscheinlichkeit 1%. 2,5%, 5% oder 10% zugelassen wird, dann sind die entsprechenden Werte für k gleich 2,33. 1,96, 1,65 und 1,28.

Die Formel (10-6) soll für einen Privatanleger spezifiziert werden, indem Renditen nach Steuer und nach Verwaltungskosten eingesetzt werden.

Dazu wird auf die Darstellung 6-3 zurückgegriffen, nach der die erwartete Aktienrendite (nach Steuern und Kosten) 7,1% beträgt und die Standardabweichung der Rendite 20%. Also wird in (10-6) $\mu_M = 7{,}1\%$ und $\sigma_M = 0{,}20$ eingesetzt. Da die Risikoprämie rund 5% beträgt, werden weiter $\mu_M - r_0 = 5\%$ und folglich $r_0 = 2{,}2\%$ in die Formel eingesetzt. Die Zielrendite sei $z = 0\%$, um das Ziel nominaler Kapitalerhaltung (per Ende Anlagehorizont) auszudrücken. Die zugelassene Wahrscheinlichkeit für einen Shortfall sei $SW = 5\%$, was auf $k = 1{,}65$ führt. Diese Daten liefern als mögliche Aktienquote:

$$(10\text{-}7) \qquad x_T \;=\; \frac{0{,}022 \cdot \sqrt{T}}{0{,}33 - 0{,}05 \cdot \sqrt{T}}$$

Die möglichen Aktienquoten für einen Anlagehorizont von $T = 1, 3, 5, 10, 15, 20$ Jahren wären demnach $x_1 = 8\%$, $x_3 = 16\%$, $x_5 = 23\%$, $x_{10} = 40\%$, $x_{15} = 62\%$ $x_{20} = 92\%$. Vereinfacht: Aktienquote = 4% plus 4% für jedes Anlagejahr.

Das Risk im Portfolio ist bei Anlagedauer $T = 1, 3, 5, 10, 15, 20$ demnach: $Risk_1 = 1{,}6\%$, $Risk_3 = 3{,}2\%$, $Risk_5 = 4{,}6\%$ $Risk_{10} = 8\%$, $Risk_{15} = 12{,}4\%$, $Risk_{20} = 18{,}4\%$. Angesichts der (erstmals in Abschnitt 5.4 definierten) fünf Risikostufen *Sicher* (Risk 3%), *Konservativ* (Risk 6%), *Ausgewogen* (Risk 10%), *Wachstum* (Risk 15%) und *Dynamisch* (Risk) 19% gilt:

1. Wenn ein Privatanleger nach dem Shortfall-Ansatz vorgeht, kommt bei einem Horizont von 1 bis 3 Jahren die Allokation *Sicher* in Frage.

2. Bei einem Horizont von 5 Jahren kann *Konservativ* gewählt werden.

3. Bei einem Horizont von 10 Jahren werden die Allokationen *Konservativ* und *Ausgewogen* gemischt.

4. Bei 15 Jahren werden *Ausgewogen* und *Wachstum* gemischt.

5. Bei Anlage über 20 Jahre ist die Allokation *Dynamisch* möglich.

Soweit der Privatinvestor. Nachstehend ist eine Grafik (Darstellung 10-4) gezeigt, die sich eher auf einen institutionellen Investor bezieht. Die steuerliche Situation ist anders und als Ziel genügt es nicht, nominale Kapitalerhaltung zu erreichen. Die Zielrendite entspricht dem technischem Zinssatz, mit dem die von der Institution ihrer Kundschaft gegebenen Leistungsversprechen kalkuliert sind. Diese Daten werden unterstellt: Zinsniveau $r_0 = 5\%$, Zielrendite $z = 4\%$, Return der

Anlage in das Marktportfolio $\mu_M = 8\%$, Volatilität $\sigma_M = 8\%$. Der Zinssatz (Rendite der sicheren Anlage) liegt in der Beispielrechnung um einen Prozentpunkt über der Zielrendite.

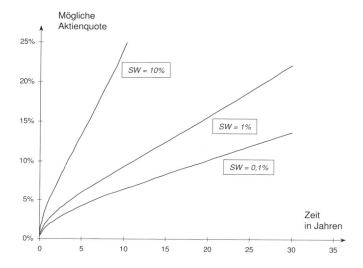

Darstellung 10-4: Die Aktienquote (Anteil am Marktportfolio) nach dem Shortfall-Ansatz für eine Differenz zwischen Zielrendite z und Bondrendite r_0 von 1% bei drei zugelassenen Ausfallwahrscheinlichkeiten.

Werden diese Daten in (10-6) eingesetzt, entsteht diese Formel für die Aktienquote beziehungsweise das Gewicht des Marktportfolios:

$$(10\text{-}8) \qquad x = \frac{0{,}01 \cdot \sqrt{T}}{k \cdot 0{,}2 - 0{,}03 \cdot \sqrt{T}} = \frac{1}{\dfrac{20 \cdot k}{\sqrt{T}} - 3}$$

→ Zum Beispiel für $SW = 5\%$, also $k = 1{,}65$ und $T = 4$ Jahre folgt aus (10-8) für das optimale Gewicht des Marktportfolios $x = 1/(16{,}5 - 3) = 7{,}4\%$. Für $T = 25$ Jahre hingegen ergibt sich $x = 1/(6{,}6 - 3) = 28\%$. □

Die Daten erklären, warum institutionelle Investoren trotz langem Anlagehorizont sehr konservativ investieren (müssen). Der Grund: Das Niveau der sicheren Anlage liegt nur gering über dem technischem Zinssatz. Dennoch ist die erwartete Rendite höher als der technische Zinssatz, weshalb viele institutionelle Investoren Überschüsse erzielen können, die sie zum großen Teil an ihre Kundschaft ausschütten können.

Damit institutionelle Investoren eine höhere Aktienquote wählen, muss die Leistungsgarantie (der technische Zinssatz) herabgesetzt werden. Dann wäre die mit dem Shortfall-Ansatz mögliche Aktienquote höher, die Überschüsse wären größer, und die Kunden hätten per Überschussbeteiligung eine höhere Rentabilität. Wer eine hohe Garantie möcht, zwingt zu vorsichtiger Anlage (damit die Garantie eingehalten wird) und erhält letztlich weniger.

Laufzeitportfolio

Die Formel (10-6) wurde unter der Annahme hergeleitet, die Aktienquote werde konstant gehalten. Die Frage lautete: Welches Niveau kann die Aktienquote haben, wenn unter allen Anlagepolitiken mit konstanter Aktienquote jene bestimmt wird, bei der am Ende des Horizontes die vorgegebene Zielrendite z höchstens mit der erlaubten Ausfallwahrscheinlichkeit SW verfehlt wird. Die Ausfallwahrscheinlichkeit erscheint in der Formel durch $k = -N^{-1}(SW)$.

Nun zeigt die Lösungsformel (10-6), dass diese Aktienquote x von der Länge des Anlagehorizonts T abhängt. Dies wird in der Praxis so interpretiert, dass beim Shortfall-Ansatz die Aktienquote im Verlauf der Zeit immer mehr gesenkt werden sollte, weil der restliche Anlagehorizont laufend kürzer wird. Bei dieser Interpretation wird (10-6) als eine Formel verwendet, die zu jedem Zeitpunkt t für $0 \leq t \leq T$ sagt, wie hoch die Aktienquote sein sollte. Es sei T der ursprüngliche Termin des Geldbedarfs und t der augenblickliche Zeitpunkt, weshalb $T - t$ die Länge der restlichen Anlagedauer ist: Die Aktienquote x_t zum Zeitpunkt t wird dann so gewählt:

$$(10\text{-}9) \qquad x_t \;=\; \frac{(r_0 - z)\cdot \sqrt{T-t}}{k\cdot \sigma_M - (\mu_M - r_0)\cdot \sqrt{T-t}}$$

So vorzugehen, ist eine intuitive Politik. Dabei steht der mathematische Beweis aus, dass die Reduktion exakt der Formel (10-9) folgen sollte, wenn der Shortfall-Ansatz für beliebige, zeitvariable Anlagepolitiken gelöst wird. Simulationen legen nahe, die Aktienquote im Verlauf der Zeit zu reduzieren. Einige Finanzfirmen setzen die dynamische Optimierung dazu ein, um zu bestimmen, wie die Reduktion der Aktienquote im Verlauf der Zeit genau erfolgen sollte. Theoretische Grundlagen hierzu gehen auf ROBERT C. MERTON (geboren 1944, Nobelpreis 1997) zurück.[2] Ohnehin ist von Zeit zu Zeit oder nach Wertveränderungen bei Aktien ein Rebalancing verlangt. (1) Beim Rebalancing kann der Portfoliomanager berücksichtigen, wie lange die verbleibende Anlagedauer ist. (2) Zum Teil wird die Verringerung des Risikoexposures mit Markttaktik verbunden. Dann wird von der Formel (10-9) *etwas* abgewichen. (3) Andere Portfoliomanager handeln nach dem Grundsatz: Falls eine gute Ernte möglich ist, sollte man sie einfahren. Diese Manager verringern das Risikoexposure, wenn und falls ein gutes Börsenjahr zu Ende gegangen ist.

---

[2] 1. ROBERT C. MERTON: Optimum Consumption and Portfolio Rules in a Continuous-Time Case. *Journal of Economic Theory* 3 (1971), 373-413. 2. ROBERT C. MERTON: Lifetime Portfolio Selection under Uncertainty: The Continuous-Time Case. *The Review of Economics and Statistics* 51 (1969) 3, 247-257.

Restlaufzeit	20 Jahre	15 Jahre	10 Jahre	5 Jahre	3 Jahre	1 Jahr
Risk	18,4%	12,4%	8,0%	4,6%	3,2%	1,6%
Risikostufe	Dynamisch	≈ Wachstum	≈ Ausge-wogen	≈ Konser-vativ	Sicher	
Cash	0%	0%	0%	37%	56%	78%
Bonds	9%	42%	70%	48%	33%	17%
Aktien	91%	58%	30%	15%	11%	5%

Darstellung 10-5: Die Vermögensallokation bei einem Laufzeitportfolio. Es wird nach dem Shortfall-Ansatz zusammen gestellt, wobei der durch die Formel (10-6) nahegelegten Reduktion des Exposures gefolgt wird, wenn mit der Zeit das Laufzeitende immer näher kommt. Unterhalb eines Risks von 7,5% enthält das Portfolio auch Cash, oberhalb von einem Risk von 7,5% besteht es nur Bonds und Aktien. Gut erkennbar das Prinzip, Ernte einzufahren und in Cash anzulegen, wenn sich der verbleibende Horizont verkürzt. Renditedaten aus Darstellung 6-3 für die nach (10-9) berechneten Risks.

Sie machen die Aktienquote von der Höhe des erreichten Vermögens oder des Vermögenszuwachses abhängig: Ist das Vermögen hoch oder stark gestiegen, dann wird die Aktienquote reduziert. So sind mehrere Wege möglich, die Formel (10-9) beim Rebalancing umzusetzen.

Wie gezeigt, legt die Formel (10-9) das Risk für das **Laufzeitportfolio** fest (indem die Aktienquote mit dem Risk von Aktien multipliziert wird). Sind nicht nur Aktien und die sichere Anlage zum Zinssatz möglich, wie bei der Herleitung der Formel angenommen, sondern Aktien Bonds und Cash, dann liefert für jedes Portfoliorisk der Optimizer die Allokation aus diesen drei Assetklassen. Darstellung 10-5 zeigt die Ergebnisse. Wie wurde sie berechnet? Die Formel (10-9) wird, wie schon zuvor, mit diesen Daten ausgewertet: Marktportfolio: Return 7,1%, Risk 20%, sichere Anlage zum Zins 2,2% (nach Steuern und Kosten). Dadurch ergeben sich die Risikostufen in Abhängigkeit von der Restlaufzeit, wie im Beispiel zuvor errechnet. Diese Risikostufen werden nun im Optimizer für drei Assetklassen (Aktien, Bonds, Cash) mit diesen Daten umgesetzt: Aktien: Return 7,1%, Risk 20%, Bonds: Return 2,2% und Risk 6%. Korrelationskoeffizient 0,2. Cash: Return 0,2% und Risk 0%. Die Ergebnisse sind in Darstellung 10-5 gezeigt.

Einige Finanzfirmen bieten die Empfehlung (10-9) mit ihrem Stil beim Rebalancing und bei der Umschichtung in **Laufzeitfonds (Zielzeitfonds)** an. Der Kunde wählt einen Fonds mit einem Laufzeitende an, das dem Termin seines Geldbedarfs entspricht. Der Manager des Investmentfonds reduziert das Risiko im Verlauf der Zeit (und eventuell auch mit steigendem Vermögen). Ist der Termin erreicht, wird der Fonds liquidiert. Bei einer anderen, rollierenden Variante hält der Laufzeitfonds bei Erreichen des Zieltermins für einige Monate nur Cash, um den Investoren einen Ausstieg ohne Volatilität zu erlauben. Anschließend wird für jene, die ihre Anteile am Ende dieser Monate nicht zurückgegeben haben, ein neuer Termin als Ziel gesetzt und daraufhin wieder angelegt. Laufzeitfonds gibt es für Aktien als Anlageschwerpunkt und ebenso für Anleihen.

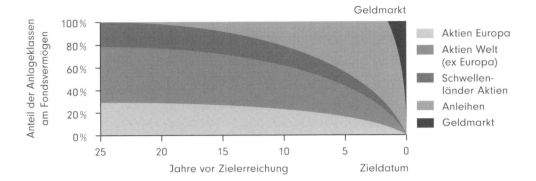

Darstellung 10-6: Das dynamische Umschichtungsmodell der Fidelity Target Funds. Fidelity Worldwide Investment bietet für verschiedene Endtermine Laufzeitfonds (Zeitzielfonds) an, die in fünf Assetklassen anlegen und eine dynamische Umschichtung in Abhängigkeit der Jahre bis zur Zielerreichung vornehmen. Wiedergabe mit freundlicher Genehmigung der FIL Investment Management GmbH.

Eine Anbieterin ist *Fidelity Worldwide Investment*, eine der größten Fondsgesellschaften. Die Tochter *FIL Investment Management GmbH* in Deutschland bietet neben zahlreichen anderen Fonds diverse Zielzeitfonds mit Laufzeitenden bis 2040 an.

10.4 Kapitaldeckung für laufende Bezüge

Verzehr des Vermögens oder nur der Vermögenserträge?

Die dritte Untergruppe von gebundenem Vermögen stellt Kapital dar, das bereits im Augenblick durch einen Bezugsplan verrentet wird und laufend Entnahmen generiert. In den meisten Fällen laufen der Aufbau von Vorsorgekapital und die Nutzung eines Kapitalteils für eine Verrentung nicht gleichzeitig. Nur wenige Personen dürften zugleich gebundenes Vermögen der ersten Untergruppe (Vorsorgekapital) und der dritten Untergruppe (Kapitaldeckung laufender Bezüge) haben. Die meisten Personen haben gebundenes Vermögen entweder in der ersten und vielleicht der zweiten Untergruppe (Vorsorge und Anschaffungen). Oder sie haben in der zweiten und der dritten Untergruppe Vermögen (Anschaffungen und Kapitaldeckung). Ist das Letztere der Fall, werden Anschaffungen oftmals nicht eigens thematisiert. Die Person hält Kapital, um damit und davon zu leben. Ab und zu wird auch eine Sonderausgabe getätigt, eine Reise bezahlt, ein Auto gekauft, oder jemand in der Familie finanziell unterstützt. Das heißt: Entweder hat ein Kunde gebundenes Vermögen für den Aufbau von Altersvorsorge, eventuell auch für die Ermöglichung von Anschaffungen. Oder der Kunde hält bereits gebundenes Vermögen und lebt davon.

Bei der dritten Untergruppe handelt es sich um Kapital, dessen Erträge und eventuell ein Kapital-verzehr dazu dienen, den laufenden Lebensunterhalt (plus eventuelle besondere Anschaffungen) zu ergänzen oder vollständig zu finanzieren.

Eine Grundwahrheit: Wenn das vorhandene Deckungskapital (in Relation zu den Le-bensausgaben) nicht hoch ist, ermöglicht seine Nutzung nur eine Ergänzung der Arbeitsein-künfte. Wenn das Deckungskapital in Relationen zu den Lebensausgaben sehr hoch ist, er-laubt seine Nutzung den vollständigen Ersatz von Arbeitseinkünften. Diese Unterscheidung bestimmt die Elastizität / Flexibilität des Investors.

Wie sieht bei diesem dritten Verwendungszweck des gebundenen Vermögens — Management des Deckungskapitals für laufende Bezüge — der passende Anlagemix aus? Wieder greifen die Leitlinien, erstens nach dem Anlagehorizont und zweitens nach Elastizität / Flexibilität zu fragen.

Eine erste Beobachtung ist die: Der **Kapitalverzehr in wenigen Jahren** (etwa zur Über-brückung im Fall einer Frühpensionierung bis eine andere Versorgung beginnt) von einer sehr langfristig angelegten **Nutzung des Deckungskapitals** unterschieden werden muss. Ei-ne zweite Beobachtung ist, dass bei höherem Deckungskapital (in Relation zu den Le-bensausgaben) die Flexibilität der Person hinsichtlich der Betragshöhe in der Regel höher sein dürfte als bei geringerem Deckungskapital. Fazit:

1. Wer Deckungskapital für wenige Jahre zur Überbrückung einsetzt und in diesem Zeit-raum aufzubrauchen plant, der kann das Deckungskapital durch die Anzahl der Jahre di-vidieren, die überbrückt werden müssen. So ergibt sich ziemlich genau die jährliche Ent-nahme, sofern das Deckungskapital *sicher* oder *konservativ* angelegt wird.

2. Wer Deckungskapital sehr langfristig verwenden möchte, wird darauf achten, welche Rendite nach Steuern und nach Ausgleich der Teuerung bei den verschiedenen Alloka-tionen möglich ist, und welcher Teil jährlich entnommen werden kann. Deshalb kommen für die Anlage die Risikostufen *Ausgewogen*, *Wachstum*, *Dynamisch* in Frage.

Simulation

Ein Zahlenbeispiel mit realistischen Daten für Risk und Return (aus Darstellungen 6-4 und 6-5) wird durch Simulation gelöst. Simulationen können mit Spreadsheet-Software oder anderen Pro-grammen durchgeführt werden. Hier wird *McRetire* der Firma *Effisols* verwendet. Daten: (1) Der Investor verfüge über 100.000 (Geldeinheiten GE) und möchte damit Entnahmen generieren. Die Frage lautet, welches der höchste Betrag der monatlichen Entnahme ist. Die Entnahmen sollen jährlich mit der zu 3% angenommenen Inflationsrate steigen. (2) Das Sicherheitsniveau ist zu 95% gewählt. Der Investor soll mit wenigstens dieser Wahrscheinlichkeit auch noch im letzten Monat die Entnahme tätigen können. Das Vermögen darf höchsten mit 5% Wahrscheinlichkeit vorher aufgebraucht sein. (3) Es wird die Überbrückung simuliert (Dauer 5,8, 10 und 15 Jahre), der mittlere Horizont (20, 25 und 30 Jahre) und ein sehr langer Horizont (50 und 200 Jahre).

Anfängliche, maximale Monatsentnahme in GE beim Anlagehorizont T mit Inflationsausgleich	Sicherheit Risk = 3% Portfolio A	Konservativ Risk=6% Portfolio B	Ausgewogen Risk=10% Portfolio C	Wachstum Risk=15% Portfolio D	Dynamisch Risk=19% Portfolio E
T=5 Jahre	**1.505**	1.460	1.395	1.310	1.240
T=8 Jahre	**904**	880	840	784	738
T=10 Jahre	**705**	689	660	655	578
T=15 Jahre	**443**	438	424	398	372
T=20 Jahre	313	**316**	310	293	275
T=25 Jahre	237	**244**	243	232	219
T=30 Jahre	187	196	**200**	194	185
T=50 Jahre	90	104	116	**120**	118
T=200 Jahre	4	14	36	59	**67**

Darstellung 10-7: Die maximal mögliche, anfängliche Monatsentnahme in GE zum Sicherheitsniveau 95% für einen Privatanleger beim Anlagehorizont T mit jährlichen Steigerungen der Entnahmen von 3%. Das Deckungskapital hat beim Start des Entnahmeprogramms die Höhe von 100.000 GE. Simulationsrechnung mit Daten der Darstellungen 6-4 und 6-5.

Die maximal möglichen Entnahmen wirken auf den ersten Blick gering. Doch es handelt sich um Beträge nach Steuern (für den Privatinvestor) und die erzeugten Nettozuflüsse steigen im Verlauf der Jahre mit der Inflationsrate an. Darstellung 10-7 zeigt die Höhen der Entnahmen zu Anfang.

Wer höhere Beträge beziehen möchte, hat drei Möglichkeiten:

1. Der Inflationsausgleich kann abgeschwächt werden, so wie das bei staatlichen Renten geschieht, die den Kaufkraftverlust nur teilweise ausgleichen.

2. Das Sicherheitsniveaus kann reduziert werden.

3. Die Höhe der Entnahmen wird flexibel an den Anlageerfolg angepasst.

Ergebnis

- Wird ein Kapital auf kurze Frist (bis zu 15 Jahren) verrentet, wobei die monatlichen Entnahmen entsprechend der Inflationsrate (in der Rechnung 3%) steigen so und das Entnahmeprogramm mit einem Sicherheitsniveau von 95% bis zum Ende des Horizontes möglich sein soll, dann kommt der Anlagemix *Sicher* in Frage, eventuell auch der Anlagemix *Konservativ*, bei dem dann doch eine etwas höhere Rendite vermutet werden darf.

- Soll das Deckungskapital auf einen Horizont von 20 oder 25 Jahren verrentet werden, dass ist als Anlagemix *Konservativ* zu empfehlen, doch kommt durchaus auch Ausgewogen in Frage und bietet eine mutmaßlich höhere Rendite.

- Soll das Deckungskapital die monatlichen Bezüge über 30 Jahre hinweg ermöglichen soll, dann bietet ein *ausgewogenes* Portfolio die höchstmöglichen Entnahmen.

- Soll das Deckungskapital über 50 Jahre Entnahmen erlauben, dann erlaubt *Wachstum* die höchste Entnahme, doch auf dem zweiten Platz steht *Dynamisch* und ist vielleicht wegen der höheren Chancen vorzuziehen. Erst bei ultralangen Horizont (Simulation für 200 Jahre) ist *Dynamisch* klar den anderen Vermögensallokationen überlegen.

Bei der Anlage von Deckungskapital ist Vorsicht für den Wunsch maximaler Entnahmen optimal. Eine Faustregel für periodische Entnahmen in maximaler Höhe: Bis 5 Jahre *Sicher*, 5 bis 10 Jahre *Konservativ*, 10 bis 20 Jahre *Ausgewogen*, 20 bis 40 Jahre *Wachstum*, über 40 Jahre *Dynamisch*.

→ 1. Eine Frau kommt mit 75 in das Altersheim. Sie bezieht eine Pension und ihr Kapital dient für laufende Zusatzausgaben. Es wird in eine große Reserve und in Anleihen angelegt, oder je hälftig mit den Allokation *Sicher* und *Konservativ*. 2. Ein Redakteur hat sich mit 65 Jahren zur Ruhe gesetzt und möchte nun von dem Kapital leben und sich viel leisten und weit reisen. Er strebt maximale Entnahmen an. Das Deckungskapital wird hälftig in die Allokation *Konservativ* und *Ausgewogen* angelegt. 3. Ein Unternehmer hat mit 50 Jahren sein Geschäft verkauft und möchte ab jetzt von dem Kapital leben. Doch er strebt keine maximale Entnahme an, denn es soll dereinst auch etwas für die Kinder bleiben. Hier wird empfohlen, das Kapital hälftig in *Ausgewogen* und in *Wachstum* anzulegen. □

→ Sandra Schlau, 45, lebt von ihrem Vermögen. Das gesamte Vermögen ist (abgesehen von einer Reserve) als Deckungskapital gebunden, denn sie möchte maximale Entnahmen tätigen. Sandra hat ihr gesamtes Vermögen in Aktien angelegt. Die mittlere Dividendenrendite beträgt nach Steuern 2%, wobei allerdings Depotgebühren von 4 Promille für die Investorin noch „ein Wermutstropfen" sind. Ihr verfügbares Jahreseinkommen ist 1,6% vom aktuellen Vermögen. Die Dividenden schwanken etwas über die Zeit, doch bei weitem nicht so stark wie die Kursniveaus. Sie hat ein hohes Deckungskapital – fünf Millionen Euro – und kann daher gut zurecht kommen, auch wenn Schwankungen der mittleren Dividenden von 80.000 Euro (nach Steuern) im Jahr eintreten. Im Laufe der Jahre nimmt der Tendenz nach der Wert ihres Depots zu. Was Sandra wichtiger ist: Die Dividenden nehmen mit geringen Schwankungen über die Jahre hinweg zu und so kann sie mit der allgemeinen Entwicklung mithalten. □

10.5 Fragen zur Lernkontrolle

1. Bitte überlegen Sie, wie sie einem Kunden erklären könnten, weshalb der Shortfall-Ansatz sich dazu eignet, bei gebundenem Kapital die Risikostufe zu bestimmen? [10.3]

2. Erläutern Sie kurz und auf den Punkt gebracht die Gemeinsamkeiten und Unterschiede von Leistungsprimat und Beitragsprimat. [siehe Abschnitt 10-1]

3. Jemand möchte Geld auf 10 Jahre so anlegen, dass es wenigstens nominal erhalten bleibt. Der Portfoliomanager meint, dieses Ziel würde mit einem Shortfall-Ansatz angestrebt werden, doch gäbe es keine Garantie. Als Allokation wird *Ausgewogen* gewählt. Frage: Mit welcher Wahrscheinlichkeit wird am Ende der zehn Jahre nominal Geld verloren gegangen sein? [Die Daten für Ausgewogen $\mu = 3,8\%$ und $\sigma = 10\%$ in Formel (10-4) eingesetzt, führen auf $SW = 11,5\%$. Die Wahrscheinlichkeit, doch einen nominalen Wertzuwachs zu haben, ist daher 88,5%]

4. Ein Privatkunde möchte Geld auf einen Horizont von 8 Jahren anlegen und erwartet, dass zum Ende der Anlage wenigstens die nominal Kapitalerhaltung „mit hoher Wahrscheinlichkeit" erreicht wird. a) Bestimmen Sie die mögliche Aktienquote nach Formel (10-7). Welches Risk hat die Allokation? Welcher Risikostufe entspricht dies? [a) 33%, b) Risk = 6,6%, c) zwischen Konservativ und Ausgewogen]

5. Der Kunde einer anderen Bank bittet Sie, die Mindestrendite für sein bisheriges Portfolio zu berechnen, wobei Sie unbedingt diese Daten zugrunde legen sollen: Return (Erwartungswert der einfachen Jahresrendite) 7%, Standardabweichung 13%, Sicherheitsniveau 90%, Anlagehorizont 10 Jahre. a) Ist der Return realistisch? b) Ermitteln Sie die Parameter der steigen Rendite. c) Berechnen Sie die Mindestrendite. [a) Für einen Privatanleger (Steuern und Verwaltungskosten) ist der Return beim Risk von 13% unrealistisch hoch. b) $\mu = 0,07 - 0,00845 = 6,155\%$, $\sigma = 0,13$. c) $z = 0,06155 - 1,282 \cdot 0,13 / \sqrt{10} = 0,89\%$]

6. Jemand hat ein gebundenes Vermögen in Höhe von 100 (Geldeinheit GE = Tausend Euro) für eine Anschaffung reserviert, die in 10 Jahren getätigt werden soll. Es wird ein Laufzeitportfolio eingerichtet. Die Daten sollen jenen entsprechen, die der Berechnung der Formeln (10-7) und (10-9) und Darstellung 10-5 zugrunde liegen. Das heißt, es wird mit 30 GE Aktien und 70 GE Bonds begonnen. Der Investor sieht von einem Rebalancing ab. Fünf Jahre später besteht das Portfolio aus 40 GE Aktien und 80 GE Bonds. Welche Transaktionen sind fällig, um mit einem Rebalancing Formel (10-9) herbeizuführen? [Verkaufe für 22 GE Aktien, verkaufe für 22,4 GE Bonds und halte die 44,4 GE (= 37% von 120 GE) als Cash]

7. Das vierte Lernziel lautet, wichtige Vorgehensweisen zu verstehen. In diesem achten Kapitel wurde immer wieder auf Daten aus Darstellung 6-4 zurück gegriffen. Erläutern Sie, wie diese Daten aus denen von Darstellung 6-2 abgeleitet worden sind. [Die mit dem Optimizer wurden um Kapitalertragsteuer und Verwaltungskosten bereinigt]

8. Das fünfte Lernziel regt an, Namen von Personen und Einrichtungen sowie Produktbezeichnungen und Begriffe in ein Kundengespräch einfließen lassen können. Geben Sie Illustrationen aus verschiedenen Lebensbereichen für ein *Drei-Sigma-Event*. [Ereignisse, die sehr selten sind, zum Beispiel extreme Temperaturen an einem Ort]

11 Weiteres Vermögen

Immobilien im Vermögen verdrängen vor allem Bonds und abgeschwächt auch Aktien aus dem Finanzportfolio

In den Kapitel 7, 8 und 9 wurde die Grundlage für eine Finanzplanung gelegt. Diese drei Fragen wurden geklärt: 1. Wie hoch müssen die *Reserven* sein? 2. Für welche Vorhaben, Ausgaben, Verpflichtungen wird Vermögen *gebunden*? 3. Welcher Rest bleibt als *freies* Vermögen?

Das ganze Vermögen konnte nicht frei investiert werden, weil die Nebenbedingung bestand, Reserven und gebundenes Vermögen „auf die Seite zu legen". Eine weitere Nebenbedingung, die bei der Investition des freien Vermögens hineinspielt, ist durch *weiteres Vermögen* gegeben. Viele Anleger von Finanzmitteln haben eine Immobilie, eine Unternehmung und schließlich auch einen Arbeitsplatz (Humankapital). Das freie Vermögen muss infolgedessen unter der Bedingung angelegt werden, dass die Immobilie, die Unternehmung, das Humankapital vorhanden sind und somit die *Diversifikationsmöglichkeiten* beeinflussen. Daraus ergibt sich diese Aufgabe: Optimiere die Finanzanlagen unter der Nebenbedingung, dass weitere Positionen einen unveränderlichen Bestandteil des Vermögens bilden. Diese Aufgabe jetzt behandelt.

Fünf Lernziele: 1. Verstehen, wie bestens diversifizierte Portfolios aus Cash, Bonds und Aktien sich verändern, wenn dazu noch Immobilien als fester Bestandteil der Vermögensallokation vorhanden sind. 2. Die Korrelation zwischen der Realwirtschaft einerseits und Aktien beziehungsweise Bonds besser verstehen. 3. Einem Kunden erklären können, ob ein Exposure in der Realwirtschaft zur Empfehlung führt, den Bondanteil oder den Aktienanteil zu erhöhen. 4. Fähig werden, Ansätze und Vorgehensweisen dieses Kapitels weiterzuführen. 5. Namen von Personen und Begriffe in ein Kundengespräch einfließen lassen können.

11.1 Immobilien

Acht Formen von Anlagen in Immobilen

Viele Personen denken beim Vermögensaufbau nicht nur an den Kauf von Wertpapieren, sondern an den Erwerb von **Wohneigentum**. Bei Immobilien werden nationale Gewohnheiten und Unterschiede besonders deutlich. In Deutschland ist ein Bausparvertrag beliebt, bei dessen Zuteilung eine Eigentumswohnung oder ein Haus gekauft wird. In Österreich wird gespart, um ein großes

Haus für mehrere Generationen zu errichten. Auch in der Schweiz schätzen viele Familien Objekte in Eigentum (schon aufgrund der meist höheren Bauqualität gegenüber Mietobjekten), auch wenn bei einem Immobilienverkauf Wertzuwächse versteuert werden müssen. Wohlhabende Personen erfüllen sich oftmals den Traum des Kaufs einer **Ferienimmobilie**. Mit dem Rechenstift wirken eigene Ferienobjekte nicht rentabel, doch sie geben dem Leben eher noch als temporäre Anmietungen Rhythmus und bringen oftmals die Familie wieder zusammen. Aufgrund der nicht-materiellen Einflüsse bieten Ferienimmobilien hohen Nutzen. Schließlich können Gebäude gekauft oder gebaut werden, um sie zu vermieten (**Gewerbeimmobilien**).

> Üblich ist der Erwerb von Wohnrecht oder Nießbrauchrecht an einer Immobilie durch eine Zahlung oder verbunden mit einer Schenkung. Die Person gibt einem Partner Geld, der Partner baut, und die Person darf ebenso selbst wohnen (**Wohnrecht**). Oder sie hat darüber hinaus das Recht, weitervermieten zu dürfen (**Nießbrauchrecht**). Derartige Verträge sind zwischen Generationen üblich, oder wenn die Person am gewünschten Wohnort keine Immobilien erwerben darf. Das ist bei einer *weichen Auswanderung* der Fall, wo die Person ihren Steuersitz am alten Wohnort behält und nicht in das Ausland verlegt.

Auch wer keine direkte Investition plant, kann in Immobilien investieren. Immobilienfonds erlauben eine **indirekte Investition** in Büros, Ladenfläche, Hotelgebäude, oder in Wohnobjekte. Viele offene und geschlossene **Immobilienfonds** sind im Angebot. Als Folge auf die Krise dürfen Anteile offener Immobilienfonds nicht mehr kurzfristig zurückgegeben werden.[1] In Deutschland besteht eine Mindesthaltezeit von zwei Jahren und eine Kündigungsfrist von einem Jahr (wobei zusätzlich die Handelbarkeit von Anteilen offener Fonds an der Börse geschaffen wurde). Die Anteile geschlossener Immobilienfonds werden ohnehin nach der Erstausgabe nur noch an der Börse gehandelt. Daraus erklären sich die Auf- oder Abschläge gegenüber den inneren Werten. Eine indirekte Anlage in Immobilien ist weiter über den Kauf von Aktien von Firmen möglich, die Immobilien errichten, halten oder restrukturieren. Einige Immobilienunternehmen befassen sich mit der Planung von Neubauten, andere mit der Sanierung von Objekten. **Immobilienaktien** gibt es also mit verschiedenen Risikocharakteristika. Das Instrument des **Real Estate Investment Trust** (REIT) ist in jenen Ländern beliebt, in denen die Gewinne des Trusts von der Steuerpflicht ausgenommen worden sind, um auf diese Weise die Schaffung von Immobilien im Land zu fördern.[2] Zusammengefasst: Achtmal Immobilien: 1. Direktanlage für Wohnzwecke. 2. Direktanlage für Ferienzwecke. 3. Direktanlage für Vermietung. 4. Erwerb von Nutznieß. 5, Anteile offener Immobilienfonds, 6. Geschlossener Immobilienfonds, 7. Immobilienaktie, 8. REIT.

---

[1] PASCAL GANTENBEIN: Performance von Immobiliengesellschaften – Marktbasierte Ansätze zum effizienten Corporate Portfolio Management. *Schweizer Schriften zur Immobilienwirtschaft*. Band 1, Zürich, Schulthess 2004.

[2] 1. PASCAL GANTENBEIN: Transparenz und Intransparenz am Immobilienmarkt: eine Analyse aus ökonomischer Sicht. *Swiss Real Estate Journal* (November 2011) 3, 8-14. 2. JÜRGEN LINDAUER: *Immobilien und Steuern – Kompakte Darstellung für die Praxis*. Springer 2010. 3. KERRY-U. BRAUER (Hrsg.): *Grundlagen der Immobilienwirtschaft – Recht Steuern Marketing, Finanzierung, Projekt- entwicklung*. 7. Auflage. Gabler, Wiesbaden 2009. 4. KURT M. MAIER: Risikomanagement im Immobilien- und Finanzwesen. Fritz Knapp Verlag, Frankfurt 2004.

Renditen von Immobilienanlagen

Große Immobilienfirmen sammeln Daten über die mit Immobilien erzielten Anlagerenditen. Selbstverständlich variiert die Rendite zwischen 1. der Anlageform (Direktinvestition, Fonds, Immobilienaktie, REIT), 2. dem Objekt, der Lage und der Bauqualität sowie 3. der vom Investor vorgenommenen Finanzierung. Bei Direktanlagen ist üblich, dass der Bauherr eine Hypothek aufnimmt. Bei indirekten Anlagen hat die Fondsgesellschaft oft eine Immobilienfinanzierung bereits vorgenommen. Sie bleibt Investoren verborgen, sofern sie nicht die Bilanzen ansehen.

Parameter der Jahres-renditen vor Steuern und vor Verwaltungskosten	Erwartungs-wert	Standard-abweichung	Korrelation		
			mit Bonds	mit Aktien	mit Immobilien
Cash	2%	0	0	0	0
Bonds	5%	6%	1	0,2	0,6
Aktien	10%	20%	0,2	1	0,4
Immobilien	7%	10%	0,6	0,4	1

Darstellung 11-1: Parameter der Jahresrenditen für Cash, Bonds, Aktien und Immobilien.

Trotz der großen Varianten (Anlageform, Objekt, Finanzierung) sind Aussagen über **typische Immobilienrenditen** möglich. *Wüest & Partner* publizieren Daten und der *DB Rüd Blass Swiss Real-Estate-Fund Index* wird laufend aktualisiert, um zwei Beispiele zu nennen.

> Generell unterschätzen Privatanleger die mit Immobilien verbundenen Risiken. Immobilienanlagen unterliegen (1) starken Marktstimmungen, (2) ihre Werte hängen vom Zinsniveau ab und (3) es bestehen Abhängigkeiten von der Konjunktur: In städtischen Regionen reagieren die Immobilienpreise stark, in peripheren Gebieten nur schwach positiv auf Veränderungen des BIP-Wachstums.[3] Die wirtschaftliche Lage (Zins, Konjunktur) drückt sich aber nur zeitverzögert im Preis einer Immobilie aus. (4) Unterschiede zwischen Fundamentalwerten und augenblicklichen Preisen können längere Zeit bestehen.

Insgesamt zeigen Immobilienpreise ein Eigenleben, das sich als zyklisches Auf und Ab der Preise – und zeitlich versetzt für Mieten – ausdrückt. Das Unternehmen *Jones Lang LaSalle* hat die Zyklizität als **Immobilienuhr** bezeichnet. Der Mittelwert und die Standardabweichung der Rendite von Immobilien liegen zwischen den entsprechenden Parametern von Bonds und von Aktien. Weiter sind die Immobilienrendite sowie die von Aktien und die von Bonds positiv korreliert, wobei die Korrelation mit der Bondrendite stärker als die mit der Aktienrendite ist.

---

[3] Urs Gammeter und Pascal Gantenbein: Konjunkturelle Risikofaktoren am Schweizer Immobilienmarkt. *Die Volkswirtschaft.* (Februar 2010), 54-55.

Optimale Portfolios mit Immobilien

In einer ersten Rechnung wird gefragt, wie die Markowitzsche Effizienzkurve aussieht, wenn neben Cash, Bonds und Aktien auch Immobilienanlagen möglich sind.

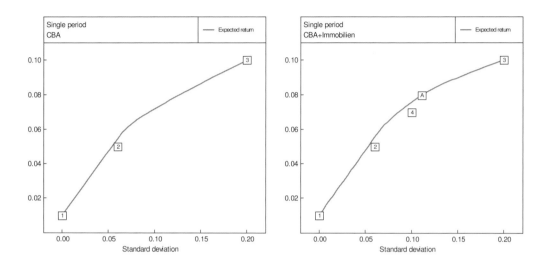

Darstellung 11-2: Die bestmöglich diversifizierten Portfolios. Links bestehen sie aus den drei Anlageklassen Cash (Position 1), Bonds (Position 2) und Aktien (Position 3), vergleiche Darstellung 6-2. Rechts sind sie aus den vier Anlageklassen Cash, Bonds, Aktien und Immobilien (Position 4) zusammengesetzt. Das Portfolio A (rechts) hat den Maximalanteil von Immobilien. Dieses Portfolio A besteht aus 33% Aktien und 67% Immobilien. Es hat ein Risiko von 11% und eine Rendite von 8%.

Die anhand von Risk und Return positionierten, bestmöglich diversifizierten Portfolios sollen mit den effizienten Portfolios verglichen werden, die allein aus Cash, Bonds und Aktien (ohne Immobilien) gebildet werden. Der Vergleich zeigt, dass die Markowitzsche Effizienzkurve in beiden Situationen, links mit drei Anlageklassen, rechts mit vier Anlageklassen, von Cash (Position 1) zu Aktien (Position 3) führt. Sie ist indessen etwas weiter nach oben gebogen, wenn Immobilien möglich sind (rechte Effizienzkurve). Weiter wird erkennbar, dass Immobilien bei allen Risikoniveaus mit positivem Gewicht im Portfolio aufgenommen sind. Immobilien sind danach für jedermann eine empfehlenswerte Anlage.

Bei den verwendeten Daten beträgt der Immobilienanteil in dem als *Sicher* bezeichnetem Portfolio (Risk 3%) bereits 8%. Das mit *Konservativ* bezeichnete Portfolio mit einem Risk von 6% (genau wie das Risk eines reinen Bondportfolios) enthält bereits 15% Immobilien. Ein *ausgewogenes* Portfolio (Risk 10%) setzt 57% Immobilien ein. Ebenso noch als ausgewogen anzusehen ist das Risiko von 11%, bei dem der Immobilienanteil seinen Maximalwert von 2/3 erreicht (1/3 sind dann in Aktien angelegt).

Erst wenn das vom Kunden gewünschte Risiko weiter steigt, werden die Immobilien durch Akti-en verdrängt. Vereinfacht darf gesagt werden, dass die Immobilien Bonds ersetzen, während der Aktienanteil im Portfolio weniger davon abhängt, ob Immobilienanlagen möglich sind oder nicht.

Risikostufe	Sicher		Konservativ		Ausgewogen		Wachstum		Dynamisch	
	Risk = 3%		Risk = 6%		Risk = 10%		Risk = 15%		Risk =19%	
Anteil Cash	(53%)	54%	(6%)	8%	(0%)	0%	(0%)	0%	(0%)	0%
Anteil Bonds	(41%)	33%	(81%)	66%	(56%)	14%	(27%)	0%	(5%)	0%
Anteil Aktien	(6%)	5%	(13%)	11%	(44%)	29%	(73%)	67%	(95%)	94%
Anteil Immobilien		8%		15%		57%		33%		6%
Return	(3,2%)	3,3%	(5,4%)	5,5%	(7,2%)	7,6%	(8,7%)	9,0%	(9,8%)	9,8%

Darstellung 11-3: Die Zusammensetzung der bestmöglich diversifizierten Portfolios für fünf Risikostufen mit den Standardabweichungen von 3%, 6%, 10%, 15% und 19%. Die Zahlen in Klammern beziehen sich auf Portfolios aus Cash, Bonds und Aktien und sind bereits in 6-2 dargestellt. Daneben sind in der Tabelle die Zahlen zu Portfolios gezeigt, die aus den vier Anlageklassen Cash, Bonds, Aktien und Immobilien gebildet werden. Deutlich zu erkennen: Die Hinzunahme von Immobilien als vierte Anlagemöglichkeit zeigt: 1. Immobilien sind durchwegs attraktiv: Zu allen Risikostufen enthalten die Portfolios Immobilien. 2. Immobilien ersetzen Bonds und Aktien, wobei vor allem Bonds aus dem Portfolio verdrängt werden.

Ein reines Immobilienportfolio ist nicht effizient. Wer diejenige Risikostufe schätzt, die Im-mobilien haben (Ausgewogen, Risk 10%) sollte noch Aktien dazunehmen, und wenn die Al-lokation dadurch etwas zu riskant wird, wird ein Teil in Cash und in Bonds angelegt.

Immobilien als Bedingung

In vielen Situationen betrachtet ein Kunde den Immobilienanteil nicht als variabel, sondern als unveränderlich und vorgegeben. In Darstellung 11-4 sind optimal diversifizierte Portfolios ge-zeigt, bei denen der Immobilienanteil fix 50% des Vermögens ist. Folglich werden die anderen 50% der Finanzmittel auf Cash, Bonds und Aktien verteilt, so dass – unter der Bedingung der vorhandenen Immobilienanlage – eine bestmögliche Diversifikation erreicht wird. Die Darstel-lung 11-3 positioniert die Portfolios im Risk-Return-Diagramm. Gezeigt sind Risk und Return der Portfolios, die aus Cash, Bonds, Aktien sowie fix 50% Immobilien bestehen.

Weil ein Teil des Vermögens in der Immobilie gebunden sind, ist es nicht mehr möglich, 100% in Cash anzulegen (Position 1). Ebenso ist die reine Aktienanlage (Position 3) nicht erreichbar. Das linke Ende der Effizienzkurve besteht (neben 50% Immobilien) zu 50% aus Cash. Es hat ein Risk von 5% und einen Return von 4%. Das rechte Ende der Effizienzkurve besteht (neben 50% Im-mobilien) zu 50% aus Aktien. Es hat ein Risk von 12,85% und einen Return von 8,5%. Das Risk-

Return-Diagramm (Darstellung 11-4) zeigt auch die Positionen der fünf Portfolios A, B, C, D, E (*Sicher*, *Konservativ*, *Ausgewogen*, *Wachstum*, *Dynamisch*) mit Risk 3%, 6%, 10%, 15%, 19%, die nur aus Cash, Bonds und Aktien bestehen (ohne Immobilien). Deren Gewichtungen sind in Darstellung 11-3 in Klammern genannt.

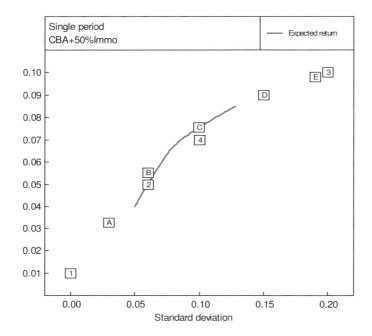

Darstellung 11-4: Die Markowitzsche Effizienzkurve unter der Nebenbedingung, dass der Anteil Immobilien fix 50% beträgt. Deshalb sind auch nur noch 50% des anzulegenden Betrags variabel. Die Effizienkurve ist daher links und rechts begrenzt. Das Risk-Return-Diagramm zeigt auch die Positionen der fünf Portfolios A, B, C, D, E (Sicher, Konservativ, Ausgewogen, Wachstum, Dynamisch) mit Risk 3%, 6%, 10%, 15%, 19%, die nur aus Cash, Bonds und Aktien bestehen (ohne Immobilien)

Deutlich ist erkennbar, dass beispielsweise das Portfolio B (Konservativ, Risk 6%, bestehend aus 6% Cash, 81% Bonds, 13% Aktien) nicht mehr erreichbar ist, wenn als Nebenbedingung 50% in Immobilien angelegt sind. Unter dieser Bedingung werden für ein Risk von 6% die variablen 50% des Vermögens so aufgeteilt: 19% Bonds, 31% Aktien. Bei der Nebenbedingung, einen gewissen Anteil des Finanzvermögens in Immobilien angelegt zu halten, sind also nicht nur die beiden Positionen von Cash pur und von Aktien pur nicht mehr erzeugbar. Je nach Immobilienanteil sind auch die Portfolios *Sicher* (Risk 3%), *Wachstum* (Risk 15%) oder *Dynamisch* (Risk 19%) nicht mehr erzeugbar.

Hinsichtlich der Gesamtrendite ist der Kunde mehr oder minder auf den Risikobereich eingeengt, der durch die Immobilienanlage vorgegeben ist. Das ist eine Risikostufe von 10%. Im Fall eines Immobilienanteils von 50% sind für das Gesamtvermögen nur Risikostufen zwischen 5% und 12,85% möglich. Im Fall eines Immobilienanteils von 60% beispielsweise sind nur noch Portfolios mit Risk zwischen 6,0% und 11,8% erzeugbar. Und im Fall eines Immobilienanteils von 70% kann für das Vermögen insgesamt nur ein Risk zwischen 7% und 10,9% erreicht werden.

Wer für das Gesamtvermögen ein Risk vorzieht, das höher als das der Immobilie (10%) ist, der wird bei den restlichen und noch in den Gewichten variablen Finanzanlagen ganz auf Aktien setzen. Daher ist nicht ungewöhnlich, wenn Kunden mit einem Gesamtvermögen von 500.000 Euro, die davon 450.000 Euro in einer Immobilie halten, ihr übriges Finanzvermögen von 50.000 Euro vollständig in Aktien anlegen. Es zeigt sich sogar, dass diese Investoren nicht einmal ihr Risiko, erhöhen, doch durch die Hinzunahme von Aktien eine kleine Verbesserung beim Return haben. Das ist eine Schwierigkeit für junge Kunden im Wealth Management. Der Kauf einer eigenen Immobilie ist verständlich, doch der (meist) kleine Rest des Vermögens sollte aufgrund der Lebenssituation junger Leute als Reserve gehalten werden. Doch für die Diversifikation wäre besser, mit dem Rest Aktien zu kaufen.

Fazit: Immobilien verdrängen Bonds. Aktien bleiben für die Diversifikation nützlich. **Wer neben Immobilien noch Geld hat, legt es zur Diversifikation in Aktien an.**[4]

11.2 Realwirtschaft

Geschäftsbetrieb und Humankapital

Viele Kunden halten einen guten Teil ihres Vermögens in einer Form, deren Risikoeigenschaften mit denen der **Realwirtschaft** übereinstimmt. Der Vermögensteil ist also jenen wirtschaftlichen konjunkturellen Kräften ausgesetzt, welche die Auslastung der gesamtwirtschaftlichen Produktivitätskapazitäten und der gesamtwirtschaftlichen Nachfrage verändert. Die Personen wünschen dann, das restliche Vermögen in Cash, Bonds und Aktien so anzulegen, dass ihre Gesamtposition hinsichtlich Risk und Return effizient ist.

---

[4] Noch eine Ergänzung: Jeder muss irgendwo wohnen können. Es gibt also eine Lebenshaltungsverpflichtung, für Wohnraum zu sorgen. Das birgt immer gewisse Risiken, weil entweder die Mieten schwanken oder weil der Wert einer selbst genutzten Immobilie schwankt. Um sich gegen diese Risiken abzusichern, kann die Person eine Immobilie für die Selbstnutzung oder für die Vermietung kaufen, und ebenso geeignet ist ein Immobilienfonds. Durch ein Immobilienengagement werden die Risiken aus der Notwendigkeit, irgendwo wohnen zu können, neutralisiert. Wenn dann noch weiteres Geld da ist und angelegt werden soll, bieten sich wieder klassische Portfolios aus Aktien und Bonds. Um dann das Gesamtvermögen mit einer gewissen Risikostufe anzulegen, wird indes die Betonung wieder auf Aktien gelegt.

Zwei wichtige Beispiele für Privatvermögen mit den Risikomerkmalen der Realwirtschaft sind ein Geschäftsbetrieb oder das Humankapital des Privatinvestors.

1. Mit **Geschäftsbetrieb** ist eine Tätigkeit des Kunden als Selbständiger gemeint oder ein Handwerk, ein Handelsgeschäft oder eine Unternehmung. Die Rentabilität des Geschäftsbetriebs hängt natürlich stark mit der gesamten Realwirtschaft zusammen, mit der Konjunktur, der Auslastung der Kapazitäten in der Wirtschaft und mit dem allgemeinen Konsumniveau.

2. Nach einer üblichen Definition von **Humankapital** handelt es sich dabei um den Barwert aller zukünftigen Arbeitseinkommen. Der Begriff umfasst die selbständige ebenso wie die unselbständige Tätigkeit. Die Diskontierung zukünftiger Arbeitseinkommen entspricht der Rate, die auf einen ökonomisch realistischen Wert führt. Mit anderen Worten: Werden Mittel in Höhe des Humankapitals eingesetzt, ist als Rendite das Einkommen zu erwarten. Dies mit allen Risiken, die für Humankapital typisch sind: Es gibt Beförderungen und Kündigungen. Zwar haben sie eine individuelle Komponente, doch oft ist die gesamtwirtschaftliche Situation dafür maßgebend, wie die besagte Rendite schwankt. Das Humankapital ist also ähnlichen Risiken ausgesetzt wie die gesamte Realwirtschaft.

Könnte man einen Geschäftsbetrieb oder Humankapital kaufen und so Geld investieren, dann wäre es in beiden Fällen gleich gut angelegt und hätte praktisch übereinstimmende Risikocharakteristika. Insofern spielt es im folgenden keine Rolle, ob wir einen Investor betrachten, dessen Vermögen nicht nur den jetzt in Cash, Bonds und Aktien anzulegenden Betrag umfasst, sondern daneben auch aus einem Geschäftsbetrieb oder eben aus Humankapital besteht.

Korrelation: Realwirtschaft zu Bonds und zu Aktien

Doch wie hoch ist diese Rendite? Für die Realwirtschaft und die Finanzmärkte der USA hat ROBERT J. SHILLER (geboren 1946) Daten für den Zeitraum 1889-1978 publiziert. SHILLER misst die Realwirtschaft und ihre Veränderung anhand der Änderungen des gesamtwirtschaftlichen Konsums von einem zum anderen Jahr.

Das Bild ist jedoch anders als bei Immobilien: Die Korrelation zwischen Realwirtschaft (Geschäftsbetrieb, Humankapital) und Aktien ist leicht positiv. Die Korrelation zwischen Realwirtschaft und Bonds ist sogar negativ, was besonders gute Diversifikationseffekte ermöglicht.

Negative Korrelationen erstaunen, weil vielfach gedacht wird, alle Aspekte des wirtschaftlichen Lebens würden sich, unter Schwankungen, letztlich in die gleiche Richtung zielen. Doch wenn die Konjunktur anzieht (und der gesamtwirtschaftliche Konsum zunimmt), dann erhöht die Zentralbank das Zinsniveau, um der eventuell kommenden Inflation vorzubeugen. Dadurch fallen die Bondrenditen. Wenn hingegen die Konjunktur schwächer und damit die Rendite von Realkapital geringer wird, dann wird die Zentralbank Zinsen senken. Die Bondrendite steigt.

Bonds können daher als Absicherung (Hedge) gegen realwirtschaftliche Risiken dienen. Die Korrelation zwischen Realwirtschaft und Bondrendite ist -0,13 und die zwischen Realwirtschaft und Aktienrendite ist 0,28.

Die Rentabilität von (gedanklichen) Investments in einen Geschäftsbetrieb beziehungsweise Humankapital wird so bestimmt, dass sie neben Cash, Bonds und Aktien in ein Portfolio aufgenommen würden. Daraus folgt ein Return von 10% und ein Risk von 25%. Das Risk der Realwirtschaft (Geschäftsbetrieb, Humankapital) ist zwar bei gleichen Return größer als bei Aktien, doch dafür bietet die Realwirtschaft gute Diversifikationsmöglichkeiten. Nachstehend die Parameter:

Parameter der Jahres-renditen	Erwartungs-wert	Standardabwe ichung	Korrelation		
			mit Bonds	mit Aktien	mit Realwirt-schaft
Cash	2%	0	0	0	0
Bonds	5%	6%	1	0,2	-0,13
Aktien	10%	20%	0,2	1	0,28
Realwirtschaft (Geschäfts-betrieb, Humankapital)	10%	25%	-0,13	0,28	

Darstellung 11-5: Parameter der Jahresrenditen.

Bonds zur Diversifikation

Beim Engagement in der Realwirtschaft besteht eine Wahl. Das ist beim Geschäftsbetrieb offensichtlich. Die Person hat immer wieder die Entscheidung zu treffen, ob sie zusätzlich verfügbare Mittel in den Ausbau des Geschäftes steckt oder getrennt vom Geschäft bei einer Bank anlegt. Ähnlich kann eine Person über ihren zeitlichen Einsatz die Höhe des Humankapitals steuern, auch wenn vielleicht in engeren Grenzen.

Die in Darstellung 11-6 gezeigte Effizienzkurve positioniert bestmöglich diversifizierte Portfolios aus den vier Anlagen Cash (Position 1), Bonds (Position 2), Aktien (Position 3) und Realwirtschaft (Position 4), bei denen fix 1/3 des Vermögens in der Realwirtschaft angelegt ist. Die verbleibenden 2/3 werden auf Cash, Bonds und Aktien so verteilt, dass das Gesamtportfolio der vier Anlagen effizient ist.

Das Risk-Return-Diagramm zeigt außerdem die fünf Portfolios A, B, C, D, E (*Sicher, Konservativ, Ausgewogen, Wachstum, Dynamisch*) mit Risk 3%, 6%, 10%, 15%, 19%, die nur aus Cash, Bonds und Aktien bestehen. Die Effizienzkurve deckt den Bereich vom Risk 8,3% bis hin zum Risk 17,6% ab. Das Portfolio am Ende der Effizienzkurve rechts oben (Risk 17,6%) besteht neben dem Drittel Realwirtschaft zu zwei Dritteln aus Aktien.

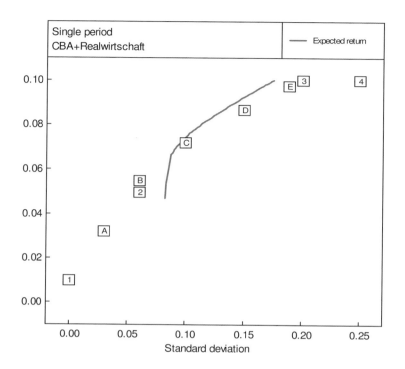

Darstellung 11-6: *Bestmögliche Diversifikation unter Einbezug von Cash (1), Bonds (2) und Aktien (3) unter der Bedingung eines fixen Exposures in der Realwirtschaft (4) von 1/3. Daneben die aus Cash, Bonds, Aktien gebildeten Portfolios A, B, C, D, E (Sicher, Konservativ, Ausgewogen, Wachstum, Dynamisch) mit Risk 3%, 6%, 10%, 15%, 19%.*

Das Portfolio am Ende der Effizienzkurve links unten (Risk 8,3%) besteht neben dem Drittel Realwirtschaft vor allem aus Cash (rund 49%). Doch auch Bonds (18%) sind wegen der guten Diversifikation mit der Realwirtschaft in diesem Portfolio enthalten. Auffällig ist das Teilstück der Effizienzkurve links mit dem steilen Anstieg. Auf dem Weg zu mehr an Return unter nur mininer Zunahme des Risk wird der Anteil Cash durch Bonds ersetzt. Praktisch bei der Position des Portfolios C besteht das aus allen vier Anlagen gebildete Portfolio neben dem Drittel Realwirtschaft zu zwei Dritteln aus Bonds.

Für jemanden, der ein Exposure in der Realwirtschaft hat, und hinsichtlich des Risikos *Ausgewogen* wünscht, kann die Empfehlung nur so lauten: Minimiere nach Möglichkeit die Cashreserve. Jeder freie Euro geht in Bonds.

→ Sabine Senn hat eine gute Stelle. Doch sie könnte den Job auch verlieren, ebenso wie Beförderungen möglich sind. Es kommt darauf an, wie die Wirtschaft läuft. Sabine hat etwas Geld gespart und fragt, wie sie es am besten anlegen sollte. Die Antwort lautet, Anleihen zu kaufen. □

→ Karl Kraft ist Eigner eines Fachbetriebs. Die Auftragslage und die Preise, die er verlangen kann, hängen von der Wirtschaftslage ab. Karl hat noch ein kleines Finanzvermögen und fragt, welche Aktien er kaufen sollte. Die Antwort lautet, er solle Anleihen kaufen. □

Wer neben Immobilien noch etwas Geld hat, der kauft am besten Aktien. Wer neben einem Geschäft oder dem Arbeitsplatz noch etwas Geld hat, kauft am besten Anleihen.

11.3 Fragen zur Lernkontrolle

1. Welche acht Möglichkeiten für ein Engagement in Immobilien wurden genannt? [1. Direktanlage für Wohnzwecke. 2. Direktanlage für Ferienzwecke. 3. Direktanlage für Vermietung. 4. Nutznieß. 5, Offener Immobilienfonds, 6. Geschlossene Immobilienfonds, 7. Immobilienaktie, 8. REIT]

2. Charakterisieren Sie mit Worten den Return von Immobilien (ganz allgemein) sowie das Risk. Welche Korrelationen sehen Sie gegenüber Aktien und gegenüber Bonds? [Darstellung 11-1]

3. Was ist aufgrund der Daten von SHILLER über die Korrelationen zwischen der Realwirtschaft und Aktien beziehungsweise zwischen der Realwirtschaft und Bonds bekannt? [Abschnitt 11-2]

4. Alf Abel besucht Sie und möchte einen Anlagemix für *Wachstum* vorgeschlagen erhalten. Sie empfehlen: 27% in Bonds, 73% in Aktien (siehe Darstellung 6.2). Herr Abel ist zufrieden und erwähnt nun beiläufig, dass er auch daran denke, einen Teil des Geldes in einen Immobilienfonds anzulegen. Müssen Sie den gemachten Vorschlag modifizieren? [Ja, die neue Allokation ist 2/3 Aktien, 1/3 Immobilien, siehe Darstellung 11-3]

5. Brit Bauer besucht Sie und meint, ihr Geld solle mit dem Ziel von Kapitalwachstum oder ganz in Aktien angelegt werden. Doch dann erwähnt sie, dass ihr Arbeitsplatz nicht mehr so sicher sei. Der Finanzberater zitiert ein Ergebnis dieses Kapitels: Wer neben einem Geschäft oder neben einem Arbeitsplatz noch etwas Geld hat, kauft am besten Anleihen.

6. Im Fazit wurde gesagt: 1. Wer neben Immobilien noch etwas Geld hat, der kauft *Aktien*. 2. Wer neben einem Geschäft oder neben einem Arbeitsplatz noch etwas Geld hat, kauft *Anleihen*. Frage: Was ist hinsichtlich der Korrelationen zwischen Immobilien und der Realwirtschaft so viel anders als bei einem Geschäft oder Humankapital und der Realwirtschaft? [1. Die Korrelation zwischen Immobilien und Aktien ist geringer als die zwischen Immobilien und Bonds, weshalb die Diversifikation zwischen Immobilien und Aktien besser ist. Die Korrelation zwischen der Realwirtschaft und Bonds ist sogar negativ, weshalb exzellente Diversifikationen zwischen Realwirtschaft und Bonds möglich sind]

7. Das vierte Lernziel war, die Fähigkeit zu erlangen, um Ansätze und Vorgehensweisen dieses Kapitels weiterzuführen. Betrachten Sie eine Person, deren Vermögen aus einem Arbeitsplatz und aus etwas Geld besteht. Nach den Ausführungen des Kapitels würden für die Geldanlage Anleihen empfohlen werden. Doch die Person möchte weder Anleihen noch Aktien kaufen, sondern sie möchte das ganze Geld in einen Immobilienfonds anlegen. Wie kann herausgefunden werden, ob sich die Person durch diese Einschränkung benachteiligt? [Mit einem Optimizer können Vergleichsrechnungen angestellt werden. Doch zusätzlich zu den in diesem Kapitel angegebenen Daten müssen die Koeffizienten der Korrelation zwischen Realkapital und Immobilien herausgefunden werden. Die Korrelation zwischen Immobilien und Bonds zeigt, dass die Risikoeigenschaften ähnlich sind. Folglich sind auch die Korrelationen zwischen Realkapital und Immobilien gering oder sogar auch negativ. Das bedeutet: Es gibt recht gute Diversifikationseffekte zwischen den beiden Positionen Arbeitsplatz und Immobilien. Die Portfoliotheorie bestätigt, was viele Menschen denken. Zuerst kümmert man sich um eine Arbeit, dann um ein Dach. Und erst danach wird an Wertpapiere gedacht]

8. Das fünfte Lernziele war, Namen von Personen und Einrichtungen sowie Produktbezeichnungen und Begriffe in ein Gespräch einfließen lassen können. a) Wie würden Sie mit einem Kunden über die Immobilienuhr nach *Jones Lang LaSalle* sprechen? b) Was können Sie im Internet über die Immobilienuhr herausfinden? c) Warum wird eine Immobilienuhr für Preise und eine für Mieten unterschieden?

12 Vermögensbilanz

Wie sich das Risiko der optimalen Anlage von freiem Vermögen über die Zeit hinweg verändern sollte

Bei der Vermögenspyramide (Kapitel 9) werden Teile des Vermögens nach ihrem Verwendungszweck unterschieden. Die einmal zu erfüllenden Vorhaben oder Verwendungszwecke wurden wie Verpflichtungen betrachtet. Bei der Vermögenspyramide sind daher in jedem Einzelfall Vorhaben (als Verpflichtung) und Vermögensteil (als Mittel) gleich groß angenommen. Eine Bilanz hält dagegen Vermögen und Verpflichtungen auseinander und stellt sie insgesamt einander gegenüber. Nur in der Summe müssen alle Vermögensteile (Mittel) zusammen allen Vorhaben (Verpflichtungen) entsprechen. In einer Bilanz können zudem weitere Positionen betrachtet werden, so der Barwert der in der kommenden Zeit zu erwartenden Arbeitseinkünfte. Ebenso müssen sich die Verpflichtungen nicht auf Vorhaben wie Vorsorge, Anschaffungen und Deckungskapital beschränken. Auf der Verpflichtungsseite einer Bilanz kann angeführt werden, dass die Person die eigenen Lebensausgaben bestreiten muss (*Lebenshaltungsverpflichtung*). Werden alle Positionen einbezogen, die sich in den kommenden Jahren durch Zuflüsse oder Abflüsse ausdrücken, dann wird von einer *Gesamtbilanz* oder *Vermögensbilanz* gesprochen. Die Grundlage für die Perspektive, eine Gesamtbilanz zum Zweck der Finanzplanung aufzustellen, geht von der theoretischen Seite von SAMUELSON zurück. Deshalb wird das Samuelson-Modell zuerst betrachtet.

Fünf Lernziele: 1. Das Samuelson-Modell in seiner Grundversion verstehen. 2. Die Erweiterungen erfassen, die SAMUELSON für sein Modell gegeben und die er weiter angeregt hat. 3. Eine Gesamtbilanz für einen Kunden aufstellen können. 4. Wichtige Ansätze dieses Kapitels weiterführen können. 5. Namen von Personen und Begriffe in ein Kundengespräch einfließen lassen können.

12.1 Das Samuelson-Modell

Der Prozess der Wertentwicklung

PAUL A. SAMUELSON (1915-2009, Nobelpreis 1970) hat die Frage untersucht, wie Investoren ihre Vermögensallokation über die Anlagezeit hinweg anpassen. Sein Modell geht (wie viele andere Modelle auch) davon aus, dass sich das Vermögen aus (1) Aktien oder einer anderen risikobehafteten Anlageklasse und (2) aus Cash als Repräsentant der risikofreien Anlage zusammensetzt.

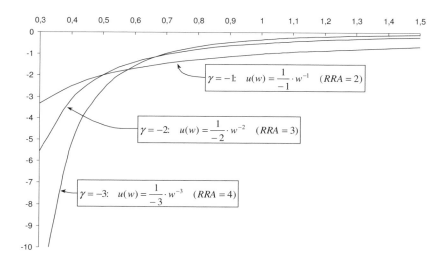

Darstellung 12-1: Illustration des Verlaufs der Risikonutzenfunktionen, wie sie im Samuelson-Modell (und in anderen Entscheidungsmodellen) angenommen werden, gezeigt für relative Risikoaversionen RRA von 2, 3 und 4 im Vermögensbereich zwischen 0,3 und 1,5 Geldeinheiten.

Interessant ist der Anteil, der risikobehaftet investiert werden soll. Der Rest wird dann sicher als Cash gehalten. Das Besondere am Samuelson-Modell: Der Anteil an Aktien, der die Vermögensallokation bestimmt, muss nicht konstant sein, sondern kann sich ändern. Das **Samuelson-Modell** fragt nicht nach der optimalen Höhe einer als konstant vermuteten Aktienquote. Vielmehr wird nach einer optimalen Anlagestrategie gesucht, bei der die Aktienquote sich laufend – in Abhängigkeit gewisser äußerer Parameter, welche die Situation beschreiben – verändern kann. Für die Entwicklung des Vermögens wird ein (in der Finance) üblicher stochastischer Prozess unterstellt. Das Vermögen hat die Tendenz, einem Drift gemäß anzusteigen, der indes von zufälligen Schwankungen überlagert wird, die das Risiko ausdrücken. Der augenblickliche Drift hängt vom Zinssatz ab, von der erwarteten Aktienrendite und vom augenblicklichen Exposure in Aktien. Die Volatilität des Prozesses der Wertentwicklung ist proportional zur Volatilität von Aktien. Der Proportionalitätsfaktor ist die augenblicklich angewandte Aktienquote.

Entscheidung und drei Fragen

Samuelson setzt voraus, dass der Investor einen zukünftigen Zeitpunkt nennen kann, das Ende des Anlagehorizontes, zu dem das erreichte Ergebnis zur Kenntnis genommen wird. Da es um ein ökonomisches, theoretisches Modell geht, wird als Entscheidungskriterium der Erwartungsnutzen (Bernoulli-Prinzip) gewählt, vergleiche Abschnitt 5.2. Der Investor beurteilt die verschiedenen Anlagestrategien folglich danach, welchen Nutzen die möglichen Anlageergebnisse haben, die zum Ende des Anlagehorizonts eingetreten sein könnten.

SAMUELSON verwendet eine iso-elastische Nutzenfunktion. Sie hat **konstante relative Risikoaversion** (vergleiche Darstellung 12-1). Auch dies darf als eine übliche und hinreichend allgemeine Modellierung für den Erwartungsnutzen gelten. Soweit sind alle von Samuelson getroffenen Annahmen in der Finance Standard und stehen in Einklang mit sonst üblichen Modellen.[1]

Drei Fragen und praxisnahe Antworten

SAMUELSON hat drei Fragen gestellt und in seinem Modell geklärt:

- In welcher Weise hängt die nutzenoptimale Aktienquote von der Länge des gesamten Anlagehorizonts T ab?

- Wie verändert der Investor optimalerweise die Aktienquote während des Anlagehorizonts?

- Welchen Einfluss hat das zu Anlagebeginn vorhandene Vermögen V auf die Aktienquote?

Die Aktienquote zum Zeitpunkt t sei mit $x_{T,V}(t)$ bezeichnet. Die weiteren Einflussfaktoren sind die Gesamtdauer T der Anlage und die Vermögenshöhe V zu Beginn der Anlage. Die erste Frage lautet also, wie der Einfluss von T auf die Aktienquote ist. Die zweite Frage ist, wie $x_{T,V}(t)$ sich mit der Zeit t oder der restlichen Anlagedauer $T - t$ optimalerweise verändert. Die dritte Frage lautet, welchen Einfluss die Vermögenshöhe V auf die optimale Aktienquote hat.

Zu allen drei Fragen gibt es Antworten der Praxis, die intuitiv einsichtig sind.

1. Frage Anlagehorizont: Die Praxisantwort zur ersten Frage lautet, dass klar die Aktienquote zunehmen kann, und aus Rentabilitätsgründen auch zunehmen sollte, wenn der Anlagehorizont länger wird. Im Fall $T < 5$ Jahre wird allgemein gewarnt: Vorsicht mit Aktienengagements, der Horizont ist kurz. Im Fall $T > 15$ Jahre werden Berater überall empfehlen, eine hohe Aktienquote zu wählen.

2. Frage Veränderung über die Zeit: Die Praxisantwort zur zweiten Frage ist, dass die im Augenblick t anzuwendende Aktienquote $x_{T,V}(t)$ im Verlauf der Zeit immer geringer werden sollte, weil man mit der Zeit näher an das Ende des Anlagehorizonts T kommt. Eine schrittweise Reduktion der Aktienquote wird überall praktiziert, wenn ein verbindlicher Zeitpunkte der Entnahme des Anlageergebnisses naht.

3. Frage: Einfluss der Vermögenshöhe: Zur Praxisantwort auf die dritte Frage: Hinsichtlich des Einflusses des Vermögens ist die Antwort nicht so klar. Viele würden vermuten, dass bei vergleichsweise geringem Startvermögen die Person vorsichtiger agieren sollte, um das wenige nicht zu verlieren. So könnte man denken, dass die Aktienquote generell höher sein darf, je mehr Vermögen die Person hat.

---

[1] 1. PAUL A. SAMUELSON: Lifetime Portfolio Selection by dynamic Stochastic Programming. *Review of Economics and Statistics* (August 1969), 239-246. 2. PAUL A. SAMUELSON: The judgement of economic science on rational portfolio management: indexing, timing, and long-horizon effect. *Journal of Portfolio Management*, 1989, 4-12.

4. In der Tat wurde bei der Diskussion des gebundenen Vermögens postuliert, dass eine größere Elastizität / Flexibilität der Person anzunehmen ist, wenn sie wohlhabender ist und finanziell nicht in einer Ecke steht.

Allerdings haben sich auch in der Praxis Gegenstimmen erhoben. Einige Experten meinen, dass ein hohes Vermögen zeige, dass der Anleger bereits sein Ziel erreicht habe und deshalb ungern mehr aufs Spiel setzen würde, nur um vielleicht noch reicher zu werden. Diese Experten gehen davon aus, dass die optimale Aktienquote eher sinkt, wenn das Vermögen höher ist. Sie argumentieren, dass die optimale Aktienquote vom laufenden Vermögen abhängen sollte. Je höher das Vermögen ist, desto mehr würden die Investoren sichere und konservative Anlagen schätzen.

Lösung im Samuelson-Modell

Die Praxismeinungen erzeugen Neugier auf die Ergebnisse und die Lösung von SAMUELSON: Die mathematisch ermittelte, optimale Aktienquote ist durch die nachstehende Formel gegeben:

(12-1) $$x_{T,V}(t) \ = \ \frac{\mu^{\varnothing} - r_0}{RRA \cdot \sigma^2}$$

Im Zähler stehen der Drift des Prozesses der relativen Vermögensentwicklung $\mu^{\varnothing}$ und die Rendite der sicheren Anlage in stetiger Notation r_0. Im Nenner steht die (konstante) relative Risikoaversion RRA der iso-elastischen Nutzenfunktion des Investors. Außerdem steht im Nenner die Volatilität der Aktienrendite im Quadrat. Die Formel hat einen ähnlichen Aufbau wie andere Formeln, die für die optimale Aktienquote in einem statischen Kontext gelten.

Auffällig an (12-1) ist, dass die drei zentralen Einflussgrößen T, t, V auf die momentane Aktienquote *fehlen*. Wurden sie zur Vereinfachung einfach weggelassen? Nein! Die Lösung zeigt: T, t, V haben keinerlei Einfluss auf die optimale, momentane Aktienquote.

Die Lösungsformel (12-1) für das Samuelson-Modell besagt:

1. Jede Person hat eine gewisse Risikoneigung (und hier wird angenommen, die relative Risikoaversion sei konstant). Bei den meisten Investoren liegt sie zwischen 1 und 10. Jeder Investor wird stets den *konstanten* Anteil (12-1) in Aktien halten. Der optimale Aktienanteil verändert sich *nicht* über die Zeit.

2. Der optimale Anteil der risikobehafteten Instrumente am Gesamtvermögen ist *unabhängig* von der Vermögenshöhe und *unabhängig* von der Länge der beabsichtigten Anlage.

Im Ergebnis wird der Investor, unabhängig wie hoch sein totales Vermögen ist, stets einen konstanten Anteil in Aktien halten. Der optimale Anteil der risikobehafteten Instrumente am Gesamtvermögen ist von der Länge der beabsichtigten Anlage unabhängig.

→ Angenommen, die Differenz zwischen Drift $\mu^{\varnothing}$ der Aktien und Zinssatz r_0 ist 3%, die Volatilität 20% und die RRA der Person ist 2. Die Lösungsformel (12-1) sagt: Die optimale Aktienquote für diese Person ist konstant $x = 0,03/(2 \cdot 0,2^2) = 37,5\%$ und unabhängig von der Anlagedauer und unabhängig davon, wie hoch das Vermögen ist und wie es sich entwickelt. □

12.2 Erweiterung zur Gesamtbilanz

Einbezug von Verpflichtungen

Das Modell und die Ergebnisformel (12-1) haben große Beachtung gefunden. Zum Teil wurde das Modell abgelehnt, ohne dass genau gesagt wurde, welche Prämisse die Realität vielleicht nicht gut beschreibt. Lesern der Publikation 1969 von SAMUELSON schien unvernünftig zu sein, etwa für eine Woche oder ein Quartal ($T = 1/4$) dieselbe Aktienquote zu wählen wie für einen Horizont von $T = 40$ Jahren. Die Diskussion hat einige Zeit erfordert. SAMUELSON hat zwanzig Jahre später eine Erweiterung vorgestellt und darin die Interpretation der Größen klarer herausgearbeitet:

- Wer Geld auf eine Woche oder auf ein Quartal ($T = 1/4$) oder generell auf sehr kurze Zeit anlegt, hat offenbar eine baldig fällige konkrete Verwendung für das Anlageergebnis geplant. Der Investor hat in diesem Sinn eine Verpflichtung zum Endzeitpunkt T (etwa in einer Woche, in einem Quartal oder vielleicht in drei Jahren zu erfüllen.

- Der Teil des Vermögens, das zur Erfüllung dieser Verpflichtung dienen soll, ist *nicht* als Teil des anzulegenden Vermögens zu betrachten. Das als *frei* anzusehende Gesamtvermögen der Person ist zum Zeitpunkt der Fälligkeit der Verpflichtung nicht W_T, das was erreicht wird, sondern nur $W_T - L_T$. Hierbei ist L_T der Betrag, der zur Erfüllung der Verpflichtung zum Zeitpunkt T erforderlich ist.

- Der Betrag zur Erfüllung der Verpflichtung zum Endzeitpunkt T müsse, so SAMUELSON, also zuvor abgezweigt und auf die Seite gelegt werden: L_t sei der Barwert der Verpflichtung zum Zeitpunkt t, $0 \leq t \leq T$. Dieser Geldbetrag L_t müsse daher als *gebunden* angesehen werden.

- Die Person hat zum Zeitpunkt t nur über die Anlage des *freien* Vermögens $W_t - L_t$ zu entscheiden, und darauf bezieht sich die Empfehlung der konstanten Aktienquote.

Die Erweiterung des Samuelson-Modells besagt:

1. Zu jedem Zeitpunkt t ist ein konstanter Anteil **des als frei erkannten Vermögens** risikobehaftet (in Aktien) anzulegen. Die Aktienquote richtet sich nach der persönlichen Risikoaversion.

2. Der Barwert einer späteren Verpflichtung gehört dem Investor gleichsam gar nicht mehr. Dieser Betrag soll vorweg (vom freien Vermögen) getrennt werden. Nur der verbleibende Betrag darf im Sinn der Entscheidungstheorie als Totalvermögen der Person betrachtet werden.

3. Wenn eine Person einen baldigen Zeithorizont nennt, dann liegt der Grund dafür in Verpflichtungen, die sie dann zu erfüllen hat. Bei einem baldigen Zeithorizont ist folglich stets damit zu rechnen, dass der größte Teil des anzulegenden Geldes in diesem Sinn als bereits gebunden zu betrachten ist.

SAMUELSON hat in der Erweiterung 1989 seines ursprünglichen Modells suggeriert, den Barwert der später zu T fälligen Verpflichtung L_t sicher anzulegen. Nur erwähnt sei die Möglichkeit, den Barwert des später fälligen reservierten Kapitals so anzulegen, dass die Verpflichtung mit hoher Wahrscheinlichkeit erfüllt werden kann (Ansatz von ROY zur Kontrolle der Ausfallwahrscheinlichkeit). Dies selbstverständlich nur, falls eine gewisse Flexibilität hinsichtlich des späteren Verwendungszwecks besteht.

Fazit: Nach SAMUELSON sollte ein Kunde *gebundenes* von *freiem* Vermögen unterscheiden. Das gebundene Vermögen wird sicher oder mit hoher Sicherheit angelegt. Das freie Vermögen wird so angelegt, dass die Aktienquote, bezogen auf die augenblickliche Höhe des freien Vermögens, über die Zeit hinweg immer konstant ist.

Einbezug von Humankapital

So wie Verpflichtungen vom Finanzvermögen abgezogen werden, so sollte weiteres Vermögen zum Finanzvermögen addiert werden. Das weitere Vermögen der Person zum Zeitpunkt t sei mit H_t bezeichnet.

Dabei kann es sich um Humankapital handeln. **Humankapital** wird in ökonomischen Betrachtungen mit dem Barwert der noch generierbaren Arbeitseinkünften gleichgesetzt. Die Bezeichnung ist zweifellos etwas schief, doch hat sie sich in der Fachwelt inzwischen etabliert.

Das Humankapital einer jungen Person im Alter von etwa 25 Jahren ist noch gering, auch wenn die Person steigende Löhne in der Zukunft erwarten kann. Der Grund: Die hohen Einkommen werden vielleicht erst im Alter von 45 erzielt, als erst zwanzig Jahre später, und aufgrund der hohen Risiken im Arbeitsleben müssen diese Einkommen stark diskontiert werden.

Wird in den nächsten Jahren die Karriere gebahnt, rückt die Zeit der hohen Arbeitseinkünfte näher und die Zuversicht steigt, dass diese Jahre der höchsten Gehälter auch zur Realität werden. Aus beiden Gründen wird schwächer diskontiert und das Humankapital steigt an.

Der typische Verlauf des Humankapitals über das Lebensjahr hat dann einen Maximalwert um das fünfzigste Lebensjahr. Dann nimmt es ab. Die Arbeitseinkommen sind eher stabil oder gehen zurück, und die Zeit des Ruhestands (ohne Erwerbseinkommen) naht.

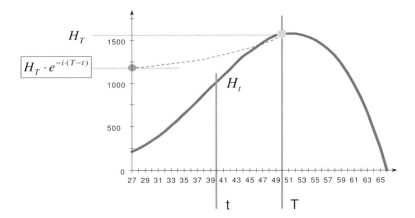

Darstellung 12-2: Der typische Verlauf des Humankapitals vom 27. bis zum 65. Lebensjahr. Relevant für die Bestimmung der Aktienquote zu t ist der Barwert des Humankapitals H_T, nicht aber H_t.

Das gesamte freie Vermögen der Person, das der Person Nutzen stiften wird, beläuft sich zum Zeitpunkt t daher auf

$$(12\text{-}2) \qquad Gesamtvermögen \ = \ Wealth \ = \ W_t \ = \ V_t + H_t - L_t$$

- V_t ist das liquide Vermögen (Finanzvermögen) zum Zeitpunkt t.

- H_t ist der auf den Zeitpunkt t bezogene, diskontierte Wert von sonstigem, weiterem Vermögen. Es soll zum Endzeitpunkt des Anlagehorizonts T in Höhe H_T vorliegen.

- L_t sind die auf den Zeitpunkt t bezogenen Schulden, Verbindlichkeiten, Verpflichtungen, die noch vor T oder zum Zeitpunkt T (dann in Höhe L_T) erfüllt werden müssen.

Die aus dem revidierten Samuelson-Modell abgeleitete Empfehlung lautet:

1. Schritt: Jede Person hat eine gewisse Risikoneigung (und hier wird angenommen, die relative Risikoaversion sei konstant). Bei den meisten Investoren liegt sie zwischen 1 und 10. Stelle die Risikoaversion fest.

2. Schritt: Bestimme den Zeitpunkt T, der für die Beurteilung der Anlagestrategien als situationsgerecht angesehen wird.

3. Schritt: Schätze die Verpflichtungen L_T zu diesem Zeitpunkt T sowie die Höhe, die das sonstige Vermögen, hier das Humankapital H_T, zu diesem Zeitpunkt T haben dürften.

4. Schritt: Diskontiere beide Größen auf den Zeitpunkt t, was die Höhe der Verpflichtungen L_t und des Humankapitals H_T im Augenblick t ergibt.

5. Schritt: Das augenblickliche Gesamtvermögen ist durch (12-2) gegeben. Lege zu jedem Zeitpunkt t, $0 \leq t \leq T$ das liquide Vermögen V_t so an, dass auf dieses augenblickliche Gesamtvermögen $V_t + H_t - L_t$ bezogen die Aktienquote konstant bleibt.

Gesamtbilanz zur Finanzplanung

Auf diese Weise zeigt das Samuelson-Modell, wie Geld über den Lebenszyklus hinweg angelegt werden soll. Das sonstige, weitere Vermögen ist dabei das Humankapital. Selbstverständlich können auch weitere Vermögensarten einbezogen werden, so zum Beispiel Anwartschaften auf gesetzliche Versorgungszahlungen, bezeichnet mit RA (wie Rechte und Anwartschaften). Selbstverständlich können auch weitere Verpflichtungen betrachtet werden, allen voran eine Verpflichtung, für den eigenen Lebensunterhalt selbst aufzukommen. Die **Lebenshaltungsverpflichtung** oder **Lebenshaltungs-Liability** sei mit LL bezeichnet. Die durch (12-2) ausgedrückte Definition des Wealth wird dann so erweitert:

$$(12\text{-}3) \qquad Wealth \;=\; W_t \;=\; V_t + H_t + RA_t - L_t - LL_t$$

Gebräuchlich ist, diese Gleichung in Form einer **Bilanz** zu schreiben, und graphisch darzustellen.

- Wie üblich werden die Aktiva, die Vermögenspositionen oder Assets (alle Positionen, die noch **Geld einbringen** werden) links angeordnet.

- Die Passiva, die Verpflichtungen oder Liabilities (die **Auszahlungen nach sich ziehen**) werden rechts in der Bilanz gezeigt.

- Der Unterschied zwischen Vermögen und Verpflichtungen ist der Wealth der Person.

Damit die Bilanzgleichung erkennbar wird, wird der Wealth bei den Verpflichtungen rechts gezeigt. In der Tat ist der Wealth eine Größe, die Auszahlungen erlaubt und nach sich ziehen dürfte.

Um die Bilanzgleichung zu zeigen, wird (12-3) umgeordnet: Links steht die Aktivseite der Gesamtbilanz, rechts stehen die Passiven.

$$(12\text{-}4) \qquad V_t + H_t + RA \;=\; L_t + LL_t + Wealth$$

Beachtenswert: Der Wealth (rechts) muss nicht mit den Finanzanlagen (links) übereinstimmen.

- Hat eine Person Finanzanlagen, aber ebenso Verpflichtungen, dann kann der Wealth gering sein. Es bleibt zu hoffen, dass die Person nicht überschuldet ist. Typischerweise wird das Finanzvermögen auf Sicherheit bedacht und konservativ angelegt. Das ist auch richtig, weil die Finanzanlagen zu einem großen Teil zur Deckung von Verpflichtungen dienen.

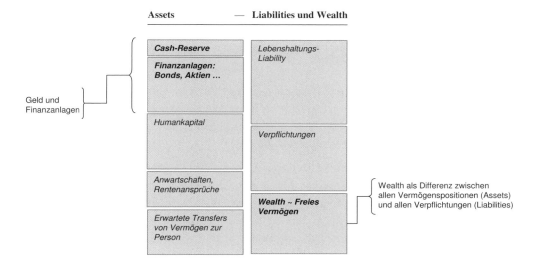

Darstellung 12-3: Illustration der Gesamtbilanz. Links stehen die Aktiva, rechts die Passiva. Die Bilanzgleichung lautet: Zu allen Zeitpunkten gilt: Werte der Aktiva gleich = Wertete der Verpflichtungen + Wealth.

- Hat eine Person Finanzanlagen und Vermögenspositionen (wie etwa einen sicheren Arbeitsplatz) und sind zugleich die Verpflichtungen nicht so hoch, dann kann der Wealth größer sein als die Finanzanlagen. Typischerweise werden dann die Finanzanlagen eher mit den Zielen von Wachstum oder Dynamisch angelegt, denn der Risikoappetit der Person muss ganz mit den geringen Finanzanlagen erfüllt werden.

- Die Empfehlung im Samuelson-Modell betrifft den Wealth: Ein stets konstanter Anteil des Wealth sollte risikobehaftet investiert sein. Die zeitliche Veränderung etwa des Humankapitals überträgt sich somit auf den Aufbau und den Abbau des Engagements in Aktien. Gleiches gilt für zeitliche Veränderungen bei den anderen Positionen. Sie bestimmen, wie sich der Wealth und damit der davon konstante Anteil Aktien sich verändert.

Beispiele

→ Cathy Cella hat ein Finanzvermögen von 500 (Geldeinheit GE = Tausend Euro) und entsprechend ihrer Nutzenvorstellung – wie im Samuelson-Modell angenommen konstante relative Risikoaversion – möchte sie die Hälfte ihres Vermögens in Aktien anlegen, die andere Hälfte sicher in Cash und in Bonds. Sie denkt daran, für 250 GE Aktien zu kaufen.

Der Finanzberater schlägt vor, eine Vermögensbilanz aufzustellen. Als weitere Positionen sind das Humankapital und die Lebenshaltungs-Liability von Bedeutung. Bei den Kosten für den Lebensunterhalt zeigt sich, dass Cathy nicht mit ihrem Lohn zurechtkommt, weil sie für Angehörige sorgen muss. Die Lebenshaltungs-Liability ist höher als das Humankapital.

Im Ergebnis der Schätzungen zeigt sich, dass der Wealth von Cathy Cella bei 300 GE liegt. Nach dem Samuelson-Modell sollte Cathy ½ ihres Wealth in Aktien anlegen, also für 150 GE (und nicht für 250 GE) Aktien kaufen. Der Rest ihres liquiden Vermögens in Höhe von 350 GE wird in Cash und in Bonds angelegt. ☐

→ Nina Nao hat eine Geldreserve und Finanzanlagen von 500 (Geldeinheit GE = Tausend Euro), ihr Humankapital ist mit 600 GE geschätzt. Sie hat keine Ansprüche und sieht weder einer Schenkung noch einer Erbschaft entgegen. Nina ernährt die Familie und sorgt für die Kinder und rechnet mit einer Lebenshaltungs-Liability von 900 GE.

Es gibt keine weiteren Verpflichtungen. Der Wealth beträgt 200 GE. Nina denkt, die Hälfte ihres Wealth (100 GE) in Aktien anzulegen. Nach Kauf der Aktien bleiben von den 500 GE Finanzanlagen noch 400 GE für die Geldreserve und eine konservative Anlage in Anleihen. Eine Freundin, die ihre finanziellen Verhältnisse kennt, meint zu Nina: Du bist mit einem liquiden Vermögen von 500 GE für meine Verhältnisse reich, und könntest ruhig von den fünfhunderttausend mehr Aktien kaufen. Nina entgegnet: Nein, von den 500 GE liquiden Mitteln sind 300 für Verpflichtungen und den Lebensunterhalt zu reservieren. Mein Wealth beträgt nur 200 GE, und davon ist die Hälfte in Aktien angelegt. ☐

→ Auch bei Hubert Haller haben das liquide Vermögen und der Wealth eine unterschiedliche Höhe. Nur ist bei Hubert der Wealth größer als das liquide Vermögen. Hubert, 50, möchte nicht bis 65 arbeiten, sondern mit 55 in den Vorruhestand gehen. Seine Vermögensanlage soll für die kommenden fünf Jahre geplant werden, damit die Überbrückung für die Jahre 55 bis 65 des Vorruhestands möglich ist. Eine Vermögensbilanz soll neben den heutigen Verhältnissen die Zahlungen der kommenden fünf Jahre berücksichtigen. Aktiva oder Passiva, die erst danach zahlungswirksam werden, sollen ausgeklammert bleiben.

Vorhanden ist derzeit ein Finanzvermögen von 500 (Geldeinheit GE = Tausend Euro). In den kommenden fünf Jahren sollte Hubert Haller nach Steuern ein Einkommen von 400 GE beziehen, und 300 GE für das Leben benötigen. Rentenansprüche werden nicht bilanziert, weil sie innert des Planungszeitraums von fünf Jahren nicht zahlungswirksam sind.

Die Formel (12-3) zeigt: der Wealth ist 500+400-300 = 600 GE. Bezogen auf den Wealth von 600 GE wird eine konservative Anlage empfohlen. Nach Darstellung 6-2 würde dies verlangen: Anlage von 6% oder 36 GE als Cash, von 81% oder 486 GE als Bonds, von 13% oder 78 GE als Aktien.

Doch derzeit stehen nur 500 GE als liquide Mittel für die Anlage bereit, ein Teil des Wealth ist gleichsam im Humankapital angelegt. Der Finanzberater erklärt: Ein Arbeitsplatz ähnelt aus Sicht der Risiken einer Aktienanlage. Deshalb werden von dem heutigen Geldvermögen 36 GE als Reserve gelassen und für 464 GE werden Bonds gekauft. Wenn Hubert in den kommenden fünf Jahren, die er noch arbeiten wird, wie vorgesehen nicht seinen ganzen Lohn verbraucht, so werden die gesparten Teile (etwa 100 GE) in Aktien angelegt. ☐

→ Pierre Petras hat eine Geldreserve und Finanzanlagen von 500 (Geldeinheit GE = Tausend Euro), sein Humankapital ist 900 GE, er hat keine Ansprüche und er sieht weder einer Schenkung noch einer Erbschaft entgegen. Pierre lebt bescheiden, weshalb die Lebenshaltungsverpflichtung mit 300 GE ein Drittel der diskontierten Arbeitseinkommen ausmacht. Es bestehen keine weiteren Verpflichtungen. Der Wealth beträgt 1.100 GE und Pierre denkt, die Hälfte davon in Aktien anzulegen. Doch das geht gar nicht, weil die Finanzmittel viel geringer sind. Noch dazu muss ein Teil der Finanzmittel als Reserve gehalten werden.

Doch in der Finanzberatung wird ihm gesagt: Vom Betrag her betrachtet, ist ihre Überlegung richtig. Doch über die in der Bilanz gezeigten Beträge hinaus entsteht die Frage, welche Risiken die Aktiva und die Passiva haben. Denken Sie daran, dass sie ein hohes Humankapital haben, dass stark mit der Realwirtschaft korreliert ist. Ein Teil Ihres Wealth existiert als Humankapital. Deshalb sind Bonds zur Diversifikation dieses Teils günstig. Es hieß doch (in Kapitel 11): Wer einen Arbeitsplatz hat, der kauft Bonds. □

Die Vermögensbilanz hat gegenüber der alleinigen Betrachtung der vorhandenen liquiden Mittel den Vorteil, dass sie auf das „Reinvermögen" der Person abstellt, also auf den Wealth.

Der Wealth errechnet sich, indem

1. zu den Finanzmitteln (liquides Vermögen)

2. die Barwerte der Positionen hinzugerechnet werden, die für die Person noch Einkommen generieren (Arbeitseinkommen der nächsten Jahre, Ansprüche und Anwartschaften, Erhalt von Schenkungen und andere Zuflüsse).

3. Von diesem Gesamtvermögen werden die Verpflichtungen abgezogen, insbesondere die Verpflichtung, für den eigenen Lebensunterhalt sowie eventuell für den von Angehörigen zu sorgen.

Der Rest ist der Wealth oder, wie schon gesagt, das Reinvermögen, siehe Formel (12-3).

In dieser Rechnung der Gesamtbilanz ist der Wealth jene Größe, von der das Samuelson-Modell sagt, es solle eine konstanter Anteil risikobehaftet (in Aktien) angelegt werden. Der Wealth ist von der Höhe der Finanzmittel zu unterscheiden und auch die Dynamik der beiden Größen Finanzkapital und Wealth ist anders. Die Treiber für die Veränderung des Finanzmittelbestands in einem Jahr sind erstens die Anlagerendite sowie zweitens Sparleistungen anzüglich Entnahmen. Die Treiber des Wealth sind nicht nur diese Faktoren, sondern hinzu auch alle anderen Veränderungen, die auf das weitere Vermögen (insbesondere Humankapital) sowie auf die weiteren Verpflichtungen (insbesondere Lebenshaltungs-Liability) wirken.

Auch wenn ein konstanter Prozentsatz des Wealth in Aktien angelegt wird, kann der Aktienanteil an den Finanzanlagen mit der Zeit (geplante oder ungeplante) Veränderungen erfahren. Erhält die Person beispielsweise eine Schenkung, dann nimmt ihr Wealth zu und es werden mehr Aktien gekauft. Nehmen die Lebensausgaben zu, beispielsweise durch einen Umzug in eine teure Stadt, dann nimmt der Wealth ab und es werden Aktien verkauft.

12.3 Fragen zur Lernkontrolle

1. Ein Kunde möchte eine Finanzplanung erstellen. Derzeit hat er ein Finanzvermögen von 100 GE und denkt, er wolle von seinem Vermögen „durchaus alles in Aktien anlegen." Der Berater spricht über die Verpflichtung, für den Lebensunterhalt aufzukommen, und der Kunde meint, auf einen längeren Horizont gesehen sind das 300 GE, doch er verdiene auch Geld, und er schätze, der Barwert zukünftigen Erwerbseinkommens sei bei vorsichtiger Rechnung 600 GE. a) Erstellen Sie aus diesen drei Positionen eine Gesamtbilanz. b) Ist der Vorschlag, das Finanzvermögen ganz in Aktien anzulegen, haltbar? [Wealth = 100 + 600 − 300 = 400 GE. Bezogen auf den Wealth von 400 GE möchte der Kunde 100 GE in Aktien anlegen und das kann unterstützt werden]

2. Welche Meinungen haben in der Praxis tätige Experten zu der Frage, welchen Einfluss die Vermögenshöhe auf die Aktienquote hat?

3. Welche Unterschiede bestehen zwischen der Vermögenspyramide und der Vermögensbilanz / Gesamtbilanz der Person? [1. Bei der Vermögensbilanz werden Vermögen und Verpflichtungen auseinander gehalten. 2. Die Bilanz gibt für Zwecke der Finanzplanung die Möglichkeit, weitere Positionen des Vermögens in die Vermögensrechnung einzubeziehen, so zum Beispiel den Barwert der in der kommenden Zeit zu erwartenden Arbeitseinkünfte, den Barwert von Anwartschaften und die Höhe der Lebenshaltungs-Liability]

4. Das vierte Lernziel verlangt, wichtige Ansätze und Vorgehensweisen dieses Kapitels weiterführen zu können. Wie würden Sie die Gleichung (12-4) erweitern, wenn die Person bis zum gewählten Zeitpunkt T Vermögensübertragungen erwartet, beispielsweise aufgrund von in Aussicht gestellten Schenkungen?

5. Als fünftes Lernziel sollte erreicht werden, Namen von Personen und Begriffe in ein Kundengespräch einfließen lassen zu können. Wie würden Sie einer Person im Alter von 55 Jahren, deren Humankapital in den kommenden Jahren deutlich geringer werden dürfte, wobei gleichzeitig sich das Leben umstellt und teurere Dienstleistungen (Reisen, Haushaltshilfe) angedacht werden, die Auswirkungen auf die Aktienquote erklären?

III Anlagestrategien

13 Passiv oder Aktiv?

Bestmöglich zu diversifizieren läuft darauf hinaus, das Marktportfolio zu halten oder nachzubilden

Nach der Beratung (Teil I) und der Finanzplanung (Teil II) führt das Buch zum Teil III über Anlagestrategien. Dieser Teil III beginnt mit einem Kapitel über die einfachste Anlagestrategie: Kaufe und halte das Marktportfolio (Buy-and-Hold). Dieser Anlagestil ist weitgehend passiv. Praktische wie theoretische Gründe sprechen für Buy-and-Hold.

Doch auch das passive Management verlangt einige Aktionen, um die Rahmenbedingungen festzulegen. Kapitel 13 beginnt daher mit einer Zusammenstellung dieser Vorentscheidungen. Dann werden die wichtigsten Elemente der Moderne Portfoliotheorie (MPT) dargelegt. Denn die MPT führt auf das *Marktportfolio* und liefert die theoretische Begründung für Buy-and-Hold. Wäre die MPT eine perfekte Beschreibung der Realität, dann würden alle aktiven Strategien zu unterlegenen Anlageergebnissen führen. Doch empirische Entdeckungen zur MPT zeigen, dass sie als Beschreibung der Realität nur mittlere Güte besitzt. Dort, wo die Realitätsnähe der MPT schwach ist, haben aktive Strategien im Portfoliomanagement eine Chance.

Wieder werden fünf Lernziele angestrebt: 1. Vorentscheidungen verstehen und mit einem Kunden besprechen können. 2. Die Begriffe Marktportfolio, *Capital Asset Pricing Model* und *Beta* jemandem erklären können. 3. Den empirischen Befund zur Überprüfung der MPT darlegen können. 4. Die Ansätze dieses Kapitels anwenden zu können. 5. Fähig werden, Namen von Personen und Begriffe in ein Kundengespräch einfließen zu lassen.

13.1 Buy-and-Hold

Festlegungen zur Vorbereitung

Ein Kunde im Wealth Management wird für das Portfoliomanagement vielleicht bestimmte Instrumente vorziehen und eventuell sogar einen aktiven Anlagestil wünschen, um „Marktchancen zu nutzen". Der Kunde wird dazu in der Beratung die Art und den Grad von Aktivität besprechen wollen. Grundlage der Beurteilung aktiver Strategien ist indes der passive Anlagestil, weshalb dieser Teil III mit dem passiven Management der Geldanlage beginnt. Doch zuvor müssen einige Rahmenbedingungen festgelegt werden.

Die verlangten Vorentscheidungen sind in einer Liste von sechs Schritten zusammengestellt:

1. Schritt: Der Investor wählt ein **Investment-Opportunity-Set** (IOS) aus. Der Kunde bestimmt also diejenigen Assetklassen und Einzelinstrumente aus dem **Anlageuniversum**, die für ihn grundsätzlich in Frage kommen. Bei der Wahl des IOS dürfte es vor allem um die Festlegung gehen, wie stark das Portfolio international geöffnet wird. Dabei ist das Thema der Fremdwährungen zu besprechen. Außerdem muss entschieden werden, ob der Investor Derivate (Optionen, Futures) oder Strukturierte Produkte verwenden möchte.

2. Schritt: Nachdem die Gewichtungen der Assetklassen festgelegt sind, sollte der Investor die **Art der Einzelanlagen** (Wertpapiere, Investmentfonds, ETF, Indexkontrakte) sowie die sowie die **Einzelanlagen** (welche Aktien, welche Anleihe) bestimmen, mit denen die Vermögensallokation konkret umgesetzt werden soll .

3. Schritt: Ein periodisches **Rebalancing** wird empfohlen, damit immer wieder die beabsichtigte Vermögensallokation hergestellt wird (und nicht nach einiger Zeit das gesamte Portfolio nur noch aus Aktien besteht).

4. Schritt: Für das gebundene Vermögen wurde der Shortfall-Ansatz besprochen (Kapitel 10). Beim Shortfall-Ansatz ist zu fragen, ob eine **schrittweise Reduktion** der Aktienquote praktiziert werden sollte, wenn im Verlauf der Zeit und gegen Ende des Anlagehorizonts die verbleibende Anlagedauer immer kürzer wird (Laufzeitportfolio).

5. Das Samuelson-Modell empfiehlt eine Konstanz der Aktienquote, und zwar bezogen auf den Wealth. Weil die anderen Positionen in der Vermögensbilanz ihrer eigenen Dynamik folgen, ändert sich der Wealth immer wieder, so dass der in Aktien angelegte Teil des liquiden Vermögens laufend angepasst werden muss.

6. Wenn das Vermögen als Geldbetrag vorliegt, stellt sich die Frage, ob alle Käufe sofort getätigt werden sollten, oder ob der Einkauf besser in Tranchen vorgenommen werden sollte, die über die Zeit verteilt werden.[1]

Vorteile von Buy-and-Hold

Von diesen Aktivitäten der Anpassung abgesehen kann das Portfoliomanagement indes passiv sein. Es wird dann als **Kaufen und Halten** oder als **Buy-and-Hold** angesprochen. Buy-and-Hold bietet vorweg zwei praktische Vorteile: 1. Der passive Anlagestil bringt gute Ergebnisse. Zwar werden ab und zu Portfoliomanager bekannt, die es mit aktivem Portfoliomanagement geschafft haben, besser abzuschneiden. Vielleicht gelingt ihnen dies sogar für mehrere Jahre. Doch es kann

---

[1] Diese Frage wird übrigens von Wissenschaft und Praxis unterschiedlich beantwortet. Auf Basis der Modernen Portfoliotheorie (mit ihrer starken ex-ante Sicht des Risikos) wird das Risiko nur vergrößert, wenn der Zukauf teilweise hinausgezögert wird. Jedoch werden Zukäufe von Kunden auch ex-post beurteilt, was eine Verschiebung der Zukäufe nahe an jenen Zeitpunkt empfiehlt, zu dem die ex-post Beurteilung vorgenommen wird. Praktiker empfehlen bei Zukäufen ein gleitendes Einsteigen, während sie bei Verkäufen (Kunde möchte das Konto auflösen) einen sofortigen Totalverkauf praktizieren.

Zeit kosten, bis diese Manager gefunden und erkannt sind. Denn Buy-and-Hold wird nicht generell durch *alle aktiven* Stile überboten. Das passive Management ist sogar besser als die meisten der aktiven Stile. 2. Der passive Anlagestil bietet Kostenvorteile und der Aufwand für die Marktbeobachtung ist deutlich geringer als bei einem aktivem Portfoliomanagement.

Ein dritter Grund spricht ebenso für Buy-and-Hold. Wer einen aktiven Stil wählt, könnte einem schlechten Anlagestil folgen. Bis ein Kunde die Inferiorität entdeckt, können Jahre mit Verlusten verstreichen. Diese Verluste werden von den (wenigen) sehr guten aktiven Stilen in Gewinne verwandelt. **Mit einem schlechten aktiven Anlagestil macht sich der Kunde zum Opfer derjenigen, die einen guten aktiven Anlagestil gefunden haben und dies wissen.** Passives Portfoliomanagement schützt dagegen, über Jahre unerkannt diese Opferrolle zu übernehmen.

Der vierte Grund, aus dem sich Buy-and-Hold empfiehlt, folgt aus der Theorie der Modernen Portfoliotheorie (MPT). Buy-and-Hold bringt also gute Ergebnisse, ist kostengünstig und schützt dagegen, bei der Entscheidung über einen aktiven Stil eine unterlegene Art von Aktivität zu wählen. Abgesehen davon wird Buy-and-Hold von der MPT empfohlen, mit der die Realität immerhin befriedigend (wenngleich nicht sehr gut) beschrieben werden kann.

International Diversifizieren?

Der erste Schritt bei den Vorentscheidungen verlangte, das IOS als Teilmenge des Anlageuniversums zu bestimmen. Diese Vorentscheidung wird anhand der Frage besprochen, ob internationale Diversifikation nützlich ist. In einfachen Fällen nimmt ein Investor eine positive Selektion aus allen denkbaren Assets vor, etwa nach den Kriterien von Geographie, Währung und Rechtsgebiet. Diese Kriterien können weitere Faktoren beeinflussen, so die Transaktionskosten, die Kosten für Konten in Fremdwährungen, Beobachtungskosten, Notariatskosten und dergleichen mehr. Deshalb zeigen viele Kunden im Wealth Management einen **Home Bias**, eine Präferenz für Wertpapiere und Immobilien aus ihrem Heimatland. Die Erklärung für den Home Bias liegt in den geringeren Kosten für die Auswahl und Verfolgung von Investments aus der vertrauten Umgebung unter Benutzung der Muttersprache. Verhandlungen mit Partnern aus dem Heimatland, etwa mit Prüfungsorganen und Steuerbehörden, sind einfacher.[2]

Eine Kleinigkeit: Bereits bei anderen Währungen sollte ein Kunde im Wealth Management entsprechende Konten für Fremdwährungen öffnen, um zu vermeiden, dass bei allen Zahlungen (Käufe, Verkäufe, Zinsgutschriften, Dividendenzahlungen) gewechselt werden muss. Andernfalls, ärgert sich der Kunde und wird es seinem Berater anlasten, wenn die Bank Fremdwährungen automatisch umtauscht. So ist der Home Bias keine behavioristische Abweichung von der Rationalität, sondern Ausdruck von Vernunft.

---

[2] 1. STIJN VAN NIEUWERBURGH und LAURA VELDKAMP: Information Immobility and the Home Bias Puzzle. *Journal of Finance* 64 (2009) 3, 1187-1215. 2. JUN-KOO KANG und RENÉ M. STULZ: Why is there a home bias? An analysis of foreign portfolio equity ownership in Japan. *Journal of Financial Economics* 46 (1997) 1, 3-28.

		CN	FR	DE	IT	JA	CH	UK	US
Kanada	CN	1							
Frankreich	FR	0,70	1						
Deutschland	DE	0,69	0,87	1					
Italien	IT	0,62	0,68	0,67	1				
Japan	JA	0,54	0,46	0,38	0,41	1			
Schweiz	CH	0,61	0,72	0,69	0,49	0,42	1		
UK	UK	0,69	0,82	0,77	0,57	0,49	0,70	1	
USA	US	0,83	0,77	0,76	0,61	0,51	0,68	0,82	1

Darstellung 13-1: Koeffizienten der Korrelationen zwischen Paaren von Renditen auf Aktienindizes verschiedener Länder, ausgedrückt in einheitlicher Währung und geschätzt mit 120 Monatsrenditen.

Die Finanzmärkte hängen ebenso wie die Realwirtschaften der Weltregionen sehr stark zusammen. Die internationale Diversifikationen hat von ihrer vor 30 Jahren noch starken Rolle vieles abgegeben. Langfrist-Studien zeigen, dass sich die Korrelationen zwischen den Aktienindizes der Länder in den letzten Jahrzehnten deutlich erhöht haben. Heute liegen die Korrelationskoeffizienten für die Aktienmärkte der Industrieländer bei 0,7. Einzig Japan ist losgelöster. Auch die Bondmärkte sind untereinander stärker assoziiert als früher. Die globale Wirtschaftsverflechtung und die Kopplung der nationalen Finanzmärkte haben zugenommen. Risiken, politische Risiken ebenso wie positive Überraschungen setzen sich heute in alle Himmelsrichtungen gleichzeitig fort und bewegen die Renditen überall. Das erklärt die fast identischen und zeitgleichen Kursreaktionen.

Dabei sind die Finanzmärkte inzwischen **integriert**. Das heißt: Instrumente mit denselben Risiken und Risikomerkmalen haben auch identische Renditeerwartungen, unabhängig von der nationalen Zugehörigkeit der Anlagen.[3]

Weil Finanzmärkte integrierter sind, weil also nicht nur die Risiken, sondern auch die Renditen übereinstimmen, könnte sich ein Investor gut bei Anleihen und bei Aktien auf einen Repräsentanten konzentrieren, auf ein Währungsgebiet und einen nationalen Aktienmarkt. Zwischenfazit: Internationale Diversifikation des klassischen Volatilitätsrisikos bringt heute wenig.

---

[3] 1. RICHARD ROLL: Industrial structure and the comparative behavior of international stock market indexes. *Journal of Finance* 47 (1992), pp. 3-42. 2. G. BEKAERT und C. HARVEY: Time-Varying World Market Integration. *Journal of Finance* 50 (1995), pp. 403-444.

Doch drei weitere Gründe empfehlen die internationale Öffnung des Portfolios:

- Erstens: Risiken, die in der MPT nicht thematisiert sind und daher oftmals übersehen oder unterschätzt werden. Dazu gehören Verschiebungen der ökonomischen Konstellation der Weltwirtschaft. Beispiele sind die Einführung des Euro und das kraftvolle Wachstum der Ökonomien von China, Indien, Brasilien, Russland bisher und das Aufkommen von Ägypten, Malaysia und den Philippinen in den nächsten Jahrzehnten. Solche Verschiebungen setzen die Integration für Jahrzehnte außer Kraft. Um die Verschiebungen frühzeitig ausnutzen zu können, muss das Portfolio international geöffnet sein.

- Zweitens: Die Stabilität der nationalen Finanzsysteme ist unterschiedlich. Gleiches ist über die Effektivität zu sagen, mit der die Regierung, Aufsichtsbehörden und Zentralbank im Fall einer Finanzkrise eingreifen können. Dieser Aspekt verlangt von Investoren mit einem schwächeren Heimatmarkt die Öffnung und den Einbezug starker Märkte.

- Drittens treten immer wieder gewisse Phasenverschiebungen zwischen Ländern und Währungsgebieten hinsichtlich Konjunktur und Geldpolitik auf. Das volkswirtschaftliche Research vergleicht Zinsniveaus, Wachstumsraten, Zahlungsbilanzen. Auf diese Weise können für ein bis zwei Jahre Unterschiede zwischen den Ländern identifiziert werden, die sich mit geeigneten aktiven Anlagestilen ausnutzen lassen. Sie verlangen vom Investor, die Anlageschwerpunkte in den globalen Wirtschaftsräumen zu verändern.

Fazit: Trotz hoher Korrelationen (überall dieselben Risiken) und weitgehender Integration (überall aufgrund derselben Risiken dieselben Renditen) genügt es aus drei Gründen nicht, sich nur die Anlagen eines einzigen Marktes als Repräsentanten für alle Märkte herauszugreifen: 1. Verschiebungen der Konstellation der Weltwirtschaft. 2. Unterschiedliche Finanzstabilität. 3. Temporäre Phasenunterschiede in den Konjunkturen und Zinszyklen.

Marktportfolio

Die theoretische Begründung, ein gut diversifiziertes Portfolio zu kaufen und dann zu halten, liefert die MPT. Die Erkenntnis geht auf eine Analyse von JAMES TOBIN zurück und lautet: Wird den (zugegebenermaßen einfachen) Annahmen der MPT gefolgt, dann sollte jeder Investor die jeweils risikobehaftet anzulegenden Finanzmittel genau so gewichten, wie es im so genannten **Marktportfolio** geschieht.

Das Marktportfolio ist ein ganz spezielles der von HARRY MARKOWITZ als effizient erkannten Portfolios. Es erhält Bedeutung, sofern es eine risikofreie, also eine sichere Anlagemöglichkeit zum Zinssatz gibt. Das Marktportfolio ist im Risk-Return-Diagramm als **Tangentialportfolio** positioniert. Die Tangente ist die so genannte **Kapitalmarktlinie**. Das Marktportfolio entsteht, indem von der Position der sicheren Anlage (Risk = 0, Return = Zinssatz) die Tangente an die Markowitzsche Effizienzkurve gelegt wird.

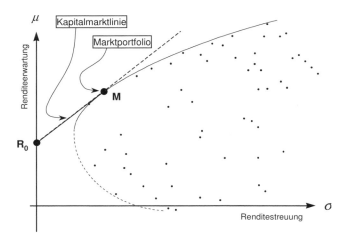

Darstellung 13-2: Wenn die Investoren Mittel auch risikofrei (also sicher) zu einem Zinssatz anlegen und zum selben Zinssatz Kredit aufnehmen können, dann verbleibt auf der Markowitzschen Effizienzkurve nur noch ein einziges Portfolio, das weiterhin effizient ist: das Marktportfolio M. Es ist im Risk-Return-Diagramm durch den Tangentialpunkt bestimmt. Die Kapitalmarktlinie, also die Tangente, ist die neue Effizienzkurve. Die hinsichtlich Risk und Return am besten diversifizierten Portfolios sind diejenigen, die auf der Kapitalmarktlinie positioniert sind. Sie sind Kombinationen des Marktportfolios und der sicheren Anlage (beziehungsweise Kreditaufnahme).

TOBIN hat zwei wichtige Aussagen bewiesen:

- Wenn es neben risikobehafteten Anlagen eine risikofreie, sichere Anlage zum Zinssatz gibt und wenn – eine Annahme zur Vereinfachung der Analyse – zu diesem Zinssatz auch Kredite aufgenommen werden können, dann sind **alle effizienten Portfolios auf der Kapitalmarktlinie** positioniert.[4]

- Jeder Investor hält ein Portfolio, das die sichere Anlage und das Marktportfolio kombiniert, wobei lediglich die Gewichte mit denen das Marktportfolio und die sichere Anlage kombiniert werden, individuell sind – ebenso wie selbstverständlich der gesamte Anlagebetrag der Person.

Der MPT zufolge halten alle Investoren – folglich „der ganze Markt" – ein und dasselbe Portfolio, eben das Marktportfolio, und sie tätigen daneben nur noch sichere Anlagen (beziehungsweise Kreditaufnahmen). Das Marktportfolio hat auch zum neuen Begriff des **Marktrisikos** geführt. Mit Marktrisiko werden die zufälligen Renditeschwankungen des Marktportfolios bezeichnet. Im System der MPT ist eine weitere Diversifikation des Marktrisikos nicht möglich. Es wird daher als **systematisches Risiko** bezeichnet.

---

[4] Von den Portfolios auf der Markowitzschen Effizienzkurve, die sich nur auf Portfolios bezieht, die ohne Verwendung der sicheren Anlage gebildet werden können, ist nur das Marktportfolio (Tangentialportfolio) effizient, während alle anderen Portfolios von jenen auf der Kapitalmarktlinie dominiert werden.

Die Risiken (tägliche, wöchentliche, jährliche Schwankungen der Renditen) einzelner Wertpapiere sind zum Teil systematisch, zum Teil **spezifisch**. Diese titelspezifischen Risiken können diversifiziert werden. In der Folge dieser Entdeckung von TOBIN wurden Algorithmen entwickelt, mit denen die Zusammensetzung des Marktportfolios aus den Parametern (Risk, Return, Korrelationen) der Anlagemöglichkeiten errechnet werden kann. Da nach der MPT alle Investoren ihre risikobehafteten Engagements so strukturieren, drücken auch die **Marktkapitalisierungen** (Produkt aus der Anzahl ausgegebener Aktien und dem Kurs) die Zusammensetzung des Marktportfolios aus. Jeder Investor kauft, was den risikobehafteten Teil des individuellen Portfolios betrifft, die Aktien mit Geldbeträgen im Kleinen, die den Marktkapitalisierungen im Großen entsprechen.

> Selbstverständlich hängt die **Zusammensetzung des Marktportfolios nicht nur von den Renditeparametern der einbezogenen Anlagen ab, sondern auch von der Höhe des Zinssatzes**. Variiert nur der Zinssatz (und werden die Renditeparameter, also die Markowitzsche Effizienzkurve unverändert gelassen), dann wandert das Marktportfolio auf der Markowitzschen Effizienzkurve. Bei Zinserhöhungen wandert es nach rechts oben. Entsprechend werden eher riskantere und renditestärkere Aktien im Marktportfolio betont. Bei Zinssenkungen wandert das Marktportfolio auf der Markowitzschen Effizienzkurve nach links unten. Entsprechend werden eher weniger riskante Aktien im Marktportfolio betont, auch wenn sie einen geringeren Return haben.

Marktportfolio bleibt Marktportfolio

Das Marktportfolio verhält sich wie ein (marktgewichteter) Index: Wer seine risikobehafteten Anlagen genau so gewichtet wie es im Marktportfolio oder im Index der Fall ist, der hat auch nach Kursänderungen einzelner oder mehrerer Titel immer noch exakt das Marktportfolio beziehungsweise den Index.

Kurz: Das Marktportfolio bleibt über die Zeit hinweg das Marktportfolio.

Dieser Sachverhalt begründet den passiven Anlagestil. Wer die risikobehafteten Anlagen mit jenen Gewichten (Geldbeträgen) so zusammenführt, dass die Zusammensetzung des Portfolios der des Marktportfolios entspricht, der hat auch nach Kursänderungen einzelner, mehrerer oder aller Einzelanlagen immer noch das Marktportfolio. Anpassungen sind nicht nötig. Die MPT verlangt also ein passives Portfoliomanagement. Hier die Empfehlungen zusammengefasst:

- Wähle das IOS der risikobehafteten Anlagen. Hierbei besteht an sich Freiheit, doch aus Diversifikationsgründen sollte sich der Investor hier international offen zeigen.

- Entscheide über den persönlich sicher anzulegenden Betrag sowie über den Betrag, in dem das Marktportfolio gehalten werden soll. Bei konservativer Anlage wird die sichere Anlage betont, während für das Marktportfolio weniger Geld aufgewendet wird. Bei Wachstumsorientierung wird die sichere Anlage reduziert und das Marktportfolio erhält einen größeren Teil am Gesamtbetrag des Kunden.

- Bestimme das Marktportfolio, das aus den Anlagen des IOS unter Kenntnis der sicheren Anlage gebildete Tangentialportfolio und investiere den risikobehaftet anzulegenden Geldbetrag des Kunden so an, wie es das berechnete Marktportfolio vorgibt.

Ergebnis: Auch nach Kursänderungen sind keine Anpassungen im risikobehafteten Teil eines Kundenportfolios nötig. Lediglich sollte das Rebalanzieren periodisch vorgenommen werden, damit die geplanten Gewichtungen der sicheren Anlage und des Marktportfolios wieder herbeigeführt werden.

13.2 Vereinfachungen

Tracking

Wenn das IOS groß ist, enthält das Marktportfolio / der Index zahlreiche Titel. Denn ebenso aus Diversifikationsgründen müssen bei Aktien auch kleine Firmen berücksichtigt werden. Das bringt eigene Probleme mit sich. Professionelle Portfoliomanager versuchen dann mit wenigen Titeln, das Marktportfolio / den Index nachzubilden. Bei diesem **Index-Tracking** gibt es kleinere Fehler, die sich zufällig über die Zeit hinweg verändern und bei längerer Anlagedauer auch vergrößern. Sie werden als **Tracking-Error** bezeichnet. Wenn der Tracking-Error zu groß wird, verlangt die Nachführung des Marktportfolios oder des Indexes Anpassungen.

Index-Tracking ist aktives Portfoliomanagement. Das zeigt: Wer das Marktportfolio nicht genau sondern nur ungefähr hält, der muss immer wieder Anpassungen vornehmen. Leider gilt nicht einmal: Wer ungefähr das Marktportfolio hält und passiv bleibt, wird auch nach Kursänderungen immer noch ungefähr das Marktportfolio halten. Das anzunehmen wäre falsch, wie die verschiedenen schwergewichtigen IT Unternehmen zeigen, die vor Jahren noch kleine Neugründungen und damals vielleicht unberücksichtigt gewesen sind.

Selbst große Investoren kaufen und halten nicht alle weltweit verfügbaren Titel entsprechend ihrer jeweiligen Marktkapitalisierung, um so das Marktportfolio für ein globales IOS exakt zusammen zustellen. Die Investoren treffen eine Vorauswahl von wenigen Titeln, die sie noch handhaben können. Dabei gehen sie so vor, als würden sie eine zufällige Ziehung aus dem globalen IOS vornehmen. Anschließend bilden sie aufgrund ihrer Auswahl und unter Beachtung des Zinssatzes das am besten diversifizierte Portfolio und betrachten es als Näherung für das eigentlich gewünschte globale Marktportfolio.

Beispielsweise könnte ein Investor sich auf 75 mehr oder minder willkürlich gezogene Aktien einengen um damit das globale Marktportfolio anzunähern. Dabei kann es natürlich geschehen, dass eine Verzerrung hinsichtlich der Ländergewichte oder auch hinsichtlich der industriellen Sektoren entsteht.

In der Theorie der Stichproben wurden mehrstufige Verfahren etabliert, die eine Grundgesamtheit besser repräsentieren. Bei einem mehrstufigen Verfahren wird die Grundgesamtheit in „Schichten" zerlegt, und die Stichproben werden dann aus den einzelnen Schichten gezogen und nicht mehr aus der Grundgesamtheit. Wie groß die Stichproben sind, die aus den einzelnen Schichten gezogen werden, wird zuvor anhand der relativen Größe der jeweiligen Schicht festgelegt.

Die Grundgesamtheit sei Aktien weltweit. Bekannt ist, wie sich die Marktkapitalisierungen auf die einzelnen Länder verteilen. Die Einteilung der Welt in Länder sei die erste Schichtung der Grundgesamtheit. Sodann werden aus jedem Land einige wenige Aktien ausgewählt. Sie werden in jenem Betrag gekauft, bei dem sie im Kundenportfolio ein Gewicht annehmen, das dem prozentualen Anteil des Landes im Welt-Marktportfolio entspricht.

> Die der geschichteten Stichprobe angelehnte Vorgehensweise kann erweitert werden, etwa um Industriesektoren als zweite Schicht zu wählen.
>
> 1. Aus Deutschland, der Schweiz, England, den USA, China, Japan, Asien, den Schwellenmärkten werden jeweils so viele Aktien gekauft, dass die Ländergewichte im Kundenportfolio den Ländergewichten im Welt-Marktportfolio entsprechen.
>
> 2. Gleichzeitig wird angestrebt, dass die Gewichte der Sektoren Elektrotechnik, Chemie, Pharmazeutik, Services, Transport, Automobilindustrie im Kundenportfolio den Ländergewichten im Welt-Marktportfolio entsprechen.
>
> 3. Eine Schichtung nach einem dritten Merkmal ist zusätzlich möglich, etwa um kleine, mittlere und große Unternehmen im Kundenportfolio ebenso zu gewichten, wie es dem Welt-Marktportfolio entspricht.

→ Daniel Dello beginnt mit einer Liste der Sektoren und stellt die Frage, welches Unternehmen in welchem Sektor sein persönlicher Vorzug gehören sollte. Bei Automobil wählt er *VW* in Deutschland. Bei Nahrungsmitteln *Unilever* in Großbritannien. Bei Pharmazie *Roche* in der Schweiz. Bei Stahl *Voestalpine* in Österreich. Bei Computing wählt er *Google* in den USA und im Energiebereich *Eni* in Italien. Das sind nur 6 Beispiele. Insgesamt hat Daniel 15 Aktien gewählt. Die Gewichte (Kaufbeträge) hat er so adjustiert, dass erstens die Ländergewichtungen und zweitens die Sektorgewichtungen in seinem Portfolio den Gewichten im Welt-Marktportfolio entsprechen. Daniel hat diese Übereinstimmung sukzessiv bewerkstelligt, doch es könnte auch ein Gleichungssystem aufgestellt und (approximativ) gelöst werden. □

> Der Tracking-Error dermaßen konstruierter Portfolios ist erstaunlich gering. Allerdings gilt diese Aussage nur für das Risk. Denn zusätzlich gibt es Ausfallgefahren auch bei Aktien, beispielsweise durch grobe Fehler oder durch Betrug. Aktionäre von *Enron* und *Parmalat* hatten praktisch ihren Gesamtwert verloren. Im Jahr 2008 ging die Bank *Lehman Brothers* in Konkurs. Angesichts solcher Gefahren, die nicht unter den Begriff des Marktrisikos fallen, ist ein Portfolio von 10 oder 15 Aktien nicht so gut geschützt. Institutionelle Aktienportfolios enthalten 35 bis zu 75 verschiedene Titel.

Naive Diversifikation

Ein Investor wird als **naiv** bezeichnet, wenn er die in der Argumenten der Modernen Portfoliotheorie nicht folgt, nach denen die Gewichtungen der Anlagen in bestmöglich diversifizierten Portfolios sich aus den Parametern der Renditeverteilungen errechnet, aus den Erwartungswerten, den Standardabweichungen und insbesondere den paarweisen Korrelationen.

> Um zu diversifizieren, verteilt ein naiver Investor den anzulegenden Betrag auf mehrere Investments, doch er gibt allen Investments das gleiche Gewicht.[5]

Ursprünge der Empfehlung (naiv) zu diversifizieren, wurden erstmals vor 2000 Jahren im *Talmud* erwähnt, dem großen Schriftwerk des Judentums. Es hieß, die anzulegenden Mittel sollten zu 1/3 in „Geschäften" (wir würden heute sagen in Aktien) gebunden werden, zu 1/3 in „Land" (Immobilien) und zu 1/3 in „Geld" (Cash und Bonds).

Im Talmud wird also eine geschichtete Stichprobe vorgeschlagen. Das Anlageuniversum wird in die drei Schichten *Geschäfte*, *Land*, *Geld* unterteilt, und jede dieser Schichten wird offenbar als in der wirtschaftlichen Welt der damaligen Zeit als gleich groß angesehen. Aus jeder Schicht werden dann zufällig oder wie auch immer einzelne Objekte gepickt, wobei die Gewichtung der einer Schicht zugehörigen Objekte jeweils ein Drittel des Gesamtportfolios ist.

Wer mit einem Optimizer und heutigen Daten nachrechnet, findet dieses naiv diversifizierte Portfolio aus Aktien, Immobilien und Bonds/Cash auf oder sehr nahe bei der Markowitzschen Effizienzkurve positioniert.

> Allgemein besteht die naive Diversifikation darin, das Anlageuniversum in n Schichten zu zerlegen. Die Schichtenbildung erfolgt so, dass jede Schicht die gleiche Bedeutung (Marktkapitalisierung) im Wirtschaftsleben besitzt. Aus jeder Schicht werden einzelne Investitionen gewählt, und ihre Gewichtung soll $1/n$ betragen. Ab dann ist das Management des Vermögens wieder passiv.

> Der Grundgedanke der naiven Diversifikation besteht *nicht* darin, Gefährdungen voraus sehen zu wollen, sondern darin, sie aufzufangen und durch Streuung des Vermögens auszugleichen. Das funktioniert gut, wenn die Schichten so gewählt werden können, dass sich die Gefährdungen immer nur auf eine Schicht oder einige wenige Schichten auswirken und wenn die Schichten durch Gefährdungen in etwa gleich betroffen werden.

> Von daher ist naive Diversifikation eine gute Strategie in Situationen, in denen keine Wahrscheinlichkeitsverteilungen für Gefährdungen quantitativ aufgestellt werden können und daher Rechnungen, wie sie ein Optimizer ausführt, nicht möglich sind.

---

[5] 1. MEIR STATMAN: How many Stocks Make a Diversified Portfolio? *Journal of Financial and Quantitative Analysis* 22 (1987) 3, 353-363. 2. DIRK DE WIT: Naive Diversification. *Financial Analysts Journal* 54 (1998), 95-100. 3. SHLOMO BENARTZI und RICHARD THALER: Naive Diversification Strategies in Defined Contribution Saving Plans. *American Economic Review* 91 (2001), 79-98. 4. GORDON Y. N. TANG: How efficient is naive portfolio diversification? an educational note. *Omega — The International Journal of Management Science* 32 (2004), 155-160.

13.3 Zur Realitätsnähe der MPT

Beta und das CAPM

Die Kapitalmarktlinie ist die Tangente an die Markowitzsche Effizienzkurve, die von der der sicheren Anlage (Risk = 0, Return = Zinssatz) ausgehend an die Effizienzkurve gelegt wird. Der Tangentialpunkt ist die Position des Marktportfolios. Selbstverständlich wurde die derart im Risk-Return-Diagramm illustrierte Konstruktion des Marktportfolios rechnerisch ausgeführt. Die Berechnungen zeigen, wie das Marktportfolio genau aus den Einzelanlagen zusammengesetzt ist. Die Berechnung stützt sich auf die Renditeparameter der Einzelanlagen. Für jede Anlage werden Risk und Return benötigt sowie für alle Paare von Anlagen die Korrelationskoeffizienten. Üblich ist, diese Daten aus historischen Renditen zu schätzen. Außerdem wird der Zinssatz benötigt.

> Bei diesen Berechnungen des Marktportfolios wurde gefragt, welche Beziehung zwischen den Parametern der Rendite einer in das Marktportfolio einbezogenen Einzelanlage und den Parametern Risk und Return des Marktportfolios besteht.

Durch Umformungen der Bestimmungsgleichungen für das Marktportfolio sind Gleichungen entstanden. Sie gelten für alle in das Marktportfolio einbezogenen Anlagen, $k = 1, 2, ..., n$:

$$(13\text{-}1) \qquad R_k - R_0 \;=\; \beta_k \cdot \left(R_M - R_0 \right)$$

Links stehen R_k, der Return (Erwartungswert der Rendite) der Einzelanlage sowie R_0, der Zinssatz (Rendite der sicheren Anlage). Die Differenz $R_k - R_0$ ist die **Risikoprämie** der Einzelanlage. Ihre Höhe wird durch den Ausdruck rechts erklärt. Dort bezeichnen R_M den Return des Marktportfolios und R_0 wieder den Zinssatz, weshalb $R_M - R_0$ die Risikoprämie des Marktportfolios ist. Weiter steht rechts noch ein Faktor Beta, der gleich näher erklärt wird.

> Die Gleichung (13-1) besagt: Wird aus Einzelanlagen $k = 1, 2, ..., n$ das Marktportfolio (als Tangentialportfolio) gebildet, dann ist die Risikoprämie einer jeden Einzelanlage gleich dem Produkt aus dem Beta (der Einzelanlage) und der Risikoprämie des Marktportfolios. Diese Beziehung zwischen den Risikoprämien und Beta ist das **Capital Asset Pricing Model** (**CAPM**). Das CAPM geht maßgeblich auf WILLIAM SHARPE zurück.

Beta als relatives Risikomaß

Dabei sind die **Betas** der Einzelanlagen $k = 1, 2, ..., n$ so festgelegt:

$$(13\text{-}2) \qquad \beta_k \;=\; \frac{\sigma_k \cdot \rho_{k,M}}{\sigma_M}$$

Im Zähler steht die Volatilität der Anlage k sowie der Koeffizient der Korrelation zwischen der Rendite der Einzelanlage sowie der Rendite des Marktportfolios. Das Beta von k hängt also davon ab, wie die Einzelanlage mit dem Marktportfolio korreliert ist. Hohe Korrelationen bedeuten hohe Übereinstimmung mit den Auf- und Abbewegungen des Marktes (mit dem Marktrisiko), was entsprechend hohe Risikoprämien verlangt. Geringe Korrelationen bedeuten geringe Übereinstimmung mit dem Marktrisiko, oder anders ausgedrückt: Der betreffende Einzeltitel hat seine eigenen Zufälligkeiten und sein Risiko ist eher spezifisch als systematisch. Deshalb bestehen gute Diversifikationsmöglichkeiten. Die Risikoprämie bei Titeln mit geringem Beta ist folglich gering. Im Nenner von (13-2) steht die Volatilität des Marktportfolios.

Das CAPM trifft diese Aussagen:

1. Das Marktrisiko, also die Schwankungen des Marktportfolios, ist das einzige Risiko, das in den Finanzmärkten getragen werden muss und dessen Übernahme daher mit einer Risikoprämie kompensiert wird. Eine zweite oder dritte Risikoquelle wird in der MPT nicht betrachtet.

2. Alle anderen Risiken, jene also, die mit dem Marktrisiko unkorreliert und als titelspezifisch bezeichnet sind, können durch Diversifikation im Marktportfolio zum Ausgleich gebracht werden.

3. Das Maß des systematischen Risikos wird durch das Produkt aus dem Risk der Einzelanlage und dem Korrelationskoeffizienten ausgedrückt, wie im Zähler von (13-2) dargestellt. Der Zähler in (13-2) zeigt, wie viel systematisches Risiko in einer Einzelanlage enthalten ist.

4. Angesichts des Nenners in (13-2) zeigt sich, dass **Beta ein Maß für das relative systematische Risiko** der betrachteten Einzelanlage ist. Die Risikoprämie einer jeden Anlage in Relation zur Risikoprämie des Marktes ist also gleich dem Beta dieser Anlage.

Empirische Überprüfung des CAPM

Das CAPM ist insofern (exakt) gültig, als es mathematisch aus der Optimierungsbedingung folgt, also logisch deduziert wird. Eine andere Frage ist, wie gut es die Wirklichkeit des Geschehens an den Finanzmärkten beschreibt. Um hierauf Antworten zu geben, sind empirische Untersuchungen verlangt. SHARPE hat dazu das CAPM als ein Einfaktor-Modell umgeschrieben.

Für jede der Einzelanlagen $k = 1, 2, ..., n$ und für Zeitabschnitte $t = 1, 2, ..., N$ (Jahre, Monate, Wochen) hat SHARPE die jeweiligen Renditen $R_{k,t}$ der Einzelanlagen und die des Marktportfolios $R_{M,t}$ betrachtet.

Im Hinblick auf die Beziehung (13-1) des CAPM werden allerdings anstatt der Renditen die **Überrenditen** oder die **Excess Returns** betrachtet, und zwar für alle Perioden $t = 1, 2, ..., N$:

$$(13\text{-}3) \quad \begin{aligned} ER_{k,t} &= R_{k,t} - R_0 \quad \textit{für} \quad k = 1, 2, ..., n \\ ER_{M\,t} &= R_{M,t} - R_0 \end{aligned}$$

Angesichts von (13-1) sollte für die einzelnen Zeitabschnitte dies gelten:

$$(13\text{-}4) \quad ER_{k,t} = \alpha_k + \beta_k \cdot ER_{M,t} + e_{k,t}$$

Dabei ist $e_{k,t}$ ein **Fehler**, der in der empirischen Arbeit als rein zufällig erscheinen und den Mittelwert Null haben sollte. Die Konstante **Alpha** sollte sich ebenso in der empirischen Überprüfung als gleich Null herausstellen.

Die Gleichung (13-4) ist die Grundgleichung der linearen Regression: Die zu erklärende Variable ist $ER_{k,t}$, die Überrendite in den Perioden $t = 1, 2, ..., N$. Sie soll in linearer Abhängigkeit durch $ER_{M,t}$ bestimmt sein, die Überrendite des Marktportfolios derselben Periode.

Die Regressionen werden für alle zu betrachtenden Anlagen durchgeführt werden. Deren Renditen und, bei bekanntem Zinssatz ebenso die Überrenditen, sollten sich für die gewählten Perioden den Datenbanken entnehmen lassen. Das Marktportfolio wird in der empirischen Arbeit nicht eigens bestimmt, sondern durch einen Marktindex ersetzt.

Im weiteren werden diese Schlüsse gezogen: Sollten immer wieder die Regressionen als Ergebnis bringen, dass das Einfaktor-Modell offenbar gut die wirklichen Daten beschreibt, dann darf das CAPM als hochbestätigtes Modell für Finanzmärkte angesehen werden.

Sollten die Regressionen zeigen, dass Alpha signifikant von Null verschieden ist oder dass die Fehlerterme nicht das in der Regressionsrechnung angenommene Verhalten zeigen, dann hätte man eine Widersprüchlichkeit entdeckt, eine Anomalie.

Selbstverständlich muss dabei kontrolliert werden, ob der gewählte Index eine gute Näherung (Proxy) für das Marktportfolio ist.

Anomalien und Verfeinerungen

Bis etwa 1985 haben die empirischen Untersuchungen des Einfaktor-Modells das CAPM weder bestätigt noch klar widerlegt. Dieser Befund hat der MPT Aufschwung und breitere Anerkennung gegeben. Einige, als klein abgetane Widersprüchlichkeiten wurden zwar entdeckt. Dabei stand anfangs die Frage im Mittelpunkt, ob diese Widersprüchlichkeiten nicht darauf zurückzuführen seien, dass die statistischen Tests mit einem Index vorgenommen wurden, nicht mit dem berechnetem Marktportfolio. Weiter wurde herausgefunden, dass die aufgrund historischer Daten mit den Regressionen nach Gleichung (13-4) gefundenen Betas nicht stabil über die Zeit waren. Doch solche Schwächen wurden schnell durch Korrekturen beseitigt. Die Tests wurden auf immer größere Gesamtheiten von Wertpapieren ausgedehnt und die Indizes wurden perfektioniert.

Weshalb man dennoch nicht zu einer klaren Entscheidung kam, ob das CAPM nun hinsichtlich des perfekten Wertpapierindexes gilt oder nicht, lag am Untersuchungsdesign und an der geringen statistischen Kraft der damaligen Tests. Die Praktiker haben dieses gemischte Bild, das zwischen 1960 und 1985 vorherrschte, so interpretiert: Das CAPM ist nicht nur theoretisch richtig aus der MPT hergeleitet, sondern auch aus empirischer Sicht ein *hinreichend gutes* Modell. Die Praxis hat seitdem und dies bis heute viele Fragen der Unternehmensbewertung mit dem CAPM behandelt. Kapitalkosten werden in der Praxis regelmäßig mit dem CAPM bestimmt. Um 1985 wurden manifeste Widersprüche zum CAPM entdeckt, so genannte **Anomalien**. Begonnen hatte die Reihe der Anomalien mit der Entdeckung, dass kleine Unternehmen eine höhere Rendite bieten als gemäß ihrem Beta es nach dem CAPM der Fall sein sollte.[6] Andere Anomalien sind **Saisonalitäten** oder **Kalendereffekte**.

1. Der Wochenendeffekt besagt, dass Anlagen, die mit Käufen an einem Freitag beginnen, der Tendenz nach rentabler sind als entsprechende Anlagen, bei denen am Montag darauf gekauft wird. Offensichtlich kommt es über das Wochenende eher zu schlechten Nachrichten, so dass die Börsen am Montag teils unter den Freitagsniveaus öffnen.

2. Der Januareffekt sieht typischerweise höhere Monatsrenditen zu Jahresanfang, doch alle Monate ab Oktober bis Mai sind gut.

3. Die Börsenregel *Sell in May and go away, but do remember to come back in September* setzt den empirischen Befund um, dass Aktientenditen in den Monaten Juni, Juli, August, September etwas geringer sind als in den anderen Monaten. Von daher empfiehlt sich durchaus ein Timing: Kaufe Anfang Oktober und verkaufe Ende Mai.

Man wusste 1985 noch nicht, wie diese Anomalien *wissenschaftstheoretisch* einzuordnen wären. Manche Forscher erklärten sie als Ergebnis eines bloßen **Data-Minings**: Ohne irgendwelche Zusammenhänge zu berücksichtigen, werden immer neue „Korrelationen" entdeckt. Nach ihrer Publikation sind einige (aber nicht alle) der Anomalien wirklich wieder verschwunden.

Erweiterungen zum Mehrfaktor-Modell

Hingegen können sich Anomalien halten, wenn sie mit einem Risiko verbunden sind, also einem Nachteil für die Mehrheit der Investoren, die den betreffenden Anlagestil meiden. So kann dieser Nachteil auch weiterhin mit einer etwas höheren Renditeerwartung verbunden sein. Der höherer Return erklärt sich als Prämie für ein weiteres Risiko, das mit dem Beta und dem CAPM nicht erfasst wird. Ab 1985 sind die empirischen Tests zur Beurteilung des Einfaktor-Modells, des CAPM und der MPT von Seite der Ökonometrie kräftiger geworden. Als Methodologie wurde das Einfaktor-Modell (10-21) durch weitere Faktoren zu einem Mehrfaktor-Modell erweitert.

---

[6] 1. ROLF W. BANZ: The Relationship beween Return and Market Value of Common Stocks. *Journal of Financial Economics* 9 (1981), 3-18. 2. RAY BALL: Anomalies in Relationships between Securities' Yields and Yield-Surrogates. *Journal of Financial Economics* 6 (1978), 103-126.

Beta und die Rendite auf das Marktportfolio erklären die Renditeunterschiede in befriedigender Weise. Die Erklärung wird sehr gut, wenn weitere Faktoren hinzu gefügt werden. Insgesamt hat sich dieses Bild abgezeichnet:

1. Die Beziehung zwischen den geschätzten Betas und den Mittelwerten der historischen Renditen ist für gewisse Zeitabschnitte recht *schwach*. Das CAPM ist empirisch gesehen zwar nicht ganz falsch, aber nur befriedigend. Mit ein oder zwei (richtig gewählten) weiteren Faktoren können die Renditeunterschiede deutlich besser erklärt werden.

2. Die *Größe* einer Unternehmung erklärt die Mittelwerte der historischen Renditen zum Teil: Kleinere Unternehmen hatten (in der Vergangenheit) höhere Renditen. Zudem gibt es einen Zusammenhang zwischen der Saisonalität und dem Größeneffekt: Der Januareffekt zum Beispiel geht fast ausschließlich auf kleine Unternehmen zurück.

3. Aktien mit einem geringen Verhältnis von Marktwert zu Buchwert – das sind vor allem Value-Stocks und Unternehmen in der Sanierung – haben tendenziell höhere Mittelwerte historischer Renditen als Aktien mit einem hohen Kurs-Buchwert-Verhältnis wie Growth-Stocks und Glamour-Stocks. Der Unterschied liegt bei 3% im Jahr. Dieser Effekt gilt für alle Größenklassen.

4. Hierzu passt: Aktien mit hoher *Dividendenrendite* (Value-Stocks) haben tendenziell eine höhere Rendite, als ihnen durch ihr Beta und das CAPM zukäme. Im Gegenzug haben Aktien mit einem hohen KGV (Growth-Stocks) tendenziell eine geringere Rendite, als ihnen gemäß Beta und CAPM zukommt.

5. *The Trend is Your Friend*: Aktien, die in einer Periode von etwa drei bis neun Monaten überdurchschnittlich hohe Renditen hatten (*Gewinner*), hatten tendenziell in der Folgeperiode wieder über dem Durchschnitt liegende Renditen.

6. Nur tote Fische schwimmen mit dem Strom: Langfristig wirken *Contrarian-Strategies*: Aktien, die über fünf bis acht Jahre unterdurchschnittlich rentieren, haben die Tendenz zu höheren Renditen in den folgenden 5 Jahren.[7]

13.4 Prämissen der MPT

Normalverteilung, Unabhängigkeit, Konstanz

Wenn das CAPM und folglich die MPT, aus der das CAPM logisch folgt, nur eine befriedigende Beschreibung der wirklichen Finanzmärkte bieten, dann sind offensichtlich die Prämissen der

---

[7] 1. WERNER DEBONDT und RICHARD THALER: Does the Stock Market overreact? *Journal of Finance* 40 (1985), pp. 793-805. 2. JOSEF LAKONISHOK, ANDREI SHLEIFER und ROBERT VISHNY: Contrarian Investment, Extrapolation, and Risk. *Journal of Finance* 49 (December 1994) 5, pp.1541-1578.

MPT nicht hinreichend realitätsnah. Die Moderne Portfoliotheorie (MPT) folgt diesen drei Grundannahmen oder Prämissen:

- Die Renditen sind normalverteilt.

- Die Renditen aufeinander folgender Jahre sind unabhängige Zufallsziehungen.

- Die Parameter der Wahrscheinlichkeitsverteilungen (wie Risk und Return) sind konstant in der Zeit.

Histogramme der Jahresrenditen (von Aktien und von Bonds) zeigen: Das Auftreten mittlerer Renditen ist gehäuft und die Verteilung der Renditen wirkt symmetrisch, ähnlich zu der einer Glockenkurve. Dies und theoretische Sachverhalte stützen die erste Prämisse, dass die als zufällig erkannten Renditen einer **Normalverteilung** folgen. Als zweites hatte man zahlreiche Hinweise darauf, dass die Jahresrenditen *seriell unkorreliert* sind, gleichsam voneinander **unabhängige Ziehungen aus einer Grundgesamtheit.**

Die MPT beruht noch auf einer dritten Prämisse: Die Parameter der Wahrscheinlichkeitsverteilungen etwa die der Jahresrenditen von Aktien, sollen sich über die Zeiten hinweg nicht (oder nur unwesentlich) ändern. Insbesondere sollte das Risk, die Standardabweichung der Renditen über die Zeit hinweg konstant sein (**Homoskedastizität**).

Inzwischen wurden die ökonometrischen Methoden verbessert. Mehr Daten und statistische Software stehen zur Verfügung. Dabei zeigte sich, dass alle drei Annahmen nur Näherungen an die Realität sind. Es handelt sich um durchaus akzeptable Näherungen, wenn einfache Darstellungen verlangt sind. In der Tat ist die MPT eine einfache und zugleich elegante Formulierung. Sie bietet zwar nur eine befriedigende Beschreibung der Realität, doch zugleich eine Grundlage für verfeinerte und kompliziertere Modelle.

Die drei Annahmen wurden durch genauere Beschreibungen ersetzt, wobei komplexere Modelle entstanden. Heute gibt es aktive Portfoliomanager, die auf Grundlage der verfeinerten quantitativen Modelle aktive Handelsstrategien fahren. Der **Computerhandel** mit von einer Software automatisch generierten Order setzte 1987 ein. Börsenorganisationen berichten, dass heute 40% der Order auf **High-Frequency-Trading** zurückgehen.

Fat-Tails, Trends und Volatilitäts-Cluster

Die Entdeckung zur ersten Prämisse der MPT – Annahme der Normalverteilung – war, dass extreme Renditen häufiger sind, als sie nach der Glockenkurve sein sollten. Die Wahrscheinlichkeitsverteilung der Renditen hat also Excess-Kurtosis, im Jargon als **Fat-Tails** bezeichnet. Die Verteilungen der Jahresrenditen sind schlanker und haben hin zur Verlustseite wie zur Gewinnseite höhere Wahrscheinlichkeit, als der Normalverteilung entspricht. Das realitätsnähere Bild zeichnet überwiegend extrem schlechte, mittlere, und extrem gute Jahresrenditen. Die Fat-Tails zeigen sich besonders bei Renditen, die sich auf eine kürzere Frist beziehen, etwa auf Tages oder Wochenbasis. Doch sie sind auch in Histogrammen für Jahresrenditen zu erkennen.

Die Entdeckung zur zweiten Prämisse der seriellen Unabhängigkeit war, dass sich **Trends** bilden. Das kann mit Momentum-Strategien ausgenutzt werden, die auf der Ebene von Marktindizes als wirksam nachgewiesen wurden. Trends halten sich zumindest einige Zeit (etwa 3 Monate). Außerdem kommt es zur Umkehr bei Verlierern (**Mean-Reversion**). Das kann mit einer **Contrarian-Strategie** ausgenutzt werden. Solche Strategien zeigen Wirkung nach fünf bis acht Jahren.

> So ist Wahrheit an Börsensprüchen wie: *Make the Trend to be your friend* (empirisch gültig für 3 bis 6 Monate) und: *Nur tote Fische schwimmen mit dem Strom* (wirkt auf 5 bis 8 Jahre).

Die dritte Prämisse der zeitlichen Konstanz der Parameter der Wahrscheinlichkeitsverteilung von Renditen wurde von BENOIT B. MANDELBROT (1924-2010) in Frage gestellt. MANDELBROT, hatte behauptet, die Standardabweichung bei Aktien ändere sich immer wieder. Er erkannte auch gewisse Muster in der Art und Weise, in der sich das Risk (die Standardabweichung) ändert.

> Diese Muster werden als **Volatilitäts-Cluster** bezeichnet:
>
> 1. Ruhige und unruhige Zeiten an der Börse lösen sich ab. Die als Volatilitäts-Cluster bezeichnete Beobachtung ist, dass die Volatilität entweder gering oder hoch ist (selten dazwischen). Ruhige (Volatilität ist gering) beziehungsweise unruhige Börsenzeiten (Volatilität ist hoch) werden als **Regime** bezeichnet.
>
> 2. Plötzlich wird die Börse unruhig, bleibt dann eine Zeitlang unruhig bis überraschend wieder Ruhe einkehrt. Allerdings lassen sich die Zeitpunkte eines Übergangs von einem auf das andere Regime nicht vorhersagen. Doch es können Wahrscheinlichkeiten können dafür angegeben werden, dass sich (im kommenden Monat, Quartal oder Jahr) ein Übergang ereignet. Mit einem Markov-Modell wird das **Regime-Switching** als zufällig stattfindender Übergang zwischen zwei „Zuständen" beschrieben.

Die Volatilitäts-Cluster, anfangs nur ein Postulat von MANDELBROT, wurden durch den Handel mit Optionen deutlich, deren Preis von der Volatilität abhängt. Heute sind **Volatilitäts-Indizes** eine Selbstverständlichkeit. Inzwischen sind auch Modelle aufgestellt worden, um Veränderungen beim Return (Erwartungswert der zufälligen Rendite) für Aktien zu erkennen und zu quantifizieren. Diese Modelle zeigen, dass die Renditeerwartungen nicht über alle Zeiten hinweg unveränderlich sind, und zwar vor allem aufgrund von konjunkturellen Einflüssen.

> Alle diese Beobachtungen geben Anlass für aktive Anlagestrategien. Ein Portfolios zusammenzustellen und dann im wesentlichen an der Zusammensetzung festzuhalten, dazu eventuell immer wieder ein Rebalancing vorzunehmen, ist eine vergleichsweise passive Strategie. Empirische Forschungen zu berücksichtigen, Trendbildungen zu identifizieren, die Höhe der Volatilität zu beobachten, und immer wieder entsprechende Anpassungen vorzunehmen ist eine aktivere Strategie. Die aktive Strategie verlangt quantitative Modelle. Verständlich, dass unabhängige Vermögensverwalter eher passive Anlagestrategien favorisieren. Große Banken setzen auf Finanzanalyse und Research. Kleine Spezialfirmen setzen quantitative Modelle ein. Einige Forschungen legen Computerhandel mit **High-Frequency-Data** nahe.

13.5 Fragen zur Lernkontrolle

1. a) Geben Sie vier Gründe für die Empfehlung von Buy-and-Hold. b) Welche drei Gründe sprechen für die internationale Öffnung des IOS? [Zur Lösung siehe Abschnitt 13.1]

2. a) Welche Aussagen hat TOBIN bewiesen? b) Wo ist das Marktportfolio im Risk-Return-Diagramm positioniert? c) Wie verändert sich das Marktportfolio bei Veränderungen des Zinssatzes? d) Was ist mit „Marktportfolio bleibt Marktportfolio" gemeint? e) Wie wird beim Tracking des Marktportfolios vorgegangen? [Abschnitt 13.2]

3. SHARPE hat ein Einfaktor-Modell aufgestellt. Es ist einerseits ein Ansatz für die empirische Arbeit, andererseits folgt es aus der mathematischen Bedingung, die das Marktportfolio charakterisiert. a) Wie lautet die Gleichung des Einfaktor-Modells? b) Welche Rolle spielt hierbei das Alpha? c) Erläutern Sie den empirischen Befund durch Eingehen auf sechs Punkte? [Abschnitt 13.3]

4. Wenn Sie einem Kunden gegenüber BENOIT B. MANDELBROT (1924-2010) erwähnen, dann wird der Kunde das Gespräch vielleicht auf *Fraktale* lenken. Was sind Fraktale? [Internet]

14 Selektion

Vier Anlagestile in der Übersicht: Timing, Stock Picking, zyklisches Investment sowie das Eingehen von Short-Positionen

Die beiden Kapitel 14 und 16 betrachten Selektion und Timing als aktive Anlagestile der Praxis. In diesem Kapitel 14 steht die Selektion im Mittelpunkt, also die Auswahl oder die Über- und eventuell Untergewichtung von Anlagen oder Anlageklassen im Vergleich zum Marktportfolio. Die Selektion kann (1) anhand von Merkmalen vorgenommen werden, (2) anhand der Besonderheiten im Konkunkturzyklus, oder (3) aufgrund von Kennzahlen. Im Extremfall werden für jene Anlagen oder Anlageklassen, die untergewichtet werden sollen, Leerverkäufe getätigt. Deshalb werden Long-Short-Portfolios, wie sie von Hedge-Funds praktiziert werden, besprochen.

Wieder werden fünf Lernziele angestrebt: 1. Verstehen, welche Anlagestile Kunden im Wealth Management in der Praxis wählen. 2. Einschätzen können, welche Titelselektion die aktuelle Phase im Konjunkturzyklus nahe legt. 3. Mit einem Kunden über die Bedeutung von Long-Short-Portfolios sprechen können und gleichzeitig die konkreten Long-Short-Portfolios SMB, HML, UMD näher charakterisieren können. 4. Die Ansätze und Vorgehensweisen verstehen und einem Kunden erklären können. 5. Fähig werden, Namen von Personen und Begriffe in ein Kundengespräch einfließen zu lassen.

14.1 Strategie und Stil

Börsengurus und ihre Stile

Jede Zeit hat ihre Börsengurus. Ihre legendären Anlageergebnisse gehen immer auf eine Besonderheit zurück auf eine Leitidee, der sie gefolgt sind. Erst später haben die Gurus ihre Leitidee als Erfolgsrezept dargestellt. Wir betrachten zu Beginn drei sehr erfolgreiche Börsengurus.

→ PETER LYNCH (*1944) hat den *Fidelity Magellan Fund* 1978 mit Anlagen von 28 Millionen Dollar übernommen. Im Jahr 1990 hatte dieser Investmentfund durch seine hohe Rendite und die dadurch angezogenen Neugelder 20 Milliarden Dollar erreicht. LYNCH ist dann mit 46 Jahren in den Ruhestand gegangen und schrieb, er habe stets auf die Aktien *sichtbarer* Produzenten von *Konsumgütern* gesetzt. In der Tat waren die Jahre 1978 bis 1990 in den USA durch die großen Anschaffungen der Generation der Nachkriegsjahre (**Baby-Boomer**) geprägt. Sie waren damals zwischen 35 und 45 Jahre alt, hatten Kinder und kauften und kauften. Es war auch die Zeit, in der die großen Marken haltbarer Konsumgüter entstanden – von *Hoover* über *Black & Decker* bis *Ford* – und laufend an Wert gewannen.[1] ☐

➔ GEORGE OROS: Im Jahr 1992 – das britische Pfund war in das damalige europäische Währungssystem eingebunden – wurde deutlich, dass die *Bank of England* entweder eine Abwertung zulassen oder die Zinsen erhöhen müsste. Sie wollte weder das eine noch das andere. Indes war klar: Die Parität des Pfundes könnte nur mit Zinserhöhung unverändert bleiben oder es käme zu einer Abwertung. *Keinesfalls* würde es zu einer *Aufwertung* des Pfundes (gegenüber den anderen europäischen Währungen) kommen. GEORGE SOROS (geboren 1930) erkannte, dass es deshalb kein Risiko bedeutete, Pfund zu *shorten*. Er hat 1992 mit den Assets des von ihm geführten *Quantum-Funds* als Sicherheit 10 Milliarden Pfund Kredit aufgenommen und den Geldbetrag in die anderen europäischen Währungen getauscht (Pfund verkauft). Dies erhöhte den Abwertungsdruck und war anderen Marktteilnehmern und Spekulanten ein Signal, zu folgen. Am 16.09.1992 kam es zu einem Bruch der Parität. SOROS konnte darauf die britischen Pfund günstiger zurückkaufen und den Kredit zurückzahlen. Es blieb ihm ein Gewinn von 1,1 Milliarden Pfund. ☐

➔ WARREN BUFFETT (geboren 1933) ist seit 1965 Chairman des *Berkshire Hathaway*. Sein Privatvermögen beträgt 50 Milliarden Dollar, was ihn zum viertreichsten Mann der Welt macht. Die unbestrittenen Erfolge beim *Berkshire* werden damit erklärt, dass BUFFETT Investmentobjekte nicht nur auswählt und das Geld anlegt, sondern in den Unternehmen *Führungsentscheidungen* durchsetzt. Offenbar wählt er Unternehmen, die sich in einer angespannten Lage befinden (Financial Distress). Die Karte, auf die BUFFETT setzt, lautet also *nicht*: Wähle die richtigen Unternehmen aus, kaufe die Aktien und warte zu! Sein Erfolgsrezept: Benutze das Kapital dazu, die die Strategie der Unternehmen zu ändern – ein Stil, der von *Hedge-Funds* übernommen wird. ☐

Jeder der drei Börsengurus hatte seine eigene Handschrift. LYNCH setzte auf sichtbare Produzenten von Konsumgütern (in einer Zeit, in der gerade Konsumgüter gekauft worden sind). SOROS identifiziert Situationen, in denen der Preis einer Position – hier eine Währungsposition – nur fallen kann und beginnt mit Leerverkäufen. BUFFETT sucht nutzt seine Stellung als Mehrheitsaktionär, um eine Unternehmung in angespannter Lage zu sanieren und zu steuern.

Selektionskriterium ist ein Thema

Alle drei Börsengurus hatten selektiert: LYNCH hat sich Aktien herausgepickt, die aufgrund der Baby-Boomer besonders gefragt sein sollten (Was ist heute der dominante Trend in der Gesellschaft?) SOROS sucht für seinen Stil überbewertete Währungen. BUFFETT investiert in Unternehmen, die sich im Financial Distress befinden. **Alle drei sahen und sehen Aspekte, die bei herkömmlicher Bewertung nicht korrekt berücksichtigt waren oder sind.** Die Aktien oder die Währungen waren falsch bewertet. Im Nachhinein wirken alle diese Themen einsichtig. Ver-

---

[1] 1. PETER LYNCH: *Beating the Street*. Simon & Schuster, New York 1993. 2. GEORGE SOROS: The *Alchemy of Finance*. John Wiley, Hoboken, New Jersey 2003.

ständlich, dass und warum sie damals zu so großem Erfolg geführt haben. Gleichzeit kommt Ahnung auf, dass die große Zeit dieser Themen vorbei sein könnte, weil die Aspekte inzwischen korrekt berücksichtigt sind oder weil die Fehlbewertungen aufgehört haben oder weil andere Themen aktuell geworden sind. Die Baby-Boomer sind heute pensioniert. Sie kaufen keine Konsumgüter mehr. Das Beispiel von SOROS hat auf seine Vorgehensweise aufmerksam gemacht. Schon fünf Jahre später, bei der Asienkrise 1997, konnte sie SOROS mit dem Hongkong Dollar nicht mehr wiederholen. Und Firmen im Financial Distress sind inzwischen zu einer eigenen Assetklasse geworden, für die Investmentfonds geschaffen sind. So hört die Kraft der Leitideen, Themen und Erfolgsrezepte irgendwann auf.

→ BUFFETT hatte früher ein anderes Thema als Erfolgsrezept, das ebenso mit den Jahren an Kraft verlor. Auch seinerzeit hat der Börsenguru selektiert. Das Thema war der Markenname. In den Jahren 1941-1954 während und nach dem zweiten Weltkrieg waren viele Aktien aus langfristiger Perspektive gesehen günstig zu haben. Firmen mit großen Marken (Coca-Cola, Gillette) wurden mehrheitlich unterschätzt, weil Finanzinvestoren nicht den globalen Wert dieser Marken in einer sich weiter öffnenden Welt erkannten. Zudem war der Markenwert nicht aus den Bilanzen erkennbar, und die Unternehmensbewertung orientierte sich damals an Bilanzen. BUFFETT hat so in einem historisch besonderen Zeitabschnitt eine durch die Mehrheit der Investoren hingenommene Fehlbewertung erkannt. BUFFETT ist dabei dem Ziel seines Lehrmeisters gefolgt: Kaufe unerkannte Perlen und warte ab, bis ihr Wert allgemein gesehen wird. □

Der Lehrmeister von BUFFETT war BENJAMIN GRAHAM (1894-1976). GRAHAM verfasste zusammen mit seinem Kollegen DAVID L. DODD 1934 die *Security Analysis*. Dieses Buch wurde immer populärer und als **Bibel der Finanzanalyse** apostrophiert.

Darin empfehlen GRAHAM und DODD, für alle Aktien fundamentale Bewertungen vorzunehmen. Die Bewertungen sollten anhand von Beurteilungen der Bilanzen und Finanzen, der Produkte und Absatzstrukturen, sowie an der Produktion und Organisation der Unternehmen vorgenommen werden. Die Aktien von günstigen Unternehmen – gemessen am Fundamentalwert – werden herausgepickt, gekauft, und etwa drei Jahre gehalten.

GRAHAM postulierte in seinen Vorlesungen und in anderen Publikationen, dass etwa nach drei Jahren der Markt die Fehlbewertung erkannt und korrigiert sein sollte. Die meisten der identifizierten Unternehmen gehören zur Untergruppe von Value-Stocks. Die Vorgehensweise von GRAHAM wird heute noch von Finanzanalysten praktiziert, wenn sie **Kursziele** publizieren

Strategie und Stil

Definition: Eine **Strategie** ist ein komplexer Plan. Er legt fest, wie in einem Umfeld mit Unsicherheit und Aktivitäten anderer Personen, darunter von Gegnern, in mehreren aufeinanderfolgenden Schritten in Abhängigkeit von Beobachtungen der aktuellen Lage gehandelt werden soll, um ein Ziel zu erreichen.

Die Strategie umfasst mithin:

1. Eine Sequenz von einzelnen Entscheidungen und Maßnahmen, von Aktionen und Reaktionen, von Schritten und Maßnahmen, die einerseits die jeweils aktuelle Situation und vermutete Änderungen berücksichtigen, andererseits stets ihre Rolle zur Erreichung des langfristigen Zieles übernehmen.

2. Deshalb werden bei allen Einzelschritten die Entscheidungen über die nächsten Aktionen nicht aus momentanen und kurzfristigen Motiven heraus getroffen.

3. Gleichwohl ist die Strategie kein Durchwursteln mit langfristigem Ziel. Alle Einzelentscheidungen werden nach einer bestimmten Vorgehensweise, nach einem bestimmten Stil getroffen. Sie zeigen eine einheitliche Handschrift.

Die Strategie ist eine Sequenz von Schritten mit Informationsaufnahmen, mit Aktionen und Aktivitäten, die noch von jeweiligen aktuellen Situation (Lage, Zufallseinflüsse, Aktionen des Gegners) abhängen, um ein langfristiges Ziel zu erreichen. Die Entscheidungen und Aktivitäten in den einzelnen Schritten folgen einem bestimmten Vorgehen, einem Stil, einer Handschrift. Eine Strategie trägt alle Merkmale einer Organisation, nur geht die Strategie sequentiell vor, während in der Organisation die einzelnen Stellen an der Basis parallel arbeiten.

Ebenso ist der Begriff der **Anlagestrategie** zu verstehen. Sie umfasst Schritte, Entscheidungen und Sequenzen von Aktivitäten bei der Veränderung des Portfolios, um unter Beobachtung der aktuellen Lage an den Finanzmärkten ein langfristiges Anlageziel zu erreichen. Bei den einzelnen Aktivitäten wird über die Zeit hinweg einem einheitlichem Vorgehen gefolgt, einem **Anlagestil**. Warum ein Anlagestil zu guten Einzelaktivitäten führt, hängt von dem **Thema** ab, das hinter dem Stil steht.

→ Anlagestile sind beispielsweise, unterbewertete Aktien oder überbewertete Währungen zu identifizieren, beziehungsweise Aktien von Unternehmen zu selektieren, die sich im Distress befinden. Zu diesen Stilen passt die Strategie, die unterbewerteten Aktien zu kaufen und einige Zeit zu halten, die überbewerteten Währungen zu shorten, oder die Distressed Stocks durch Mehrheitsbeteiligungen aus ihrem Engpass herauszuführen. Die Themen sind die Baby-Boomer, die verkannten Markenamen, die starre Finanzpolitik von Großbritannien und allgemein Value. □

→ Eine beliebte Leitidee für die Selektion sind **Social Responsible Investments** (SRI). Die meisten Anleger meiden unethische, nicht-ökologische und gesellschaftlich unverantwortliche Geldanlagen. Aufgrund des allgemeinen Zuspruchs finden SRI leicht das benötigte Kapital. Die Folge ist, dass sie vergleichsweise teuer sind und daher wenig rentieren. Der Stil bei SRI besteht darin, die Anlagen zu kaufen und praktisch für immer zu halten. Das bedeutet, dass schlechtes Management verziehen und nicht mit einem Verkauf bestraft wird. Es ist wichtig SRI zu tätigen, doch die Strategie ist einer passiven Anlage in das Marktportfolio unterlegen. Demgegenüber möchte die Mehrheit der Anleger keine unethischen Geldanlagen (*sinful investments*), weshalb die Einstiegspreise günstig und die Renditen hoch sind. □

14.2 Selektion von Aktiengruppen

Die Selektion folgt als Anlagestil einem Thema, einer Leitidee. Bei den meisten Themen geht es um Gründe, aus denen eine Aktie, ein Wertpapier oder ein Teilsegment „günstig" ist. Das Thema kann die Überzeugung sein, dass Value-Stocks geringe Kurse im Vergleich zu ihrem Wert haben, was sich jedoch nach einiger Zeit korrigieren sollte. Der Stil besteht dann darin, Value-Stocks zu kaufen und entweder nach einigen Jahren zu verkaufen oder sie nach Kursavancen von 20% zu verkaufen. Oder der Kunde wartet, bis ein von Analysten genanntes Kursziel erreicht wird.

Ein anderes Thema kann die Sicht sein, dass das langfristige Kurs-Gewinn-Verhältnis für alle Aktien weltweit bei 17 liegt, so dass Aktien mit einem KGV unterhalb dieses langfristigen Mittels „günstig" wirken, während Aktien mit einem höheren KGV „teuer" sind. Allerdings schwanken die Gewinne über den Konjunkturzyklus, und mit ihnen die Kurs-Gewinn-Verhältnisse. Man ist somit versucht, Aktien gerade dann zu kaufen, wenn der Gewinn konjunkturbedingt hoch ist – auch wenn er in späteren Konjunkturphasen mit Gewinnrückgängen sinken wird.

Der amerikanische Ökonom ROBERT SHILLER hat eine nach ihm benannte Modifikation des KGV geschaffen, genannt **Shiller P/E**. In diesem Index wird die Variation der Gewinnmarge über den Konjunkturzyklus geglättet. Dies geschieht, indem die gesamte Marktkapitalisierung aller Aktien ins Verhältnis zum GDP gesetzt wird, das wiederum durch die Konsumausgaben der Volkswirtschaft gemessen wird. Kann eine Unternehmung oder können alle Unternehmen gerade hohe Gewinne erzielen, weil die Konjunktur boomt, dann wäre das KGV an sich klein, doch das *Shiller P/E* ist etwas größer. Es sagt: „Vorsicht, die Aktie ist nicht so günstig". Wird in der Rezession wenig verdient, dann wäre das KGV groß und niemand würde sie kaufen, doch das *Shiller P/E* ist geringer und lädt zum Kauf ein.[2]

Wieder ein anderes Thema ist die Relation zwischen der Marktkapitalisierung einer Unternehmung und dem **Buchwert** des Eigenkapitals (entnommen der Bilanz). Diese Kennzahl ist das **Kurs-Buchwert-Verhältnis** KBV (englisch M/B wie Market-To-Book). Die Kennzahl wird oft so interpretiert, dass bei Unternehmen mit einem hohen KBV hohes immaterielles Vermögen vorhanden sein muss (das nicht in der Bilanz erscheint), um den Kurs zu rechtfertigen.

Durchaus kann sein, dass bei einem hohen KBV der Markenname, die gute Organisation und vor allem das Charisma des Chairman überschätzt werden. Das Thema lautet, dass auch die Superstars (wie JACK WELCH bei *General Electric*, BILL GATES bei *Microsoft* oder STEVE JOBS bei *Apple*) einmal abgelöst werden. Der Anlagestil besteht dann darin, die Aktien von Unternehmen mit sehr hohem KBV zu shorten und auf mehr Realismus bei der Bewertung zu warten. In besonders angespannten Situationen kann die Kennzahl KBV unter 1 liegen. Ein Thema für einen Anlagestil wäre, Aktien dieser Unternehmen in der Erwartung zu kaufen, dass sich irgendwann eine organisatorische Änderung abzeichnet. Das könnte ein Teilverkauf in einem *Industry Deal* sein oder eine Übernahme.

---

[2] http://www.gurufocus.com/shiller-PE.php

Wie angedeutet, wird die Selektion nicht nur auf der Ebene einzelner Wertpapiere praktiziert. Die Idee des Wählens und Abwählens eignet sich ebenso für Unterklassen, so für Branchen bei Aktien und für Länder oder Währungsgebiete bei Bonds. Das Picking auf der Ebene von Teilklassen wird so umgesetzt, dass ihre Gewichtung gegenüber der langfristigen Vermögensallokation modifiziert wird. Es werden nicht einfach Branchen oder Länder ausgewählt und der gesamte Anlagebetrag allein auf sie verteilt, während andere Branchen oder Länder völlig unberücksichtigt. bleiben. Statt dessen werden einige Anlageklassen oder Untergruppen etwas übergewichtet, andere untergewichtet. Die empfohlene Abweichung von den Gewichten der langfristigen Allokation wird in Prozentpunkten ausgedrückt.

> **Stock-Picking**: Nach einem Thema oder einer Leitidee werden Aktien oder Aktiengruppen ausgewählt, die gekauft oder die im Portfolio höher als ansonsten gewichtet werden sollten. Die nicht ausgewählten Titel oder Teilklassen von Aktien werden entweder überhaupt nicht in das Portfolio aufgenommen oder (gemessen an der langfristigen Vermögensallokation) untergewichtet.

14.3 Selektion im Konjunkturzyklus

Konjunkturzyklus

Wirtschaftlich gute und schlechte Zeiten haben sich immer abgelöst. In der Genesis (1. Buch Mose, Kapitel 41, 1-8) wird vom *Pharao* berichtet, dem im Traum *sieben fette wie sieben magere Kühe und Ähren* erschienen waren. *Josef* interpretiert den Traum und sieht vorher, dass auf sieben Jahre voller Fülle sieben Jahre der Hungersnot für das Volk folgen werden. Der Pharao veranlasst, Vorsorge zu treffen. Josef wird belohnt und erhält seine Freiheit.

Auf VICTOR ZARNOWITZ (1929-2009), der viele Jahre dem *Business Cycle Dating Committee des National Bureau of Economic Research* (NBER) angehörte, gehen umfangreiche Untersuchungen zu Konjunkturzyklen zurück: **Der typische Konjunkturzyklus dauert zwischen 4 und 5 Jahre**. Die Zyklen folgen keiner ganggenauen Uhr, weil jeder Zyklus von Zufälligkeiten und von politischen und wirtschaftlichen Besonderheiten der Zeit überlagert sind. In Europa dauern Konjunkturzyklen ab und zu länger als 5 Jahre. **Die Expansionsphasen sind länger als Kontraktionen**. Im Abschwung kann das GDP immer noch ein positives Realwachstum zeigen. Dann wird von einer **weichen Landung** gesprochen. Indes können Kontraktionen zu einer Rezession mit negativem Wachstumsraten führen (**harte Landung**). Die Konjunkturzyklen der Länder und Wirtschaftsregionen der Welt sind in den letzten Jahrzehnten fast synchron verlaufen. Der Grund: Die USA haben mit ihrer wirtschaftlichen Dominanz den Takt angegeben. Inzwischen sind gewisse Phasenunterschiede zu beobachten, die auf die nationale oder regionale Geld- und Fiskalpolitik zurückgehen. Denn die wirtschaftliche Dominanz der USA ist etwas relativiert.

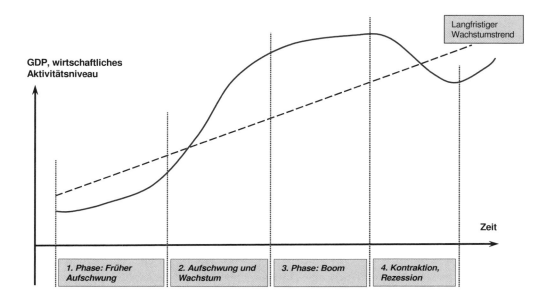

Darstellung 114-1: Vier Phasen im stilisierten Konjunkturzyklus: 1. Früher Aufschwung, 2. Konjunkturel-les Wachstum, 3. Boom (Überhitzung, Überbeschäftigung), 4. Abschwung und Tief, eventuell nur eine Kontraktion (weiche Landung) oder auch eine Rezession (harte Landung).

Wie entsteht der Konkunkturzyklus?

Volkswirtschaftliche Größen, wie Produktion, Beschäftigung, Zinssatz und Preise sind verbunden, allerdings gibt es bei der gegenseitigen Wirkung zeitliche Verzögerungen. Dadurch entstehen Schwankungen der gesamtwirtschaftlichen Aktivitäten wie (1) Produktion, (2) Kapazitätsauslastung (und damit Beschäftigung), (3) Inlandsprodukt und (4) Konsum.

In großen geschlossenen Volkswirtschaften werden die Konjunkturzyklen vor allem durch Schwankungen bei den Ausgaben für dauerhafte Konsumgüter und für Investitionsgüter verursacht. Daher wird in den USA genau beobachtet, wie stark die Bevölkerung Autos und Immobilien nachfragt. Über die Importe der großen Länder übertragen sich diese Schwankungen auf andere Länder. Daher wird in Asien und in den Schwellenländern genau beobachtet, wie die Konjunktur in den USA verläuft. Kurz: Große Länder stecken die kleinen Zulieferer an, im guten wie im schlechten.

Für kleinere und offene Volkswirtschaften sind vor allem die eigenen Exporte (in andere Länder) die bestimmende Größe für die Konjunktur. Daher wird in kleinen Ländern den Währungsparitäten große Aufmerksamkeit geschenkt. Dazu kommen der Tourismus und die Binnennachfrage. Die Ausprägung von Zyklen in kleinen Ländern verschärft sich, weil die landeseigenen Zyklen mit jenen der großen Handelspartner zusammenfallen.

Makroökonomische Größen im Konjunkturzyklus

(1) **Vorlaufende Indikatoren** sind vor allem die Unternehmensgewinne. Während einer Kontraktion, Im Konjunkturtief und eventuell einer Rezession müssen Unternehmen Kosten senken. Mitarbeitende werden entlassen, überall wird gespart. Sind dann nach einiger Zeit die Kosten geringer, dann erzielen die Unternehmen bereits wieder Gewinne, auch wenn sich die gesamtwirtschaftliche Lage noch nicht aufgehellt hat. Wohl deshalb steigen die Aktienkurse generell früh im Aufschwung. Die Kurse von Unternehmensanleihen zeigen sogar eine noch frühere Reaktion im beginnenden Aufschwung. Denn die Bonität der Firmen wird besser und die Credit-Spreads bilden sich zurück. Voranlaufend sind auch die Indikatoren der Konsumentenstimmung. Die Menschen werden zuversichtlicher, auch wenn sie beim Konsum noch Zurückhaltung zeigen.

Beim zyklischen Investment werden die Abläufe in zeitlicher Reihenfolge so umgesetzt:

1. In der Rezession: Kauf: **Unternehmensanleihen**, Aktien **Zyklische Konsumgüter** – beide Arten von Wertpapieren sind günstig.

2. Früher und noch mit Unsicherheiten behafteter Aufschwung: Kauf: Aktien kleiner Unternehmungen, Aktien der Sektoren **Transport und Logistik** sowie **Finanzen** (Banken, Versicherungen), **Value Stocks**, Dividendenperlen.

3. Phase des stabilen konjunkturellen Wachstums: Kauf: Aktien der Sektoren **Elektro**, **Technologie**, **Grundstoffe**, **Hoch- und Tiefbau**, **Chemie**, **Stahl**, **Automobilbau**.

4. Boom: Wechsel zu den Aktien von Unternehmen aus den Sektoren **Nichtzykliker** und **Konsumgüter**.

5. Abschwung: Wechsel zu Aktien aus den Sektoren **Pharma**, **Versorger**.

Praktisch synchron zum Konjunkturzyklus verläuft ein **Zinszyklus** sowie ein **Zyklus der Bonität** und der Kreditprämien. Das Zinsniveau hat wiederum Auswirkungen auf die Vorteilhaftigkeit von Aktien. So sind *Value* und *Dividendenperlen* bei niedrigen Zinsen attraktiv. Technologie und andere Wachstumswerte sind auch bei höheren Zinsen attraktiv, sofern sich das realwirtschaftliche Wachstum beschleunigt.

Der Zinszyklus wirkt weiter auf die zyklische Attraktivität von Bonds. Beispielsweise wird bei einem bevorstehenden Abschwung auf **Qualitätstitel** (Staatsanleihen von AAA-Ländern, Pfandbriefe) gesetzt, um gegen eine Zunahme der Kreditprämien geschützt zu sein. Erst in der Rezession (tiefe Zinsen, hohe Kreditprämien) werden beim zyklischen Anlagestil wieder Unternehmensanleihen gekauft (und gesagt, man müsse auf „Rendite" auchten).

(2) **Synchron mit dem Konjunkturzyklus** verändern sich die industrielle Produktion, die Beschäftigung und das Volkseinkommen. Ebenso gleichlaufend mit der Konjunktur entwickeln sich die Produktion von Konsumgütern sowie der Verkauf von Maschinen. Bereits vor einem Abschwung und eventueller Rezession reagieren jene Größen, die Investitionen beschreiben. Dazu gehören die Anzahl der Gründung neuer Firmen, der Auftragseingang für Maschinen und Ausrüstung, die Ausgabe von neuen Anleihen und die Kapitalerhöhung durch Ausgabe von Aktien.

(3) All das geht später im Abschwung der Konjunktur zurück. Entsprechend leiden gewisse Wirtschaftssektoren. Die Realisation der früher begonnenen Investitionen in den Unternehmen erfolgt dabei noch lange Zeit nach einem konjunkturellen Hoch, weshalb „Investitionen" eher als nachlaufender Indikator dienen. Gleiches gilt für Lagerbestände, für Zinsen sowie für alle von den Arbeitskosten abhängige Indikatoren. Sie sind immer noch hoch, auch wenn der Abschwung bereits seine ersten Wirkungen zeigt. Es dauert einige Zeit, bis die Manager Kosten reduzieren.

14.4 Long-Short-Portfolios

Von Leverage zu Short-Positionen

Bei der Selektion haben Investoren die Wahl der Titel, die sie kaufen und dann für eine Zeit halten wollen. Sie können sich auch dezidiert dafür entscheiden, gewisse Titel nicht zu kaufen. Noch prononcierter können sie diese Abwahl dadurch ausdrücken, dass sie diese Titel **leerverkaufen** oder **shorten**. Dies ist ein dominanter Stil bei Hedge-Funds. Auch wenn Hedge-Funds nach verschiedenen Stilrichtungen kategorisiert werden, weisen sie große Gemeinsamkeiten auf:

1. Einer Vorgehensweise folgen fast alle Hedge-Funds: Der Stil sieht vor, Kredite aufzunehmen um damit die Positionen für das Portfolio zu finanzieren (**Leverage**).

2. Allgemeiner werden bei diesem Anlagestil **Long-Short-Portfolios** gebildet. Ein Kredit ist eine Short-Position im Geldmarkt: Der Investor nimmt den Geldbetrag auf und zahlt ihn mit Zinsen zurück. Ein Long-Short-Portfolio besteht nicht allein aus Long-Positionen in Aktien und Wertpapieren und einem eventuellen Kredit. Ein Long-Short-Portfolio kann auch Short-Positionen in Aktien, Wertpapieren oder Währungspositionen enthalten.

Der erste **Hedge-Fund** wurde 1949 von ALFRED W. JONES (1900-1989) als Aktienfonds gegründet. JONES fügte den traditionellen Elementen des Aktienfonds neue Aspekte hinzu: 1. Leverage und 2. Leerverkäufe. Er kaufte Aktien mit umfangreichen Lombardkrediten und tätigte zugleich Leerverkäufe in anderen Aktien und in Wertpapieren, deren Kurse ihm zu hoch erschienen. Im Jahr 1966 wurde in der Zeitschrift *Fortune* über diesen damals neuen Anlagestil berichtet. Heute verwalten Hedge-Funds weltweit Kundengelder von rund 1000 Milliarden Euro.

Short-Positionen in Wertpapieren sind durch die **Wertpapierleihe** (*Securities Lending*) möglich. Der Portfoliomanager leiht sich ein Wertpapier (über die Bank) von einem Dritten aus und verspricht, das Wertpapier später wieder zurückzugeben. Solche Ausleihungen werden aus unterschiedlichen Motiven vorgenommen. Der im Zusammenhang mit Anlagestilen wichtigste Grund ist, dass der Portfoliomanager das Wertpapier ausleiht, um es zu verkaufen: Der Portfoliomanager sieht den augenblicklichen Preis als zu hoch an. Da der Manager das verkaufte Wertpapier selbst nur geliehen hat, wird von einem **Leerverkauf** gesprochen.

Dabei erhält der Portfoliomanager zunächst einmal den Verkaufserlös, hat aber zugleich die Verpflichtung, das Wertpapier später wieder zurückzugeben. Wenn der Zeitpunkt der Rückgabe kommt, muss der Portfoliomanager ein Wertpapier derselben Art kaufen. Er muss also einen **Deckungskauf** tätigen. Die Erwartung des Managers ist, sich günstig eindecken zu können und so einen Gewinn aus den Short-Position zu erzielen. Short-Positionen (Leerverkaufspositionen) beinhalten ein beträchtliches *Risiko*, weil der Kurs des Wertpapiers auch steigen kann. Portfoliomanager denken, sie könnten bei steigenden Kursen durch schnelles Kaufen der Deckung die Verluste begrenzen. Bei Wertpapieren sind hohe Kurssteigerungen oft die Folge von (1) Käufen von Anlegern sowie von (2) Deckungskäufen von Managern, die „auf der falschen Seite liegen".

> Ein **Long-Short-Portfolio** umfasst: 1. Long-Positionen in einzelnen Wertpapieren oder Teilmärkten. 2. Short-Positionen in anderen Wertpapieren oder Teilmärkten, sowie eventuelle Schulden wegen genommener Kredite. **Long-Short** ist somit ein Anlagestil, bei dem stark von Leverage und von Short-Positionen Gebrauch gemacht wird. Er wird als aggressive Art gesehen, sehr pointiert eine Meinung über die Preishöhe auszudrücken.

Ab und zu verwenden Manager von Hedge-Funds ihre Aktienpositionen als Drohmittel der Unternehmensführung gegenüber. So üben sie mehr Macht aus als beispielsweise Vertreter einer Pensionskasse: Passive Investoren stellen auf der Hauptversammlung selten Fragen und bauen eine Aktienposition auch nicht ab, selbst wenn ihnen die Präsentation von Ergebnissen und Unternehmensstrategie durch den Vorstand missfällt.[3]

Ist Selektion als Anlagestil vorteilhaft?

Der Stil ist ein Schema, ein Vorgehen, nach dem gewisse einzelne Wertpapiere oder Gruppen von Wertpapieren sowie Zeitpunkte für den Kauf und Verkauf gewählt werden. Der Stil setzt ein Thema oder eine Leitidee um. Oft wird das Thema durch Kennzahlen präzisiert. Beispiele wurden genannt. Etwa hieß es, dass Aktien mit sehr geringem Marktwert in Relation zum Buchwert unterschätzt sein könnten. Die Kennzahl, die für das Präzisieren dieser Leitidee verwendet wird, ist das Kurs-Buchwert-Verhältnis KBV.

> Wie wird festgestellt, ob solche Themen oder Leitideen zu guten Anlagestilen verhelfen? Die Wissenschaft evaluiert Anlagestile und folgt dazu dieser Methodik:
>
> 1. Das zu untersuchende Thema beziehungsweise der Stil werden durch ein Kriterium ausgedrückt, das auf einer Kennzahl beruht.
>
> 2. Dann wird das Universum (an Aktien) nach dieser Kennzahl neu **sortiert**.

---

[3] In jüngster Zeit sind Hedge-Fund-Manager dazu übergegangen, diese Macht auszuspielen, um die Geschäftspolitik der Unternehmen zu beherrschen. Vorstände müssen erkennen, dass die Zeit des duldsamen Aktionärs vorbei ist und von der Seite des Kapitalmarktes Renditeforderungen kampfbereit artikuliert werden. So erwirtschaften Hedge-Funds einen Teil ihrer Rendite durch Selektion, Timing und durch Long-Short, also durch Stil, während ein anderer Teil ihrer Rendite gleichsam als Unternehmerlohn zu interpretieren ist, mit dem ihr Mitwirken an der Geschäftspolitik honoriert wird.

3. Der Anlagestil besteht nun darin, stets in jene Aktien zu investieren, welche die höchsten Kennzahlenwerte haben.

4. Außerdem werden, um das Thema pointiert darzustellen, Short-Positionen in allen Aktien eingegangen, die nach der Sortierung die letzten sind.

Die für die wissenschaftliche Untersuchung gebildeten Long-Short-Portfolios werden mit „X Minus Y" bezeichnet. Die bekanntesten Long-Short-Portfolios sind:

- **SMB** (*Small Minus Big*): Kaufe die Aktien kleinster Gesellschaften und verkaufe (nehme Short-Position ein) gleichzeitig die Aktien der größten Unternehmen.

- **HML** (*High Minus Low*): Dieser Stil bezieht sich auf KBV: Kaufe die Aktien von Unternehmen mit einem geringen KBV (Value-Stocks und Aktien von Firmen mit Sanierungsbedarf) und gehe gleichzeitig *short* in den Aktien von Unternehmen mit hohem KBV (Growth-Stocks und Glamour-Stocks).

- **UMD** (*Up Minus Down*): Kaufe Aktien, deren Kursentwicklungen in der letzten Zeit das stärkste Momentum (Trendbildung) zeigten und gehe *short* in jenen Aktien, die das geringste Momentum zeigten. Für hohe Renditen dieses Stils sollte die Beobachtungsfrist 3 bis 6 Monate betragen. Ähnlich ist **WML**: (*Winner Minus Looser*) definiert. [4]

→ Ein Anleger möchte von der Bank wissen, ob es eine gute Leitidee sei, Aktien von Unternehmen mit hohem CAPEX zu kaufen. Das Akronym CAPEX steht für CAPital EXpenditure und bezeichnet die Investitionsausgaben einer Unternehmung für die Anschaffung langfristig nutzbarer Anlagegüter wie Maschinen oder Immobilien. Zur Verfügung stehen die Renditedaten und die Bilanzzahlen der 50 Unternehmen eines Marktes für die letzten 15 Jahre. Für jedes Jahr werden die 50 Unternehmen nach ihrem CAPEX sortiert, der zur Vergleichbarkeit durch ihre Unternehmensgröße dividiert wird. In jedem der 15 Jahre wird neu sortiert. Dann wird die Rendite eines Portfolios berechnet, dass jedes Jahr neu zusammengesetzt wird. Es geht in die 25 Firmen mit dem höchsten relativen CAPEX Long-Positionen ein und Short-Positionen bei den 25 Firmen mit dem geringsten relativen CAPEX Short-Positionen gehalten hätte. □

Einige Stile bringen auf Dauer gute Ergebnisse (während andere Stile nach ihrer Entdeckung und Publikation die Wirksamkeit verloren haben). So verwundert, dass nicht alle Investoren die dauerhaft wirksamen Stile übernehmen. Eine Erklärung bietet sich an: **Die erfolgreichen Stile sind mit gewissen, im Vergleich zum Marktrisiko zusätzlichen Risiken verbunden. Diese Anlagestile haben also letztlich eine höhere Rendite, weil sie riskanter sind.** Investoren ahnen vielleicht, dass es diese zusätzlichen Risiken gibt. Unbewusst oder bewusst meiden sie diese Stile, weil sie von den zusätzlichen Risiken besonders betroffen wären.

---

[4] 1. MARK M. CARHART: On persistence in Mutual Fund Performance. *Journal of Finance* 52 (1997) 1, 57-82. 3. M. GRINBLATT, S. TITMAN und R. WERMERS: Momentum Investment Strategies, Portfolio Performance and Herding: A study of Mutual Fund Behaviour. *American Economic Review* 85 (1995) 5, 1088-1105.

Wie erklärt sich die Vorteilhaftigkeit?

Die Long-Short-Portfolios wie die eben erwähnten SMB, HML, UMD, WML werden so konstruiert, dass sie ein Beta haben, das exakt oder praktisch gleich Null ist. Sie haben folglich kein Marktrisiko (im Sinn der MPT). Deshalb werden solche Portfolios als **marktneutral** bezeichnet.

Wäre die MPT eine perfekte Beschreibung des Finanzmarktgeschehens, dann sollten dem CAPM zufolge die Long-Short-Portfolios keine Überrendite haben. Da Short-Positionen zu halten etwas kostet, wären nicht nur die Überrenditen, sondern auch die Renditen gleich Null.

> Doch der Befund der empirischen Untersuchungen zeigt, dass die Renditen der Portfolios wie SMB und HML signifikant von Null verschieden sind. Das bedeutet: Die großen, preisbestimmenden institutionellen Investoren halten sich *nicht* an die MPT.
>
> Wie können die positiven Renditen der marktneutralen Portfolios erklärt werden? Um das Jahr 2000 hat sich die wissenschaftliche Antwort verzweigt.
>
> 1. Die erste Richtung führt behavioristische Verhaltensweisen als Erklärung an.
>
> 2. Die zweite Richtung bringt die positiven Renditen (kurz als **Alpha** bezeichnet) mit Risiken einer neuen Art in Verbindung. Danach ist Alpha die Prämie für Risiken, die es zwar gibt, die aber in der MPT nicht erfasst werden.
>
> Heute konzentriert sich die Forschung stärker auf dieses zweite Erklärungsmuster. Die Bemühungen um einen entsprechenden Ausbau der MPT sind seit einigen Jahren erfolgreich, so durch Arbeiten von JOHN H. COCHRANE und anderen.[5]

Anregungen für diese Forschungen gaben vor allem die Arbeiten von FAMA und FRENCH. In diesen Arbeiten zeigen die Autoren, dass Faktoren wie SMB oder HML zusammen mit dem Marktindex Erklärungskraft für die Renditeunterschiede zwischen den Sektoren haben.[6] **Faktoren wie SMB und HML sind mit der Realwirtschaft assoziiert**. Die Verbindung zur Realwirtschaft ist der Kern der neuen Fakten in der Finance. Der neue empirische Befund und theoretische Erklärungen belegen, dass das CAPM schwache Erklärungskraft besitzt, weil die Wirkung der Realwirtschaft auf die Renditen durch das Beta (hinsichtlich des Marktportfolios) nur unzureichend erfasst wird (das Alpha wird nicht modelliert).

→ So haben die Aktie einer Bauunternehmung und einer Pharmafirma vielleicht dasselbe Beta, doch in einer Rezession bricht die der Bauunternehmung stark ein, während die der Pharmafirma sich halten kann. Warum ist das so? Die Geschäftstätigkeit der Bauunternehmung hängt stark vom Wirtschaftszyklus ab. □

---

[5] 1. JOHN H. COCHRANE: New Facts in Finance. *Economic Perspectives* XXIII (1999), 36-58. 2. JOHN H. COCHRANE: Portfolio Advice in a Multifactor World. *Economic Perspectives* XXIII (1999), 59-78.

[6] 1. EUGENE F. FAMA und KENNETH R. FRENCH: Size and book-to-market factors in earnings and returns. *Journal of Finance* 50 (1995), 131-155. 2. EUGENE F. FAMA und KENNETH R. FRENCH: Industry Costs of Equity. *Journal of Financial Economics* 43 (1997), 153-193. 3. MARTIN WALLMEIER: Determinanten erwarteter Renditen am deutschen Aktienmarkt – Eine empirische Untersuchung anhand ausgewählter Kennzahlen. *Schmalenbach Business Review* 52 (2000), 27-57.

	Faktum	Bedeutung
1960	Entdeckung des CAPM	Zusammenhang zwischen dem systematischen Risiko und Return rückt die Portfoliotheorie in das Zentrum einer Theorie der Funktionsweise von Kapitalmärkten
1960-1980	Weitgehend Bestätigung	Anwendungen des CAPM im Portfoliomanagement (Steuerung über Beta) und zur Bestimmung der Kapitalkosten einer Unternehmung finden hohe Anerkennung
1980-1990	Diverse Widersprüche, Anomalien und Regularitäten werden entdeckt	Die Wissenschaft ist sich nicht einig, wie die Anomalien zu verstehen und einzuordnen sind
1990-2000	Verbesserte Tests bestätigen, dass einige Assetklassen und Stile signifikant andere Returns haben als dem CAPM entspricht	Erkenntnis: Die Investoren folgen nicht genau den Empfehlungen der Modernen Portfoliotheorie

Die Wissenschaft verzweigt sich in zwei Richtungen.

- Behavioral Finance: Die Investoren folgen einer so schönen und rationalen Theorie wie der MPT nicht, weil sie nur beschränkte Rationalität haben, die in der Psyche begründet liegt. Die entdeckten Verhaltensmuster finden hohe Beachtung in den Medien.

- Einige ökonomische Schulen halten an der Lehre fest: 1. Der Investor, besonders der institutionelle Investor ist rational. 2. Die Moderne Portfoliotheorie ist eine grundsätzlich gute Modellierung, aber etwas einfach. Deshalb folgt der rationale Investor nicht genau der MPT. Die MPT muss deshalb ausgebaut werden, und zwar durch Berücksichtigung mehrerer Risikofaktoren. Ein einziger Risikofaktor (das Marktportfolio) genügt nicht.

	Faktum	Bedeutung
2005	New Facts in Finance: Zwei Risikofaktoren bringen erhebliche Verbesserungen hinsichtlich der Realitätsnähe. Der zweite Risikofaktor (Rezessions- oder Hungerrisiko) findet hohe empirische Evidenz und theoretische Begründung	Das Bild verdichtet sich: Es gibt neben dem Marktrisiko der MPT einen zweiten Risikofaktor (Rezessions- oder Hungerrisiko), der die Verbindung zwischen Finanzwirtschaft und Realwirtschaft betrifft

Darstellung 14-2: Stationen der empirischen Forschung zum CAPM.

Ist die im Beta nicht richtig erfasste Abhängigkeit von der Realwirtschaft überhaupt so wichtig? Ja, denn die **Abhängigkeit der Renditen von Wertpapieren und Anlagestilen von der Frage, ob es zu einer Rezession kommen könnte, spielt für viele Investoren eine große Rolle. Denn viele Investoren haben einen Arbeitsplatz oder einen Betrieb, und beides wird vom Auf und Ab der Konjunktur beeinflusst.**

Die Investoren kaufen daher Wertpapiere und wählen Anlagestile, durch die ihr Exposure der Konjunktur gegenüber nicht noch vergrößert wird, vergleiche Kapitel 11.

Der Praktiker wird sagen, er habe schon immer gewusst, dass es Aktien von zyklischen Unternehmen gäbe, und dass diese im Konjunkturaufschwung besondere Kursavancen zeigen, in späteren Phasen der Konjunktur hingegen eher zurückfallen. Doch das ist hier nicht der Punkt. Zyklische Aktien werden von den meisten Investoren gemieden, weil sie ohnehin schon diverse zyklische Risiken in ihrem Gesamtportfolio halten, und zwar durch das Exposure des Arbeitsplatzes, einen Betrieb oder anderer Einkünfte, die vom Konjunkturverlauf abhängig sind.

Die erwähnte Forschung trifft diese Aussagen:

1. Die Zyklizität einer Aktie wird mit dem Beta nicht differenziert genug ausgedrückt. Einige Aktien haben ein größeres Exposure gegenüber der Realwirtschaft als durch ihr Beta ausgedrückt wird, andere haben eine kleinere Zyklizität als ihrem Beta entspricht.

2. Zyklische Aktien im Portfolio erhöhen das Exposure des Investors gegenüber dem Auf und Ab der Konjunktur noch zusätzlich, weil der Investor der Realwirtschaft bereits durch sein Erwerbseinkommen ausgesetzt ist.

3. Daher meidet die Mehrheit der Personen Wertpapiere mit hoher Zyklizität.[7]

4. Deshalb sind diese Wertpapiere günstig und bieten folglich eine höhere Rendite im Vergleich zu Wertpapieren mit geringer Zyklizität.

Des weiteren hat sich die Gefahr einer Wirtschaftskrise in einem Land als kraftvoll für die Erklärung von Renditen erwiesen. Diese Erkenntnis geht auf THOMAS A. RIETZ 1988 zurück und wurde von dem Makroökonom ROBERT J. BARRO 2005 ausgebaut.[8]

Ist die Börse ein Kasino?

Genau wie wirtschaftliche Nachrichten zufällig sind, sind es auch die Renditen, die unverzüglich die neuen Nachrichten widerspiegeln. Mit Blick auf die Zufälligkeit darf ein Engagement an den Finanzmärkten durchaus mit einem Glücksspiel oder einer Lotterie verglichen werden.

Doch es gibt einen wichtigen Unterschied zwischen Lotterie und Börse: Der Glücksspieler muss erwarten, etwas von seinem Einsatz zu verlieren. Denn das Kasino bietet zur Deckung der eigenen Kosten die Spiele so an, dass sie eine (leicht) negative Relation von Einsatz und Gewinnchancen haben. Die Spieler tragen diese Kosten der Kasino-Organisation gern, weil sie das Spiel als Unterhaltung erleben und weil niemand mit stabilem Charakters so hohe Geldbeträge einsetzen würde, die nicht leicht verschmerzt werden könnten.

Der Finanzinvestor kann demgegenüber erwarten, etwas hinzu zu gewinnen, weil die angebotenen Investments *günstig* angeboten werden. Denn irgend jemand muss die Risiken der Investitionen in der Wirtschaft übernehmen. Da diese Unsicherheiten keinen spielerischen Unterhaltungswert bieten und da die Größe wirtschaftliche Bedeutung hat, zeigen die Finanzinvestoren ihre Risikoaversion. Ohne eine Prämie zu erhalten wollte niemand diese wirtschaftlichen Risiken übernehmen. Dazu müssen die Investments günstig angeboten werden, also eine hohe Rendite erwarten lassen. Risikobehaftete Investments müssen in der Erwartung mehr bieten als den Zinssatz.

---

[7] Wir behandelten die Optimierung des Portfolios aus Wertpapieren unter der Bedingung, dass mit dem Arbeitseinkommen sonstiges Vermögen vorhanden ist, in Kapitel 12.

[8] 1. THOMAS A. RIETZ: The Equity Risk Premium — A Solution. *Journal of Monetary Economics* 22 (1988) 117-131. 2. ROBERT J. BARRO: Rare Events and the Equity Premium, Homepage 2005.

Die Börse darf mit einem Kasino verglichen werden, sofern dies nicht mit dem Unterton des an der Spielerneigung moralisch Verwerflichen geschieht. Die Börse ist ein „Kasino", das wirtschaftliche Wohlfahrt erzeugt. Denn durch sie können Einrichtungen in der Realwirtschaft (Schuldner, Unternehmungen) Kapital aufnehmen und investieren. Der Staat baut Infrastruktur, die Unternehmen setzen Innovationen um und sie schaffen Arbeitsplätze. Wer Anleihen oder Aktien kauft, unterstützt diese wirtschaftlich sinnvolle Tätigkeit.

So gesehen kann bei dem Glücksspiel „Finanzinvestition" gesetzt und passiv zugewartet werden, bis die zufälligen Ergebnisse bekannt sind. Und der Investor leistet noch dazu einen Beitrag zum Wirtschaftsleben und zur wirtschaftlichen Entwicklung.

Gibt es die Möglichkeit, bei diesem „Kasino" mehr als üblich erwarten zu können?

1. Das Risiko ist zumindest zweidimensional. Viele Anleger erkennen und sehen nur eine erste Dimension des Risikos, das Marktrisiko, auch wenn sie mit dem Investment die Risiken beider Dimensionen übernehmen. Ein Investor bildet folglich Gewinnerwartungen allein aufgrund der ersten, von ihm beobachteten Risikodimension und der entsprechenden Risikoprämie. Indessen wird er auch mit der Risikoprämie der zweiten Dimension für das (von ihm nicht erkannte) zweite Risiko entschädigt. Dieser Anleger hat also höhere Gewinnchancen als von ihm (bei seiner partiellen Sicht) erwartet wird, ohne dass ein anderer Mitspieler im „Kasino" einen Nachteil hätte. Da der Anleger Schwierigkeiten hat, sich die erhaltene zweite Prämie zu erklären, wird es der Portfoliomanager als sein „Können" darstellen.

2. Die Aktivität bei dieser Möglichkeit besteht darin, jene Arten von Glücksspielen oder Geldanlagen zu identifizieren, bei denen die zweite (vom Anleger nicht erkannte) Risikodimension ausgeprägt ist. Der Return fällt dann höher aus als aufgrund der Risiken der ersten Dimension erwartet wird. Der Anleger wird besser honoriert als er dachte. Dies in einem völlig fairem Markt. Der Investor erkannte nicht, was er alles Gutes für die Wirtschaft getan hat (Tragen auch des zweiten Risikos) und wofür er honoriert wird.

Ist diese Möglichkeit nur ein Gedankenexperiment oder real möglich? Früher, etwa bis vor dreißig Jahren, wurden sie als bloßes Denkspiel angesehen, das in den wirklichen Finanzmärkten nicht realisierbar ist. An allen den akademischen Schulen wurde behauptet und gelehrt, Risiko sei eindimensional und allein durch das „Marktrisiko" gegeben.

Seit fünfzehn Jahren sind mehrdimensionale Risiken anerkannt. Die Finanzmärkte sind nach wie vor für alle Teilnehmenden fair, doch das Risiko ist (wenigstens) zweidimensional. In beiden Dimensionen gibt es Risikoprämien, doch die meisten Anleger sehen nur die erste Risikodimension und ihre Exposure diesem ersten Risiko, dem Marktrisiko gegenüber. Das ist das **Beta**. Die auf das zweite, unerkannte Risiko zurückgehende Zusatzrendite ist das **Alpha**.

14.5 Fragen zur Lernkontrolle

1. a) Umreißen Sie die Begriffe Strategie, Stil, Thema. b) ein Thema könnte verlangen, das Selektionskriterium für Aktien mit einer Kennzahl zu präzisieren. Geben Sie Beispiele solcher Themen oder Leitideen. [Abschnitt 14.1]

2. Worin unterscheiden sich das *KGV* und das *Shiller P/E*? [Abschnitt 14.2]

3. Was wird mit einer *weichen* beziehungsweise *harten Landung* bezeichnet? [14.3]

4. Eine unabhängige Vermögensberatung hat sich auf die Selektion von Bonds (nicht von Aktien) im Konjunkturzyklus spezialisiert. a) Erklären Sie, wie sich typischerweise das Zinsniveau im Konjunturzyklus verändert. b) Gehen Sie auf die Veränderung der Credit-Spreads ein. c) In welchen Phasen werden Unternehmensanleihen gekauft? d) Wann werden sie in „Qualitätsanleihen" getauscht? [Abschnitt 14.3]

5. An einem Börsenapéro empfiehlt der Sprecher aus dem Research einer Bank, jetzt die Aktien aus den Sektoren Technologie und Chemie zu verkaufen und statt dessen neu die Sektoren Pharma und Versorger zu berücksichtigen. An welcher Phase des Konjunkturzyklus steht die Wirtschaft? [Zwischen Boom und einsetzender Kontraktion]

6. Erläutern Sie einem Kunden, was sich hinter den mit SMB, HML und UMD bezeichneten Portfolios verbirgt. [Abschnitt 14.4]

7. Das vierte Lernziel lautet, wichtige Vorgehensweisen zu verstehen und ausbauen zu können. Erläutern Sie einem Kunden, weshalb Long-Short-Portfolios sich gut dafür eignen, die Performance eines aktiven Anlagestils zu untersuchen. [Abschnitt 14.4]

8. Das fünfte Lernziel regt an, Namen von Personen und Begriffe in ein Kundengespräch einfließen lassen können. a) Erwähnen Sie LYNCH, SOROS, BUFFETT und die jeweiligen Leitideen, die hinter ihren Stilen stehen. b) Erklären Sie, was die Börsengurus mit Professor BENJAMIN GRAHAM gemeinsam haben.

9. Welche Industriesektoren sollten Sie heute übergewichten, um die Strategie von LYNCH zu kopieren? Hierzu dies: Die *Nachkriegsgeneration* (geboren zwischen 1946 und 1964) werden in den USA als *Baby Boomer* bezeichnet. Die *Generation X* sind die zwischen 1964 und 1982, die *Generation Y* sind die zwischen 1982 bis 2000 Geborenen. Jede Generation hat Eigenheiten (wie der Artikel „Winning the generation game" im *Economist* 28.09.2013 ausführt). PETER LYNCH hatte den Magellan Fund von 1977 bis 1990 geführt. Die Baby Boomer waren damals um die 30 und kauften haltbare Konsumgüter. Das war der Trend jener Zeit und LYNCH hatte ihn erkannt. Zwei Fragen: a) Welche „Trends" prägten die Menschen der Generation X als sie 30 Jahre alt waren (etwa zwischen 1995 und 2005)? Waren es vielleicht große Autos gewesen? Hätte man damals in VW oder BWM investieren sollen? b) Welcher Trend wird sich einmal für das Jahrzehnt als dominant herausstellen, in der die der Menschen der Generation Y um die 30 waren, also in der Zeit 2013 bis 2023? Welche Sektoren könnten von jetzt an von einem Trend begünstigt werden?

15 Performance

Gesamtrendite (TR), Zeitgewichtung (TWR), Geldgewichtung (MWR), Sharpe-Ratio (SR) und Alpha

Nach einem Jahr aktiven Managements muss über die Performance berichtet werden. Dazu werden vier Fragen gestellt: 1: Wie gut hat der Investor bei der Selektion die Wertpapiere oder Teilmärkte mit hohen Renditen getroffen? 2. War der Investor bei den Teilmärkten mit hoher Rendite auch voll investiert oder hatte er sich nur teils engagiert und den Rest in Cash gehalten? Diese beiden Fragen werden durch die zeit- und die geldgewichtete Rendite (TMR und MWR) beantwortet. 3. Frage: Da bei einem gut diversifizierten Portfolio mit mehr Risiko auch mehr erwartet werden kann, sollte die vom Investor mit der aktiven Strategie erzielte Rendite um das eingegangene Risiko adjustiert werden. Wie hoch war die risikoadjustierte Rendite? Diese dritte Frage beantworten verschiedene Kennzahlen. Am häufigsten verwendet sind die Sharpe-Ratio (SR) und das Jensensche Alpha. 4. Frage: Wie genau hat sich der Investor an die Benchmark gehalten? Hierzu werden der Tracking-Error und die Information-Ratio besprochen.

Wieder sind fünf Lernziele gesteckt: 1. TWR und MWR interpretieren können. 2. Verstehen, was die Sharpe-Ratio (SR) sagt und was sie verbirgt. 3. Wie der Investor ein positives Alpha erzeugt. 4. Wichtige Denkweisen dieses Kapitels weiterführen können. 5. Namen von Personen und Begriffe in ein Kundengespräch einfließen lassen können.

15.1 Zeit- und Geldgewichtung

Global Investment Performance Standards (GIPS)

Einer der wichtigsten Schritte beim Gesamtprozess der Vermögensverwaltung ist die Performance, ihre Messung und Kommunikation.[1] Menschen wünschen Erklärungen. Der Bericht über die Performance soll daher bei Erfolg ebenso wie bei Misserfolg Erklärungen bieten. Eventuell lassen sich daraus Vorschläge für die Modifikation von Anlagestrategie und Anlagestil gewinnen.

---

[1] 1. ANDREAS BICKEL: *Moderne Performance-Analyse und Performance Presentation Standards*. Bank- und finanzwirtschaftliche Forschungen 312, Verlag Haupt, Bern 2000. 2. BERND R. FISCHER: *Performanceanalyse in der Praxis*. Oldenbourg, München 2001.

Die *Association for Investment Management and Research* (AIMR), die sich seit 2004 als *CFA Institute* bezeichnet, ebenso wie andere Einrichtungen sind seit Jahren um die Fortentwicklung der Qualität bei der Performancemessung und beim Performancebericht bemüht. Das *CFA Institute* strebt die globale Vereinheitlichung der Standards an, nach denen Vermögensverwalter ihrer Kundschaft über die Anlageergebnisse berichten sollen. Zu den Zielen des CFA Institute gehören (1) die bessere **Vergleichbarkeit**, (2) die Stärkung von **Transparenz**, (3) die Förderung von **Glaubwürdigkeit** und **Fairness** bei der Berichterstattung. Schließlich möchte das *CFA Institute* (4) die Weiterentwicklung der *Methoden* zur Messung der Performance fördern.

Vor Jahren wurden Richtlinien publiziert, die als **Performance Presentation Standards** (PPS) vergleichsweise geringe Anforderungen gestellt haben. Beispielsweise sollten Portfoliomanager nicht einfach das Beste aus allen ihren Ergebnissen herauspicken und es so darstellen dürfen, als ob es für alle ihre Leistungen repräsentativ sei. Früher war das oft bei Investmentfonds der Fall.

Die Richtlinien sind mit der Zeit zu den **Global Investment Performance Standards (GIPS)** gereift. Mit den GIPS werden vermehrt *ethische* Forderungen gestellt. Die GIPS haben weltweite Akzeptanz gefunden und wurden von den zuständigen nationalen Einrichtungen übernommen. Frühere eigene Entwicklungen der Staaten, bei denen die Frage der gegenseitigen Anerkennung (Reziprozität) nicht immer leicht zu klären war, sind wurden bei der nationalen Assimilation der GIPS berücksichtigt.

Zu den Gobal Investment Performance Standards (GIPS) gehören diese Empfehlungen:

1. Die Performance wird auf der Basis der **Gesamtrendite** oder des **Total Return (TR)** berechnet, der Kursgewinne und Erträge (vor Steuern) zusammenfasst. Die **Gesamtrendite ist definiert als Wertsteigerungen plus Ausschüttungen während des Jahres geteilt durch den zu Jahresanfang investierten Betrag**, siehe Formel (15-1) weiter unten.

2. Zusätzlich zum Total Return wird die **zeitgewichtete Rendite (TWR)** berechnet. Sie erlaubt eine höhere Präzision hinsichtlich der Zeitpunkte innerhalb des Jahres, zu denen Zahlungen – meist sind das Ausschüttungen – erfolgten. Dazu wird das Jahr wenigstens in 12 Monate unterteilt. Die zwölf Monatsrenditen werden auf das Jahr umgerechnet und als geometrische Durchschnittsrendite für das Jahr ausgedrückt.

3. Der Vermögensverlauf wird dem Kunden für wenigstens fünf Jahre gezeigt und die letzten fünf Jahresrenditen werden angegeben.

4. Es wird klar gesagt, ob die ausgewiesene Rendite vor oder nach *Gebühren* berechnet wird. Wird eine Nettorendite angegeben, so werden die Gebühren nicht verschwiegen, sondern zusätzlich genannt.

5. Die Vermögensverwaltungen sollen zur Überprüfung der Einhaltung der Standards eine *dritte* Partei hinzuzuziehen. Die dritte Partei, ein Jurist, eine Wirtschaftsprüfung erstellt ein **Compliance Statement** und prüft die Beachtung der Richtlinien.

Zusätzlich muss der Vermögensverwalter *interne Statistiken* anfertigen.

Es macht natürlich wenig Sinn, für ein kleines Vermögen alle statistischen Kennziffern dieses Vermögens zu errechnen. Deshalb wird erlaubt, dass gleichartige Depots intern zu einer *Komposite* zusammengefasst werden dürfen.

Eine **Komposite** umfasst Kundendepots, die nach ein und derselben Risikostufe (wie etwa Sicher, Konservativ, Ausgewogen, Wachstum, Dynamisch) geführt werden, oder die sich an ein und derselben Zielrendite (Benchmark) wie etwa dem MSCI World (Aktien weltweit) orientieren. Auch zum Vorgehen, nach dem Kompositen gebildet werden sollen, wurden in den GIPS Richtlinien erlassen.

Für alle Kompositen werden sodann für interne Auswertungen eine Reihe finanzmathematischer Statistiken und Kennzahlen errechnet.

1. Für Aktienportfolios gehört dazu die **Standardabweichung** der Rendite der Komposite.

2. Zur Benchmark einer jeden Komposite, die dazu festgelegt sein muss, wird das jeweilige **Beta** ermittelt. Es drückt aus, wie stark die Schwankungen der Wochen- und Monatsrenditen der in der Komposite enthaltenen Portfolios mit denen Schwankungen der Benchmark zusammenhingen.

3. Außerdem wird der **Tracking-Error** ausgerechnet, der in Formel (15-7) definiert ist.

Banken und Versicherungen gehen heute nach den GIPS vor. Zunächst wurden die Standards gegenüber institutionellen Kunden sowie sehr vermögenden Privatanlegern (Key Clients) verwendet. Doch der Wettbewerb sorgte dafür, dass die GIPS inzwischen auch für kleinere Vermögen praktiziert werden. Zudem drängen Gruppen, die den Konsumentenschutz vertreten, immer wieder dazu, die Standards auch in den unteren Segmenten der Vermögensverwaltung anzuwenden.

Außerdem sind Firmen tätig, die immer wieder die **Qualität der Vermögensverwaltung** bei den verschiedenen Finanzdienstleistern beurteilen. Diese Firmen, darunter der *Verlag Fuchsbriefe*, führen ein **Phantom-Shopping** durch: Testpersonen geben sich als Neukunde aus und erkunden, welche Methoden und welche beste Praktiken die Vermögensverwaltung umgesetzt hat. Auch von diesen Firmen geht Druck auf Banken und Versicherungen aus, die Prozessabläufe in der Kundenberatung und insbesondere die Berichterstattung über die Performance zu verbessern.

Total Return

Wir sehen immer wieder Renditen publiziert und erfahren täglich, wie sich ein Marktindex verändert. Das sind vertraute Informationen. Da kann erstaunen, wie kompliziert es sein kann, für ein Depot die Rendite zu ermitteln. Das liegt an zwischenzeitlichen Einlagen und Entnahmen. Die **Gesamtrendite** oder der **Total Return** *TR* drückt das Anlageergebnis in Relation zum Vermögen, das zu Beginn der Periode eingesetzt war.

$$(15\text{-}1) \quad TR = \frac{Anlageergebnis}{Anfangsvermögen} = \frac{Entnahmen - Zuzahlungen + Wertdifferenz}{Anfangsvermögen}$$

Das Anlageergebnis setzt sich aus zwei Einflüssen zusammen:

- Ausschüttungen, Entnahmen oder Wertpapierverkäufe während der Periode, also durch Zahlungen, die aufgrund der Wertpapiere (Zinszahlungen, Dividenden) und bei Transaktionen (Verkäufen) auf das Konto des Kunden fließen. Ebenso werden Zuzahlungen des Kunden berücksichtigt, also Zahlungen, die vom Konto des Kunden abgehen, um Wertpapiere zu kaufen.

- Ergebnis durch die Änderung des Gesamtwerts des Portfolios, also durch den Unterschied zwischen dem Vermögen zu Beginn und zu Ende der Periode.

In der Regel ist die Periode ein Jahr. Meistens werden die Größen als nominale Geldbeträge (nicht in ihrer Kaufkraft) ausgedrückt. Der TR ist die nominale Jahresrendite. Ein etwas komplizierter Punkt sind Steuern. Denn einerseits sind Quellensteuern üblich. Sie werden von der Bank erst gar nicht auf das Konto des Kunden gebucht, auch wenn sie im Beleg erwähnt sind. Andererseits gibt es Steuern auf Kapitalerträge, die vom Konto des Kunden an das Finanzamt gezahlt werden. Die in (15-1) definierte Rendite ist somit eine Größe, die das relative Ergebnis teils vor, teils nach Steuern ausdrückt. Vielfach werden Quellensteuern so behandelt, es hätte der Kunde den Betrag erhalten. Dann liefert (15-1) klar ein Ergebnis vor Steuern.

Keine Rolle spielt in der Definition (15-1), *wann* die zwischenzeitlichen Zahlungen erfolgen.

→ Angenommen, eine Person beginnt am 1. Januar mit 100 (Geldeinheit GE = Tausend Euro), legt während des Jahres weitere 50 GE an und erhält Ausschüttungen von 60 GE Geldeinheiten. Das Vermögen am 31. Dezember soll im Zahlenbeispiel 110 GE sein. Nach Definition (15-1) wäre der Total Return gleich 20%, ungeachtet, wann die beiden Zahlungen erfolgten.

Doch es wäre für den Portfolioinhaber schon ein Unterschied, ob die von ihm geleistete Einzahlung von 50 GE am 3. Januar und die erhaltene Auszahlung von 60 GE am 28. Dezember geschehen wäre – das im Mittel gebundene Kapital wäre praktisch 150 gewesen. Oder ob die Auszahlung der 60 GE den Termin 2. Januar und die Einzahlung der 50 Geldeinheiten den Termin 29. Dezember gehabt hätte – dann wäre das Ergebnis mit praktisch von 40 Geldeinheiten erzielt worden. ☐

Deshalb ist eine verfeinerte Renditeberechnung verlangt, die besser ausdrückt, *wann* die Zahlungen (Entnahmen, Zuzahlungen) erfolgten. Um die Zeitpunkte der Zahlungen genauer zu erfassen, wird das Jahr in Teilperioden unterteilt. Früher hatte man dazu die Quartale genommen, jetzt ist von den GIPS wenigstens eine Aufteilung in Monate verlangt. Einige Vermögensverwalter wählen eine Unterteilung des Jahres in Wochen.

Zeitgewichtung

Zuerst werden die zwölf Monatsrenditen nach Formel (15-1) ermittelt. Sie sollen mit $TR_1, TR_2, ..., TR_{12}$ bezeichnet werden und sind auf Monatsbasis ausgedrückt. Dabei werden in jedem der zwölf Monate die Entnahmen und Zuzahlungen jenes Monats berücksichtigt.

Aus den zwölf Monatsrenditen $TR_1, TR_2, ..., TR_{12}$ wird die *geometrische* Durchschnittsrendite berechnet und als Jahresrendite ausgedrückt. Die so ermittelte Jahresrendite ist TWR, der **Time-Weighted-Return** oder die **zeitgewichtete Rendite**:

$$(15\text{-}2) \qquad TWR \;=\; \{(1 + TR_1) \cdot (1 + TR_2) \cdot .... \cdot (1 + TR_{12})\} \;-1$$

Die Rechenmethode für den TWR beschreibt die Wertänderungen des Depots vor allem anhand jener Renditen, die durch das Marktgeschehen zustande kommen. So drückt die TWR aus, ob der Portfoliomanager die richtigen Anlageklassen, Märkte, Segmente, Wertpapiere selektiert hat. Der TWR beschreibt daher die Güte der Selektion. Der TWR reduziert den Einfluss von Käufen und Verkäufen, also des Timings.

→ Es war ein seltsames Börsenjahr. In allen Monaten von Januar bis August war die Rendite Null. Im September ist das Vermögen auf die Hälfte eingebrochen, im Oktober hat sich das Vermögen wieder verdoppelt. Dann, im November und im Dezember war die Rendite wieder Null. Hat der Investor oder der Kunde keine Zukäufe getätigt und keine Verkäufe veranlasst, haben also weder Entnahmen noch Zuzahlungen stattgefunden, dann ist die Gesamtrendite nach Formel (15-1) gleich Null. Auch die Formel (9-2) führt auf $TWR = 0\%$, wie das Produkt zeigt:

$$(1 + TR_1) \cdot (1 + TR_2) \cdot .... \cdot (1 + TR_{12}) \;=\; 1 \cdot 1 \cdot .... \cdot 1 \cdot (1 - 0{,}5)) \cdot (1 + 1) \cdot 1 \cdot 1 \;=\; 1$$

Nichts gewonnen, nichts verloren. Doch der Kunde Peter Pech hat Entnahmen und Einlagen getätigt. Zu Jahresbeginn war sein Vermögen 100 GE, doch nach dem Debakel im September hat er von den verbliebenen 50 GE am 30. September 40 GE entnommen. Im Oktober hat sich die verbliebene Einlage von 10 GE auf 20 GE verdoppelt. Sein Depotwert per 31. Dezember: 20 GE.

Für Formel (15-1) wird festgestellt: Entnahmen = 40 GE, Zuzahlungen = 0, Wertdifferenz = -80 GE (von 100 auf 20 Geldeinheiten). Also: $TR = (40 - 80)/100 = -40\%$. Peter Pech weiss, dass es für ihn ein schlechtes Jahr war. Für Formel (15-2) ändert sich nichts. Im September war $TR_9 = (40 - 90)/100 = -50\%$ und im Oktober $TR_{10} = (0 + 10)/10 = +100\%$. Peter Pech sieht: Insgesamt war das Jahr neutral (weil der Einbruch im September im Oktober wett gemacht wurde), doch für ihn persönlich war das Gesamtergebnis sehr schlecht, wie $TR = -40\%$ zeigt. □

Die zeitgewichtete Rendite von drückt aus, wie die Marktsituation in allen Monaten zusammengenommen war. Günstiges oder ungünstiges Timing wird in der zeitgewichteten Rendite nicht beachtet.

Geldgewichtung

Einige Investoren finden eine Investition „rentabel", wenn sie für ihre anfängliche Einzahlung ab und zu *Rückflüsse* erhalten oder *Entnahmen* tätigen können.

Für diese Investoren ist der Verlauf des Depotwerts über die Monate hinweg nicht so wichtig. Diese Investoren wünschen sich eine Renditedefinition, die auf die ihnen *zugeflossenen Zahlungen* abstellt.

Damit wird eine Renditedefinition gesucht, die stark das Timing der Zahlungen berücksichtigt. Einige wenige Symbole sind verlangt:

- Bei der Aufteilung des Jahres in $N = 12$ Monate ist die „anfängliche Einlage" mit $W(0)$ gleich zusetzen (Wert des Depots).

- In den folgenden Zeitpunkten $t = 1, 2, \ldots, 11$ sind diese Zahlungen durch die Cashflows $Z(t)$ gegeben (positiv: Entnahme, negativ: Zuzahlung).

- Am Jahresende fließt vielleicht nochmals eine Zahlung in Höhe von $Z(12)$ zu und weiter hinzu kommt $W(12)$ als ein virtueller Verkaufserlös für das Vermögen.

Aufgrund dieser Reihe von Zahlungen wird eine **interne Rendite**, ein **Yield** y, berechnet. Der Yield y soll bewirken, dass sich die Barwerte aller Zahlungen ausgleichen:

$$(15\text{-}3) \qquad W(0) \quad = \quad \frac{Z(1)}{1+y} + \frac{Z(2)}{(1+y)^2} + \ldots + \frac{Z(11)}{(1+y)^{11}} + \frac{Z(12) + W(12)}{(1+y)^{12}}$$

Die interne Rendite y drückt erstens das Timing und zweitens, man blicke nur auf den Einfluss von $W(12)$, auch die Marktentwicklung aus.

Abgesehen von Spezialfällen gibt es keine analytische Formel für die Bestimmung von y durch Auflösung der Bestimmungsgleichung (15-3) nach y.

Die Gleichung muss numerisch ausgewertet werden. Dafür eignet sich das Newton-Verfahren, das jeder kaufmännische Taschenrechner verwendet, der Solver von Excel, oder eine andere Software.

Die aus (15-3) ermittelte Monatsrendite y wird anschließend auf ein Jahr umgerechnet. So entsteht die **geldgewichtete Rendite** oder der **Money-Weighted-Return** (MWR):

$$(15\text{-}4) \qquad\qquad MWR \quad = \quad (1+y)^{12} - 1$$

→ Peter Pech, vom Beispiel oben, berechnet den *MWR* für seine Anlage. Er hat 100 GE eingesetzt, $W(0) = 100$, dann zu Ende September 40 (Geldeinheiten) entnommen, $Z(9) = 40$ GE. Zum Jahresende hatte er als Depotwert $W(12) = 20$ GE. Alle anderen Cashflows sind gleich Null.

Die Formel für den Money-Weighted-Return

$$100 \quad = \quad \frac{40}{(1+y)^9} + \frac{20}{(1+y)^{12}}$$

hat die Lösung $y = -0{,}04955 = -4{,}955\%$ auf Monatsbasis, was auf Jahresbasis hochgerechnet der geldgewichteten Rendite $MWR = -0{,}45656 = -45{,}656\%$ entspricht. $\square$

Insgesamt drückt der MWR zwei Einflüsse aus: 1. Das Timing der Zahlungen. 2. Das Marktgeschehen. Fazit:

1. Die zeitgewichtete Rendite TWR drückt allein das Marktgeschehen aus, also die Selektion der Märkte und Instrumente. Günstiges oder ungünstiges Timing zeigt sich nicht in TWR.

2. Die geldgewichtete Rendite MWR drückt sowohl das Marktgeschehen als das Timing aus. Der Unterschied zwischen MWR und TWR drückt folglich (allein) das Timing aus. Im Fall $MWR > TWR$ war das Timing günstig. Im Fall $MWR < TWR$ hat der Investor ein ungünstiges Timing seiner Zahlungen vorgenommen oder hingenommen.

Performance-Attribution

Ein Anleger kann sich auf den Standpunkt stellen, dass für ihn letztlich nur die Zahlungen (Entnahmen, Zuzahlungen) maßgebend sind, und dass er sich um den Rest nicht kümmern möchte. Für diesen Kunden ist vor allem die geldgewichtete Rendite MWR von Interesse. Der Kunde muss verstehen, dass MWR einerseits das Marktgeschehen generell ausdrückt, genauer die Rendite in den selektierten Titeln und Teilmärkten, anderseits das Timing der Zahlungen.

Gelegentlich wird der Kunde wissen wollen, wie gut das Timing war und wünscht daher eine Rechnung, die als Indiz für die Leistung im Timing angesehen werden kann. Anders ausgedrückt: Gesucht ist eine Kennzahl, an deren Vorzeichen abgelesen werden kann, ob es nicht besser gewesen wäre, überhaupt keine Entnahmen oder Zuzahlungen zu tätigen. Dies leistet die Differenz zwischen MWR und TWR.

Folglich werden drei Größen betrachtet:

1. Die *Selektion* der Märkte und Instrumente, ausgedrückt durch TWR.

2. Die für den Investor aufgrund von Selektion der Märkte und Instrumente sowie aufgrund von Timing entstandene Rendite, ausgedrückt durch MWR.

3. Die Differenz $MWR - TWR$ ist der Indikator dafür, ob es gut war, Entnahmen oder Einlagen während des Jahres hinzunehmen oder zu tätigen, oder ob es nicht besser gewesen wäre, Ausschüttungen wieder anzulegen und ansonsten keine Neuanlagen zu tätigen.

Auf diese Weise wird eine **Performance-Attribution** vorgenommen. Zwei Gründe, Selektion und Timing, werden separat ausgewiesen.

→ Carla Crest besucht ihre Bank für die Besprechung der Performance. Der Berater meint, man habe den GIPS entsprechend die zeitgewichtete Rendite *TWR* ermittelt, und die sei 10%, was im Vergleich zur Entwicklung der Marktindizes doch ein respektables Ergebnis sei. Frau Crest möchte auch die geldgewichtete Rendite *MWR* erfahren. Nach einigem Zögern wird sie genannt: Sie beträgt 7%. Darauf gibt die Kundin diesen Kommentar ab: Die Selektion war vielleicht in Ordnung, doch durch falsches Timing wurde ich um 3% Rendite gebracht! □

Letztlich müssen im Performance-Bericht beide Renditen angegeben werden. Doch welche ist wichtiger? Wenn aus beiden Kennzahlen eine auszuwählen ist, kann das folgende Argument helfen: Es kommt darauf an, *wer* das Timing von Zahlungen zu verantworten hat. Bei einem Direktanleger oder einem Beratungskunden ist das der Depotinhaber. Besonders Privatanleger planen die Cashflows nicht vorweg und erfüllen sich Liquiditätswünsche spontan. Hier wird der Finanzberater allein über das Marktgeschehen beziehungsweise über die Renditen der vom Kunden selektierten Titel berichten, also über *TWR* berichten. Anders ist die Verantwortung für Zahlungen zu sehen, wenn ein diskretionäres Mandat erteilt wird, und wenn die Cashflows, etwa Entnahmen, vorweg geplant und in den Verwaltungsauftrag mit aufgenommen werden. Beispielsweise ist das bei einem Entnahmeplan der Fall, der zwischen Kunde und Finanzberater besprochen wird. Dann ist der Portfoliomanager gefordert und muss dafür Sorge tragen, dass die für ihn vorhersehbaren Entnahmen nicht zu ungünstigen Zeitpunkten kommen. In diesem Fall ist der Bericht von *MWR* für den Kunden relevanter. Im Retailgeschäft (Schalterkunden) gibt es zudem Produkte wie Sparpläne, bei denen die Zahlungshöhen und die Zahlungstermine mit der Produktbeschreibung festgelegt werden. Die Preisauszeichnung verpflichtet den Finanzdienstleister in vielen Ländern, den *MWR* anzugeben.

Um zu beschreiben, wie gut sich die gewählten Wertpapiere im Finanzmarkt entwickelt haben, ist die zeitgewichtete Rendite *TWR* geeignet, denn sie ist auf die **Selektion** der Märkte und Instrumente fokussiert. Um zu beschreiben, welchen Gesamteffekt einerseits das **Timing** der Inflows und Outflows hat und andererseits das Marktgeschehen, wird die geldgewichtete Rendite *MWR* gewählt. Um die Güte des Timings der Zahlungen zu beurteilen, wird die Differenz $MWR - TWR$ gebildet.

15.2 Risikoadjustierung

Die Übernahme und das Tragen gewisser Risiken ist mit einer Risikoprämie verbunden ist. Das bedeutet: Die erwartete Rendite (der Return) der Anlage, die diese Risiken in sich birgt, ist höher als das Zinsniveau, also die Rendite einer (in den Modellen der Finance) als sicher unterstellten

Rendite. Eine positive Risikoprämie heißt zwar nicht, dass der Investor diesen Renditeaufschlag mit Sicherheit erhalten wird, doch der Investor kann ihn erwarten. Folglich sollte es keine große Mühen bereiten, eine höhere Rendite zu erzielen. Mit einem Mehr an Risiko – gemeint ist eine Art von Risiko dessen Tragen mit einer Risikoprämie verbunden ist – kann eine höhere Rendite erwartet werden. Und wenn man nicht Pech hat, wird man die höhere Rendite auch erhalten. Gleichsam ist das Risiko der *Input* als verwendete Ressource bei einer Produktion. Die erzielte Prämie (Rendite abzüglich Zinsniveau) ist der *Output*. Das Grundprinzip sagt: Mit mehr Input sollte mehr Output erzielt werden können. Zwar gibt es dann und wann „Produktionsstörungen", also Pech, doch im Regelfall oder auf lange Sicht wird sich ein Mehr an Input in einem Mehr an Output niederschlagen.

Dieses Grundprinzip hat dazu geführt, dass die erzielte Rendite oder die erzielte Mehrrendite gegenüber dem Zinsniveau (Output) in Bezug auf das eingegangene Risiko (Input) gesetzt wird. Es wird eine **risikoadjustierte Rendite** ermittelt. Für die Definition und Vorgehen der Risikoadjustierung gibt es verschiedene Möglichkeiten.

Die Sharpe-Ratio

WILLIAM F. SHARPE hat eine einfache Risikoadjustierung vorgeschlagen. Seine Kennzahl teilt die in einem Jahr realisierte Mehrrendite (gegenüber dem Zinsniveau) durch die Standardabweichung der Rendite (als Maß für das eingegangene Risiko). Die Kennzahl wird überall als **Sharpe-Ratio** bezeichnet und gern in den Medien für Vergleiche herangezogen.[2]

$$(15\text{-}5) \qquad SR(P) \quad = \quad \frac{R_P - R_0}{S_P}$$

In der Formel ist R_P die Rendite, die tatsächlich in dem Jahr erzielte wurde, für das Bericht erstattet wird. Sie wird als Gesamtrendite verstanden.

R_0 ist das Zinsniveau.

Mit S_P ist die Standardabweichung der Portfoliorendite bezeichnet, so wie sie sich im Nachhinein darstellt. Um S_P im Nenner der Sharpe-Ratio zu berechnen, müssen unterjährige Daten bekannt sein, beispielsweise die monatliche (oder im Vorgehen analog die wöchentliche) Entwicklung des Portfolios mitsamt der getätigten Einlagen und Entnahmen. Dann können die monatlichen Renditen $TR_1, TR_2, ..., TR_{12}$ aufgestellt werden.

Aus den zwölf Zahlen werden das arithmetisches Mittel TR_M sowie die Standardabweichung TR_S errechnet (im Sinn der deskriptiven Statistik):

---

[2] Mit der Sharpe-Ratio wird die Überrendite oder der *Reward* je Einheit Gesamtrisiko oder *Variabilität* ermittelt, was die frühere Bezeichnung *Reward-to-Variability* erklärt. WILLIAM F. SHARPE: 'The Sharpe ratio'. *Journal of Portfolio Management* 21 (1994), 49-58.

$$TR_M = \frac{1}{12}\left(TR_1 + TR_2 + ... + TR_{12}\right)$$

$$TR_S = \sqrt{\frac{1}{12} \cdot \left[(TR_1 - TR_M)^2 + (TR_2 - TR_M)^2 + ... + (TR_{12} - TR_M)^2\right]}$$

Die Standardabweichung TR_S der monatlichen Renditen wird sodann auf das Jahr hochgerechnet. Dabei wird verwendet, dass sich die Standardabweichung der Renditen mit der Wurzel aus der Länge der Anlagedauer verhält (Quadratwurzel-Regel). Somit folgt:

$$S_P = \sqrt{12} \cdot TR_S = \sqrt{\left[(TR_1 - TR_M)^2 + (TR_2 - TR_M)^2 + ... + (TR_{12} - TR_M)^2\right]}$$

Für ein einziges Portfolio allein sagt die Sharpe-Ratio nicht viel aus.

Doch man kann mehrere Portfolios vergleichen. Alle diese Portfolios sind mehr oder weniger demselben Glück oder Pech ausgesetzt gewesen: In einem Jahr sind alle Sharpe-Ratios eher hoch, in einem anderen sind sie alle eher gering.

Doch es bestehen Unterschiede zwischen den Kennzahlen. Ihre Reihenfolge sollte die besten Manager zeigen. Dabei wird mit der Sharpe-Ratio korrigiert, wenn der eine Manager mehr auf Risiko gesetzt hat als der andere.

→ In einem „normalen Jahr" mit einer Überrendite von 5% wäre die Sharpe-Ratio eines Aktienportfolios gleich 25%, wenn eine Renditestreuung von 20% unterstellt wird. Da ein gut diversifiziertes Aktienportfolio in sehr guten Jahren vielleicht 40% und in sehr schlechten Jahren bis zu -30% Überrendite zeitigt, können in Darstellungen zur Sharpe-Ratio Zahlenwerte zwischen -150% und +200% erscheinen. □

Was muss der Portfoliomanager tun, um bei der Sharpe-Ratio gut abzuschneiden?

- Der wichtigste Verhaltenshinweis lautet: Diversifizieren! Da die erzielte Überrendite durch die Standardabweichung dividiert wird, ist zu vermeiden, dass das Portfolio vielleicht noch ein diversifizierbares Risiko enthält.

- Die zweitwichtigste Empfehlung: Kann der Portfoliomanager es schaffen, mit fast sicheren Anlage mehr zu erreichen als mit der ganz sicheren Anlage zum Zinsniveau R_0? Denn die Sharpe-Ratio kann auch dann hoch sein, wenn der Portfoliomanager einen fast sicheren Anlage-Mix wählt, also einen hohen Anteil an Geldmarktinstrumenten und Bonds. Denn dann ist der Nenner in (15-5) sehr klein.

→ Doris und ihr Kollege Daniel managen Portfolios. Daniel hat (im letzten Jahr) auf ein reines Aktienportfolio 10% Rendite bei einer Standardabweichung von 20% erreicht. Das Zinsniveau lag bei $R_0 = 4\%$. Also beträgt die die Sharpe-Ratio $SR = 0,06 / 0,20 = 30\%$ für Daniel. Die Kundschaft von Doris möchte sehr konservativ anlegen. Doris hat keine Aktien gekauft. Mit guten Erfolgen im Geldmarkt und im Bondmarkt hat sie 5% Jahresrendite erzielt. Dies mit einer Standardabweichung von 3%. Die Sharpe-Ratio ist $SR = 0,01 / 0,03 = 33,3\%$. Nach der Sharpe-Ratio war Doris besser als Daniel. □

Das Jensensche Alpha

Angenommen, ein Index oder ein Benchmark G wurde festgelegt, beispielsweise ein Index oder ein Marktportfolio. Im Berichtsjahr hat der Benchmark die Rendite R_G, beim Zinssatz R_0 also die Überrendite $R_G - R_0$.

Nun wird der Benchmark als Faktor einer Regression (15-6) gewählt, die genau dem Einfaktor-Modell der Portfoliotheorie entspricht, vergleiche Formel (13-1). Dabei ist das β_P die Sensitivität des zu beurteilenden Portfolios P bezüglich dieses Faktors G.

- Ohne Beachtung des Fehlers in der Regression – wie gesagt wird, ohne Tracking-Error – hätte man für das Portfolios P die Überrendite $\beta_P \cdot (R_G - R_0)$ erwartet.

- Nun wird die tatsächliche Überrendite des Portfolios, $R_P - R_0$, damit verglichen.

Die Differenz zwischen der Überrendite des Portfolios $R_P - R_0$ und der mit dem Einfaktor-Modell errechneten Überrendite $\beta_P \cdot (R_G - R_0)$ ist das **Alpha** von JENSEN. [3]

$$(15\text{-}6) \qquad Alpha_P \;=\; (R_P - R_0) - \beta_P \cdot (R_G - R_0)$$

Das *Jensensche Alpha* ist demnach das Renditeplus des Portfolios P gegenüber einem Portfolio, das im risikobehafteten Teil genau so strukturiert ist wie der Benchmark G und dieselbe Faktorsensitivität hätte. Es geht auf MICHAEL C. JENSEN (geboren 1939) zurück.

Ist die Sensitivität bekannt, also das Beta, dann kann das Jensensche Alpha direkt aus (15-6) ermittelt werden. Doch um das Beta zu finden, muss letztlich doch die Regression gerechnet werden. Sie liefert das Alpha gleich mit.

Oft wird mit Monats- oder mit Wochendaten gearbeitet. Dann muss das aus der Regression folgende Alpha auf Jahresbasis umgerechnet werden. Die lineare Regression nimmt demnach genau die Zerlegung und Attribution (11-16) vor.

---

[3] 1. MICHAEL C. JENSEN: The Performance of Mutual Funds in the Period 1945-1964. *Journal of Finance* 23 (1968), 389-416. 2. MICHAEL C. JENSEN: Risk, the Pricing of Capital Assets, and the Evaluation of Investment Portfolios. *Journal of Business* 42 (1969) 2, 167-185.

Das **Beta** zeigt, wie stark das Exposure des Portfolios P bezüglich der Benchmark G war und drückt damit das *Timing* aus. Das **Alpha** zeigt, ob die *Selektion* erfolgreich war.

Ein Zahlenbeispiel

Die Daten der nachstehenden Tabelle geben die Werte des Portfolios sowie des Benchmark-Portfolios in Euro wieder. Das Portfolio P erzielte eine Rendite von 26% während der Benchmark F eine Rendite von 20% brachte. Aus den Werten zum Monatsende werden die Monatsrenditen bestimmt (Angaben in Prozent, untere Tabelle). Der Jahreszinssatz $R_0 = 4\%$ wird nach $1 + R_0 = (1 + R_{0,12})^{12}$ auf den äquivalenten Monatszinssatz von $R_{0,12} = 0,33\%$ umgerechnet.

Kurse des gemanagten Portfolios P und des Benchmark-Portfolios G												
Tag	1.1	1.2	1.3	1.4	1.5	1.6	1.7	1.8	1.9	1.10	1.11	1.12	31.12
P	40	41	39	42	44	40	38	38	41	37	38	45	50
G	160	165	158	164	173	159	150	156	160	158	172	186	192

Monat	J	F	M	A	M	J	J	A	S	O	N	D
Monatsrenditen												
P	2.5	-4,9	7,7	4,8	-9,1	-5,0	0	7,9	-9,8	2,7	18,4	11,1
G	3,1	-4,2	3,8	5,5	-8,1	-5,7	4,0	2,6	-1,3	8,9	8,1	3,2
Überrenditen												
P	2.2	-5,2	7,4	4,4	-9,4	-5,3	-0,3	7,6	-10,1	2,4	18,1	10,8
M	2,8	-4,6	3,5	5,2	-8,4	-6,0	3,7	2,2	-1,6	8,5	7,8	2,9

Darstellung 15-1: Monatsdaten zum Zahlenbeispiel. Oben die Kurse in Euro, unten die Renditen in Prozent.

Somit ist es möglich, für das Portfolio und den Benchmark die *Überrenditen* zu berechnen. Ein Statistikprogramm liefert die Regressionsgerade:

$$R_P - R_0 = 0,0026 + 1,2153 \cdot (R_F - R_0)$$

Man erkennt an der Gleichung, dass der Manager auf Monatsbasis ein Alpha von $0,0026$ erreicht hat, was auf Jahresbasis $Alpha_P = 3,12\%$ sind. Am hohen Beta $\beta_P = 1,2153$ wird deutlich, dass er im Mittel über das Berichtsjahr mit 122% investiert war. Das geringe $R^2 = 0,5911$ weist auf einen hohen Tracking-Error hin.

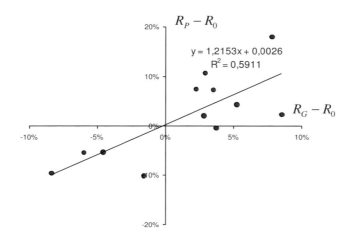

Darstellung 15-2: Zur Regression der monatlichen Überrenditen des Portfolios P auf die des Benchmarks G. Die Schätzung der Faktorsensitivität ist 1,2153. Der Portfoliomanager hat also ein hohes Exposure gefahren. Das Alpha beträgt 0,26% monatlich. Das Bild zeigt: Die Überrenditen von P variiert nicht genau mit den Überrenditen von G: Das geringe R-Quadrat zeigt sich das erhebliche spezifische Risiko von P.

Tracking-Error

Die Zusammenhänge des Einfaktor-Modells erlauben es, den **Tracking-Error** zu definieren. Ein Portfoliomanager wird aufgefordert, sich bei seinen Entscheidungen an einem Index oder an einem Portfolio zu orientieren. Dieser Index oder dieses Portfolio dient als **Benchmark** und soll nachgebildet werden. Oftmals unterliegt der Portfoliomanager gewissen Restriktionen, die es verbieten, einfach das Benchmark-Portfolio dadurch nachzubilden, dass alle dort enthaltenen Instrumente gekauft und gehalten werden. Beispielsweise könnte eine Auflage sein, nicht mehr als 5% des Vermögens in eine einzige Aktie zu investieren. Wenn aber der Benchmark mehr als 5% einer Aktie enthält, versagt die direkte Nachbildung.

→ Vielfach hat der Portfoliomanager auch gewisse Freiheiten. Es könnte ihm erlaubt sein, Aktien zu kaufen, die nicht im Benchmark-Portfolio enthalten sind. Beispielsweise kann dem Manager einer Pensionskasse in der Schweiz das Ziel gegeben sein, sich am Swiss Performance Index (SPI) als Benchmark zu orientieren, doch gleichzeitig könnte ihm erlaubt sein, Aktien ausländischer Unternehmen zu kaufen. □

Schließlich kann einem Manager auch das Timing erlaubt werden; beispielsweise könnte er trotz der Vereinbarung des SPI als Benchmark die Erlaubnis haben, die Aktienquote zwischen 60% und 100% frei zu verändern. Mit der Gewährung solcher Freiheiten wird die Hoffnung verbunden, der Manager könne den Benchmark schlagen.

Es sei unterstellt, der Faktor F repräsentiere den Benchmark, und P bezeichne das vom Manager geführte Portfolio. Im abgelaufenen Berichtsjahr mögen $R_{F,1}, R_{F,2}, ..., R_{F,12}$ die Monatsrenditen des Benchmark-Portfolios sein sowie $R_{P,1}, R_{P,2}, ..., R_{P,12}$ die zwölf Monatsrenditen des vom Manager geführten Portfolios. Anschließend wird eine Lineare Regression gerechnet,

$$(15\text{-}6) \qquad R_{P,t} - R_0 \;=\; a_P \;+\; b_P \cdot (R_{F,t} - R_0) \;+\; e_{P,t}$$

Die Parameter a_P und b_P erlauben Einblicke in den Zusammenhang zwischen dem gemanagten Portfolio P und dem Benchmark:

- Das Vorzeichen von a_P drückt aus, ob der Portfoliomanager in dem Jahr Erfolg hatte oder nicht. Es ist das von JENSEN eingeführte Alpha.

- Die Sensitivität b_P drückt das *mittlere Exposure* gegenüber dem Benchmark aus. In der Regel ist b_P positiv; es kann größer oder kleiner als 1 sein. Wenn $b_P < 1$ gilt, hatte der Manager vielleicht das Timing versucht und war über das Jahr hinweg nicht stets zu 100% investiert.

- Die **Residuen** $e_{P,1}, e_{P,2}, ...$ messen, wie stark der Portfoliomanager *Risiken* eingegangen war, die mit denen des Benchmarks F nicht zusammenhängen.

Die Residuen drücken das Risiko auf Monatsbasis aus. Die Standardabweichung $\sigma(e_P)$ wird mit der Square-Root-Rule auf eine Jahresstreuung umgerechnet: Das $\sqrt{12} - fache$ der Standardabweichung der Monatsresiduen und bei Wochendaten das $\sqrt{52} - fache$ drückt diese Risiken auf Jahresbasis aus.

Die auf ein Jahr umgerechnete Standardabweichung der Residuen im Faktormodell (15-6), bei dem der Faktor die Überrendite des Benchmarks darstellt, heißt **Tracking-Error**. Der Tracking-Error ist durch die nachstehende Formel bestimmt.

$$(15\text{-}7) \qquad \sigma(e_P) \;=\; \sqrt{1 - RSquare} \cdot \sigma_P$$

Für den **Tracking-Error** (15-7) wird auch der Ausdruck **spezifisches Risiko** gebraucht, wenn der Faktor im Regressionsmodell als Überrendite des Marktportfolios oder als Proxy dafür angesehen wird. Vom spezifischen Risiko wird auch gesprochen, wenn es sich um die Erklärung der Rendite (oder Überrendite) einer Einzelanlage handelt.

Information-Ratio

Ein Manager, der nach dem Alpha beurteilt wird, ist natürlich versucht, hohe Risiken einzugehen, die von der Benchmark unabhängig sind, und zwar aus drei Gründen:

1. Er wird auf das Glück setzen, weil er sonst „mit allen anderen mitschwimmt und sich nicht herausheben kann." Mit anderen Worten: Er denkt, dass eine positive Realisation des Trakking-Errors ihm mehr Vorteile verschafft als eine gleich große negative Realisation des Tracking-Errors.

2. Er kann versuchen, einen engen Benchmark zu vereinbaren, etwa ein nationales Aktienportfolio. Dennoch fügt er dem Portfolio einige internationale Titel oder Aktien aus den Emerging Markets bei. Auch hier geht er ein Risiko ein, das mit dem des Benchmarks nicht zusammenhängt. Aufgrund des Vorteils der internationalen Diversifikation besteht die Hoffnung auf einen Renditevorteil in Relation (zum geringen) Zusatzrisiko.

3. Der Portfoliomanager kann auf weitere Risikoarten setzen, die in der MPT nicht als solche behandelt modelliert werden und die dennoch im wirklichen Finanzmarkt mit einer positiven Risikoprämie bepreist sind.

Jedenfalls wird der Manager einen hohen Tracking-Error nicht scheuen. Man wird den Erfolg des Portfoliomanagers, ein positives Alpha erzielt zu haben, von daher um so höher bewerten, je geringer der Tracking-Error gewesen ist. War andererseits der Tracking-Error des Portfolios groß, dann hatte der Manager selbst bei einem positiven Alpha vielleicht nur Glück gehabt.

Diese Überlegungen machen den auf JACK L. TREYNOR und FISCHER S. BLACK zurückgehende **Informationsratio** (oder: **Appraisal Ratio**) als Kennzahl einsichtig.[4] Der Informationsratio setzt das Alpha (also den Selektionserfolg) in Relation zum Tracking-Error des Portfolios:

$$(15\text{-}8) \qquad IR \;=\; \frac{Alpha}{\sigma(e_P)} \;=\; \frac{Alpha}{\sqrt{1-R^2}\cdot\sigma_P}$$

Selbstverständlich kann der Investor seinem Portfoliomanager auch eine obere Schranke für den Tracking-Error vorgeben. Dennoch wird auch dann die Informationsratio berechnet. In der Praxis liegen die für den Tracking-Error eines Aktienportfolios üblichen Zahlen im Bereich $0 \le \sigma(e_P) \le 5\%$. Bei einer Standardabweichung der Rendite eines Aktienportfolios von $\sigma_P = 20\%$ entspricht ein Tracking-Error $0 \le \sigma(e_P) \le 5\%$ einem R^2 im Bereich $0,97 \le R^2 \le 1$.

Kleinere Vermögensverwalter gehen einen höheren Tracking-Error ein, um die Chance zu haben, im Wettbewerb durch hohe Renditen aufzufallen. Bei sehr großen Banken und bei größeren Vermögen gelten kleinere Tracking-Errors als Best-Practice. Wenn ein Portfoliomanager mit einem Tracking-Error von 5% auf Dauer ein Alpha von 1% schafft, dann ist das eine gute Leistung. Sie entspricht einem $IR = 0,2$.

---

[4] 1. JACK L. TREYNOR und FISCHER S. BLACK: How to Use Security Analysis to Improve Portfolio Selection. *Journal of Business* 46 (1973), 66-86. 2. Zum praktischen Einsatz: ROBERT FERGUSON: Performance Measurement Doesn't Make Sense. *Financial Analysts Journal* 36 (1980), 59-69.

Wie kann der Manager ein positives Alpha schaffen?

Portfoliomanager diskutieren immer wieder drei Fragen:

1. Frage: Kann man den Markt schlagen? Selbstverständlich, und das ist gar nicht so schwer. In einem einzelnen Jahr muss man nur auf Risiken setzen, die mit dem Benchmark nicht zusammenhängen. Dann hat man schon mit Wahrscheinlichkeit von ½ den Benchmark geschlagen, und mit eben dieser Wahrscheinlichkeit liegt man darunter. Ohne Inkaufnahme eines Tracking-Errors hat man stets den Benchmark und liegt nie darüber und nie darunter. Für die Chance des Gewinns muss ein Tracking-Error eingegangen werden.

2. Frage: Kann man den Markt auf lange Sicht schlagen? Selbstverständlich, und das ist gar nicht so schwer. Man muss nur als „Markt" einen engen Benchmark festlegen, etwa einen nationalen Marktindex, und dann internationale Titel beimischen. Wenn hingegen der „Markt" als das korrekte Marktportfolio verstanden und festgelegt wird, kann das nicht mehr funktionieren.

3. Frage: Gibt es dennoch eine Möglichkeit, das nach der MPT korrekt berechnete Marktportfolio zu schlagen? Ja, sofern die MPT die Realität nicht ganz genau beschreibt. Dafür gibt es Hinweise. Sie wurden im letzten Kapitel besprochen. Der Portfoliomanager muss seinem Kunden Risiken (einer zweiten Art) in das Depot geben, die in der MPT nicht als Risk im Sinne von MARKOWITZ modelliert sind. Dann gibt es dennoch eine Prämie. Es sieht so aus, als würde man im Rahmen der MPT besser abschneiden als das im Rahmen der MPT berechnete Marktportfolio. Allerdings trägt man diese zusätzlichen Risiken.

Fazit: Wie kann der Portfoliomanager versuchen, Alpha zu generieren?

1. Er vereinbart mit dem Kunden einen Benchmark, der sich auf einen eher engen Markt bezieht und daher nicht das (korrekte) Marktportfolio hinsichtlich des möglichen, weiter gefassten Investment-Opportunity-Sets ist. Sodann wählt er mögliche Titel, die nicht in der Benchmark erfasst werden. Das kann für klassische Anlagen wie Aktien und Bonds der besprochene Unterschied zwischen Inland als Benchmark und Welt als IOS sein, oder der Unterschied zwischen den klassischen sowie nicht-klassischen Anlagen sein wie Rohstoffe, Emerging Markets, Derivate.

2. Er prüft anhand neuerer Forschungen, welche Wertpapiere und Anlagestile mit Risiken einher gehen, die nicht durch das Risk im Sinne von MARKOWITZ beziehungsweise durch das Exposure gegenüber dem Faktor Marktportfolio im Sinn von SHARPE erfasst werden. Dazu gehören Wertpapiere mit Risiken, die sich aus einer positiven Korrelation mit der Gefahr einer Rezession in der Realwirtschaft ergeben (Zyklizität, Exposure im Konjunkturzyklus). Daher sind diese Anlagen preislich günstig und bieten ein hohe Rendite. Sie erscheint im CAPM als abnormal. Sie eine Kompensation für Risiken, die in der MPT nicht behandelt werden.

Zur Entwicklung der Wissenschaft

Im Kern jeder Performance-Messung steht die Zerlegung der Rendite nach verschiedenen Entstehungsgründen. Ein wichtiger Punkt dabei ist, welche Risiken eingegangen wurden. Dann konzentriert man sich auf den risikoadjustierten Ausweis der im Berichtsjahr erzielten Rendite. Hierzu gibt es Varianten. Die Basisvarianten zur Performancemessung von SHARPE, JENSEN und anderen sind zwischen 1966 und 1980 entstanden. In jener Phase lag das Hauptaugenmerk auf der Entwicklung von Kennzahlen. Alle Kennzahlen sind Variationen dieses Themas:

1. Messe das Risiko des zu beurteilenden Portfolios durch die Renditestreuung in der Berichtsperiode oder eine mit der Standardabweichung verwandte Größe.

2. Adjustiere die Portfoliorendite, indem sie in Relation zu diesem Risiko gesetzt wird.

3. Eventuell gilt ein Benchmark als vereinbart und die eben betrachtet Relation zwischen Überrendite und Risk wird zu den Ergebnissen des Benchmarks in Beziehung gesetzt.

Selbstverständlich sollten die Kennzahlen dazu dienen, mehr als nur ein Portfolio zu beurteilen und die Leistungen der Portfoliomanager in eine Reihenfolge zu bringen. Beim Vergleich von Fondsmanagern werden neben den quantitativen Ergebnissen (Rendite, Risiko) auch qualitative Kriterien berücksichtigt. So etwa die **Güte der Ablauforganisation**, die Frage, wie oft **Anlagekomitees** tagen und welche Informationen verarbeitet werden. Die Untersuchung der Kennzahlen jedoch zeigte, wie sensitiv die getroffenen Vergleiche von der Wahl des Benchmarks abhängen.[5]

Diese Erkenntnisse haben sodann eine zweite Phase der Forschung eingeleitet: Etwa zwischen 1980 und 1990 wurde die Problematik geklärt, die bei nicht effizientem Benchmark entsteht. In einem dritten Abschnitt der Forschungen zur Performancemessung wurden seitdem Ansätze entwickelt, mit denen die Anforderungen an Benchmarks reduziert werden konnten.[6]

Parallel dazu wurde untersucht, wie die Performancemaße die Entlohnung der Portfoliomanager bestimmen könnte. Hier standen besonders solche von den **Entlohnungsschemata** ausgehende Motivationen im Mittelpunkt, die den Anleger schaden können.[7] In der allerjüngsten Zeit ging es um die Beurteilung der Performance von Portfolios, die **asymmetrische Risikoprofile** haben. Hierzu gehören Portfolios mit Optionen und Hedge-Funds.[8]

---

[5] Die Kennzahlen bringen die zu beurteilenden Portfolios nicht in eine klare Rangfolge, wenn der verwendete Benchmark kein effizientes Portfolio ist: 1. RICHARD ROLL: Performance Evaluation and Benchmark Errors (I), *Journal of Portfolio Management* 6 (Summer 1980) 4, 5-12, sowie Teil (II), *Journal of Portfolio Management* 7 (Winter 1981) 2, 17-22. 3. PETER REICHLING und INGRID VETTER: Verzerrte Performance. *Die Bank* (November 1995), 676-681.

[6] MARK GRINBLATT und SHERIDAN TITMAN: Portfolio Performance Evaluation: Old Issues and New Insights. *Review of Financial Studies* 2 (1989), 393-421.

[7] MICHAEL BRENNAN: The individual investor. *Journal of Financial Research* XVIII, (1995) 1, 59-74, hier p. 70.

[8] 1. HEINZ ZIMMERMNANN: Das Management von Aktienkursriisken mit Derivaten, in: JÜRGEN KRUMNOW (Hrsg.): *Schriften zur Unternehmnsführung* 58. Gabler Verlag, Wiesbaden 1996, 5-85. 2. WILLIAM FUNG und DAVID HSIEH: Hedge-Fund Benchmarks: Information Content and Biases. *Financial Analyst Journal* 58 (2002) 1, 22-34.

15.3 Fragen zur Lernkontrolle

1. a) Nennen Sie vier Ziele des CFA Institute bei der Entwicklung von Standards für die Messung von Performance und die Berichterstattung. B) Welche fünf Empfehlungen enthalten die GIPS? [Abschnitt 15.1]

2. Warum genügt es nicht, sich bei der Rendite auf die Gesamtrendite zu konzentrieren?

3. Wie sind die zeit- und die geldgewichtete Rendite definiert und was drücken sie aus?

4. Kunde und Finanzberater haben einen Bezugsplan vereinbart, und der Kunde hat ein diskretionäres Mandat erteilt. Sollte der Berater erst über *TWR* oder über *MWR* berichten? [*MWR* ist relevanter, da der Vermögensverwalter auch das Timing verantwortet]

5. a) Ein Portfoliomanager wird anhand der Sharpe-Ratio beurteilt. Auf welche beiden Punkte sollte er besonders achten? b) Der Manager eines Bondportfolios und der eines Aktienportfolios diskutieren über die Höhe des Zinssatzes (Rendite der sicheren Anlage), die bei der Ermittlung der Sharpe-Ratio verwendet werden soll. Für welchen der beiden Manager ist diese Diskussion besonders wichtig? ? [In jeden Fall ist die Diversifikation wichtig und bei sicheren und konservativen Portfolios hängt die Sharpe-Ratio stärker von der Höhe des in der Formel verwendeten Zinssatzes ab als bei Portfolios mit höheren Aktienanteilen, siehe Abschnitt 15.2]

6. a) Denken Sie, dass es in den verschiedenen Banken unterschiedliche Praktiken hinsichtlich Tracking-Error gibt? b) Zwei Manager, Ann und Brit, haben in ihren Portfolios positive Alpha geschafft, doch der Tracking-Error von Ann war sehr viel höher als der von Brit. Denken Sie, dass Ann einen höheren Informationsratio hat oder eher Brit? ? [a] Kleinere Banken fahren typischerweise „aktivere" Stile als größere Banken und gehen so einen höheren Tracking-Error ein. b) Der Informationsratio von Brit ist höher]

7. Nennen Sie Wege, Alpha zu erzeugen. ? [Abschnitt 15.2]

8. Sprechen Sie mit ihrem Kunden über Motivationen, die von Entlohnungsschemata ausgehen und den Anleger schaden könnten. [Partizipiert der Vermögensverwalter nur an Gewinnen, nicht aber an Verlusten, besteht die Motivation, riskanter zu investieren. Ohne Partizipation besteht die Möglichkeit, dass der Vermögensverwalter zu wenig Engagement zeigt]

16 Timing

Prozyklisches oder antizyklisches Investment?

Nach der Selektion (Kapitel 14) soll jetzt das Timing besprochen werden. Zwei Ansätze, das Fed-Modell und die Momentum-Strategie zeigen die Vorgehensweise. (1) Die von vielen Anlegern gewünschten Stile beim Timing sind *prozyklisch*. Sie bewirken *Portfolio-Insurance*. (2) Prozyklische Transaktionen können jedoch nur ausgeführt werden, wenn sich an der Börse ein Gegenüber *antizyklisch* verhält. Antizyklisches Timing wirkt auf den ersten Blick nachteilig, so wie prozyklisches Timing vorteilhaft zu sein scheint. Doch der Markt sorgt für einen Ausgleich, bei dem die Prozykliker den Antizyklikern zu einem Return-Enhancement verhelfen. (3) Insgesamt wird ein *Trilemma* der Geldanlage deutlich: Ein hoher Return, das Behalten von Gewinnchancen und Schutz gegen Verlustgefahren sind drei Ziele, die nicht zugleich erreicht werden können.

Lernziele: 1. Portfolio-Insurance und Return-Enhancement erklären können. 2. Verschiedene Umsetzungen von prozyklischem und antizyklischem Timing kennen lernen. 3. Das Trilemma der Geldpolitik in eine Empfehlung für die passende Anlagestrategie übersetzen. 4. Die Ansätze und Vorgehensweisen dieses Kapitels ausbauen und weiterführen können. 5. Fähig werden, Namen von Personen und Begriffe in ein Kundengespräch einfließen zu lassen.

16.1 Timing und Momentum

Übersicht

Das **Timing** ist ebenso wie die Selektion ein aktiver Anlagestil: Es wird vom passiven Halten des Marktportfolios abgewichen. Beim Timing wird das Exposure gegenüber dem Marktportfolio verändert, sobald eine neue Situation eintritt. Welche Situation vorliegt, wird durch eine oder mehrere Kennzahlen ausgedrückt. Wird durch Veränderungen im Verlauf der Zeit eine bestimmte Höhe der Kennziffer oder eine Beziehung dieser Kennzahlen erreicht, so wird dies als ein Kauf- beziehungsweise als ein Verkaufssignal interpretiert.

Tritt ein Kaufsignal ein, kauft der sich dem Timing verpflichtende Investor das Marktportfolio oder erhöht das Exposure. Bei einem Verkaufssignal wird der aktive Investor das Exposure im Marktportfolio verringern. Der Verkaufserlös wird in Bonds angelegt oder als Cash gehalten, um für einen Wiedereinstieg in den Markt bereit zu sein.

Auch wer Timing als Stil wählt, folgt einer Leitidee, hat ein Thema. Trotz leichter Unterschiede dürfte es immer um diese Leitidee gehen: Bleibe im Markt investiert, solange das Marktportfolio im Vergleich zu einer bestimmten Alternative günstig ist. Reduziere das Exposure, sobald andere Anlagen (unter Beachtung der Risiken) besser sind. Die Unterschiede zwischen verschiedenen Varianten beim Timing beziehen sich darauf, welche alternative Anlage betrachtet wird (Bonds oder Cash) und wie beurteilt wird, ob das Marktportfolio ihr gegenüber günstiger oder vorteilhafter ist. Varianten beim Timing entstehen durch die Frequenz der Beobachtung der Kennzahlen sowie durch die Empfehlung, ob bei einem Verkaufssignal der Markt ganz verlassen oder nur das Exposure reduziert wird. So gibt es beim Timing Varianten, die in hoher Frequenz oder auch nur ab und zu Transaktionen verlangen. Es kommt darauf an, wie die Leitidee umgesetzt wird und welche Kennzahlen verwendet werden.

Wer als Finanzanleger das Timing mit dem aus Wertpapieren zusammengesetzten Marktportfolio praktiziert, hat vergleichsweise geringe Transaktionskosten. Dies gilt besonders dann, wenn anstelle einzelner Aktien ein Indexfonds, ein ETF oder ein Indexkontrakt gekauft wird.

Ebenso wird ein in der Realwirtschaft stehender Unternehmer wird Timing praktizieren: Bei einem guten Geschäftsausblick wird die Kapazität für Produktion und Absatz erhöht, bei einem negativen Ausblick wird sie reduziert. Doch ein Unternehmer hat sehr hohe Fixkosten bei jeder Änderung der Kapazität. Das hat zur Folge, dass ein Unternehmer sein Geschäft nicht bereits dann erweitert, wenn es rentabel wird. Denn bereits morgen schon könnte es durch leichte Änderungen der Marktpreise wieder unrentabel werden. Der Unternehmer weitet das Geschäft erst dann aus, wenn es bereits *sehr* rentabel ist. Analog wird die Kapazität für Produktion und Absatz nicht bereits dann reduziert oder das Geschäft geschlossen, sobald es unrentabel ist. Der Unternehmer handelt erst dann, wenn es *sehr* unrentabel ist. MICHAEL J. BRENNAN (geboren 1942) und EDUARDO S. SCHWARTZ (geboren 1940) haben dieses Timing anhand des Beispiels einer **Goldmine** in Kanada untersucht und die optimalen Bedingungen für das Einschalten und das Ausschalten des Minenbetriebs bestimmt.[1]

Gelegentlich wird das Timing auf einzelne Aktien angewandt. Die Leitidee wird dann bei fundamental orientierten Analysten meistens so formuliert, das für jede der möglichen Aktien geprüft wird, ob sie *in Relation zum Marktportfolio* günstig und vorteilhaft erscheint oder nicht. Entsprechend stellen Finanzanalysten Kauflisten zusammen. Die Aussage der Finanzanalysten lautet also: Wenn ein Kunde – aus welchen Überlegungen oder Gründen auch immer – in einem bestimmten Markt (wie beispielsweise Aktien in Australien) investiert sein möchte, dann empfehlen wir diese Titel als **Strong Buy**, diese als **Buy** und jene als **Least Preferred**. Finanzanalysten verweisen dann auf Kollegen aus dem volkswirtschaftlichen Research, die abklären, ob der betreffende Markt (australischer Aktien) als Ganzes derzeit überhaupt günstig ist oder nicht.

---

[1] 1. MICHAEL BRENNAN und EDUARDO SCHWARTZ: Evaluating Natural Resource Investments. *Journal of Business* 58 (1985), 135-157. 2. J. S. BUSBY und C. G. C. PITTS: Real options in practice: an explanatory survey of how finance offers deal with flexibility in capital appraisal. *Management Accounting Research* 8 (1997) 2, 169-186.

Daneben gibt es beim Timing für Einzeltitel auch Empfehlungen von Markttechnikern. Sie verwenden Trendlinien und Kennzahlen für die Stärke. Daraus leiten sie Empfehlungen für Kauf- oder Verkauf ab, wobei kein Bezug auf den Markt genommen wird (abgesehen von einem impliziten Bezug auf die Währung). Indikatoren der Markttechnik zeigen, ob eine Aktie als **überkauft** oder als **überverkauft** anzusehen ist.

Das Timing wird auch für Währungen praktiziert. In der Grundversion wird das Timing für Aktien insgesamt eingesetzt, also für das Marktportfolio. Weil dann die Änderung des Exposure einen ganzen Markt betrifft, wird dieser Anlagestil als **Markt-Timing** bezeichnet.

Markt-Timing mit dem Fed-Modell

Ein bekannter Ansatz für das Markt-Timing von Aktien liefert das nach der amerikanischen Notenbank benannte **Fed-Modell**. Zur Leitidee: Der Investor könnte entweder in Aktien oder in Bonds investiert sein. Die Vorteilhaftigkeit bei Aktien zeigt sich an den Gewinnen der Unternehmen, die von Bonds am Zinsniveau. Nach dem Modell gilt die Höhe von Aktienkursen als richtig im Vergleich zu Anlagen in Bonds, wenn die **Gewinnrendite** (**Earnings-Yield**) von Aktien genauso hoch ist wie die Rendite langlaufender Bonds.

> Die Rendite der Bonds ist durch den langfristigen Zinssatz beschrieben. Hier die Regel, nach denen der Stil vorgeht: Falls und solange die Gewinnrendite höher ist als der langfristige Zinssatz, werden Aktien im Fed-Modell als die bessere Anlage angesehen. Falls und solange die Gewinnrendite niedriger ist als der langfristige Zinssatz, werden Bonds als die bessere Anlageklasse beurteilt.

Der **Earnings-Yield** einer Aktie, bezeichnet mit EYD, ist der geschätzte (buchhalterische) Gewinn E_1 im kommenden Jahr pro Aktie, geteilt durch den augenblicklichen Kurs oder Preis P der Aktie:

$$(16\text{-}1) \qquad EYD \;=\; \frac{E_1}{P} \;=\; \frac{1}{KGV}$$

Hier wird eine Buchgröße (Gewinn) in Relation zu einer Marktgröße (Kurs oder Preis der Aktie) gesetzt. Im Vergleich zur Gewinnrendite ist die Dividendenrendite, auch als **direkte Rendite** bezeichnet, geringer. Denn Unternehmen schütten nur einen Teil ihrer Gewinne aus. Wie in Formel (16-1) gezeigt, ist die Gewinnrendite EYD gleich dem Kehrwert des **Kurs-Gewinn-Verhältnisses** KGV (*Price-Earnings-Ratio*).

Das Fed-Modell betrachtet die Gewinnrendite des Gesamtmarktes für Aktien. Sie wird als Durchschnitt der einzelnen Gewinnrenditen für alle Aktien eines Marktes definiert, etwa dem der US-Aktien. Sie beschreibt auf diese Weise das Kursniveau des Gesamtmarktes. Ist die durchschnittliche Gewinnrendite derzeit hoch (im historischen Vergleich und im Vergleich mit dem augenblicklichen Zinsniveau), dann sind Aktien „billig". Ist die über alle Aktien gemittelte Gewinnrendite derzeit gering, dann sind Aktien insgesamt „teuer".

Die Empfehlung im Fed-Modell lautet: Verkaufe alle Aktien, sobald der (augenblickliche) Earnings-Yield *EYD* im Markt geringer wird als der langfristige Zinssatz, und kaufe Bonds. Verkaufe Bonds und kaufe alle Aktien des Marktes, wenn der derzeitige *EYD* über dem derzeitigen langfristigen Zinssatz liegt.

Schätzungen zeigen: Die durchschnittliche Gewinnrendite über alle Aktien weltweit gesehen und über die letzten dreißig Jahre ist $EYD = 5,9\%$. Der Kehrwert ist $KGV = 17$. Das Fed-Modell vergleicht indes nicht die augenblickliche Gewinnrendite oder das derzeitige Kurs-Gewinn-Verhältnis im Markt mit den langfristigen Durchschnitten.[2]

→ In einer Rezession haben viele Anleger Angst vor der Zukunft. Sie verkaufen dann Aktien und das Kursniveau bildet sich zurück. Sie legen das Geld in Bonds an, so dass deren Kurse steigen und somit der langfristige Zinssatz sinkt. Eigentlich würde auf diese Weise bald ein Kaufsignal für Aktien entstehen. Doch durch den Wirtschaftsabschwung verringern sich anfangs die erwarteten Gewinne. Das heißt, $EYD = E_1 / P$ wird anfangs im Konjunkturtief geringer, obwohl auch der Nenner P geringer wird. Daher wird ein Kaufsignal lange nicht ausgelöst. Erst wenn die von Unternehmen eingeleiteten Kostensenkungen greifen und der nächste Konjunkturaufschwung einsetzt, werden die Gewinnerwartungen höher. Dann erst steigt der Earnings-Yield. Dies besonders, wenn er aufgrund des noch reduzierten Kursniveaus berechnet wird. Erst dann – einige Experten meinen, dies sei eher etwas spät – löst das Fed-Modell ein Kaufsignal für Aktien aus. □

Momentum-Strategien

Bei einer Momentum-Strategie wird nicht auf die Gewinne oder die Gewinnrendite abgestellt. Die Leitidee des Stils lautet, dass sich Trends für einige Zeit fortsetzen. Über Anlagealternativen wird nichts gesagt. Bei diesem Stil wird also periodisch, etwa wöchentlich geprüft, ob sich ein Aufwärtstrend erkennbar ist, der womöglich weiter Momentum aufnimmt und wie ein Schwungrad für einige Zeit weiterlaufen sollte. Hierzu werden die Kursbewegungen der letzten Wochen mit einem geeigneten Kriterium daraufhin überprüft, ob sich ein Trend etabliert hat. Wenn ja, gilt dies als Kaufsignal. Wenn nein, wird der Markt auf weiteres gemieden.

Da ein Kurstrend bei Aktien irgendwann brechen sollte, wird vorweg eine Zeitspanne festgelegt, für die das Exposure aufrecht erhalten wird. Am Ende dieser Planzeit wird verkauft, auch wenn der Trend noch intakt ist. Denn der Zeitpunkt eines Trendbruches kann schlecht im konkreten Einzelfall prognostiziert werden. Indes können über Jahre hinweg Trendverläufe beobachtet und so eine mittlere Dauer bestimmt werden, vielleicht auch eine Dauer, für die ein Trend noch mit hoher Wahrscheinlichkeit intakt bleiben wird.

---

[2] Das Fed-Modell vergleicht mithin die Attraktivität zweier Anlageklassen, Aktien und Bonds. Es empfiehlt, den Gesamtbetrag vollständig in der augenblicklich rentableren Klasse zu halten. Das Fed-Modell betrachtet keine dritte Anlageklasse. Insbesondere bleibt Cash außer Betracht. Dabei könnte Cash bei anziehenden Zinsniveaus durchaus attraktiv sein, weil bei steigenden Zinsen Bonds Kursverluste erleiden.

Die Leitidee bei diesem Stil: 1. Immer wieder entstehen Trends aus irgendwelchen Gründen und werden für den aufmerksamen Beobachter erkennbar. 2. Sie festigen und verstärken sich, sobald sie allgemein von Anlegern gesehen werden, und halten für eine im Einzelfall ungewisse Zeit. 3. Plötzlich wird der Trend gebrochen, und dann muss der aufmerksame Investor den Markt längst verlassen haben. Die intuitive Erklärung: Ein Trend, falls er einmal da ist und erkennbar wird, zieht immer weitere Investoren nach. Die Nachfolger nehmen an, warum auch immer, dass sich der Trend fortsetzt. Daher wird der Trend durch eine sich selbsterfüllende Prophezeiung gestärkt und fortgesetzt. Irgendwann führen Ereignisse dazu, dass sich diese sich selbst verstärkende Entwicklung abgebrochen wird.

Bei einer Momentum-Strategie versucht der Investor **Trends zu identifizieren**. Werden positive Trends erkannt, dann erhöht der Investor sein Exposure. Wird ein Trendbruch oder ein nach unten führender Trend identifiziert, reduziert der Investor das Exposure. Das Motto lautet: *Make the trend to be your friend*. Diese Strategie wird für einzelne Aktien ebenso praktiziert wie für Branchen, vor allem für Länder.

→ Die *Notenstein Privatbank AG*, eine Tochter der *Raiffeisen Bankengruppe* in der Schweiz, bietet ihren Kunden *Active Indexing* und eine *Dynamic Indexing* Strategie, die über Fonds auch Privatanlegern offen steht. Ziel ist es, in Aktienmärkte und Branchen mit dem besten *Momentum* zu investieren. Das Modell beobachtet die 17 größten Aktienmärkte der Welt sowie die 10 globalen Branchen gemäß dem *Morgan Stanley Capital International* (MSCI) Index. Laufend werden mit einem quantitativen Ansatz daraus 5 bis 6 Märkte oder Branchen ausgewählt, die das stärkste Momentum zeigen. Die Taktik ist recht erfolgreich und wird mit Indexprodukten realisiert. □

Empirische Untersuchungen zeigen, dass Momentum-Strategien funktionieren, wenn zur Trendidentifikation die Kursbewegungen von Aktien über einige Wochen beobachtet werden. Wenn ein Trend identifiziert ist, wird die neue Position für weitere 3 bis maximal 6 Monate gehalten. Dieses Timing verlangt eine etwas höhere Aktivität im Vergleich zum Fed-Modell.

16.2 Prozyklisch – Antizyklisch

Exposure dem Kursniveau nachführen

Bei einer weiteren Form von Timing wird versucht, das Exposure im Marktportfolio laufend an den augenblicklichen Indexstand anzugleichen. Steigen die Aktienkurse, sollte man investiert sein und schnell noch etwas zu kaufen. Fallen die Kurse, sollte man schnell das Exposure reduzieren. Der Investor behält auf diese Weise die Chancen für die größeren Aufwärtsbewegungen (Upside), weil er dann investiert ist. Gleichzeitig ist er gegen größere Abwärtsbewegungen (Downside) geschützt, weil er dann längst sein Exposure reduziert hat.

Diese Verhaltensweise wird als **prozyklisch** bezeichnet. Steigen die Kurse, werden Aktien dazu gekauft. Fallen die Kurse, werden die Positionen teilweise verkauft. Die Aktienquote wird also laufend und möglichst zeitnah adjustiert. Sie wird in etwa proportional zum Kursniveau gehalten.

Das prozyklische Investment verlangt eine laufende Marktbeobachtung und ein sehr schnelles Nachführen der Aktienquote, was nicht immer leicht ist. Denn gelegentlich ist der prozyklische Investor bei Kursavancen zu langsam und bei Kursrückgängen im Verzug. Dennoch fasziniert die Idee: Wer es schafft, schnell sein Exposure zu erhöhen, partizipiert. Wer bei einer Kursbewegung nach unten schnell die persönliche Aktienquote reduziert, erreicht Kapitalschutz. *Prozyklisches Investment* ist eine Form von **Portfolio-Insurance**.

So wie beschrieben, muss der Investor jede Kursänderung in entsprechende Käufe oder Verkäufe umsetzen. Das verlangt zahlreiche Transaktionen, um stets eine Aktienquote zu haben, die dem aktuellen Kursniveau entspricht. Vor rund 30 Jahren kam der programmierte Handel auf: Computer gaben Order ein.

Je mehr Investoren sich prozyklisch verhalten, desto stärker ziehen kleine zufällige Preisbewegungen Lawinen von Order nach sich. Der Börsencrash von 1987 wurde vom Computerhandel zwar nicht ausgelöst, jedoch durch ihn verstärkt. Börsenorganisationen bauen die Kapazitäten für den Computerhandel aus, um den High-Frequency-Trade abwickeln zu können (der ihnen Einnahmen bringt). Die unter Experten geteilte Vorstellung ist, dass die von Programmen ausgelösten Order keine Gefährdung darstellen, wenn die Computer der Börsenorganisation noch schneller sind. Beim Im Jahr 1987 hatten noch die damals langsame Kommunikation und die langsame Abwicklung von Order wesentlichen Anteil für der Crash.

Einen Kunden, der im Wealth Management sich in etwa prozyklisch verhalten möchte, wurden praxisnahe Varianten entwickelt, die nur wöchentliche (oder nur monatliche) Angleichungen verlangen. Der Anleger hat deutlich weniger Transaktionen zu tätigen. Denn er saldiert alle kleinen Auf- und Abbewegungen, die sich innerhalb eines Tages und einer Woche (oder eines Monats) ereignen. Allerdings läuft der Investor dann dem Markt stets etwas hinterher. Ist der Kurs in einer Woche gestiegen, dann wird für den Kauf zu Wochenschluß bereits der höhere Kurs bezahlt. Ist der Kurs in einer Woche gesunken, dann wird bei den Verkäufen nur der geringe Schlußkurs vereinnahmt. Indessen sind verschiedene Regeln aufgestellt worden, die beliebt und verschiedentlich wissenschaftlich untersucht worden sind. Dazu gehören die **Constant-Proportion-Portfolio-Insurance** (CPPI) und die **Time-Invariant-Portfolio-Protection** (TIPP).[3]

---

[3] 1. Marc Rubinstein: Alternative Paths to Portfolio Insurance. *Financial Analysts Journal* (1985), 45-52. 2. André F. Perold und William F. Sharpe: Dynamic Strategies for Asset Allocation. *Financial Analysts Journal* (1988), 16-27. 3. T. Estep und M. Kritzman: TIPP – Insurance without Complexity. *Journal of Portfolio Management* (1988), 38-42. 4. Fischer Black und André F. Perold: Theory of constant proportion portfolio insurance. *Journal of Economic Dynamics and Control* 16 (1992), 403-426. 5. Philippe Bertrand und Jean L. Prigent: Portfolio Insurance: the extreme value approach to the CPPI method. *The Journal of Finance* 23 (2002), 68-86.

Prozykliker brauchen Antizykliker

Einem prozyklisch orientierten Investor stehen **antizyklisch** handelnde Investoren gegenüber – müssen gegenüber stehen. Denn wenn ein prozyklischer Investor etwa beim Kursrückgang verkauft, muss es einen anderen Investor geben, der genau dann hinzu kauft. Andernfalls würde, wie 1987, ein Kursrückgang sich zu einem Börsencrash ausweiten können. Ähnlich muss jemand bereit sein zu verkaufen, wenn im Kursanstieg die prozyklischen Investoren kaufen wollen.

Passive Investoren, die grundsätzlich nur kaufen und dann für immer halten, stehen nicht zur Verfügung, wenn ein aktiver Investor Transaktionen ausführen möchte. Doch eine Gruppe von Investoren ist bereit, sich antizyklisch zu verhalten. Wenn die Kurse fallen, kaufen antizyklische Investoren immer noch nach. Wenn die Kurse steigen, sind antizyklische Investoren immer wieder bereit, ihr eigenes Exposure zu verringern.

Das prozyklische Timing sieht sehr attraktiv aus: Der prozyklische Investor ist im *Upside* dabei und verlässt beim *Downside* den Markt. Demgegenüber scheint die antizyklische Strategie auf den ersten Blick schlechter und vielleicht sogar riskanter zu sein.

- **Prozykliker**: Wollen das Upside für sich erhalten, gleichsam um gut träumen zu können, dass sie viel dazu gewinnen und reich werden. Sie wollen das Downside loswerden, um gut schlafen zu können.

- **Antizykliker**: Sind bereit, das Upside abzugeben (und verzichten auf Träume) und übernehmen das Downside (weshalb sie nicht mehr gut schlafen können.

Jedoch würde sich niemand zum Opfer machen und antizyklisch reagieren, nur weil prozyklische Investoren für sich selbst das Upside haben und behalten und das Downside abgeben wollen. Diejenigen, die den prozyklischen Investoren beim Kursaufschwung die Aktien verkaufen und von ihnen im Kursabschwung die Aktien abkaufen, tun dies natürlich nur, wenn sie eine besondere Belohnung erhalten. Andernfalls würde der Markt nur aus passiven Investoren und aus prozyklischen Investoren bestehen, die mit rapiden und großen Kursausschlägen konfrontiert wären.

In der Tat zeigen Studien und theoretische Modelle: Das antizyklische Timing lässt eine höhere Rendite als das prozyklische Timing erwarten. Damit Investoren prozyklisches Timing möglich wird, müssen sie direkt oder indirekt einen Teil ihrer Rendite an antizyklische Investoren abgeben. Die Höhe dieser Rendite stellt sich im Marktgeschehen so ein, dass sich Prozykliker und Antizykliker die Waage halten. Wie wird diese „Rendite" bezahlt? Sie wird bezahlt bei den laufenden Transaktionen, die aufgrund der Kursbewegungen immer wieder eingegeben werden.[4]

---

[4] 1. F. LHABITANT: *Enhancing Portfolio Performance using Options Strategies: Why beating the Market is easy.* Ecole des Hautes Etudes Commerciales, University of Lausanne (1997). 2. MICHAEL ADAM und RAIMUND MAURER: Risk Value Analysis of Covered Short Call and Protective Put Portfolio Strategies. *Finanzmarkt und Portfolio Management* 13 (1999) 4, 431-449. 3. GERHARD SCHEUENSTUHL und KLAUS SPREMANN: Absolute Return Vermögensanlagen auf Basis langfristiger Optionsstrategien; in: K. SPREMANN (ed.), *Versicherung im Umbruch.* Springer-Verlag, Berlin 2004.

Warum nicht Stopp-Loss?

Eine einfache Erzeugung von Portfolio-Insurance könnte darin gesehen werden, *alle* Aktien zu verkaufen, sobald ihr Kurs unter ein vorher gewähltes Niveau K fällt. Sollte der Kurs über dieses Niveau ansteigen, werden alle n Aktien zurückgekauft. Auf diese Weise, so scheint es, kann K als **Untergrenze (Floor)** leicht realisiert werden.

Wer Order als Stopp-Loss eingibt, macht alsbald diese Erfahrung:

Beim Verkauf in einem fallenden Markt ist man nicht schnell genug, weil auch andere Investoren verkaufen. Bei Kursrückgängen verliert man deshalb immer einige Prozent mehr als gedacht, selbst wenn der Verkaufsorder schnell genug in das Handelssystem eingegeben wird. Der realisierte Verkaufskurs ist nur $K - x$.

Gleiches gilt für Phasen des Kursanstiegs. Auch wenn der Portfoliomanager ohne zeitliche Verzögerung den Augenblick t identifiziert, in dem S_t über das Niveau K steigt und sofort eine Kauforder über die n Aktien eingibt, wird er letztlich ein paar Promille mehr bezahlen. Der realisierte Kaufkurs ist $K + y$.

Die Taktik, sich ein Kursniveau K zu wählen und dann bei Unter- und Überschreiten einen Börsenauftrag über die Gesamtanzahl Aktien einzugeben, ist folglich nicht gratis.

Die Nachteile x und y sind nicht generell bestimmbar, weil sie vom stochastischen Kursverlauf der Aktie oder des Aktienindexes sowie von der jeweiligen Marktliquidität abhängen. Im langfristigen Mittel stimmen die Nachteile von Stopp-Loss mit den Kosten von Optionsstrategien überein.

Bei einem starken Markt zahlen die Prozykliker für ihre Zukäufe etwas zu viel (an die dann verkaufenden Antizykliker). Bei einem schwachen Markt erhalten die Prozykliker bei ihren Order Zuteilungen, mit denen sie letztlich etwas zu wenig von den dann kaufenden Antizyklikern erhalten. Die Rendite wird also börsentäglich bei jeden Handelsbewegungen von den Prozyklikern an die Antizykliker bezahlt. Man kann es auch so ausdrücken: Der Antizykliker hat immer gut zu essen, der Prozykliker muss das Essen bezahlen und mit einem mageren Mahl zufrieden sein. Das antizyklische Timing ist daher eine Strategie für das **Return-Enhancement**. Investoren, die dem antizyklischen Stil folgen, werden auch **Contrarians** genannt. Ihre Leitidee lautet: *Nur tote Fische schwimmen mit dem Strom.*

Portfolio-Insurance und Return-Enhancement mit Optionen

Prozyklische Investment kann nicht nur durch intendiert schnelles Kaufen und Verkaufen umgesetzt werden. Ebenso sind Optionen geeignet, entsprechende Ergebnisse zu erzielen. Die Portfolio-Insurance und der systematische, periodisch wiederholte Einsatz von Optionen wurden zu einem populärem Anlagestil, nachdem 1973 die Formel von FISCHER S. BLACK (1938-1995) und MYRON SCHOLES (geboren 1941, Nobelpreis 1997) für den Preis einer Option ein tieferes Verständnis für Optionen und ihren Wert ermöglichte.

Sichtweise, dass **zwei** Merkmale für die Anlage zu beachten sind	*Instrumente*
Return	**Anleihen**
Risk = Upside verbunden mit Downside	**Aktien**

Sichtweise, dass **drei** Merkmale für die Anlage zu unterschieden sind	*Instrumente*
Return	**Anleihen**
Upside	**Portfolio-Insurance**: *Anleihen plus Call-Optionen (oder Aktien plus Put-Optionen)*
Downside	**Return-Enhancement**: *Aktien plus Schreiben gedeckter Call-Optionen*

Darstellung 16-1: Das „Risk" in der Finance ist als Standardabweichung der Rendite definiert und verbindet daher Upside und Downside. Aktien haben Risk im Sinne von Downside, verbunden mit Upside. Der Einsatz von Optionen erlaubt es, Upside und Downside zu trennen. Im Financial Engineering können Upside und Downside einzelnen eingegangen werden oder auch nicht. Portfolio-Insurance verwirklicht das Upside, Return-Enhancement das Downside.

Der prozyklische Investor legt in Anleihen an und erwirbt Call-Optionen (mit Aktien oder dem Index als Basiswert). Steigt das Kursniveau des Basiswerts der Option, dann partizipiert der Inhaber der Call-Optionen. Fällt das Kursniveau, dann ist der Inhaber der Call-Option vor weiteren Verlusten geschützt. Um die Option zu erhalten, muss eine Prämie bezahlt werden. Verkäufer (Schreiber, Stillhalter) der Call-Option sind antizyklische Investoren und vereinnahmen die Prämie. Anstelle des Erwerbs einer Call-Option kann ein prozyklischer Investor auch den Basiswert selbst halten (Aktie oder Aktienindex) und dazu eine Put-Option erwerben. Wieder sind für den Kauf der Put-Optionen Prämien zu zahlen. Verkäufer der Put-Option sind antizyklische Investoren, und sie nehmen die Prämie ein.[5]

Mit anderen Worten: Prozyklische Investoren kaufen Optionen – ob nun eine Call-Option oder eine Put-Option ist nicht so bedeutend – während antizyklische Investoren Optionen schreiben und verkaufen. Beide Seiten sind zufrieden. Prozyklische Investoren sind zufrieden, weil sie die Partizipation im Upside haben und gleichzeitig gegen das Downside geschützt sind. Dies auch angesichts des Nachteiles, die Optionsprämie bezahlen zu müssen. Antizyklische Investoren sind ebenso zufrieden. Sie verzichten zwar auf das Upside, übernehmen dennoch das Downside, doch sie erhalten eben die Prämien für das Schreiben der Optionen. Die Höhe der Optionsprämie stellt sich im Marktgeschehen so ein, dass die Nachfrage nach Optionen (seitens prozyklischer Investoren und das Angebot an Optionen (seitens antizyklischer Investoren) sich ausgleicht. Selbstver-

---

[5] RUBINSTEIN und LELAND bemerken: „… protective put buyers should typically be investors whose risk aversion decreases more rapidly than the average investor's," siehe MARK RUBINSTEIN and HAYNE E. LELAND: Replicating Options with Positions in Stock and Cash. *Financial Analysts Journal* (July/Aug 1981), pp. 63-72.

ständlich sind beide Positionen, die des prozyklischen und die des antizyklischen Investors als strukturierte Produkte fertig und in Varianten erhältlich.[6]

Beide Marktseiten, prozyklische wie antizyklische Investoren, haben die freie Wahl, ob sie lieber über direkte Börsentransaktionen mit Aktien beziehungsweise mit Indexkontrakten agieren, oder ob sie im Optionsmarkt beziehungsweise mit strukturierten Produkten ihre Position einnehmen. In beiden Fällen bezahlen die Prozykliker (sie haben folglich nur ein mageres Mahl) während die Antizykliker eine Rendite erhalten (und daher immer gut essen können).

Der Unterschied zwischen dem Timing durch Einzeltransaktionen und dem Kauf beziehungsweise Verlauf von Optionen besteht darin: Wer an der Aktienbörse als Prozykliker tätig ist, muss für seine Transaktionen in Abhängigkeit des Börsengeschehens zahlen. Da gibt es (kleinere) Unsicherheiten. Wer als Prozykliker Optionen (oder Strukturierte Produkte) kauft, der kennt die zu zahlende Prämie bereits zu Beginn. Analog bieten sich dem Antizykliker Operationen über die Aktienbörse durch Timing – Kauf an schwachen Börsentagen – oder über den Optionsmarkt an. Doch das Marktgeschehen führt dazu, dass beide Varianten – Timing durch Einzeltransaktionen beziehungsweise Kauf oder Verkauf von Optionen – die gleiche Unattraktivität für die Prozykliker und die gleiche Attraktivität für Antizykliker aufweisen.

Fazit:

Wie auch immer die bevorzugten Instrumente sind: Kein Kapitalschutz ist kostenlos zu haben. Portfolio-Insurance *teuer*. Gut träumen (Partizipation bei eventuellen Aufwärtsbewegungen) und gut schlafen (Schutz bei Abwärtsbewegungen) möchten alle am Marktgeschehen teilnehmende können. Weil *jeder* Investor diese beiden Ergebnisse (Upside ja, Downside nein) haben möchte, sind sie im Kapitalmarkt *teuer*. Die Rendite ist gering. Entweder ist die Rendite gering, weil für die Optionen etwas bezahlt werden muss. Oder die Rendite ist gering, weil die Anpassungen der Aktienquote an das Kursniveau doch nicht zeitgleich und perfekt ablaufen, sondern Verzögerungen haben, die stets zum Nachteil des prozyklischen Investors ausfallen.

Zwar behält man als Anleger mit prozyklischem Investment alle Chancen (gut träumen) und ist zugleich abgesichert (gut schlafen), doch letztlich hat man eine Strategie mit magerer Rendite eingeschlagen (bescheiden essen). Gleiches trifft für Absolut-Return-Strategien zu, die dasselbe wie Portfolio-Insurance anstreben: Die Chancen des Upside behalten und zugleich gegen die Nachteile eines Downside geschützt sein. Der Schutz des Portfolios unter Beibehaltung der Chancen wird mit einem Rückgang der erwarteten Rendite bezahlt.

Prozyklische Strategien sind Anlagestile, die Chancen wahrnehmen und zugleich Schutz bieten, dafür aber nur eine magere Rendite abwerfen.

---

[6] 1. STEFFEN TOLLE, BORIS HUTTER, PATRIK RÜTHEMANN UND HANSPETER WOHLWEND: *Strukturierte Produkte in der Vermögensverwaltung*. Verlag Neue Zürcher Zeitung, Zürich 2005. 2. J. MAXIMILIAN DRESSENDÖRFER: *Zyklische und antizyklische Investment-Strategien*. Theoretische Fundierung und empirische Überprüfung am Schweizer Aktienmarkt. Dissertation der Universität St. Gallen 1999.

16.3 Das Trilemma der Geldanlage

Zunächst ein Dilemma

Ein **Dilemma** ist eine schwierig zu treffende Entscheidung zwischen zwei Möglichkeiten, wobei die Entscheidung für eines die des anderen ausschließt. Kurz: Ein Dilemma ist eine Festlegung in einer Alternative, bei der die Entscheidung schwer fällt.

- Sie fällt offenbar schwer, weil die beiden Möglichkeiten, seien sie mit A und B bezeichnet, Konsequenzen hinsichtlich mehrerer Dimensionen haben. In einigen der Dimensionen ist A besser als B, und in anderen Dimensionen ist A schlechter als B.

- Das Dilemma tut sich auf, weil es keine Entscheidungsmöglichkeit gibt, die hinsichtlich aller Merkmale (akzeptabel) gute Ergebnisse zeigen würde. Die schließlich von der Person getroffene Wahl hängt kritisch davon ab, wie stark sie die Ausprägungen von A und B gewichtet. Dessen ist sich die Person durchaus bewusst, und sie hadert mit sich, wie stark sie die Merkmalsdimensionen gewichten soll.

- So gerät die Person in einen *Entscheidungsnotstand*, denn es fällt ihr schwer zu sagen, wie wichtig ihr die Merkmalsdimensionen sind. Umgangssprachlich wird von einer *Zwickmühle* gesprochen. Der Punkt beim Dilemma also ist der, dass die Person unsicher ist, wie sie die verschiedenen Merkmalsdimensionen gewichten soll.

→ Bietet sich eine besondere, einmalige Kaufgelegenheit, und die Entscheidung muss getroffen werden, weil sonst andere zuvor kommen, so hat eine Person zwei Möglichkeiten: Sie kann die Opportunität zu ergreifen (A) oder nicht (B). Bei A gibt die Person Geld ab und verliert dadurch oft die Möglichkeit, eventuell eine bessere Kaufgelegenheit zu finden. Sie gelangt indes zu den erwarteten Vorteilen, dass der Kauf als vorteilhaft herausstellt. Bei B behält die Person ihr Geld und kann frei und ohne Druck weitersuchen, doch sie verzichtet auf das Objekt. □

Das Dilemma der Geldanlage, mit dem eine Person in den Finanzmärkten konfrontiert wird, besteht darin: Die Person kann Aktien beziehungsweise das Marktportfolio wählen (A) oder eine sichere Anlage (B).

- Zu A: Aktien lassen eine höhere Rendite erwarten, doch sie sind riskant.

- Zu B: Die sichere Anlage (in Bonds oder in Cash) bietet eine geringere Rendite, hat aber kein Risiko.

Dieses Dilemma setzt viele Personen in einen Entscheidungsnotstand versetzen. Allen Anlegern ist klar: Es kommt darauf an, wie abträglich die Risiken für sie persönlich sind. Denn falls die eigene Risikoaversion groß ist, wird die sichere Anlage B gewählt. Ist sie gering, wird A gewählt.

Allerdings treffen die Menschen nicht immer Entscheidungen unter Risiko, zumindest nicht so bewusst. Sie haben daher wenig Übung, wenig Erfahrung, und folglich nur selten eine klare Einsicht in die Ausprägung der eigenen Risikoaversion.

Immerhin betrifft die Risikoaversion eine komplexe Situation, da der **Begriff des Risikos von Geldanlagen Gewinnchancen wie die Verlustgefahr umfasst**. Die Gewinnchancen sind natürlich von allen Menschen erwünscht, während die Verlustgefahren für alle unerwünscht sind. Wie Forschungen und Experimente zeigen, gewichten Investoren die Gewinnchancen indes als weniger positiv als sie die Verlustgefahren negativ gewichten. Die Risikoaversion zieht also bereits eine Bilanz zwischen den positiven und negativen Konsequenzen des Risikos – verstanden als unsichere Abweichungen vom erwarteten Ergebnis nach oben wie nach unten. Die Risikoaversion ist bereits ein Urteil über die persönlichen Einschätzungen von Gewinnchance einerseits und Verlustgefahr andererseits. Folglich verlangt die Risikoaversion von den meisten Menschen ein Abwägen. Man könnte auch sagen: Das Dilemma der Geldanlage, die Wahl zwischen Aktien einerseits und Cash/Bonds andererseits besteht darin, dass eine Person nicht klar ihre Risikoaversion kennt.

Trotzdem hat das Dilemma der Geldanlage hat eine einfache Lösung. Denn wer Finanzinvestitionen an den Märkten tätigt, kann den anzulegenden Gesamtbetrag aufteilen, und sich sowohl für A als auch für B entscheiden. Auch sonst im menschlichen Leben kann ein Dilemma blockieren – wie das Dilemma des nach dem Philosophen JEAN BURIDAN (1295-1358) benannten *Esels* lehrt. Zeigt sich eine dritte Entscheidungsmöglichkeit (wie hier eine Kombination von Aktien und der sicheren Anlage), fühlen wir uns vom Dilemma erlöst.

Trilemma

Ein **Trilemma** ist eine schwierig zu treffende Entscheidung zwischen drei Merkmalen, die allesamt wünschenswert sind, wobei man nicht alle drei zugleich erhalten kann. Bei einem Trilemma können nur zwei der drei wünschenswerten Merkmale verwirklicht werden. Das heißt, es muss eine unerwünschte Ausprägung hinsichtlich des dritten Merkmals hingenommen werden.

➔ Bekannt ist das Trilemma der Wahl des Wechselkursregimes (zwischen fester und freier Währungsparitäten). Jedes Land wünscht sich (1) Wechselkursstabilität (weil dies Handel und Spezialisierung fördert), (2) Autonomie in der Geldpolitik (das Zinsniveau kann an die Situation im Inland angepasst werden und muss nicht vom Ausland übernommen werden), (3) freie Kapitalbewegung (weil sonst ausländische Investoren vergrault werden. Die drei Ziele führen auf ein Trilemma. Zwei der drei Wünsche können erfüllt werden, der dritte nicht. Beispielsweise führt eine feste Währungsrelation oder eine Einheitswährung zwar zur Erreichung der Ziele (1) und (3), doch (2) bleibt unerfüllt. Es gibt keine Gestaltungsvariante, bei der alle drei Ziele erfüllt werden können, wie 1962 von J. MARCUS FLEMING und 1963 von ROBERT A. MUNDELL bewiesen wurde. Das Modell wird üblicherweise als Dreieck dargestellt, wobei die Eckpunkte des Dreiecks die drei wünschenswerten Eigenschaften Wechselkursstabilität, geldpolitische Autonomie und freie Kapitalbewegung darstellen. Die Entscheidung verlangt die Einnahme einer Position auf einer der drei geraden Begrenzungen des Dreiecks. □

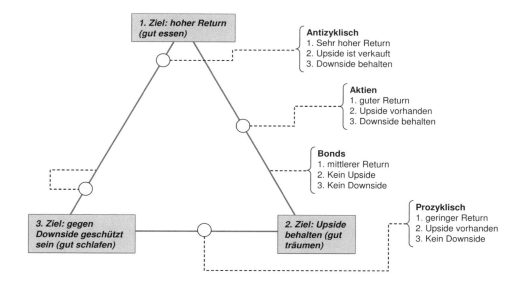

Darstellung 16-2: Das Trilemma der Geldanlage: Alle Anleger wünschen sich eine hohe Rendite, sie wollen das Upside haben oder erhalten, und gegen ein Downside geschützt sein. Doch maximal zwei dieser drei Ziele lassen sich verwirklichen.

Das **Trilemma der Geldanlage** besteht darin, dass es drei von allen Personen erwünschte Eigenschaften gibt, doch niemand kann sie alle drei zugleich für sich erfüllen:

1. Ziel: Alle Anleger wünschen sich einen hohen Return (Renditeerwartung) – jedermann möchte gut essen.

2. Ziel: Alle Investoren wünschen sich das Potential für Upside, für Aufwärtsbewegungen des Marktes – jedermann möchte gut träumen, einmal reich zu sein.

3. Ziel: Alle wünschen sich Schutz gegen Downside, wenn der Markt fällt – jedermann möchte gut schlafen.

Maximal zwei der drei Anlageziele lassen sich verwirklichen:

Wer Aktien kauft und hält, hat dadurch einen guten Return, besser als bei Cash/Bonds, und kann daher gut essen. Doch es gibt das Risiko. Das Aktienrisiko verbindet Upside und Downside. Das heißt: Der Aktionär erfüllt sich die Ziele (1) und (2), verzichtet indes auf (3).

Wer prozyklisch investiert und beispielsweise Optionen kauft, der erwirbt das Upside oder erhöht vorhandenes Upside im Portfolio zusätzlich. Der prozyklische Investor kann gut träumen. Zugleich gibt es Schutz gegen das Downside und der prozyklische Investor kann gut schlafen. Doch der Return der prozyklischen Strategien ist ausgesprochen mager, weshalb das erste Ziel deutlich verfehlt wird (und der Investor nicht gut essen kann). Mit einem prozyklischem Investment werden die Ziele (2) und (3) erreicht, während (1) deutlich verfehlt wird.

Wer antizyklisch investiert, etwa durch Schreiben und Verkaufen von Optionen, der hat einen sehr hohen Return (und kann daher sehr gut essen), verzichtet indes eher auf das Upside (keine Träume) und behält leider das Downside (kein Schlaf). Mit antizyklischem Investment wird das Ziel (1) ausgezeichnet erfüllt, sowie mit Maßen das Ziel (2), während das Ziel (3) verfehlt wird.

Das Trilemma der Geldanlage ist durch die Möglichkeit entstanden, die in Aktien verbundenen Merkmale von Upside und Downside zu trennen. Die Trennung geschieht über Optionen oder über einen prozyklischen beziehungsweise antizyklischen Anlagestil.

Angesichts dieser Möglichkeit lautet die Frage nicht mehr an den Anleger: „Wie viel Aktien möchten Sie? Aktien haben eine gute Rendite und das Upside, doch leider auch das Downside". Die Frage ist heute eine doppelte: „Wieviel Upside möchten Sie? Das kostet etwas, weil alle Upside wollen. Wieviel an Downside sind Sie bereit zu nehmen? Das bringt etwas, weil niemand das Downside haben möchte".

Nicht alle drei Zielsetzungen (Return, Upside, kein Downside) lassen sich gleichzeitig erfüllen. Wer mehr Upside und mehr Schutz gegen Downside wünscht, muss auf Return verzichten. Wer mehr Return möchte, der muss entweder Upside verkaufen oder mehr Downside übernehmen.

> Upside und Downside haben eigene Preise. Der Return einer Anlagestrategie setzt sich infolgedessen aus drei Positionen zusammen: Der Return ist gleich
>
> 1. der Verzinsung des eingesetzten Kapitals (Return der Anlage in Cash/Bonds)
>
> 2. plus der Prämie für übernommene Verlustgefahren (Downside)
>
> 3. abzüglich der Prämie für die angeforderten Gewinnchancen (Upside).

Upside und Downside im Financial Engineering getrennt

Die Strategien der prozyklischen und der antizyklischen Investition lassen sich kalibrieren und auf individuelle Wünsche abstimmen. (1) Beispielsweise kann die antizyklische Strategie von ihrem sehr hohen Return etwas abgeben, um doch noch gegen die Gefahr sehr hoher Verluste etwas geschützt zu sein. (2) Oder eine reine Aktienanlage, die ohnehin ein Upside (neben dem Downside aufweist), können mit einem zusätzlichen Upside angereichert werden (was etwas kostet). Dazu würde entweder der Aktienbestand noch prozyklisch erhöht, sollte es zu Kursavancen kommen. (3) Oder es werden zum Aktienbestand Call-Optionen hinzu gekauft. Zudem gibt es Strukturierte Produkte, die den Aktienindex mit Upside anreichern. Sie heißen **Speeder**.

Optionen gestatten es jedenfalls, Upside und Downside – in Aktien noch starr miteinander verbunden – zu trennen und separat im Finanzmarkt zu handeln. Dem **Financial Engineering** sind keine Grenzen gesetzt, Anlagestrategien oder Strukturierte Produkte mit beliebig starkem Upside und beliebig starkem Schutz gegen Downside zu kreieren. Angesichts vieler Möglichkeiten, Geldanlagen mit individuell gestaltetem Upside sowie verschieden gestalteten Schutz gegen Downside zu erzeugen, ist es ungenügend, nach der Risikoaversion eines Anlegers zu fragen.

Zwei Fragen an den Investor nach Upside und Downside	Sind sie bereit oder fähig, **Verlustge-fahren** (Downside) einzugehen oder zu übernehmen? Nein	Ja, ich kann eine **Verlustgefahr** (Downside) übernehmen und ich bin dazu bereit, um einen höheren Return zu haben
Sind Sie bereit, für **Gewinnchancen (Upside)** auf Rendite zu verzichten? Nein, die Rendite ist wichtiger	**Cash/Bonds**	**Antizyklisch – Return-Enhancement**
Ja, Gewinnchancen (Upside) sind wichtig, weil bei einer Geldanlage Träume auf Reichtum einfach dazu gehören	**Prozyklisch – Portfolio-Insurance**	**Marktportfolio (Buy-and-Hold)**

Darstellung 16-3: Das Trilemma der Geldanlage führt auf vier Anlagestrategien für vier Typen von Investoren. Links oben (Cash/Bonds) ist die Strategie für ärmere Privatanleger gezeigt, die keine Verlustgefahr eingehen können. Rechts oben ist die Strategie für wohlhabende Privatanleger gezeigt, die Verlustgefahren tragen und dafür einen höheren Return (im Vergleich zu Cash/Aktien) erhalten. Rechts oben sind auch Institutionen positioniert. Links unten ist das Feld für Privatanleger, die Absolute Return wünschen: Sie wollen Chancen haben (und verzichten dafür auf etwas Return) und sich gegen Verlustgefahren absichern (was nochmals einen Verzicht auf Return verlangt). Unten rechts sind Investoren plaziert, die Gewinnchancen wünschen und Verlustgefahren tragen können: Aktionäre.

Denn die Risikoaversion bezieht sich allein auf diesen Punkt: *Wie viel möchten Sie von den als Aktien bezeichneten Paketen, in denen Upside und Downside fest verbunden angeboten werden?* Statt dessen müssen den Kunden im Wealth Management zwei Fragen gestellt werden, die getrennt beantwortet werden können:

1. Wieviel Upside wünschen Sie (und bezahlen dafür durch einen geringeren Return)?

2. Wie viel Schutz gegen Downside wünschen Sie (und müssen auch dafür bezahlen)?

Wer weder das eine noch das andere wünscht, der legt sein Geld sicher in Cash/Bonds an.

Welchem Anleger darf welches Maß an Upside und Downside angeraten werden? Welcher Anleger sollte auf gute Träume und welcher auf guten Schlaf Wert legen? Man würde wohl meinen, dass über Upside und das Aushalten von Downside nur Investoren sprechen sollten, die einen langen Anlagehorizont haben. Junge Menschen, ebenso wie institutionelle Anleger, haben einen langen Horizont. Bei langem Anlagehorizont sind wohl diese zwei Aspekte bestimmend: Welche Investoren freuen sich besonders über Träume, reich zu werden? Privatanleger vermutlich schon, institutionelle Investoren kaum. Pensionskassen und Lebensversicherungen streben zwar stabile Renditen an, doch sie würden nichts hergeben, um Chancen auf plötzlichen Reichtum zu haben. Welche Investoren können bei langem Horizont immer wieder Rückschläge ertragen, wenn sie sich nicht oder nur gering gegen das Downside schützen? Das sind allenfalls Privatpersonen mit sehr hoher Risikotragfähigkeit und Institutionen im Rahmen ihrer Reserven.

Privatpersonen mit geringer Risikotragfähigkeit benötigen Schutz gegen das Downside. So gibt es vier grundlegende Anlagestrategien (Darstellung 16-3). Junge Menschen wollen träumen, haben indes nicht immer die Risikofähigkeit für Aktien oder für antizyklische Strategien. Für sie sind prozyklische Strategien geeignet. Einige junge Menschen sind risikofähig. Ihnen kann das Marktportfolio (Aktien) empfohlen werden. Ältere Menschen achten auf hohe Renditen. Haben sie nur geringe Risikofähigkeit, kommen Anlagen in Cash/Bonds in Frage. Haben sie eine hohe Risikofähigkeit, dann kann ihnen Return-Enhancement empfohlen werden.

16.4 Fragen zur Lernkontrolle

1. Welche Gemeinsamkeiten, welche Unterschiede sehen Sie beim Fed-Modell und bei einer Momentum-Strategie? [Abschnitt 16.1]

2. Ist nun der Trend der Freund oder ist es so, dass nur tote Fische mit dem Strom schwimmen? [Zur Antwort vergleiche Abschnitt 16.1: Beides ist korrekt, nur für unterschiedliche Fristen. Auf kürzere Horizonte von maximal einem Jahr wirken Trends, auf 5 bis acht Jahre kommt es zu umkehrenden Kursbewegungen]

3. Was geschieht, wenn alle Investoren prozyklisch handeln und *niemand* bereit ist, sich antizyklisch zu verhalten? [Dann werden sich die Handelskonditionen und die Optionspreise so einstellen, dass der von Prozyklikern an Antizykliker transferierte Teil der Rendite immer weiter steigt, bis sich Antizykliker und Verkäufer von Optionen zeigen. Abschnitt 16.2]

4. Orientieren Sie einen Kunden über die Vorgehensweise bei der Constant-Proportion-Portfolio-Insurance (CPPI) und bei der Time-Invariant-Portfolio-Protection (TIPP). [Abschnitt 16.2, Literatur, Internet]

5. Jemand behauptet, Aktien seien Kombi-Pakete. Sie verbinden Chancen (Upside) mit Gefahren (Downside) Doch da der Schutz gegen Downside teurer sei als der Kauf von Upside, ist per Saldo die Aktienrendite höher als die von Bonds. Stimmt dieses Bild? [Ja, 16.3]

6. Versuchen Sie, mit einem Kunden über das *Trilemma der Wahl der Regimes bei Wechselkursen* zu sprechen? Geben Sie Beispiele aus der Weltwirtschaft. [Abschnitt 16.3]

7. Ein älterer Berater spricht mit jüngeren über seine Erfahrungen: *Ich muss einen Kunden nicht fragen, welche Präferenzen er bei der Geldanlage hat. Das Alter ist dem Kunden anzusehen, und die Risikofähigkeit zeigt die Kleidung. 1. Armen Privatanlegern in fortgeschrittenem Alter empfehle ich Cash/Bonds. 2. Reichere Privatanleger in fortgeschrittenem Alter erhalten Strukturierte Produkte für ein Return-Enhancement. 3. Armen Privatanlegern in jüngerem Alter empfehle ich Strukturierte Produkte, die Portfolio-Insurance oder eben Absolute Return bieten. 2. Mit wohlhabenderen, jüngeren Privatanlegern spreche ich gleich über Aktien.* Entsprechen diese Erfahrungen der Darstellung 16-3? [Ja]

Verzeichnisse

Literatur

Zu Kapitel 1 über Dienstleistungen

KATHRIN BRANDMEIER, MICHAELA GRIMM, MICHAEL HEISE, ARNE HOLZHAUSEN: *Allianz Global Wealth Report 2011*. Allianz SE, Economic Research & Corporate Development, München 2013.

STEFAN BRUNSBACH und OLIVER LANG: Steuervorteile und die Rendite des Lebensversicherungssparens. *Jahrbücher für Nationalökonomie und Statistik* 217 (1998), 185–213.

BETTINA DETZEL: OPTIMIERUNG DER ALTERSVORSORGE – AUFBAU EINES ZEITKONTENBASIERTEN DIENSTLEISTUNGSANSPRUCHS. DISSERTATION, UNIVERSITÄT KARLSRUHE (TH), 2009

RAINER NIEMANN und DIRK KIESEWETTER: *Zur steuerlichen Vorteilhaftigkeit von Kapitallebensversicherungen* http://mpra.ub.uni-muenchen.de/27277, 2002.

ANDREAS WEGNER: *Private Kapitalanlage unter Berücksichtigung betriebswirtschaftlicher und steuerlicher Aspekte.* Regensburg 2000.

Zu Kapitel 2 über Private Banking

URS BIRCHLER, DANIEL ETTLIN, AKKIO METTLER, ANJA ZGRAGGEN. *Compliance-Kosten im Schweizer Private Banking.* Zentrum für Finanzmarktregulierung, Juni 2012.

JOHANN BURGSTALLER und TEODORO D. COCCA: Profitability, efficiency and growth in the private banking industry: evidence from Switzerland and Liechtenstein. *Banks and Bank Systems* 5 (2010) 4, 10–20.

RETO DEGEN: *Preisakzeptanz im Private Banking.* Dissertation 3763 Universität St.Gallen, 2010.

ROMAN FRICK, PASCAL GANTENBEIN, PETER REICHLING (Hrsg): *Asset Management.* Verlag Haupt, Bern 2012.

JAMES E. HUGHES, JR.: *Family Wealth – Keeping It in the Family.* Bloomberg Press, New York 2004. 2. DAVID MAUDE: *Global Private Banking and Wealth Management.* John Wiley & Sons, Chichester 2006.

WILLIAM T. ZIEMBA, JOHN M. MULVEY (Hsrg): *Worldwide Asset and Liability Modeling.* Publications of the Newton Institute, Cambridge (UK) 2001.

Zu Kapitel 3 über das Erstgespräch

ELROY DIMSON UND MASSOUD MUSSAVIAN: A Brief History of Market Efficiency. *European Financial Management* 4 (1998) 1, 91–193.

DAMIAN HODGSON: "Know your customer": marketing, governmentality and the "new consumer" of financial services". *Management Decision.* Vol. 40 (2002) 4, 318 – 328.

ROGER G. IBBOTSON und PAUL D. KAPLAN: Does Asset Allocation Policy Explain 40, 90 or 100 Percent of Performance? *Financial Analysts Journal* 56 (2000) 1, 26–33.

ROBERT WAELDER: Das Prinzip der mehrfachen Funktion. *Forum der Psychoanalyse* 16 (2000), 81–92.

LEIGHTON V. WILLIAMS: Information Efficiency in Betting Markets: a Survey. *Bulletin of Economic Research* 51 (1999) 1, 1–39.

Zu Kapitel 4 über Risikoaufklärung

VALENTIN JENTSCH und HANS CASPAR VON DER CRONE. Bemerkungen zu *Informationspflichten der Bank bei der Vermögensverwaltung: Kundenprofil und Risikoaufklärung.* Urteil des Schweizerischen Bundesgerichts 4A_140/2011 vom 27. Juni 2011.

D. BERTSIMAS, G. J. LAUPRETE, A. SAMAROV: Shortfall as a risk measure: properties, optimization and applications. *Journal of Economic Dynamics & Control*, 28 (2004) 7, 1353–1381.

PAUL MARSH, ELROY DIMSON, MIKE STAUNTON: *Triumph of the Optimists: 101 Years of Global Investment Returns.*

ANDREW D. ROY: Safety-First and the Holding of Assets. *Econometrica* 20 (1952), 434–449. 2. MARTIN L. LEIBOWITZ und S. KOGELMAN: Asset allocation under shortfall constraints. *Journal of Portfolio Managament* 1991, 18–23.

KLAUS SPREMANN und PASCAL GANTENBEIN: *Finanzmärkte: Grundlagen, Instrumente, Zusammenhänge.* 2. Auflage UTB, Stuttgart 2013.

Zu Kapitel 5 über Risikostufen

TAKESHI AMEMIYA: Qualitative Response Models: A Survey. *Journal of Economic Literature XIX* (December 1981) 4, 1483–1536.

MOSHE BEN-AKIVA und ANDRÉ DE PALMA: Investselect: Econometric Model of Investor's Risk Tolerance to Assist Choice of Investment Strategy. *Working Paper* 1999.

Zu Kapitel 6 über den Anlagevorschlag

GÜNTER BAMBERG und ADOLF G. COENENBERG: *Betriebswirtschaftliche Entscheidungslehre.* 10. Auflage, Vahlen, 2002.

AMOS TVERSKY UND DANIEL KAHNEMAN: Advances in Prospect Theory: Cumulative Representations of Uncertainty. *Journal of Risk and Uncertainty* 5 (1992), 297–323.

Zu Kapitel 7 über den Vermögensaufbau

SHANE FREDERICK, GEORGE LOEWENSTEIN und TED O'DONOGHUE: TIME DISCOUNTING AND TIME PREFERENCE: A CRITICAL REVIEW. JOURNAL OF ECONOMIC LITERATURE 40 (2002) 2, 351–401.

ERICH KITZMÜLLER und HERWIG BÜCHELE: *Das Geld als Zauberstab und die Macht der internationalen Finanzmärkte.* 2. Auflage, Lit Verlag, Wien 2005.

THOMAS J. STANLEY und WILLIAM D. DANKO: The Millionaire Next Door, 1996.

Zu Kapitel 8 über die Lebenszyklus-Hypothese

SHANE FREDERICK, GEORGE LOEWENSTEIN und TED O'DONOGHUE: Time Discounting and Time Preference: A Critical Review. *Journal of Economic Literature* 40 (2002) 2: 351–401.

HERSH SHEFRIN: Beyond Greed and Fear: Understanding behavioral finance and the psychology of investing. Oxford University Press, 2007.

ANDREI SHLEIFER: Inefficient Markets: An Introduction to Behavioral Finance. Oxford University Press, 1999.

RICHARD THALER: The Winner's Curse: Paradoxes and anomalies of economic life. Princeton University Press, 1994.

Zu Kapitel 9 über die Vermögenspyramide

PIA FREI-GEBELE: Persönliche Risikobereitschaft richtig einschätzen. *Bank Magazin* 12 (1996), 14–16.

Zu Kapitel 10 über das gebundene Vermögen

DIRK KIESEWETTER: Für wen lohnt sich die Riester-Rente? *FinanzBetrieb* 4 (2002), 101–110.

ROBERT C. MERTON: Lifetime Portfolio Selection under Uncertainty: The Continuous-Time Case. *Review of Economics and Statistics* 51 (1969) 3, 247–257.

ROBERT C. MERTON: Optimum Consumption and Portfolio Rules in a Continuous-Time Case. *Journal of Economic Theory* 3 (1971), 373–413.

Zu Kapitel 11 über weiteres Vermögen

KERRY-U. BRAUER (Hrsg.): *Grundlagen der Immobilienwirtschaft – Recht Steuern Marketing, Finanzierung, Projektentwicklung.* 7. Auflage. Gabler, Wiesbaden 2009.

PASCAL GANTENBEIN: Transparenz und Intransparenz am Immobilienmarkt: eine Analyse aus ökonomischer Sicht. *Swiss Real Estate Journal* (2011) 3, 8–14.

URS GAMMETER und PASCAL GANTENBEIN: Konjunkturelle Risikofaktoren am Schweizer Immobilienmarkt. *Die Volkswirtschaft* (2010), 54–55.

PASCAL GANTENBEIN: Performance von Immobiliengesellschaften – Marktbasierte Ansätze zum effizienten Corporate Portfolio Management. *Schweizer Schriften zur Immobilienwirtschaft*, Band 1. Zürich: Schulthess, 2004.

JÜRGEN LINDAUER: *Immobilien und Steuern – Kompakte Darstellung für die Praxis.* Springer 2010.

KURT M. MAIER: Risikomanagement im Immobilien- und Finanzwesen. Fritz Knapp Verlag, Frankfurt am Main 2004.

Zu Kapitel 12 über die Vermögensbilanz

PAUL A. SAMUELSON: Lifetime Portfolio Selection by dynamic Stochastic Programming. *Review of Economics and Statistics* (August 1969), 239–246.

PAUL A. SAMUELSON: The judgment of economic science on rational portfolio management: indexing, timing, and long-horizon effect. *Journal of Portfolio Management* (1989), 4–12.

Zu Kapitel 13 zur Frage passiv oder aktiv?

SHLOMO BENARTZI und RICHARD THALER: Naive Diversification Strategies in Defined Contribution Saving Plans. *American Economic Review* 91 (2001), 79–98.

G. BEKAERT und C. HARVEY: Time-Varying World Market Integration. *Journal of Finance* 50 (1995), 403–444.

NARASIMHAN JEGADEESH und SHERIDAN TITMAN: Returns to Buying Winners and Selling Losers: Implications for Stock Market Efficiency. *Journal of Finance* 48 (1993), 65–91.

JUN-KOO KANG und RENÉ M. STULZ: Why is there a home bias? An analysis of foreign portfolio equity ownership in Japan. *Journal of Financial Economics* 46 (1997) 1, 3–28.

JOSEF LAKONISHOK, ANDREI SHLEIFER und ROBERT VISHNY: Contrarian Investment, Extrapolation, and Risk. *Journal of Finance* 49 (December 1994) 5, 1541–1578.

STUN VAN NIEUWERBURGH und LAURA VELDKAMP: Information Immobility and the Home Bias Puzzle. *Journal of Finance* 64 (2009) 3, 1187–1215.

RICHARD ROLL: Industrial structure and the comparative behavior of international stock market indexes. *Journal of Finance* 47 (1992), 3–42. 2.

MEIR STATMAN: How many Stocks Make a Diversified Portfolio? *Journal of Financial and Quantitative Analysis* 22 (1987) 3, 353–363.

GORDON Y. N. TANG: How efficient is naive portfolio diversification? an educational note. *Omega — The International Journal of Management Science* 32 (2004), 155–160.

DIRK DE WIT: Naive Diversification. *Financial Analysts Journal* 54 (1998), 95–100.

Zu Kapitel 14 über die Selektion

ROBERT J. BARRO: Rare Events and the Equity Premium, Homepage 2005.

M. M. CARHART: On persistence in Mutual Fund Performance. *Journal of Finance* 52 (1997) 1, 57–82.

M. GRINBLATT, S. TITMAN und R. WERMERS: Momentum Investment Strategies, Portfolio Performance and Herding: A study of Mutual Fund Behaviour. *American Economic Review* 85 (1995) 5, 1088–1105.

JOHN H. COCHRANE: New Facts in Finance. *Economic Perspectives* XXIII (1999), 36–58.

JOHN H. COCHRANE: Portfolio Advice in a Multifactor World. *Economic Perspectives* XXIII (1999), 59–78.

JOHN Y. CAMPBELL, ANDREW W. LO und A. CRAIG MACKINLAY: *The Econometrics of Financial Markets.* Princeton University Press, Princeton, New Jersey 1997, 182–218.

EUGENE F. FAMA und KENNETH R. FRENCH: Common Risk Factors in the Returns on Bonds and Stocks. *Journal of Financial Economics* 33 (1993), p. 3–53.

EUGENE F. FAMA und KENNETH R. FRENCH: Size and book-to-market factors in earnings and returns. *Journal of Finance* 50 (1995), 131–155.

EUGENE F. FAMA und KENNETH R. FRENCH: Industry Costs of Equity. *Journal of Financial Economics* 43 (1997), 153–193.

PETER LYNCH: *Beating the Street*. Simon & Schuster, New York 1993.

THOMAS A. RIETZ: The Equity Risk Premium — A Solution. *Journal of Monetary Economics* 22 (1988) 117–131.

GEORGE SOROS: The *Alchemy of Finance*. John Wiley, Hoboken, New Jersey 2003.

MARTIN WALLMEIER: Determinanten erwarteter Renditen am deutschen Aktienmarkt – Eine empirische Untersuchung anhand ausgewählter Kennzahlen. *Schmalenbach Business Review* 52 (2000), 27–57.

Zu Kapitel 15 über die Performance

ANDREAS BICKEL: *Moderne Performance-Analyse und Performance Presentation Standards*. Bank- und finanzwirtschaftliche Forschungen 312, Verlag Haupt, Bern 2000.

WILLIAM F. SHARPE: 'The Sharpe ratio'. *Journal of Portfolio Management* 21 (1994), 49–58.

MICHAEL C. JENSEN: Risk, the Pricing of Capital Assets, and the Evaluation of Investment Portfolios. *Journal of Business* 42 (1969) 2, 167–185.

PETER REICHLING und INGRID VETTER: Verzerrte Performance. *Die Bank* (November 1995), 676–681.

MARK GRINBLATT und SHERIDAN TITMAN: Portfolio Performance Evaluation: Old Issues and New Insights. *Review of Financial Studies* 2 (1989), 393–421.

MICHAEL BRENNAN: The individual investor. *Journal of Financial Research* XVIII, (1995) 1, 59–74, besonders p. 70.

HEINZ ZIMMERMANN: Das Management von Aktienkursriisken mit Derivaten, in: JÜRGEN KRUMNOW (Hrsg.): *Schriften zur Unternehemnsführung* 58. Gabler Verlag, Wiesbaden 1996, 5–85.

WILLIAM FUNG und DAVID HSIEH: Hedge-Fund Benchmarks: Information Content and Biases. *Financial Analyst Journal* 58 (2002) 1, 22–34.

Zu Kapitel 16 über die Timing

MICHAEL ADAM und RAIMUND MAURER: Risk Value Analysis of Covered Short Call and Protective Put Portfolio Strategies. *Finanzmarkt und Portfolio Management* 13 (1999) 4, 431–449.

MICHAEL BRENNAN, EDUARDO SCHWARTZ: Evaluating Natural Resource Investments. *Journal of Business* 58 (1985), 135–157.

J. S. BUSBY und C. G. C. PITTS: Real options in practice: an explanatory survey of how finance offers deal with flexibility in capital appraisal. *Management Accounting Research* 8 (1997) 2, 169–186.

J. MAXIMILIAN DRESSENDÖRFER: *Zyklische und antizyklische Investment-Strategien*. Theoretische Fundierung und empirische Überprüfung am Schweizer Aktienmarkt. Dissertation der Universität St. Gallen 1999.

MARC RUBINSTEIN: Alternative Paths to Portfolio Insurance. *Financial Analysts Journal* (1985), 45–52.

ANDRÉ F. PEROLD und WILLIAM F.SHARPE: Dynamic Strategies for Asset Allocation. *Financial Analysts Journal* (1988), 16–27.

T. ESTEP und M. KRITZMAN: TIPP – Insurance without Complexity. *Journal of Portfolio Management* (1988), 38–42.

FISCHER BLACK und ANDRÉ F. PEROLD: Theory of constant proportion portfolio insurance. *Journal of Economic Dynamics and Control* 16 (1992), 403–426.

PHILIPPE BERTRAND und JEAN L. PRIGENT: Portfolio Insurance: the extreme value approach to the CPPI method. *Journal of Finance* 23 (2002), 68–86.

F. LHABITANT: *Enhancing Portfolio Performance using Options Strategies: Why beating the Market is easy*. Ecole des Hautes Etudes Commerciales, University of Lausanne (1997).

MARK RUBINSTEIN and HAYNE E. LELAND: Replicating Options with Positions in Stock and Cash. *Financial Analysts Journal* (July/Aug 1981), 63–72.

GERHARD SCHEUENSTUHL und KLAUS SPREMANN: Absolute Return Vermögensanlagen auf Basis langfristiger Optionsstrategien; in: K. SPREMANN (ed.), *Versicherung im Umbruch*. Springer-Verlag, Berlin 2004.

STEFFEN TOLLE, BORIS HUTTER, PATRIK RÜTHEMANN UND HANSPETER WOHLWEND: *Strukturierte Produkte in der Vermögensverwaltung*. Verlag Neue Zürcher Zeitung, Zürich 2005.

Unternehmensverzeichnis

Personenverzeichnis

Sachverzeichnis